DAUPHINÉ 1939-1945

LES SENTIERS DE LA LIBERTÉ

Les témoignages
de nombreux résistants et déportés

Du même auteur

Sassenage en Dauphiné, éditions Alan Sutton, 2003
Saint-Vincent-sur-Jabron ; le moulin de mon enfance, en collaboration avec Francis Bœuf, hors commerce, 2002.
Les Mystères du Dauphiné, éditions De Borée, 2001 (Prix des libraires du Dauphiné 2002)
L'Isère 1900-1920, Mémoires d'hier (avec la collaboration de Gaston Magi), éditions De Borée, 2000.
Heurs et Malheurs du Dauphiné, éditions De Borée, 2000.
Un siècle d'économie grenobloise, 1900-1920, en collaboration, Présences, 1999.
Bresson, village courtois, imprimerie des Deux-Ponts, 1999.
Les oubliés de l'Histoire, éditions de Belledone, 1998.
La Libération, pas à pas, Office de tourisme de Grenoble, 1992.
Grenoble au temps de Stendhal, éditions SÉDIALP, 1990.
Sassenage, mille ans d'histoire, éditions SÉDI, 1998.
L'Isère au temps des Crinolines (en collaboration avec J.-P. Debanne), éditions Jean-Pierre Debbane, 1983.
Dauphiné 1900 : quand la publicité s'appelait réclame, éditions des 4 seigneurs, 1981.
L'Isère du souvenir, éditions des 4 seigneurs, 1981.
L'Isère en mouvement, éditions des 4 seigneurs, 1981.
Grenoble et le temps de vivre, éditions des 4 seigneurs, 1981.
Coutumes et traditions du Dauphiné (deux volumes), éditions des 4 seigneurs, 1977 et 1978.
L'Isère autrefois (en collaboration avec Emma Louis), éditions des 4 seigneurs, 1976.
Grenoble, des rues et des hommes, éditions Dardelet, 1975.
Grenoble autrefois, éditions des 4 seigneurs, 1974.
Sassenage, éditions des 4 seigneurs, 1971.

Iconographie : Musée de la Résistance et de la Déportation de l'Isère.

Diffusion : De Borée
53 rue Fernand-Forest - 63540 Romagnat
Achevé d'imprimer dans l'U.E. en septembre 2003
Dépôt légal : septembre 2003
ISBN 2-84494-195-8

Claude Muller

Dauphiné 1939-1945

Les Sentiers de la liberté

Les témoignages de nombreux résistants et déportés

De Borée

Avant-propos

RECHERCHANT il y a quelque temps des petits détails que ma mémoire peut-être trop sollicitée avait oubliés, je fus amené à compulser *Grenoble autrefois*, un livre que j'avais écrit il y a une trentaine d'années et qui s'appuyait essentiellement sur des témoignages oraux minutieusement recueillis.

Quelle ne fut pas ma surprise en le parcourant ! Presque tous les Dauphinois rencontrés à l'époque avaient, depuis, quitté ce monde : ceux qui m'avaient égrené leurs souvenirs avec émotion et un brin de nostalgie, ceux qui m'avaient raconté avec beaucoup de soin un épisode truculent de leur vie ou des anecdotes savoureuses, ceux qui avaient effeuillé patiemment avec moi les nombreuses et quelquefois inattendues facettes de la Belle Époque, ceux encore qui m'avaient communiqué aimablement des documents personnels souvent inédits sur la vie grenobloise particulièrement riche et variée d'il y a un siècle maintenant...

Ils ont disparu en effet aujourd'hui tous les témoins de leur temps, avenants, affables, enthousiastes, quelquefois pittoresques, mais toujours passionnés et passionnants, avec lesquels j'avais eu si grand plaisir à discuter : le dernier conducteur de diligences, le premier chauffeur de taxi, le vétéran des chauffeurs de cars alpins, le premier homme parvenu à La Salette avec un véhicule à moteur... Ils sont morts, ceux qui ont posé le majestueux aigle au-dessus de la coupole de l'avenue Alsace-Lorraine ; ce mécanicien grenoblois qui avait mis au point pendant la première guerre mondiale le premier moteur à hydrogène, l'adaptant sur son véhicule ; ce ténor qui m'évoqua d'une façon si émue les grandes voix dauphinoises dont celle d'Henriette Mazarin, première femme au monde à avoir chanté en direct à la radio avant le grand Caruso ; ce vieux mélomane grenoblois qui m'avait décrit avec chaleur les superbes soirées du théâtre, du casino, de l'Eldorado-Cirque, mais aussi les débuts sur scène de Bach et des Bartros ; ce vieux militaire qui me campa admirablement la capitale des Alpes à l'époque où elle était encore une importante ville de garnison, quand les nombreuses musiques militaires donnaient de fréquents concerts et organisaient de joyeuses retraites aux flambeaux dans les rues noires de monde...

Ils sont morts aussi, celui qui vibrait toujours intensément en me parlant du premier aéroplane atterri à Grenoble en 1904, celui qui me dépeignit avec un luxe de détails la terrible explosion du Polygone en juin 1918 et la fabrication intense des obus et autres munitions dans les ateliers de la ville pendant la Grande Guerre ; celui qui avait participé à la construction de l'église Saint-Joseph et de la basilique du Sacré-Cœur. Et tant d'autres encore !

En refermant ce livre, je me suis dit que jamais je n'aurais pu l'écrire aujourd'hui. J'étais intervenu à temps en recueillant, de la bouche de personnes âgées, acteurs ou témoins, de nombreux et précieux souvenirs, qui auraient disparu avec eux. Ce qui eût été dommage pour les générations futures. Et j'ai mesuré combien il était important de glaner tant qu'on peut le faire, et avant qu'il ne soit trop tard, tous ces témoignages oraux, chaleureux, passionnants, enrichissants. Irremplaçables...

Et c'est ainsi que j'ai pensé que je devais réunir également dans un ouvrage tous ces nombreux témoignages que je recueillais depuis bien des années sur la deuxième guerre mondiale en Dauphiné, sur la Résistance et ses combats, mais aussi sur la vie de tous les jours à cette époque si éprouvante. Et que je devais les compléter par d'autres témoignages : tant de personnes qui avaient vécu dans ce tourbillon de l'horreur pouvaient avoir elles aussi des choses à dire ! Certaines, dont le rôle fut important ; mais aussi d'autres, plus humbles et non moins intéressantes...

Déjà, je m'étais aperçu que beaucoup d'anciens résistants, beaucoup d'anciens déportés que j'avais interviewés pour *Le Dauphiné libéré* ou pour différents magazines étaient décédés depuis. Il fallait donc faire vite pour rencontrer d'autres témoins. J'avoue pourtant avoir un peu hésité : tant de livres ont été écrits sur ce sujet ! Mais en appréhendant différemment ces années affreuses qui déferlèrent impitoyablement sur le monde, en donnant la parole notamment à ceux qui ne s'étaient jamais exprimés et qui pourtant avaient vécu souvent dans leur chair des heures atroces, j'ai pensé qu'un tel ouvrage pourrait trouver sa place...

Ce livre n'a pas la prétention de tout dévoiler sur cette époque si douloureuse, où les pires atrocités côtoyaient les plus purs exploits. C'est avant tout une série de témoignages sur des faits évidemment connus, mais qui apportent des précisions jusqu'alors laissées dans l'ombre, des compléments qui n'avaient jamais été consignés ou encore des éclairages nouveaux sur certains événements ou sur certaines situations. J'avoue d'ailleurs avoir souvent privilégié les Dauphinois qui ne s'étaient jamais manifestés, au détriment de ceux qui avaient déjà parlé de cette époque de différentes manières, voire en publiant des ouvrages.

Ces témoignages, je les ai liés fréquemment les uns aux autres en utilisant des extraits de journaux de l'époque, pour mieux les situer dans la chronologie. Une chronologie que j'ai évidemment respectée et qui fut relativement facile à établir.

La défaite cinglante et fulgurante de nos troupes en 1940 plongea les Français dans le plus profond des désarrois. Aussi, une grande majorité d'entre eux se raccrocha-t-elle désespérément au maréchal Pétain qui, pour elle, incarnait le seul espoir en une France retrouvée. N'avait-il pas largement contribué à la victoire finale sur l'Allemagne lors de la précédente guerre ? Puis les Français se rendirent compte que le gouvernement mis en place à Vichy ne devenait guère que le relais des décisions prises à Berlin. Alors, les uns après les autres, ils se détachèrent pour la plupart de ce pseudo-gouvernement, porte-parole de Hitler...

L'invasion en 1942 de la zone Sud, dite libre, par les troupes allemandes, qui violèrent ainsi les conventions de l'armistice de 1940, contribua largement au grand revirement des Français. Le Dauphiné connut alors une période de transition, l'Allemagne ayant consenti à accorder à l'Italie, son alliée de l'Axe, l'occupation du territoire alpin français. Mais pas pour longtemps ! Les troupes américaines... et françaises chassèrent le nazisme de l'Italie en 1943 et les Allemands occupèrent à leur tour les Alpes, donc le Dauphiné. Ce fut la période de la guerre la plus terrible pour les Isérois. La période au cours de laquelle la Résistance se renforça beaucoup. Elle en avait besoin, elle qui avait démarré avec un effectif si réduit (à peine mille résistants sur l'ensemble du territoire national à la fin de l'année 1940 !), mais qui s'était déjà étoffée en 1941 et surtout en 1942 avec l'arrivée de nombreux et précieux éléments de l'armée d'armistice dissoute qui rejoignirent les « Combattants de l'ombre », devenant les soldats de l'Armée secrète.

La Résistance allait accueillir ensuite de nombreux jeunes réfractaires au Service du travail obligatoire, qui ne voulaient pas aller travailler en Allemagne. Et vinrent se ranger aussi dans les rangs des maquis des juifs pourchassés, des francs-maçons qui subissaient les pires humiliations, des travailleurs étrangers victimes du nazisme.

La Résistance infligea alors à l'ennemi de sévères et cuisants échecs. De jeunes et intrépides héros se levèrent fièrement, accomplissant d'étonnants et retentissants exploits. Des meneurs d'hommes intrépides et courageux qui, sans doute, pour la plupart, seraient restés dans l'anonymat et auraient mené une vie tranquille et sereine sans l'épouvantable conflit qui a lamentablement secoué notre planète. C'est la guerre qui fait les héros, écrivait le général de Gaulle. Mais les nazis multiplièrent leurs exactions, n'épargnant pas la population. Le Dauphiné, « terre de terroristes redoutables » selon eux, en a particulièrement souffert.

La libération tant attendue vint enfin étouffer l'affreux cauchemar, ignoblement forgé dans le sang et les larmes. Des heures d'intense émotion, d'une joie infinie, qui marquaient la fin d'une des plus grandes tragédies de l'Histoire. Mais elles s'effacèrent bien vite, laissant place à d'autres moments, pénibles, atroces... Ce fut tout d'abord la découverte à Grenoble d'horribles charniers : avant de partir, l'ennemi avait encore accompli d'odieux forfaits. Et ce fut, partout, l'insoutenable révélation, jetée à la face du monde : les camps de concentration où l'ennemi regroupait patriotes et juifs, mais aussi toute personne jugée indésirable, avaient été en réalité d'inimaginables, de gigantesques et cyniques camps de la mort, dans lesquels les pires atrocités furent commises. Les rescapés, affreusement malades, terriblement émaciés, revenaient, les uns après les autres, de l'enfer nazi, osant à peine raconter ce qu'ils avaient vécu...

Les différentes étapes de ce monstrueux conflit, qui embrasa le monde, constituent donc l'ossature de cet ouvrage. Chacune d'elles occupe sa place dans un ou plusieurs chapitres et se trouve évoquée par des témoins dignes de foi. Il est évident que le choix de ces témoins peut paraître quelquefois arbitraire. Il fut parfois même difficile. Certains que j'aurais voulu interviewer avaient déjà quitté ce monde. D'autres préféraient se taire. Certains encore vinrent spontanément me raconter leurs souvenirs. D'autres hésitèrent avant d'accepter de me rencontrer. Beaucoup en revanche s'épanchèrent à l'occasion d'un anniversaire. Pour que personne n'oublie. J'aurais pu en rencontrer d'autres aussi. Mais des circonstances diverses ont fait que je n'ai pas pu croiser leur chemin.

D'autres témoignages, c'est vrai, sont encore à recueillir sur cette époque terrible, où un simple citoyen, croyant servir de son mieux son pays effondré, mais malmené par les aléas de cette vie si difficile, subissant l'influence de personnes de son entourage, pouvait aussi bien devenir un résistant héroïque que, plus rarement heureusement, un traître redoutable berné par une propagande insidieuse.

Étrange et singulier paradoxe de cette époque si troublée et si épouvantable de notre Histoire...

☆

☆ ☆

Première Partie

Du sang et des larmes

Maintenant, j'entends la France me répondre.
Au fond de l'abîme, elle se révèle, elle marche,
elle gravit la pente. Ah mère, tels que nous sommes,
nous voici pour te servir.

Charles De Gaulle

Mercredi 19 mars 1941. Le maréchal Pétain, chef de l'État français en visite à Grenoble, photographié devant la préfecture. Il se rendra ensuite à Vienne.

Chapitre I

La stupeur

Mercredi 19 mars 1941. *Le Petit Dauphinois* titrait pompeusement sur toute la largeur de sa première page : « Le Maréchal, c'est la France et la France, c'est le Maréchal Pétain le Preux, Pétain le Sage, Pétain le Juste. Grenoble et le Dauphiné, patrie du chevalier Bayard, vous font hommage de leur cœur. » Des milliers de Grenoblois, ce jour-là, vinrent applaudir, en liesse, enfants des écoles en tête, le « vainqueur de Verdun », le « sauveur de la France », qui venait leur rendre officiellement visite.

Quelques jours plus tard, le quotidien régional consacrait un numéro spécial largement illustré à cette visite, mais aussi à celle effectuée aussitôt après à Vienne par le chef de l'État français. Un supplément que le public s'arracha : d'innombrables Dauphinois — comme la plupart des Français — croyaient encore naïvement que Pétain allait faire oublier la récente et cuisante défaite contre les troupes allemandes et trouver une stratégie pour les sortir de l'impasse où ils étaient affreusement plongés. Une défaite qu'ils ne comprenaient toujours pas. Ils restaient hébétés, anéantis, s'accrochant désespérément à l'espoir bien fragile que représentait encore le maréchal. Le héros de la première guerre mondiale ne pouvait pas les trahir, pensaient-ils encore généralement. Lui, qui avait si bien combattu les Allemands en 1914-1918, avait sûrement une bonne idée en tête. Il fallait lui faire confiance...

Pourtant, un peu partout, des patriotes français osaient se dresser contre lui, à l'instar des députés isérois, le docteur Léon Martin, ancien maire de Grenoble, et Lucien Hussel, qui avaient refusé de lui voter les pleins pouvoirs en juin 1940. Tout de suite, ils avaient compris que Pétain était trop vieux et que le gouvernement de Vichy allait être entièrement soumis à l'ennemi. L'Isère peut s'honorer d'avoir compté des résistants de la toute première heure, même s'ils n'étaient pas nombreux...

Et petit à petit, les véritables patriotes, opposants au régime et à l'inféodation qui en découlait, comprenant où était leur devoir, se réunirent secrètement et organisèrent un peu partout des mouvements de résistance, qui allaient prendre au fil des mois une importance de plus en plus grande.

Le temps de l'hébétude, due aux cuisants revers, le temps de l'humiliation contenue douloureusement, le temps de la débâcle et de la désorganisation voulue par l'ennemi despotique allait s'estomper progressivement, pour laisser la place à une révolte sourde et à peine contenue contre cette situation dégradante et invivable, à une volonté farouche de poursuivre la guerre dans la clandestinité avec les « moyens du bord » dont on disposait, et de refouler l'ennemi sanguinaire et arrogant et ses amis, considérés comme d'odieux traîtres...

UN NOËL DE SANG ET DE LARMES

GRENOBLE
JOSEPH-BESSON 1890-DIRECTEUR-1919

LE PETIT DAUPHINOIS

LE GRAND QUOTIDIEN DES ALPES FRANÇAISES

MERCREDI 24 DÉCEMBRE 1941

65e ANNÉE Nº 344 UN FRANC

L'AVIATION, ELEMENT ESSENTIEL DES BATAILLES DANS LE PACIFIQUE

La résistance des Iles Philippines subit l'épreuve suprême

La retraite britannique dans la presqu'île malaise est couverte par des contre-offensives aériennes

LES FORCES AERO-NAVALES DES INDES NEERLANDAISES INTERVIENNENT AU SUD DES PHILIPPINES

LA POSITION-CLE DE HONG-KONG TOMBE PIECE PAR PIECE

AUCUN CHANGEMENT NOTABLE EN MALAISIE

Un bilan des quinze premiers jours de guerre dans le Pacifique

Parfaite objectivité de la presse et de la radio soviétiques

LA BATAILLE DE CYRÉNAÏQUE

L'Angleterre est menacée d'une attaque imminente

affirme le ministre britannique des Chemins de fer et des Ports

La conférence CHURCHILL ROOSEVELT

DANS DES COMBATS ACHARNES

LES RUSSES TENTENT DE DEGAGER MOSCOU

En plusieurs endroits, dit Berlin, de violentes attaques soviétiques ont été repoussées

Les Soviets annoncent l'occupation d'une série de localités sur les fronts de Leningrad, du centre et du sud

AUJOURD'HUI VEILLE DE NOËL

Le Saint-Père adressera un message radiodiffusé au monde

Une proclamation du maréchal von Brauchitsch

Le conflit est devenu international et les nouvelles sont bien tristes ce mercredi 24 décembre 1941...

Le monde s'apprêtait à célébrer Noël, ce mercredi 24 décembre 1941... Mais un Noël pas comme les autres. Un bien triste Noël. *Le Petit Dauphinois*, qui ne paraissait plus que sur deux pages à cause des sévères restrictions de papier et qui entassait ses articles imprimés en très petits caractères, ne publiait guère que de mauvaises nouvelles. L'éditorial annonçait d'ailleurs clairement la couleur : « Ne parlons pas de fêtes, pouvait-on lire. Ne parlons surtout pas de réveillons. Trop de foyers porteront ce soir comme une croix le vide creusé devant la cheminée par l'absence d'un fils ou d'un père... »

C'est vrai qu'en cette veille de fête de la Nativité le monde était à feu et à sang. La guerre dans le Pacifique, qui faisait rage depuis quinze jours, assurait les gros titres du quotidien : « La résistance des îles Philippines subit l'épreuve suprême » ; « La retraite britannique dans la presqu'île malaise est couverte par les contre-offensives aériennes » ; « Les forces aéronavales des Indes néerlandaises interviennent au Sud des Philippines », « La position-clé de Hong Kong tombe pièce par pièce », « 27 000 Japonais internés aux îles Hawaï », « Attaques japonaises en Nouvelle-Guinée » et d'autres titres plus alarmistes encore...

Déjà, un premier et épouvantable bilan de deux semaines de guerre violente dans le Pacifique était dressé. On apprenait que la bataille pour Singapour était imminente ; que le Canada et les États-Unis avaient établi un programme commun « en vue d'un effort de guerre total et pour l'abolition de toutes les entraves qui gêneraient cet effort ».

Mais le Pacifique ne monopolisait pourtant pas toutes les colonnes du *Petit Dauphinois*, qui titrait aussi en gros caractères : « L'Angleterre est menacée d'une attaque imminente, affirme le ministre britannique des chemins de fer et des ponts. » Dessous, une dépêche datée de Londres nous apprenait que la conférence Roosevelt-Churchill allait servir de préliminaires à de nouveaux entretiens où la Russie, la Chine, les Indes néerlandaises et les dominions britanniques devaient être représentés. Cette conférence faisait bien ressortir que le monde était alors divisé en quatre grands théâtres d'opérations.

Sur le front de l'Est, les combats redoublaient d'intensité. Sous un gros titre : « Les Russes tentent de dégager Moscou », un article de source allemande affirmait qu'en plusieurs endroits de violentes attaques soviétiques étaient repoussées. Mais un autre, de source russe celui-là, claironnait : « Les Soviets occupent à nouveau une série de localités sur les fronts de Leningrad, du centre, et du Sud. »

Le quotidien dauphinois annonçait encore un échange de vues soviéto-britannique à Moscou ; une conférence militaire interalliée à Tchoung-King ; une conférence de guerre à Singapour, les pleins pouvoirs à Tchang Kaï-chek ; le rappel des troupes australiennes du Moyen-Orient ; le torpillage d'un porte-avions anglais dans l'Atlantique ; une attaque aérienne de la RAF sur l'Allemagne ; six navires coulés en Méditerranée ; quarante sous-marins japonais opérant le long de la côte des États-Unis ; le bombardement de Rangoon en Inde...

Et ce n'était pas tout ! Car, en Afrique du Nord, les combats se poursuivaient à l'est de Benghazi. La bataille de Cyrénaïque faisait aussi la « une » du journal, qui relatait : « On déclare à Rome que les troupes germano-italiennes gardent toute leur puissance en hommes et en matériel ; les colonnes motorisées britanniques ont atteint la plaine côtière du golfe de Syrte et menacent Benghazi, apprend-t-on au Caire. »

À côté de toutes ces « dépêches » (c'était le mot très utilisé alors) consacrées aux affrontements sanglants qui secouaient affreusement le monde entier, un communiqué du Vatican apprenait aux lecteurs que le pape allait adresser dans la journée un message radiodiffusé aux habitants de tous les pays...

Bien douloureuses, bien alarmistes toutes les nouvelles rapportées en cette veille de Noël 1941 par *Le Petit Dauphinois*. Mais pas toutes, néanmoins. Car il y en avait une bonne, timidement glissée en page deux : le Ravitaillement général de l'Isère faisait savoir qu'il prévoyait une distribution supplémentaire de chocolat... Mince petite lumière dans cet océan de misères et de souffrances !

☆
☆ ☆

En cette période si tourmentée et si tragique de notre Histoire, que bien des Dauphinois que nous rencontrerons dans les chapitres suivants m'ont évoquée avec une profonde tristesse, tous les jours ressemblaient à cette veille de Noël, avec leurs flots de nouvelles catastrophiques émanant de tous les coins du monde, ou presque...

Pourtant, les Grenoblois vivaient encore en zone dite libre ! Pas pour longtemps. Des jours bien dramatiques allaient les toucher de plein fouet...

Ami, entends-tu le vol noir des corbeaux
Sur nos plaines ?...
Ami, entends-tu ces cris sourds du pays
Qu'on enchaîne ?...

(Chant des Partisans)

L'ÉCOLE DES CADRES D'URIAGE

Une promotion de l'école des cadres d'Uriage.

1941... 1942... Les mauvaises nouvelles continuaient à tomber tous les jours, brutalement, sèchement, inexorablement... Pourtant, d'autres informations, gonflées d'un soupçon d'espérance, elles, venaient de temps en temps alimenter un petit coin de page des quotidiens régionaux. Elles provenaient d'Uriage, la station thermale située au-dessus de Grenoble, et plus exactement de l'école des cadres de la jeunesse française, installée dans le vieux château historique.

Rendons-nous d'ailleurs sans attendre dans ce château qui accueillait le samedi 1er août 1942 une foule inhabituelle, chacun tenant à la main le programme d'une grande cérémonie organisée ce jour-là et sur lequel on pouvait lire en exergue : « Anciens ! Stagiaires ! Amis ! Soyez les bienvenus à Uriage. Manifestez votre foi et votre enthousiasme à servir la France ! »

Dans une ambiance chaleureuse, qui contrastait avec la tristesse endémique de la vie de tous les jours, plus de deux mille personnes assistaient au baptême de la première grande promotion de l'école.

L'envoyé spécial du *Petit Dauphinois* ne pouvait cacher son excitation dans le compte rendu qu'il publia le lendemain. En tête de la première page, après avoir décrit rapidement le stade, taillé devant le château, en pleine colline, où anciens stagiaires et nouveaux venus se rencontraient dans une atmosphère baignée de patriotisme, il commentait : « ... Ainsi débute, sous la direction du chef Dunoyer de Segonzac, ce regroupement de tous les jeunes chefs étant passés par l'école d'Uriage. Depuis deux ans que celle-ci existe et œuvre sans bruit dans le travail, le recueillement et l'espérance, l'une de ses plus belles journées se lève. »

Il décrivait ensuite les cérémonies devant le drapeau et les évolutions des stagiaires sur le terrain qui, manifestement, constituaient une proclamation de foi dans la France. Une France libre.

Ce qui assurément ne pouvait plaire à tout le monde et notamment au gouvernement de Vichy qui n'appréciait pas et tolérait de moins en moins l'indépendance grandissante de cette école vis-à-vis de lui...

De plus en plus influente, cette école des cadres risquait pour le moins de devenir très gênante pour le régime de Pétain qui obéissait désormais presque aveuglement aux ordres de Hitler.

Un témoin de cette journée, Gilles Souriau, prétendit que le général commandant la Région et le représentant du préfet seraient partis avant la fin des festivités, jetant à Segonzac : « Vous venez de signer votre arrêt de mort ! »

Le lendemain, en tout cas, se heurtant à Laval, farouche partisan de la collaboration avec l'Allemagne, qui allait créer le STO et la Milice, et qui présentait ce jour-là à Paris sa politique d'entente avec l'occupant, il faillit être arrêté. Quelques mois plus tard, le gouvernement, excédé, jugeant l'école nationale d'Uriage bien trop dangereuse pour lui, la faisait fermer définitivement.

Mais dans quelles conditions avait-elle été créée ?

☆
☆ ☆

Né en 1906 à Toulon, le capitaine de cavalerie Pierre Dominique Dunoyer de Segonzac fut traumatisé par la débâcle de 1940. Abasourdi, incertain de l'avenir, il démissionna de l'armée d'armistice, contrôlée par l'ennemi. Et il décida aussitôt de tenter de rassembler tous les « meilleurs jeunes Français, quels que soient leur parti, leur religion, pour retrouver avec eux d'impérieuses raisons de lutter et de vaincre ». Ce sont ses propres termes.

Il se tourna alors tout naturellement vers Pétain, en qui il voyait avant tout le grand vainqueur de Verdun. Et il prit contact en juillet 1940 avec le tout nouveau ministre de la Jeunesse et de la

Famille, exposant clairement ses motivations et ses plans, voulant former de jeunes cadres, reconstruire la France anéantie. Après plusieurs entrevues au cours desquelles il se montra très convaincant, il obtint le feu vert. Et c'est ainsi qu'il trouva assez rapidement, non loin de Vichy, à La Faulconnière, près de Gannat, un petit château pour y installer son école. En quelques semaines, elle connut un vif succès, les premiers stagiaires volontaires venant du bataillon de marche du Larzac.

Mais La Faulconnière ne dura pas longtemps. « Nous recevions constamment des visites gouvernementales qui nous empêchaient de travailler correctement », écrivit plus tard Dunoyer de Segonzac, familièrement surnommé le « Vieux Chef » par ses hommes. « J'avais le sentiment qu'une pensée indépendante ne pourrait s'épanouir que dans l'isolement, et je me suis senti gêné au contact des ministères. »

Il chercha alors un lieu plus éloigné. Et il dénicha le château d'Uriage. C'est là, dès le 1er novembre 1940, que son école des cadres prit son vrai visage. Son existence allait être brève, mais importante pour la jeunesse française de l'époque.

Beaucoup de futures personnalités, dans les domaines les plus divers, s'y côtoyèrent : Hubert Beuve-Méry, le futur fondateur du journal *Le Monde* ; Paul Delouvrier, créateur de La Villette ; Jean-Marie Domenach, le philosophe ; Joffre Dumazedier, sociologue de la civilisation des loisirs ; Jacques Douai, le chanteur ; Gilbert Gadoffre, organisateur des colloques de Royaumont ; Simon Nora, qui allait devenir le conseiller de Pierre Mendes France ; Yves Robert, le cinéaste. Et tant d'autres jeunes encore, qui allaient marquer ensuite de leur empreinte la reconstruction de la France, après les années sombres de la grande tourmente...

En quelques mois, Pierre Dunoyer de Segonzac forgea à Uriage son école selon ses conceptions, élargissant le monde de ses collaborateurs et son recrutement, organisant des stages à durée variable et de nombreuses journées d'étude sur les sujets les plus divers, lançant même un périodique à l'attention de la jeunesse française — lequel ne fut pas apprécié par le gouvernement en place — créant aussi une série de fascicules à une époque où il était bien difficile de se procurer des livres.

Le succès de cette école fut si grand qu'elle finira par employer une cinquantaine de personnes que le décret du 11 août 1941 viendra confirmer : des militaires, des civils compétents dans leur domaine, des prêtres, des intellectuels, des artistes et des employés qui assuraient le fonctionnement de l'établissement.

Largement pétainiste au début, mais se démarquant rapidement du gouvernement entièrement soumis à l'envahisseur,

8 MAI 1941

1F

JEUNESSE FRANCE

Sommaire

JOURNAL DES CHEFS DE LA JEUNESSE

JEANNE LA LORRAINE

P. DUNOYER de SEGONZAC

LA VIE N'EST PAS NEUTRE ; ELLE CONSISTE À PRENDRE PARTI HARDIMENT - Maréchal Pétain

L'École nationale des Cadres éditait des journaux pour la jeunesse.

refusant obstinément au nom des valeurs qu'elle défendait de se soumettre aux injonctions répétées émanant de Vichy, l'école des cadres d'Uriage se condamnait elle-même. Le « Vieux Chef » le savait fort bien quand il publiait dans ses revues des articles sans concession, affrontant directement le gouvernement en place.

« C'est un air pur et vivifiant qui soufflait à Uriage et qui se répandait parmi la jeunesse française », me confièrent lors d'une réunion plusieurs anciens stagiaires de l'école.

L'un d'eux, un peu plus tard, en 1991, me brossa un beau portrait de celui qui avait créé cette école unique en son genre. Il s'agit de François Ducruy, de Meylan, qui avait été le bibliothécaire-archiviste de cet établissement :

« Ayant vécu auprès de Dunoyer de Segonzac pendant plus de deux ans, je puis attester aujourd'hui que son action n'était inspirée que par le seul désir de contribuer au redressement de la France. Ce n'était pas un théoricien, mais avant tout un éducateur, persuadé que son pays avait surtout besoin d'hommes de caractère et d'hommes d'honneur. Peu lui importaient les idéologies : il accueillait toutes les bonnes volontés, de tout bord. Quand on parle de lui, il faut mentionner sa foi religieuse exigeante, la rectitude de son jugement, son ouverture d'esprit, l'habileté avec laquelle il sut manœuvrer dans le labyrinthe de Vichy, la finesse de ses analyses quant aux diverses formes de Résistance. »

François Ducruy m'avait encore confié :

« À des généraux et officiers supérieurs de la région qu'il avait réunis avant la fermeture de l'école, il avait formellement déclaré qu'en conscience il s'estimait dégagé désormais de tout devoir d'obéissance à un gouvernement qui avait perdu la légitimité. En pleine débâcle, il fut un grand rassembleur et un porteur d'espoir... »

Cet homme exceptionnel avait su s'entourer de précieux collaborateurs : c'est ce que m'a affirmé le Dauphinois Aymé Roudil, qui fut stagiaire à l'école d'Uriage en mars 1942, et que j'ai rencontré peu de temps après mon entrevue avec François Ducruy :

« Trop souvent éclipsé par la personnalité de Dunoyer de Segonzac, l'encadrement a fait la valeur de l'école. Malgré les années, j'ai gardé le souvenir de quelques noms de cet encadrement. Des personnes que j'ai fréquentées, que j'ai appréciées et qui méritent d'être citées : Paul Reuter, professeur d'économie à la faculté d'Aix-en-Provence ; Lavorel, metteur en scène remarquable ; Joffre Dumazedier, que l'on retrouva après la guerre à la tête de Peuple et Culture ; Chombard de Lauwe, démographe ; Bertrand d'Astorg, philosophe... »

Et les stagiaires, qui étaient-ils ? Aymé Roudil s'en souvenait bien :

« Ils venaient d'un peu partout. Lors de leur arrivée à l'école, ils étaient tous reçus individuellement par Dunoyer de Segonzac, lors d'un entretien particulier. Étant jeune à l'époque, j'avais été frappé par le fait que la majorité des stagiaires étaient des hommes mûrs de 35 ans et plus. Ceux de ma promotion en tout cas. Ce qui pouvait signifier que l'école avait alors plus le souci d'un avenir immédiat que d'un avenir plus lointain.

La cellule de base était l'équipe, hébergée dans un chalet. Il y avait plusieurs chalets, étagés au-dessus du château. Elle y logeait, y prenait ses repas et y avait la plupart de ses activités sous la direction d'un chef d'équipe, éventuellement d'un adjoint, faisant partie de l'encadrement permanent. La volonté du brassage social était évidente, mais les bases de recrutement, incertaines, évoluaient en fonction des contraintes du moment. Aucun texte paru sur l'école d'Uriage n'a parlé de cette question de recrutement, ni ne l'a même évoquée. Malgré la présence d'ouvriers et d'employés, il faut dire pourtant qu'une partie de celui-ci était élitiste. »

Le gouvernement de Vichy glissa vite des espions parmi ces stagiaires...

« On a découvert, un peu tardivement, que l'école était infiltrée par des éléments durs téléguidés par Laval et ses ministres, me confia Aymé Roudil. Ils y jouèrent le rôle de mouchards... Un membre de mon équipe, originaire de l'Ain, a été fusillé à la Libération, reconnu franc-garde de la Milice et coupable de plusieurs exécutions sommaires.

« Chaque stage comportait obligatoirement une conférence sur la Charte du Travail, faite par une personne extérieure à l'école. Avant cette conférence, il était demandé instamment aux équipes de ne manifester aucune réaction ni pendant, ni après l'exposé... Mais il est évident que la présence de mouchards rendait illusoire cette apathie apparente... »

Il est évident que la présence de ces espions a dû accélérer le processus de fermeture de l'établissement.

En tout cas, le couperet tomba le jeudi 31 décembre 1942, au cours d'une veillée poétique organisée au château. Le Vieux Chef arriva, blême, porteur de la nouvelle qui ne surprit personne : l'école était dissoute à partir du 1er janvier 1943. Le lendemain...

Évoquant cette triste soirée, Dunoyer de Segonzac écrira plus tard : « Mon premier souci fut d'organiser la nouvelle existence de tout le monde, désormais voué à la Résistance, tout en demeurant aussi indépendant que possible. »

De la résistance intellectuelle puis politique, professeurs et stagiaires allaient passer à la résistance active sur le terrain...

L'école des cadres de la jeunesse d'Uriage, c'était fini. En vingt-neuf mois d'existence, elle avait reçu près de quatre mille stagiaires. Elle avait redonné confiance à une jeunesse perturbée par la défaite, à une élite complètement désorientée.

« Au-delà de ses choix stratégiques qui peuvent être discutables, écrira plus tard Antoine Delestre, il apparaît bien que ce laboratoire communautaire que fut l'école des cadres d'Uriage sut mener dans un contexte périlleux, une expérience pédagogique originale et non conformiste par bien des aspects. D'abord par son refus des dogmes, ensuite par son ouverture aux autres et enfin par son désir de synthèse. »

Uriage, ce fut un flambeau vivifiant dans une France asphyxiée.

L'école des cadres était remplacée, dès février 1943, par une autre école des cadres. Mais de triste mémoire, celle-là. Puisque ce fut celle de la Milice...

LA DISSOLUTION DU 6e BCA

Une grande partie de l'encadrement de l'école d'Uriage, mais aussi un certain nombre de stagiaires, vinrent grossir les rangs de la Résistance, qui se structurait en Dauphiné.

Une autre dissolution allait gonfler aussi les effectifs de la Résistance. Et pas qu'un peu. C'est celle du 6e BCA... Elle constitua même un tournant mémorable dans l'histoire de la lutte clandestine contre l'ennemi dans notre région.

☆
☆ ☆

Samedi 28 novembre 1942. Un gros titre, à la « une » du *Petit Dauphinois*, attirait l'attention des lecteurs : « Dans une lettre au maréchal de France, chef de l'État, le chancelier Hitler expose les raisons pour lesquelles il a décidé l'occupation de Toulon et la démolition de l'armée française. » Et le journal publiait *in extenso* la lettre du Führer, dans laquelle il expliquait que le débarquement des armées « anglo-saxonnes » en Afrique du Nord constituait une menace pour la paix en Europe et qu'il redoutait qu'une partie de l'armée française conservée depuis l'armistice ne basculât avec l' « ennemi ».

Après une longue introduction, le chancelier écrivait notamment : « ... C'est pourquoi après avoir eu connaissance de nouvelles violations de leur parole d'honneur commises par des officiers, des généraux, des amiraux français, qui ont l'intention maintenant prouvée d'ouvrir aux fauteurs de guerre anglo-juifs la France, après l'Afrique du Nord, j'ai donné l'ordre d'occuper immédiatement Toulon... » Et il ajoutait, plus loin : « J'ai en conséquence donné l'ordre de démobiliser toutes les unités de l'armée française qui, à l'encontre des ordres de leur propre gouvernement, sont excitées par leurs officiers à une résistance active contre l'Allemagne... »

Dans le même journal, le ministère français de l'Information faisait connaître les mesures de démobilisation. Et on apprenait aussi qu'à Toulon une partie de notre flotte s'était sabordée, que l'amiral Darlan et le général Giraud étaient déchus de la nationalité française.

À la lecture de ces informations fracassantes, diffusées par l'ensemble de la presse, ce furent, partout, la stupeur et l'indignation. Ce fut aussi le grand revirement de la population française, qui devint de plus en plus hostile au régime de Vichy...

Le débarquement en Afrique du Nord avait paniqué Hitler, qui commençait à sentir souffler le vent de la défaite. À l'Est, ses armées étaient sévèrement tenues en échec sur le front de Stalingrad. Risquant d'être pris dans un étau, il n'avait pas hésité un seul instant à violer impunément la convention d'armistice qu'il avait signée le 24 juin 1940 et qui fixait à 100 000 hommes l'effectif total de l'armée française, que le gouvernement de Pétain pouvait maintenir en Métropole. Car cette armée, même si elle ne disposait que de peu de moyens, pouvait contrecarrer son action le moment venu...

Américains et Anglais ayant débarqué au Maroc et en Algérie le 8 novembre, le chancelier avait présenté dès le 11 novembre —

date symbolique — au gouvernement de Vichy une lettre sèche, notifiant que la zone Sud de la France serait à son tour occupée pour des raisons de sécurité. Le maréchal, furieux, avait immédiatement riposté, remettant le même jour à von Rundstaedt, le bras droit de Hitler en France, le message suivant :

« J'ai reçu cette nuit une lettre du Führer m'annonçant qu'en raison des nécessités militaires, il était dans l'obligation de prendre des mesures qui ont pour effet de supprimer les données premières et les fondements de l'armistice. Je proteste solennellement contre des décisions incompatibles avec les conventions d'armistice. »

Peine perdue. La protestation fit sourire le chancelier, qui entendait bien commander partout. Aux yeux de tous — ou de presque tous — le vainqueur de Verdun apparaissait comme un pantin, qui dut se contenter, finalement, de lancer un appel au calme à la population française. Les Allemands se bornèrent d'abord à passer sur le territoire de la zone Sud par des couloirs déterminés pour se rendre sur la côte méditerranéenne. Et puis bien vite cette zone Sud, dite libre, ne fut plus qu'un souvenir...

Notre région bénéficia cependant d'un répit : la Wehrmacht fit attention de ne pas pénétrer sur le territoire alpin, laissé, par accord tacite, à l'occupation italienne...

Mais que se passa-t-il exactement en Dauphiné ? Reportons-nous au 27 novembre 1942...

Ce jour-là, vers 9 heures, le chef d'escadron commandant la gendarmerie de l'Isère, téléphona, comme il le faisait fréquemment, au général Laffargue, commandant la 4e région militaire à Lyon. Ce qu'il apprit le stupéfia : les garnisons de Lyon et de Vienne venaient d'être désarmées et capturées par les Allemands ! La lettre du Führer n'avait pas encore été rendue publique et cette action de l'ennemi avait de quoi abasourdir tout le monde !

L'ennemi ayant piétiné odieusement les conditions d'armistice, les deux hommes tombèrent d'accord : tout scrupule serait désormais considéré comme une trahison. Les Allemands n'étant pas encore intervenus à Grenoble, il fallait réagir très vite dans la capitale des Alpes et sauver ce qui pouvait encore être sauvé...

Le général Laffargue reprit son téléphone et transmit à ses chefs de corps le message suivant : « Gagner l'Oisans avec les garnisons de Grenoble et de Gap et s'opposer par les armes à toute tentative de désarmement par l'ennemi. »

C'était on ne peut plus clair : l'armée française d'armistice, dans les Alpes, n'entendait pas se faire désarmer par les troupes d'occupation !

Les unités quittèrent la garnison de Grenoble en fin de matinée pour gagner à pied, avec leurs mulets pour les uns, les chevaux pour les autres, leurs emplacements stratégiques. Le 159e RIA et le 2e RAM se déployèrent vers Jarrie pour interdire l'accès principal de la vallée de la Romanche ; le 6e BCA se dirigea vers Brié-et-Angonnes ; le groupe de montagne vers Saint-Martin-d'Uriage, ces deux unités devant interdire à l'ennemi les itinéraires secondaires passant par Vizille, la Route Napoléon et la vallée du Sonnant d'Uriage.

Cruelle fut la désillusion des troupes alpines ! En cours de route, nos soldats apprirent par la radio de Vichy que Hitler venait de décider la dissolution immédiate de l'armée d'armistice. Le gouvernement français s'inclinait et retransmettait l'ordre du Führer !

« Cette nouvelle nous bouleversa ! », me confia plus tard le colonel Pierre Tanant, à l'occasion de rencontres concernant l'histoire militaire du Vercors qui sera évoquée dans de prochains chapitres. « Nous avions la rage au cœur. Une nouvelle fois, nous étions humiliés. Ceux qui ne l'avaient pas compris encore pouvaient se rendre compte que nous ne pouvions plus rien attendre de notre gouvernement de marionnettes totalement soumis aux injonctions de l'ennemi ! »

Peu après la diffusion de la nouvelle consternante par la radio, un message émanant du ministère de la Guerre parvenait au P.C. du général Laffargue : « Licencier les troupes, l'armement demeurant propriété française devant être placé sous contrôle au parc de Grenoble. »

Il fallait donc s'incliner, non sans douleur, non sans rancœur. Une résistance isolée, là, près de Grenoble, alors que l'armée se pliait partout aux honteuses directives, ne serait-ce qu'un baroud d'honneur, aurait pu coûter très cher en vies humaines.

Le lendemain 28 novembre 1942, les Français apprenaient donc par la presse écrite les récents et cuisants événements. Et le 6e bataillon de Chasseurs alpins, cette glorieuse unité créée le 1er novembre 1840 sous le nom de Chasseurs à pied (ce n'est qu'en 1888 qu'il prendra le nom de bataillon alpin de Chasseurs à pied) était dissoute au cours d'une cérémonie d'adieu organisée là où il se trouvait depuis la veille... Une cérémonie poignante, inoubliable pour tous ses participants...

« Pourtant, peut-on lire dans un remarquable ouvrage intitulé *Le sixième bataillon de Chasseurs alpins*, publié sous la direction du lieutenant-colonel Benoît Deleuze, certains cadres, dont le commandant de Reyniès, ne supportent pas un tel affront. Il faut dissimuler les armes et les emblèmes, car déjà l'intendance de Grenoble déshabille les hommes. Les chefs les plus ardents songent à se regrouper clandestinement et à prendre le maquis.

« Le chef de corps du 6e BCA est de ceux-là et, lors de la cérémonie d'adieux, le 28 novembre 1942 à Brié-et-Angonnes, devant le bataillon rassemblé, il affirme ouvertement qu'un jour le rappel sonnerait : « Nous nous reverrons ! Plus qu'une phrase, c'est un serment. Les chasseurs maquisards du Vercors ne le trahiront pas ! »

Ce que me confirma Pierre Tanant qui, dans le Vercors, devint chef d'état-major :

« Avant de rendre à ses chasseurs une liberté qu'il espérait profondément être le prélude d'une intense action clandestine, le commandant de Reyniès leur expliqua, au cours de la cérémonie, la grandeur du sacrifice qui leur était demandé en ce jour douloureux. Il espérait bien, déjà, recréer son bataillon dans la clandestinité. Et il donna des consignes à ses cadres pour mettre à l'abri une grande quantité d'habillement et de matériel. Il fallait sauver de la catastrophe tout ce qu'on pouvait... »

D'autres anciens chasseurs, que j'ai rencontrés peu de temps avant le cinquantième anniversaire de la dissolution historique du 6e BCA, m'ont apporté des précisions supplémentaires :

« Au cours de cette journée ô combien triste, une petite lueur d'espoir brillait cependant dans nos yeux. Car on nous fit dissimuler en lieu sûr le maximum de matériel et d'armement. Des armes furent cachées à Brié et au fort des Quatre-Seigneurs. Le fanion du « 6 » fut confié au commandant de Reyniès. Quant aux capitaines Valentin et Tanant, ils camouflèrent de quoi habiller... plusieurs bataillons ! Nous nous mîmes tous en civil après la cérémonie dans la ferme appartenant à M. Aymos, alors maire de la commune. »

Avant la séparation officielle, le commandant de Reyniès revendiqua la mission de maintenir, mais dans le secret, l'existence du 6e BCA. En attendant le jour J, aucun officier ne devra quitter la garnison sans son autorisation. Le bataillon entrait ainsi dans la Résistance. Et c'est ainsi que le commandant de Reyniès allait prendre la tête de l'Armée secrète dans l'Isère.

☆

☆ ☆

Cinquante ans plus tard, tous les survivants de la cérémonie de Brié-et-Angonnes inauguraient en présence des autorités une stèle en granit, sur laquelle l'inscription suivante avait été gravée :

« Le samedi 28 novembre 1942, dans le cadre de la dissolution de l'armée française, le 6e bataillon de Chasseurs alpins commandé par le chef de bataillon Albert de Seguin de Reyniès s'est réuni pour une dernière prise d'armes. Premier acte de la Résistance armée du Vercors et de l'Oisans. »

Et, en bas de la stèle, en caractères plus petits : « Cinquante ans plus tard, le samedi 28 novembre 1992, fidèle à sa devise : le 6 est là, il est un peu là ! »

Mais le « 6 », reconstitué héroïquement dans le Vercors, sera pourtant définitivement dissous le 20 mai 1994 par le gouvernement français...

Ohé partisans, ouvriers et paysans,
C'est l'alarme !
Ce soir l'ennemi connaîtra le prix du sang
Et des larmes !

(Chant des Partisans)

LA FIN DE L'OCCUPATION ITALIENNE

Jeudi 9 septembre 1943... En lisant *Le Petit Dauphinois*, les Grenoblois apprenaient avec surprise, mais aussi avec un peu de joie, que l'Italie avait capitulé sans condition et qu'un armistice avait été conclu entre le maréchal Badoglio, qui avait succédé à Mussolini depuis le lundi 26 juillet, et le général Eisenhower, commandant des Forces alliées, lesquelles depuis quelque temps avaient débarqué en Sicile et marchaient triomphalement, remontant la péninsule. C'est le maréchal Badoglio lui-même qui avait diffusé l'information la veille à la radio italienne. Une capitulation qui d'ailleurs datait de plusieurs jours.

La nouvelle en revanche n'avait pas surpris les Allemands, qui s'attendaient selon eux à cette « trahison » et avaient pris depuis quelque temps déjà des « mesures de précautions pour assurer la sécurité du Reich, celle de ses alliés et la continuation de la guerre jusqu'à la fin victorieuse ».

Les observateurs avertis se doutaient bien, depuis un certain nombre de jours, que quelque chose se tramait en coulisses. À plusieurs reprises les quotidiens grenoblois avaient publié un communiqué sibyllin des autorités italiennes d'occupation, rédigé en français et en italien, qui commençait ainsi : « Le commandement des troupes italiennes en territoire français a publié une ordonnance de rappel aux armes, en vue de la mobilisation de tous les militaires italiens (sous-officiers, hommes de troupe en congé illimité), de toutes les armes, corps spécialisés et services de l'armée royale qui se trouvent pour quelque motif que ce soit en territoire français soumis sous contrôle des troupes italiennes et appartenant aux classes 1907 à 1923. » Un appel suivait,

Deux soldats italiens se promènent à Grenoble. L'occupation italienne fut relativement douce.

adressé aux Italiens de l'Isère, les invitant à prendre de toute urgence connaissance de l'ordonnance.

L'annonce de la capitulation italienne gonfla les cœurs d'espoir, l'Allemagne reculant désormais sur tous les fronts et ne pouvant plus compter sur son allié de l'Axe pour l'épauler.

Mais à Grenoble les Allemands allaient succéder aux Italiens pour assurer l'occupation et se montrer particulièrement inhumains et intraitables. L'occupation modérément opprimante, c'était fini.

« Jamais les Italiens ne furent bien sévères à Grenoble », me répétèrent plusieurs témoins interrogés. Sans aucun doute parce que de nombreux Italiens immigrés et descendants d'Italiens habitaient la ville...

Un autre témoin, le Grenoblois Armand Vermot, ancien de *Rhin et Danube*, se souvenait bien de ce jour où les Allemands succédèrent à leurs anciens alliés à Grenoble. C'est en riant qu'il me raconta cette anecdote :

9 septembre 1943. Au nom de l'Italie, le maréchal Badoglio a signé un armistice sans condition et les troupes italiennes d'occupation sont affolées à Grenoble. Elles quittent les immeubles qu'elles avaient réquisitionnés (en haut). Elles seront remplacées aussitôt par les troupes allemandes (en bas).

« Avec plusieurs amis, nous nous trouvions le soir à 17 heures à la taverne des Trois Dauphins à Grenoble. Soudain, une autre personne que nous connaissions bien, qui venait d'écouter Radio Londres, nous rejoignit, un peu excitée, nous clamant : « Ça y est ! L'Italie vient de signer l'armistice avec les troupes alliées ! » Nos regards convergèrent alors vers un groupe d'officiers allemands et italiens, qui sirotaient dans un coin du salon de thé. En les voyant ensemble, nous ne pûmes nous empêcher de sourire, ce qui les étonna un peu. Visiblement, ils ne savaient pas encore qu'ils venaient de devenir... des adversaires !

« Vers 22 heures, poursuivit Armand Vermot, aujourd'hui décédé, j'ai rencontré un de ces officiers italiens et je ne pus m'empêcher de lui dire : « Vous comprenez pourquoi on souriait tout à l'heure ? » Il me répondit : « Oui, bien sûr ! Et maintenant, nous ne sommes plus en guerre ! » Je lui rétorquai aussitôt : « Attendez... ce n'est pas fini pour vous ! » Ce n'était pas fini, en effet. Au cours de la nuit, Allemands ulcérés de la capitulation de l'Italie et Italiens se battaient dans les rues de Grenoble ! Et il y eut des morts, de nombreux blessés et des prisonniers ! »

☆
☆ ☆

Grenoble et sa région n'avaient relativement pas trop souffert de l'occupation italienne. Celle des Allemands, en revanche, fut dure. Très dure. Avec leurs collaborateurs français, ils livrèrent une chasse sans pitié aux juifs, aux communistes, aux francs-maçons, mais aussi à tous les jeunes qui ne répondaient pas à l'appel du STO pour aller travailler en Allemagne et qui venaient grossir, tous les jours, les rangs de la Résistance...

ANDRÉ ABRY, LA PREMIÈRE VICTIME

Dès les premiers jours, l'occupation allemande se fit douloureusement ressentir à Grenoble. Une main de fer s'était abattue sur la ville. Terrible. C'est dans cette atmosphère lourde, étouffante, angoissante, que le premier drame se déroula...

Il était 19 heures 40, ce 6 octobre 1943. André Abry, un ingénieur hydraulicien de 32 ans, des Établissements Neyret-Beylier et Picard-Pictet (qui deviendront plus tard Neyrpic), sortait de chez lui, 5 rue de Palanka, une serviette à la main. Il devait se rendre à son lieu de travail, en utilisant son automobile, remisée dans son garage, au pied de l'immeuble. Il se baissa devant la porte du garage, pour lever le rideau de fer, posant à côté de lui sa serviette par terre. Brusquement, un coup de feu déchira le silence de la nuit tombante. L'ingénieur s'écroula par terre, ensanglanté.

Tout près de là, une sentinelle allemande, qui avait reçu des consignes très strictes, apeurée, venait de tirer. Stationnée tout près, devant le cinéma Le Royal — alors un *Soldaten Kino* — elle avait cru que le Grenoblois était un « terroriste » et avait pris sa serviette pour un engin explosif...

André Abry avait été atteint à l'épaule, mais le projectile à la pointe sciée pénétra dans le poumon, me confia plus tard Jean-Louis Romier, qui fut pendant longtemps photographe aux Établissements Neyrpic. À peine écroulé sur le trottoir, le malheureux ingénieur perdit son sang en abondance... Attirés par la détonation, voyant l'homme gisant sur le trottoir, des voisins se précipitèrent pour lui porter secours. Mais d'autres soldats allemands arrivèrent en même temps, interdisant à quiconque de s'approcher de la victime. De longs instants passèrent ainsi. Et quand enfin, comprenant la méprise, les occupants décidèrent de faire transporter l'ingénieur à l'hôpital, c'était trop tard. Il s'était vidé de tout son sang...

Dès le lendemain, un officier de la Kommandantur tint à venir présenter ses excuses à Mme Abry. Digne, la Grenobloise les refusa. L'officier partit, confus et vexé. Peu de temps après, un message du gouvernement de Vichy parvenait à la veuve promettant, après les condoléances d'usage, une pension pour le fils, Pierre-Henri, âgé seulement de dix jours... Une pension qui ne sera jamais versée...

L'assassinat d'André Abry mit tout Grenoble en émoi. Et c'est finalement une grande partie de la population qui participa à ses obsèques, le 9 octobre, à l'église Saint-Louis, qui évidemment ne put contenir tout le monde. Massée sur le parvis et aux alentours, après un long recueillement, la foule commença à crier des slogans hostiles aux Allemands.

Maurice Gariel, qui était à la tête des établissements qui employaient l'innocente victime, prit la parole à l'issue de la cérémonie, tout de suite après l'office religieux.

« Il n'avait pas froid aux yeux, me dit encore Jean-Louis Romier. Sur le parvis de l'église, à quelques mètres de la Kommandantur qui était installée à l'hôtel moderne des Trois Dauphins, devant une foule considérable, il prononça un discours muscl̩é et patriotique, critiquant l'impitoyable envahisseur. Avant de se séparer les Grenoblois se dirigèrent vers les différents lieux de Grenoble occupés par l'ennemi, le traitant d'assassin, entonnant même, à plusieurs reprises, *La Marseillaise*. Une *Marseillaise* qui était étouffée depuis si longtemps... »

L'autorité d'occupation demanda l'intervention de la police française qui refusa catégoriquement d'obtempérer. Des soldats allemands arrivèrent alors, distribuant des coups de crosse, tirant même en l'air pour calmer l'ardeur des Grenoblois et dissiper le cortège. Mais ce jour-là, ils n'osèrent pas viser la foule qui les narguait. Pas encore...

André Abry fut ainsi le premier d'une liste, d'une très longue liste, de victimes du nazisme à Grenoble.

Quant à Maurice Gariel, il dut se cacher, ensuite. La Gestapo, furieuse, le recherchait...

LA CENSURE

Le 18 juin 1940, à 20 heures 30, un général inconnu de la plupart de nos compatriotes, s'adressait depuis Londres aux Français, par le truchement de la BBC. C'était Charles de Gaulle, qui allait allumer la flamme de la Résistance. L'appel du 18 juin est une date marquante dans la genèse de cette Résistance.

Peu de Français, il est vrai, entendirent cet appel ce jour-là. Mais il fut rediffusé et même modifié le 22 juillet suivant, le général de Gaulle ne se contentait plus alors de demander aux Français de venir le rejoindre, mais recommandait « à tous, où qu'ils se trouvent, et de tous leurs moyens, même les plus précaires, de participer à la lutte ».

Les Dauphinois, eux, eurent rapidement connaissance de cet appel historique du 18 juin. Dès le lendemain ! Car seuls deux quotidiens français l'ont publié : *Le Petit Dauphinois* et *La Petite Gironde.*

Mais bien vite le quotidien grenoblois fut victime de la censure qui s'abattit progressivement mais inflexiblement sur lui. Surtout après le départ des Italiens...

Pendant la durée de l'Occupation, la presse écrite fut en effet très sévèrement contrôlée. Le gouvernement de Vichy s'assurait minutieusement du contenu des journaux, non seulement en leur interdisant la publication d'un certain nombre de nouvelles qui pouvaient leur parvenir, mais aussi en leur imposant des informations nettement tendancieuses... et leur emplacement dans les pages !

Généralement, les quotidiens recevaient deux séries de « consignes » par jour, l'une le matin ou en début d'après-midi, l'autre dans la soirée. C'est un courrier spécial de la préfecture qui apportait ces consignes, presque toujours brèves, tapées à la machine. J'ai pris connaissance d'un certain nombre d'entre elles. Sidérantes ! Et c'est bien au hasard que j'ai sélectionné arbitrairement celles qui sont parvenues aux journaux grenoblois le jeudi 15 juillet 1943. J'aurais pu en effet retenir celles d'un autre jour, de la même veine...

Comme ses confrères donc, *Le Petit Dauphinois* recevait ce jour-là vers 14 heures les instructions qui commençaient toujours par cette ligne laconique et intransigeante : « Les journaux publieront obligatoirement... » Le gouvernement imposait pour le quotidien, en cours de fabrication et destiné à la vente le lendemain 16 juillet, la publication d'une dépêche concernant les « Anglo-Américains qui ne prennent pas d'engagement positif envers la France » et une autre relative au « pseudo-gouvernement d'Alger ». Les consignes de nuit, elles, ordonnaient la parution, en tête de page, d'une information destinée aux jeunes qui devaient impérativement répondre à l'appel du Service du travail obligatoire.

Sur cette dernière feuille intitulée « Consignes du 15 juillet 1943, nuit », on pouvait ainsi lire, sous la référence 1 255, les instructions suivantes : « Sur 3 col. tête, la dépêche OFI sur les défaillants du STO. On s'inspirera du titre suivant (en 4 lignes) : titre : « Les défaillants du service du travail obligatoire auront pendant 4 jours la possibilité de se mettre en règle avec la loi. » Sous-titre : « Du 17 au 20 juillet sera effectuée dans toutes les mairies la révision des cartes distribuées aux classes appelées. Les défaillants qui se présenteront avec ou sans carte seront amnistiés, mais, passé ce délai, ils seront passibles ainsi que leurs complices des sanctions les plus sévères. »

Dans son édition du 16 juillet, *Le Petit Dauphinois* n'avait que très peu modifié le titre proposé. Sur trois colonnes, en tête de sa première page, on pouvait en effet lire : « Aux défaillants du STO : un délai de quatre jours leur est accordé pour se mettre en règle avec la loi. » Suivaient trois sous-titres : « Du 17 au 20 juillet et dans toutes les mairies sera effectuée la révision des cartes de travail distribuées aux appelés », « Les défaillants qui se présenteront avec ou sans carte seront amnistiés » et « Passé ce délai, ils seront passibles ainsi que leurs complices des sanctions les plus sévères ».

Parmi les consignes de nuit du 15 juillet 1943, il y en avait aussi une concernant les nombreuses victimes des bombardements anglo-américains, qui stipulait « titrer : le tragique bilan du raid anglo-américain » et une autre relative aux « nombreux » prisonniers français libérés en Allemagne...

Et c'était ainsi tous les jours, les résistants n'étant que de vulgaires terroristes, les Américains et leurs alliés jouant le rôle de « méchants », semant partout la mort, les Allemands devenant les « bons » et les « gentils » qui ne pensaient qu'à une paix durable. Il fallait donc les aider...

Souvent, les consignes étaient complétées par une liste d'informations qu'il ne fallait absolument pas divulguer ! Les responsables des journaux devaient veiller à ce que ces instructions soient scrupuleusement respectées. Dans sa collection aux archives du journal, le rédacteur en chef cochait au crayon rouge toutes les informations qui lui avaient été imposées...

« Ce fut une période très contraignante, très difficile à vivre », reconnaissait un ancien journaliste du *Petit Dauphinois* avec lequel je me suis souvent entretenu. « Nous ne maîtrisions plus du tout l'information. Transgresser les ordres reçus, c'était s'exposer inéluctablement à une arrestation pure et simple. C'était aussi encourir l'arrêt de publication du journal et la suppression de très nombreux emplois... Il ne faut pas oublier que *Le Petit Dauphinois* rendait certains services à la Résistance, en transportant, notamment sous les paquets de journaux livrés très tôt le matin, d'autres paquets destinés aux maquis...

« D'une certaine façon, nous faisions comme nous le pouvions, une certaine résistance », m'a déclaré de son côté un ancien collaborateur de *La Dépêche dauphinoise*. Un jour, on « oubliait » une information recommandée par Vichy. Vous savez, dans les journaux, il y a toujours des dépêches qui s'égarent... D'autre fois, nous travaillions suffisamment le texte qui nous était imposé de façon à faire comprendre au lecteur que c'était de l'intox. Et puis on s'appliquait bien à imprimer devant tout article imposé : « Le gouvernement de Vichy communique » ou « l'autorité allemande communique... » ce qui le démarquait des autres articles du journal. Le lecteur, lui, faisait la différence... Et puis l'ennemi et ses amis n'arrivaient pas à contrôler toutes les informations que nous recevions. Certaines leur échappaient. Alors, nous ne manquions pas de les publier... »

CHAPITRE II

HARO SUR LES JUIFS

COMBIEN DE FOIS ME SUIS-JE POSÉ LA QUESTION à propos des rafles de juifs pendant la dernière guerre mondiale : pourquoi parlait-on souvent de celle du Vél'd'Hiv' à Paris et pratiquement jamais de celles qui s'étaient produites avec autant d'ignominie et de barbarie en province ? Non pas que je veuille minimiser la gigantesque et odieuse forfaiture parisienne, mais je désire sortir de l'ombre d'autres méfaits atroces du nazisme qui sombraient dans un étrange et inquiétant oubli...

Aussi ai-je enquêté dans l'Isère voulant réparer ce qui pouvait ressembler à une injustice, à l'occasion du cinquantième anniversaire de ces douloureux événements.

Tout naturellement, mes pas m'ont conduit auprès du Centre de documentation juive de Paris qui, je le savais, avait ses racines à Grenoble, et auquel je consacre plusieurs pages dans ce chapitre, mais aussi auprès d'une personne courageuse que je connaissais depuis longtemps et que j'ai toujours beaucoup estimée : Simone Lagrange, que nous retrouverons, elle, dans le long chapitre consacré à la déportation. Infatigable et admirable Simone Lagrange qui a pris son bâton de pèlerin pour aller témoigner toujours et partout, dénonçant toutes les horreurs du régime nazi, mais qui est animée non par un esprit de vengeance — mot qu'elle a rayé radicalement de son vocabulaire — mais par les sentiments de devoir et de justice.

Et j'ai ainsi publié dans *Le Dauphiné libéré* un article sur la rafle effectuée en zone alpine en 1942, relatant notamment l'internement au fort Barraux d'un certain nombre de juifs avant leur départ pour l'enfer...

Que n'avais-je écrit là ! Une violente réaction ne se fit pas attendre. M. François Lesbros, conseiller municipal de Barraux mais aussi historien du fort, exigea immédiatement un démenti : jamais un juif n'avait été interné en ce lieu pendant la guerre !

Le directeur départemental du *Dauphiné libéré* me consulta, heureusement, avant de faire paraître le rectificatif impérativement réclamé, auquel, évidemment, je me suis opposé, ajoutant simplement : « Demain j'apporterai des preuves. » Et je repris immédiatement contact avec Simone Lagrange et avec le Centre de documentation juive, qui me fournirent des documents irréfutables, avec des chiffres précis et des dates... qui me permirent de publier non pas un rectificatif, mais un autre article beaucoup plus détaillé, qui fit du bruit, pour employer une expression journalistique très imagée.

M. Lesbros avait cependant été de bonne foi : dans les archives conservées au fort Barraux, aucun registre ne mentionnait la présence de juifs à cette époque ! Les gardiens d'alors les avaient curieusement enregistrés, obéissant sans doute à des instructions supérieures, dans la catégorie des prisonniers politiques. Pourtant, ils les avaient bien isolés dans une aile de la forteresse...

Quelque temps après le cinquantième anniversaire de cette horrible rafle, une plaque rappelant l'internement des juifs dans ce lieu historique fut officiellement scellée dans l'enceinte même du fort.

La communauté juive n'oublia pas de m'inviter.

LA RAFLE DE 1942 DANS L'ISÈRE

« Vous avez raison d'écrire sur la rafle des juifs en province », me dit Simone Lagrange lors de mon enquête sur la présence de juifs internés au fort Barraux. « Car il faut savoir qu'en août 1942 le gouvernement de Vichy ne se contenta point de livrer à l'ennemi des milliers de juifs de la région parisienne. Il est allé plus loin en faisant arrêter en zone libre entre 10 000 et 11 000 juifs étrangers, qu'il transféra à Drancy, en zone occupée, pour être déportés ensuite dans les camps nazis. Ainsi ont-ils été les seuls juifs d'Europe envoyés à Auschwitz après avoir été arrêtés sur un territoire où il n'y avait pas d'Allemands ! »

Décidée par le chef de la police française Bousquet, l'immonde rafle fut organisée partout le 26 août 1942. Dans la région Rhône-Alpes cependant, elle fut précédée d'une vague d'opérations préliminaires, les préfets ayant à leur disposition une superbe « prison » pour accueillir beaucoup de monde : le fort Barraux précisément, cette belle forteresse construite à la fin du XVIe siècle par le duc de Savoie, immédiatement conquise par le duc de Lesdiguières au nom de la France. Ce lieu de détention se trouvant dans l'Isère, à quarante kilomètres au Nord-Est de Grenoble, ce département fut alors utilisé comme « plaque tournante » par le préfet de région.

Ainsi, tous les juifs, arrêtés dans le Rhône, dans le Jura, la Haute-Savoie, la Savoie, la Drôme et l'Isère avant le 26 août, furent donc dirigés vers cette prison de transit.

Le fort à l'époque pouvait être considéré d'ailleurs comme la « Bastille » du préfet de l'Isère. Sur simple « décision administrative » (une véritable « lettre de cachet » !), sans jugement, ce dernier internait pour un temps indéterminé aussi bien le cultivateur qui n'avait pas déclaré toutes ses récoltes que le petit trafiquant se livrant au « marché noir » ou tout citoyen dont le comportement lui déplaisait !

Au cours de l'été 1942, le préfet fit aménager dans le fort bien gardé un quartier spécial réservé aux juifs car, parmi eux, il y avait aussi des femmes et des enfants...

Déjà précédée depuis le 16 août par de nombreuses arrestations, la rafle de Vichy du 26 août se déroula aussi dans l'Isère comme partout ailleurs en zone libre...

Dès les premières heures de la matinée, des équipes de policiers et gendarmes arrêtèrent à leur domicile toutes les personnes désignées par la préfecture, qui avait procédé en 1941 à un grand recensement sur ordre de Vichy. Simultanément, des contrôles sévères étaient effectués un peu partout, afin de s'emparer de ceux qui auraient pu prendre la fuite, préalablement avertis par des opposants au régime ou des compatriotes.

Les personnes arrêtées le 26 août dans l'arrondissement de Grenoble furent conduites à la caserne Bizanet, qui s'élevait alors avenue Maréchal-Randon, à l'emplacement d'une école qui aujourd'hui porte le même nom. Elles furent soumises tout de suite à un sérieux « criblage » : c'était le mot employé à l'époque pour désigner un contrôle très fouillé : identité, résidence, situation familiale, travail... Certaines furent libérées, les autres, moins nombreuses, transportées ensuite au camp de Vénissieux, dans le Rhône.

Quant aux personnes arrêtées le même jour dans les arrondissements de Vienne et La Tour-du-Pin, elles furent aiguillées directement sur Vénissieux. Les internés juifs du fort Barraux prirent aussi ce jour-là la même direction. Toutes les personnes réunies dans cette ville furent soumises à un nouveau criblage et entassées le 29 août dans un long train qui s'ébranla pour gagner le sinistre camp de Drancy près de Paris. De là partiront plusieurs convois pour Auschwitz, échelonnés entre le 2 et le 9 septembre 1942.

Combien de juifs de notre région sont-ils ainsi partis pour le camp de la mort ? Selon l'Amicale des déportés d'Auschwitz, 353 juifs, hommes, femmes et enfants, furent conduits à la caserne Bizanet ; 244 d'entre eux furent libérés à la suite de l'opération de criblage, dont 115 parce que leur nationalité ne correspondait pas aux critères retenus par Vichy pour les pourchasser. 109 personnes donc prirent la direction de Vénissieux. Il faut rajouter à ce nombre celles des arrondissements de Vienne et de la Tour-du-Pin (37) et des communes de Meyzieu et Décines-Charpieu, lesquelles appartenaient encore au département de l'Isère, soit 24 personnes. Et il convient de rajouter encore les juifs isérois venant de fort Barraux. Le nombre total de juifs déportés et identifiés pour le seul département de l'Isère serait, au moins, de 203…

Cette vague d'arrestations arbitraires, atteinte au droit d'asile, souleva l'indignation de l'opinion publique contre Vichy et provoqua un profond revirement en faveur des juifs. Les protestations des Français[1] et à leur tête les dirigeants des églises catholique et protestante (Mgr Caillot, évêque de Grenoble, intervint dès le 26 août auprès du préfet de l'Isère, mais en vain) s'élevèrent un peu partout. Des prêtres comme le père Henri Grouès, plus connu sous le nom d'abbé Pierre, qui était alors vicaire à Notre-Dame de Grenoble, et comme l'abbé Joannès Vincent (prêtre dans le Vercors avant de devenir curé de Fontaine) signèrent de faux certificats de baptême pour les enfants juifs leur évitant ainsi la déportation. Et les Français commencèrent à cacher les juifs…

Cette vague de protestations allait entraîner dès l'automne, avant même les premières défaites allemandes, un très net ralentissement de la coopération de la police française avec les nazis, bien qu'elle dépendît directement de Vichy. Une coopération qui avait fait mal, très mal, trop mal.

---

1. *Paul Claudel, ambassadeur de France, n'avait pas attendu cette rafle pour écrire, de son château de Brangues dans l'Isère, au grand rabbin de France, le 24 décembre 1941 : « … Je tiens à vous écrire pour vous dire le dégoût, l'horreur, l'indignation, qu'éprouvent à l'égard des iniquités, des spoliations, des mauvais traitements de toute sorte dont sont actuellement victimes nos compatriotes israélites tous les bons Français et spécialement les Catholiques. J'ai eu de fréquents rapports avec des juifs de toutes les nations, et j'ai trouvé en eux non seulement des esprits ouverts, mais encore des cœurs généreux et délicats. Je suis fier d'avoir parmi eux beaucoup d'amis (…) »*

☆
☆ ☆

Constatant l'intérêt que je portais à cette période triste et honteuse de notre Histoire, un Grenoblois, André Demire, qui avait retrouvé un ordre d'arrestation des juifs étrangers à Grenoble, adressé à la police française le 25 août 1942, m'en communiqua une photocopie. Il était tapé à la machine à écrire, même pas sur un papier à en-tête, cynique, révoltant...

Intitulé « Consignes pour MM. les chefs d'équipe en vue du ramassage *(sic)* des israélites étrangers », cet ordre d'arrestation commençait ainsi :

« L'opération commence à 4 heures du matin. Il s'agit d'appréhender les personnes indiquées sur la liste qui vous est remise, les faire conduire à la caserne Bizanet où est installé un centre de criblage. »

Suivait tout de suite une recommandation : « Agir avec humanité et fermeté. » Un certain nombre de précautions devaient être prises : « Fouiller les personnes aux fins de leur enlever toutes armes et autres matériels de suicide ou crime. Les inviter à se munir d'une ou deux couvertures, cuillère, fourchette (pas de couteau), tickets de rationnement, linge de corps, savon, serviettes, etc. On peut emporter 50 à 60 kg de bagages. »

Déjà, « on » savait fort bien que les personnes arrêtées chez elles n'avaient pas beaucoup de chances de revenir. La note spécifiait en effet : « En emmenant les personnes, fermer le logement, conduites d'eau, de gaz, d'électricité. Apposer sur la porte de l'appartement une fiche : appartement réquisitionné. Fermer la porte et enlever la clef qui sera pourvue d'une étiquette portant le nom et l'adresse du locataire. Cette clef est à déposer par la suite au commissariat de police du quartier. »

L'ordre comportait ensuite la liste des lieux où des autocars spécialement affrétés se trouvaient à la disposition des « équipes de ramassage » : place Notre-Dame, place Victor-Hugo, cours Jean-Jaurès devant l'école, place Saint-Bruno. Dès qu'un car était plein, il devait prendre la direction de la caserne Bizanet et revenir ensuite pour un nouveau convoi...

Les juifs étrangers ne furent cependant pas tous arrêtés ce jour-là. Les « consignes » le prévoyaient : « Ne pas appréhender les femmes enceintes (état de grossesse apparent) ; ceux dont le conjoint ou les enfants sont français ; les parents qui ont des enfants de moins de 2 ans ; les malades intransportables. »

Un service médical avait d'ailleurs été installé au centre de criblage, et un autre au commissariat central.

Mais « on » prévoyait déjà que certaines personnes, prévenues par des « traîtres », malgré le grand secret de l'opération, pourraient passer entre les mailles du filet. L'ordre écrit le laissait deviner : « Faire un premier compte rendu par téléphone (2.50) vers 6 heures. À la fin de l'opération, rendre compte des personnes arrêtées, des personnes non découvertes. Continuer les recherches des personnes dans la matinée. Il y a lieu d'arrêter immédiatement toute personne qui, par un moyen quelconque, chercherait à entraver cette opération. Elle sera internée par la suite. »

Certains policiers toutefois, indignés, purent prévenir très discrètement quelques-uns de ceux qu'ils devaient arrêter quelques heures plus tard...

M. Demire profita de la communication de ces sordides consignes pour égrener quelques souvenirs :

« Si trop de Français suivaient encore en 1942 les directives pitoyables de Vichy, mon père, d'origine arménienne, donc catholique, a hébergé à partir de l'invasion de la zone Sud jusqu'à la libération de Grenoble toute la famille See-Van Maupes, d'origine juive, proches parents du président Vincent Auriol. À part une ou deux personnes, tous les occupants de l'immeuble ont d'emblée accepté ce risque. Finalement, tout s'est très bien passé. Seul un incident tragi-comique est à signaler. Un soir, après le couvre-feu, M. See, alerté par un va-et-vient inhabituel dans l'immeuble, a fui par une fenêtre du premier étage, à l'aide de draps noués. Hélas, les nœuds étaient mal faits, et il s'est retrouvé sur le trottoir avec un membre fracturé. Mon père et mon frère l'ont vite récupéré, en prenant beaucoup de précautions pour ne pas alerter une patrouille allemande... »

Peu après la publication dans *Le Dauphiné libéré* du témoignage de M. Demire, une Grenobloise prit à son tour contact avec moi, m'apportant des précisions intéressantes sur l'attitude des policiers lors de cette épouvantable rafle, me demandant cependant de ne pas citer son nom.

« Il est vrai, me signala-t-elle, que certains policiers prévinrent, ou firent prévenir, les étrangers qui risquaient d'être arrêtés. C'est ainsi qu'à Grenoble l'inspecteur Fiat a sauvé de nombreuses vies humaines. Grâce à lui, bien des Grenoblois, juifs ou résistants, ont échappé à la déportation. Son attitude courageuse fut exemplaire. D'autres policiers mériteraient aussi d'être signalés. En agissant ainsi, ils risquaient leur vie. »

Quelques jours plus tard, un autre Grenoblois attirait mon attention sur la pénible nuit, qui a précédé l'horrible rafle, et sur le rôle méconnu qu'a joué une jeune Grenobloise, particulièrement héroïque :

« J'avais deux ans et demi à l'époque, me confia-t-il. Autant vous dire que je ne me souviens pas de cette nuit-là. Mais ma mère m'en a maintes fois parlé... Au milieu de la nuit, une jeune femme à bicyclette vint tambouriner à notre porte et dit : « Vite, vite, fuyez ! On va vous arrêter tout à l'heure. Sauvez-vous ! » Mes parents essayèrent d'en savoir davantage. « Je n'ai pas le temps de vous expliquer ! J'ai d'autres personnes à prévenir encore... Mais vite, sauvez-vous ! » Nous avons donc fui. Et c'est ainsi que ma famille a échappé à la rafle. Nous avons été hébergés par des amis... »

Ému, ce lecteur s'épancha : « Je ne sais pas combien de familles elle a pu sauver ainsi, cette brave fille à vélo qui risquait sa vie à tout moment. Et je ne sais rien d'elle, si ce n'est qu'elle pouvait avoir entre vingt et vingt-cinq ans. Il me semble que ma mère m'a dit qu'elle devait travailler au tribunal, quai Créqui... Je ne sais pas non plus comment elle avait pu « tomber » sur la liste des personnes qui devaient être arrêtées... Mais comme j'aimerais la retrouver, cette courageuse fille, si elle est encore de ce monde ! »

Malgré un appel lancé dans le quotidien, nous ne l'avons pas retrouvée...

☆
☆ ☆

D'autres rafles de juifs furent à déplorer encore dans l'Isère, les plus importantes se déroulant sous l'occupation allemande, après septembre 1943.

C'est ainsi qu'à Grenoble, le 24 décembre 1943, la police allemande bloqua toutes les issues de la place Vaucanson, arrêtant uniquement les hommes : deux cents furent pris dans les mailles du filet et transférés à la caserne Bayard où fut effectué l'odieux criblage, à l'issue duquel une trentaine d'israélites étaient « placés à part », selon les termes d'un rapport de l'époque. Presque tous prirent ensuite la direction des camps...

En dehors des multiples arrestations individuelles, d'autres opérations semblables furent effectuées le 24 janvier 1944 à Allevard (une dizaine de juifs arrêtés), les 6 et 8 février à Uriage et à Grenoble (près de cent cinquante !) et dans la nuit du 23 au 24 mars dans le hameau de la Martellière à Voiron, où seize enfants juifs et deux adultes étaient cachés. Un seul est revenu des camps...

Serge Klarsfeld a estimé que 650 des 16 000 juifs déportés de France, pour la seule année 1944, provenaient de l'Isère...

IL ÉTAIT TOUT JEUNE, JEAN BRUTTMANN…

Jean Bruttmann : « Parce qu'ils étaient juifs ou tziganes, parce qu'ils étaient d'une race impure d'après les S.S., ils ont été embarqués pour Auschwitz, afin d'être exterminés. Les bourreaux appelaient ça : la solution finale… »

Il était bien connu à Grenoble, Jean Bruttmann, avant qu'il ne soit brutalement arraché à l'affection des siens, un jour de 1996. Il était bien connu et surtout très estimé. Peu de temps avant de quitter ce monde, il m'apportait son témoignage sur cette terrible rafle d'août 1942. Un témoignage émouvant...

Il était jeune encore au moment de ces tragiques événements. Mais ce Grenoblois d'adoption n'oubliait pas ses tendres années vécues dans la plus atroce des terreurs. Des années qu'il évoquait toujours en tremblant...

« "Ils" n'avaient rien fait, je vous l'assure. Absolument rien ! commença-t-il à dire, la voix brisée par l'émotion. Et pourtant, parce qu'ils étaient juifs ou Tziganes, parce qu'ils étaient d'une race impure d'après les nazis, on les a embarqués pour les exterminer à Auschwitz ! C'était selon le propre terme des SS "la solution finale" prônée par la conférence de Wanze en janvier 1942 : il fallait absolument éliminer la "race inférieure" ! »

À l'âge de 5 ans, le jeune Jean Bruttmann était chassé brutalement de son école de Ludwigshaffen, près de Mannheim en Allemagne. C'était pendant l'hiver 1935. Et comme tous les enfants juifs de son âge, il ne comprenait pas ce qui lui arrivait... Il était chassé parce qu'il était juif !

« Mon père décida alors de quitter l'Allemagne, sentant la terrible menace qui, avec Hitler, déferlait inexorablement sur le pays. Ma famille se réfugia dans les Dolomites italiennes. Mais Mussolini, en automne 1938, décidait l'expulsion de tous les juifs de son pays. Nous arrivâmes donc ainsi en France, fatigués, apeurés, abattus... C'est à Menton que nous nous sommes installés tout d'abord. Nous fûmes relativement bien accueillis. Mon père, reconnaissant, décida alors de combattre le nazisme qui s'infiltrait insidieusement partout et qui risquait fort de s'abattre sur la France. Il s'engagea donc dans la Légion étrangère, en 1939... »

Le jeune Jean et sa famille n'allaient pas rester longtemps sur la Côte d'Azur...

« Mon père participa évidemment à la guerre contre l'Allemagne nazie. Il fut démobilisé suite à la débâcle de 1940 et revint au foyer. Mais la région de Nice, proche de l'Italie, alliée à Hitler, classée zone frontalière, devenait très dangereuse pour nous. Et nous dûmes à nouveau partir, effondrés. »

Jean Bruttmann marqua un petit arrêt dans son récit. Sans doute revivait-il intensément et douloureusement cette période si éprouvante de sa jeunesse. Aussi, je respectai son silence...

« Nous sommes donc remontés un peu plus au Nord, dans une région plus calme de la zone Sud, décrétée alors « libre », espérant enfin nous y établir définitivement après ces années de pénible errance. Et c'est un peu par hasard que nous sommes arrivés à La Tronche, tout près de Grenoble, trouvant un bien modeste appartement situé sous les combles, dans un immeuble de la Grande-Rue... Mon père, qui parlait huit langues, se vit proposer très vite un emploi à la Croix-Rouge... »

Une nouvelle vie enfin plus calme commençait pour la famille Bruttmann. Et le jeune Jean entra à l'école communale de La Tronche début 1942 et eut pour instituteur Alix Berthet, un grand résistant et futur co-fondateur du *Dauphiné libéré*, avec Louis Richerot et Georges Cazeneuve.

Mais ce n'était qu'une trêve. Et une trêve bien courte car déjà, le gouvernement de Vichy avait ordonné à ses préfectures le recensement de tous les étrangers de confession juive. Même en zone libre !

Et le 26 août 1942 arriva, dans toute son horreur...

« Chez nous, deux gardes mobiles en tenue de combat ont débarqué à quatre heures du matin, ordonnant, sans commentaire : « Ramassez vos affaires, on vous emmène ! » Nous étions terrorisés. Mon père n'était pas là, cette nuit-là. Je ne sais plus pourquoi. Ma mère dit aux militaires, pour les apitoyer « S'il vous plaît, messieurs, laissez-nous ! À quoi cela servirait-il d'emmener une femme et quatre gosses ? » Mais rien à faire. « Dépêchez-vous ! » : ce fut la seule réponse qu'on lui fit. Et nous fûmes jetés dans un car réquisitionné qui prit la direction de la caserne Bizanet... »

Ce fut ensuite la longue et fastidieuse séance de « criblage », qui se termina pourtant bien pour les Bruttmann...

« Grâce à l'intervention énergique de M. Cuiso, chef de la première division à la préfecture de l'Isère, que je n'hésite pas à ranger parmi les « hommes de cœur », notre famille ne fut pas déportée. Et nous pûmes regagner notre domicile à La Tronche. Mais nous vécûmes désormais dans une angoisse permanente, car les rafles opérées par les Allemands ou la milice française se multiplièrent ensuite... »

Encore un petit instant de silence. Un hochement de tête, et Jean Bruttmann enchaîna :

« Heureusement, grâce à la solidarité de la population, nous avons été épargnés. Nous devons beaucoup à la brave femme du garde-champêtre de La Tronche, Mme Descottes-Genon, qui était alors femme de service à la mairie. Elle était heureusement avertie par des « bruits de couloir » de l'imminence des rafles, qui la révoltaient. De temps en temps elle laissait la lumière très tard le soir dans les bureaux de la mairie. Pour la communauté juive, c'était le signal convenu du danger... »

Et c'est ainsi que les lumières de Mme Descottes-Genon, censée faire le ménage tardivement dans les locaux de l'hôtel de ville, allaient sauver des familles entières de la déportation.

« Au signal, se souvenait Jean Bruttmann, nous descendions vite au deuxième étage, chez les Baggioni. Sur des matelas jetés à terre, nos deux familles cohabitaient les nuits de terreur. À plusieurs reprises nous devions être arrêtés. On entendait les miliciens gravir les escaliers. Puis on les entendait descendre, bredouilles, sans penser que leur gibier était sous leur nez ! Quant à Mme Baggioni, qui travaillait aussi à la mairie, mais comme secrétaire, elle avait souvent des pertes de mémoire quand le tampon « Juif » devait figurer sur une carte d'identité. Ah, la brave femme, elle aussi ! »

Début 1944, devant le danger de plus en plus menaçant, la famille Bruttmann dut cependant quitter La Tronche pour se réfugier à Montbonnot. Et, de là, elle fit passer ses enfants en Suisse. Ce n'est qu'après la Libération qu'elle se retrouva réunie à Grenoble. Enfin, sans se cacher et en paix...

Si Jean Bruttmann n'avait pas connu l'enfer d'Auschwitz, il pouvait pourtant parler de cette démoniaque organisation hitlérienne où tant des siens ont péri...

LA CRÉATION DU CENTRE DE DOCUMENTATION JUIVE

« Monsieur Muller, vous nous feriez un grand plaisir si vous acceptiez d'animer notre grande table ronde organisée à Grenoble à l'occasion du cinquantième anniversaire de la création dans notre ville du Centre de documentation juive, le 28 avril prochain ! »

J'avoue avoir été un peu surpris en ce début d'année 1993 quand la communauté juive de Grenoble me lança cette invitation. Et, je ne m'en cache pas, un peu flatté. Car souvent, en évoquant pour mes lecteurs les heures si sombres de la dernière guerre mondiale, je me remémorais quelques scènes de mon enfance. J'étais bien jeune pendant ce terrible conflit. Et, de temps en temps, à l'école communale, certains élèves s'en prenaient à moi, à cause de mon nom difficile à porter à l'époque ! Un jour même, plusieurs garçons m'étaient tombés sur le dos, me traitant de « sale boche ! ». Mon père m'avait bien dit de clamer dans ces cas-là que j'étais plus Français qu'eux, que mon grand-père paternel et un frère de ma mère avaient été tués en défendant notre pays pendant la première guerre mondiale. Mais ces arguments, que je déployais pourtant avec beaucoup de conviction, ne les arrêtaient pas... Les jeunes enfants sont souvent durs et impitoyables entre eux !

C'est en pensant à ces scènes qui m'avaient profondément marqué que j'ai confié à la personne qui me contactait : « Vous savez, animer un débat auquel va participer Serge Klarsfeld et d'autres personnalités juives, avec le nom que je porte, c'est peut-être un peu délicat… »

Il éclata de rire, mon interlocuteur :

« Mais monsieur Muller, nous serons heureux, au contraire ! Vous nous avez tellement aidé à rétablir la vérité, à œuvrer pour que personne n'oublie, que nous serons fiers de vous avoir auprès de nous ! »

Et c'est ainsi que j'ai animé cette soirée, au Centre régional de documentation pédagogique de Grenoble, le petit écolier d'autrefois savourant peut-être inconsciemment une revanche sur ceux qui l'agressaient injustement…

☆
☆ ☆

C'est Simone Lagrange qui m'avait fait connaître le Centre de documentation juive, né à une époque où les juifs étrangers étaient pourchassés, les juifs français et les francs-maçons étant de leur côté sévèrement surveillés, soumis à de nombreuses brimades, accusés de tous les maux ; certains étaient arrêtés, relâchés après de longs et pénibles contrôles, puis arrêtés à nouveau sans ménagement. Tous vivaient dans l'angoisse, dans la terreur…

« À Grenoble, un juif français, d'origine russe, Isaac Schneersohn, redoutait le pire, me dit-elle un jour. Les persécutions à l'encontre des juifs ne cessaient de s'intensifier. Où allaient-elles s'arrêter ? Après les horribles rafles du Vél'd'Hiv et de province, il perçut l'impérieuse nécessité de rassembler le plus grand nombre de documents concernant le sort tragique des juifs de France. Il en fit part à ses amis qui l'approuvèrent sans réserve : il fallait absolument faire quelque chose… »

L'idée avait germé. Il fallait maintenant qu'elle s'épanouisse.

« Le 28 avril 1943, Isaac Schneersohn réunit à son domicile de la rue Bizanet à Grenoble une quarantaine de délégués d'organisations juives. Tous s'entendirent ce jour-là sur l'impérieuse nécessité de révéler à la conscience des hommes, endormie par l'insidieuse propagande ennemie, les crimes odieux perpétrés par les nazis et par le gouvernement de Vichy. À l'unanimité, ils créèrent le Centre de documentation Juive contemporaine (CDJC), qui allait jouer un très grand rôle. »

Pendant la durée de la guerre, aidé par une poignée de militants, et en étroite liaison avec la Résistance française, Isaac

Isaac Schneersohn : il créa le 28 avril 1943, en pleine guerre, à Grenoble, le centre de documentation juive (Archives du centre de documentation juive contemporaine).

Schneersohn recueillit méticuleusement de nombreux documents et de multiples témoignages, les cachant en lieu sûr. À la Libération, le CDJC quittait Grenoble pour s'installer officiellement rue Marbeuf à Paris. Et son équipe, étoffée, constituée de chercheurs volontaires, tels Léon Poliakov, Henri Hertz et Joseph Billig, rassembla, venant de partout, d'innombrables documents officiels et dépositions individuelles, sans relâche, réussissant à sauver de la destruction ou de la mise sous scellés de considérables fonds d'archives, notamment ceux du service des affaires juives de la Gestapo.

Le gouvernement français mis en place après la Libération puisa abondamment dans la précieuse documentation de ce Centre pour nourrir son réquisitoire au procès de Nuremberg. Le CDJC publia alors de nombreux ouvrages historiques et favorisa de multiples enquêtes.

Mais le Grenoblois ne s'arrêta pas là. Hanté par le souvenir lancinant des six millions de juifs morts sans sépulture, il imposa l'idée de la construction d'un mémorial. La mairie de Paris offrit un terrain, au cœur du Marais. Ce mémorial fut inauguré solennellement le 30 octobre 1956.

Cinquante ans après le départ en déportation du premier convoi de Juifs de France avait lieu la cérémonie inaugurale du Centre de Documentation, agrandi encore et entièrement rénové. Unique en Europe, il joue toujours, aujourd'hui, un rôle extrêmement important. On vient le consulter de très loin. Ses archives sont étonnantes...

C'est donc à Grenoble, dans la ville où il est né, que le CDJC a fêté le cinquantième anniversaire de sa création, la table ronde réunissant Serge Klarsfeld, historien et avocat ; Gérard Gobitz, historien ; Liliane Fargione, docteur en histoire, directrice du CDJ à Milan ; Simone Lagrange, présidente des anciens déportés d'Auschwitz ; Claude Kelman, président du conseil d'administration du mémorial, le thème retenu étant « le sort des juifs dans le Dauphiné ». À l'occasion de cet anniversaire, le film sur le procès de Klaus Barbie fut projeté pour la deuxième fois en France et fut suivi d'un débat avec Paul Lefèvre, chroniqueur judiciaire de la télévision, Simone Lagrange, qui avait été le témoin numéro un au procès, et Serge Klarsfeld. Le Musée dauphinois, de son côté, inaugurait ce jour-là une grande exposition intitulée « Le temps des rafles », en présence d'Éric de Rotschild, président du comité exécutif du CDJC.

Une constatation fut faite au cours de cette journée anniversaire : pendant l'occupation italienne, de novembre 1942 à septembre 1943, les juifs n'ont pas trop été pourchassés à Grenoble, où s'organisèrent même des filières pour cacher ceux qui étaient activement recherchés ailleurs. Les historiens estiment à 20 000 le nombre de juifs réfugiés alors dans la région grenobloise ! Une forte présence qui lui valut d'être appelée « la Petite Palestine » !

Tout changea avec l'arrivée brutale des Allemands. Dans la population dauphinoise, bien des chrétiens vinrent alors à leur secours, au péril de leur vie. On allait les appeler les Justes...

PRÉLENFREY-DU-GUÂ : LA CONSPIRATION DES JUSTES

Janvier 1993. David Klugman, chevalier de la Légion d'honneur, ancien combattant des Forces françaises libres 1940-1945, ancien combattant de la Californie du Nord, qui résidait à Oakland en Californie, annonçait qu'il viendrait à Prélenfrey,

Les Tilleuls, à Prélenfrey-du-Guâ : un ancien préventorium qui dissimula de nombreux enfants juifs pendant la guerre.

petit village de l'Isère, le 3 avril suivant, à la tête d'une « délégation reconnaissante », à la fois pour honorer ceux qui avaient si bien aidé et secouru les juifs pendant la Deuxième Guerre mondiale et pour « dépanner » — c'était son propre terme — le village.

David Klugman connaissait bien Prélenfrey-du-Guâ, délicieusement blotti dans les premiers contreforts verdoyants et reposants du Vercors, à quelques pas de Grenoble.

« J'y ai passé de nombreuses périodes joyeuses, quand j'habitais Grenoble avant-guerre, me dit-il à notre première rencontre. Et je tiens beaucoup à faire connaître, au monde entier, une belle page d'histoire, injustement ignorée, et méconnue même en Dauphiné, qui fait honneur à ce village isérois. »

Avant de revenir sur les lieux de sa jeunesse, parmi cette population qui se révéla héroïque dans les années de douleur et de terreur, le Californien d'adoption avait créé un « Comité de soutien international à Prélenfrey-du-Guâ Isère », dans lequel, autour de lui, on rencontrait les noms d'Adolphe Anouz, ancien combattant français et délégué au Conseil supérieur des Français à l'étranger, de Netanya, habitant désormais Israël ; Thomas E. Horn, avocat à San Francisco ; le docteur Sedgwick Mead, du Service de santé de l'armée américaine, d'El Cerrito de Californie ; Joseph Rossi, ancien résistant FTP, qui fut maire de Vif, près de Prélenfrey, pendant douze ans ; Monique Sisich, ancienne résistante, FFL, déportée, de Redwood City ; le docteur Daniel Szydlo, chef de service au Centre hospitalier de Compiègne, ancien réfugié à Prélenfrey ; Guy Verines, colonel du cadre de réserve à Marly-le-Roi et Jean-Jacques Vitrac, expert en relations internationales, de Walnut Creek, USA.

David Klugman ne cachait pas son admiration pour l'attitude héroïque des habitants du petit village dauphinois :

« La Deuxième Guerre a fait connaître au monde des noms de villages martyrisés : Oradour-sur-Glane en France, Lidice en Tchécoslovaquie, déclara-t-il. Il y eut aussi l'abnégation des habitants de Chambon-sur-Lignon, en Haute-Loire, aidant les gens en danger à traverser la ligne de démarcation. Et puis — voilà pourquoi nous sommes là — il y a eu Prélenfrey-du-Guâ, dans l'Isère. Ce qui honore Prélenfrey, c'est le courage de la population, face à une adversité qui, somme toute, n'était pas la leur. »

Et l'ancien combattant français expliquait :

« Témoins de l'impitoyable et abominable chasse aux juifs, les habitants de Prélenfrey réagirent, d'abord en cachant chez eux les persécutés puis, quand le village fut investi par un nombre de soldats ennemis dépassant celui de la population, ils refusèrent de dénoncer les pourchassés, en dépit des menaces et des sévices ! Ça, c'est du courage à l'état pur ! Cela est d'autant plus remarquable que la population avait été soumise à quatre années de propagande officielle antisémite et que les délations étaient hélas monnaie courante à l'époque.

« Mais les juifs sauvés grâce à cette population se sont émus, estimant qu'aujourd'hui le village se meurt. Plus d'épicerie, plus de bureau de tabac, plus grand-chose. Ils aimeraient redonner de la vie à ce village qui a sauvé la leur. C'est un juste retour des choses... Les circonstances historiques varient d'une époque à l'autre, les valeurs morales restent constantes. Les habitants de Prélenfrey ne se sont jamais vantés de ce qu'ils ont fait. Ceux qui ont eu la vie sauve grâce à eux n'oublient pas. Leur reconnaissance rejoint mon admiration pour ces « Justes », qui honorent la race humaine. »

La réunion internationale lancée par David Klugman, à laquelle je participais, se déroula le lendemain de son arrivée, c'est-à-dire le 4 avril 1993...

Il neigeait, ce jour-là. Il neigeait même beaucoup quand le néo-Californien ouvrit, dans la grande salle de l'hôtel du Gerbier, à Prélenfrey, une séance peu ordinaire, rassemblant des juifs qui avaient été sauvés ici même pendant la guerre par la population, des anciens résistants et beaucoup d'amis. Tous unis dans un même élan, pour se rappeler cette époque si difficile où des personnes d'horizons bien divers surent se donner la main quand il le fallait pour lutter contre l'occupant et ses alliés, pour sauver des vies humaines au péril même de leur propre vie.

Et tous unis aussi pour proclamer, en souvenir de ces années sombres, mais si riches en fraternité, qu'il fallait donner un nouvel élan à ce petit village dont l'attitude des habitants fut exemplaire.

Après une minute de silence à la mémoire des innombrables victimes de la déportation, David Klugman rendit un solennel hommage au courage exceptionnel de la population, et passa la parole à Daniel Szydlo, qui fit part de ses nombreuses démarches effectuées pour que la médaille des Justes de l'État d'Israël fût accordée à Georges Guidi, dit Jo, et à sa famille qui, dans leur préventorium de Prélenfrey, protégèrent, cachèrent et sauvèrent de très nombreux juifs. Une distinction exceptionnelle qui récompenserait en même temps toute la population.

David Klugman annonça aussi, ce jour-là, qu'il achevait la rédaction d'un livre consacré à Prélenfrey, intitulé *La Conspiration des Justes*, livre qui devait paraître quelques mois plus tard, en français et en anglais, diffusé dans de nombreux pays, faisant connaître au monde entier l'attitude héroïque des Guidi et de toute la population de ce petit coin du Dauphiné.

À la fin de la réunion, les premiers rayons d'un soleil retrouvé balayaient les gros nuages encore chargés de neige. Et un ciel bleu apparut aussitôt. Ce grand ciel pur qui caresse souvent les sommets. Fallait-il voir là un symbole ou un heureux présage ?

☆

☆ ☆

Cette réunion ne fut pas sans lendemain. L'État d'Israël tenant absolument à honorer la famille Guidi et toute la population de Prélenfrey-du-Guâ au mémorial Yad Vashem, le haut-lieu du souvenir, une émouvante cérémonie de reconnaissance se déroula à Jérusalem même, au mois de mai 1994, en présence d'une délégation dauphinoise dont je faisais partie. Participaient à cette cérémonie M. Brochand, ambassadeur de France en Israël, M. Lebeuf, consul de France à Jérusalem, le colonel Carré, un ancien des Troupes alpines, attaché militaire à l'ambassade de France à Tel Aviv, une soixantaine d'anciens combattants français résidant en Israël, une délégation d'officiers et sous-officiers des Casques bleus de l'ONU venant spécialement du Sud Liban, appartenant tous au 6e bataillon de Chasseurs alpins, une délégation d'anciens résistants français conduite par M. Joseph Rossi, président de Prélenfrey dans la Résistance, association créée lors de l'assemblée suscitée l'année précédente par David Klugman, lequel, évidemment, était là lui aussi.

La journée commença par une cérémonie religieuse célébrée dans la crypte de Yad Vashem par le grand rabbin de l'Institut, afin d'honorer les « Justes des nations » et en particulier la famille Guidi. Après la prière des morts et la prière de glorification de la Maison de Dieu, il fut demandé à Joseph Rossi de rallumer la flamme du Souvenir. Deux gerbes furent ensuite déposées, l'une par Joseph Rossi, l'autre par Jean Mourey, alors maire de Vif, au nom de la délégation dauphinoise. Une troisième gerbe, celle de David Klugman et du président des anciens combattants français en Israël, vint fleurir la crypte.

Tout le monde se rendit ensuite auprès du mur d'honneur des « Justes des nations », le docteur Mordecaï Paldiel, directeur du département des Justes de Yad Vashem, déclarant combien il était heureux de cet émouvant hommage rendu à « une famille française, une famille de braves gens, que nous appelons ici des Justes ».

Un de ses adjoints, le docteur Lucien Lazare, souligna ensuite l'importance des événements qui s'étaient déroulés à Prélenfrey-du-Guâ, notant que, si la mémoire avait été défaillante pendant cinquante ans, elle ne le serait plus désormais, évoquant l'héroïsme d'une population toute entière que l'Histoire retiendra désormais. Il remercia ensuite vivement les anciens combattants et anciens résistants français qui apportaient un éclat apprécié à la cérémonie et conclut : « J'ai la profonde conviction que les sauveteurs des juifs, qui ont fait échec à la barbarie, ont aussi redonné espoir à l'Humanité dans son ensemble. »

Jean Mourey, maire de Vif mais aussi président du Pays de Vif dont fait partie Prélenfrey, dit à son tour combien il était honoré de participer à cette journée exceptionnelle et combien il était fier du comportement de ceux qui l'avaient précédé, pendant les années terribles de la guerre.

J'ai été très surpris ensuite quand le docteur Lucien Lazare fit appel à moi pour dévoiler la plaque de la famille Guidi — qui est scellée juste au-dessous de celle de Paul Ramadier, ancien président du Conseil. Et c'est avec une émotion particulière que j'ai enlevé le petit drapeau tricolore qui la recouvrait, drapeau que je remis à mon retour en France à Jo Guidi, lequel, souffrant, n'avait pas pu faire le déplacement à Jérusalem.

La parole était donnée ensuite à Joseph Rossi qui salua les organisateurs de cette cérémonie, les anciens combattants de l'armée française et la délégation de la FINUL venus spécialement pour participer à cette manifestation, sans oublier David Klugman pour tout le travail accompli et tous les efforts déployés pour faire sortir de l'oubli Prélenfrey. Il lut ensuite de larges extraits de la communication d'Yves Armand, de l'Académie delphinale, retraçant l'historique précis des événements qui se sont déroulés dans le petit village dauphinois.

À son tour, David Klugman s'approcha du micro, dévoilant comment un silence de cinquante ans avait été rompu à Prélenfrey, personne, en dehors de la commune, n'ayant été au courant de cette « affaire » selon sa propre expression. Et il confia comment, au hasard d'une étape à Grenoble en 1982, il « tomba » sur une « histoire extraordinaire d'héroïsme, que personne n'avait contée jusqu'alors ». C'est ainsi que commença son « roman d'amour » avec Prélenfrey. « Cela a abouti à la cérémonie d'aujourd'hui, conclut-il. La persévérance est toujours payante. »

C'est l'ambassadeur de France qui lui succéda et qui fut chaleureusement applaudi : « Dans la France d'il y a cinquante ans, des Français furent les complices des bourreaux et ont taché notre pays. Mais, Dieu merci, d'autres Français ont sauvé l'honneur de la France, risquant leur vie pour sauver des juifs. À

La famille Guidi dirigeait le préventorium de Prélenfrey-du-guâ. Pour avoir sauvé de nombreux enfants juifs pendant la guerre, Jo Guidi (notre photo) a reçu cinquante ans après la médaille des Justes.

travers la famille Guidi, c'est tout un village, toute une région qui est aujourd'hui à l'honneur. Le mérite de ce petit coin de France qui, malgré l'occupation, a su garder son intégrité, est grand. C'est le symbole de la France que nous aimons, que nous chérissons et nous n'en voulons pas d'autre. »

☆
☆ ☆

Jo Guidi n'ayant pu se rendre en Israël, c'est à Prélenfrey, chez lui, qu'il reçut quelques semaines plus tard, le 22 juillet 1994 exactement, la médaille des Justes, une cérémonie bien émouvante elle aussi, qui se déroula à l'issue d'un colloque international intitulé « Sauver des enfants juifs sous l'Occupation » au cours duquel de nombreux historiens prirent la parole. Ce fut l'occasion pour le public de découvrir dans le détail ce qui s'était passé exactement dans le petit village dauphinois.

Fabienne Chaperon, étudiante en histoire à l'université Stendhal à Grenoble, rappela comment le préventorium de Prélenfrey géré par la famille Guidi fut amené à accueillir, sous de fausses identités, les enfants juifs pourchassés et comment, petit à petit, la population, toute la population, aida les Guidi à sauver non seulement les enfants juifs, mais aussi leurs parents. Et elle raconta minutieusement la journée du 22 juillet 1944, au cours de laquelle tous les hommes du village furent alignés devant une mitrailleuse par les Allemands qui se doutaient bien de quelque chose.

Menacés de mort s'ils ne parlaient pas, les hommes ont simplement répondu aux questions très précises qui leur étaient posées : des juifs cachés dans le village ? Ils n'étaient pas au courant. Des résistants qui les abritent ? Ils n'en connaissaient pas... Et les femmes qui voyaient avec effroi les hommes ainsi menacés n'ont pas ouvert la bouche... L'une d'elles, d'ailleurs, Anne, la petite infirmière, fit preuve d'un courage hors du commun, en détournant l'attention des nazis à un moment crucial, où ils étaient prêts à tirer. Anne qui, cinquante ans après, au cours de ce colloque, apporta son précieux témoignage...

Tour à tour, Jo Guidi, Daniel Szydlo et beaucoup d'autres, sauveurs et sauvés, répondirent avec franchise aux nombreuses questions du public, vivement intéressé par l'attitude presque inimaginable de nos jours, de toute la population stoïque et héroïque du village, cinquante ans auparavant.

« De nombreuses familles de Prélenfrey nous ont beaucoup aidés, reconnut à cette occasion Jo Guidi.

— S'il n'y avait pas eu les Guidi, puis toute la population qui les soutenait, je ne serais pas là aujourd'hui ! proclama le docteur Szydlo. Il y avait la guerre d'un côté. Et Prélenfrey de l'autre ! »

C'est en présence de toute la population du village et de nombreuses personnalités que la médaille des Justes fut remise ensuite à Jo Guidi, sur la place du village, près de l'ancien préventorium, par M. Moshé Kimhi, conseiller auprès de l'ambassade d'Israël à Paris, lequel, après avoir souligné que sa famille avec l'aide de la population avait sauvé cinquante et un juifs pendant la guerre, s'exclama :

« S'il y a eu moins de victimes juives en France que dans d'autres pays, c'est qu'il y a eu, comme ici à Prélenfrey, des hommes et des femmes pour sauver des juifs ! Nous avons tous une profonde reconnaissance pour les Justes parmi les nations ! »

Au cours de cette cérémonie fut solennellement inaugurée une plaque du Souvenir, sur le mur des Tilleuls, maison de la famille Guidi. Offerte par l'association Prélenfrey dans la Résistance, cette plaque rappelle que la population de ce village « a sauvé par sa résistance civile ses réfugiés juifs et l'honneur de la France ».

Jo Guidi reçut ensuite la grande médaille d'or de Prélenfrey des mains de son maire, Gilbert Faure, et la médaille de l'Assemblée nationale, des mains de Didier Migaud, député de l'Isère.

Tour à tour, dans leurs allocutions, Mme Brousse, présidente régionale de l'association Yad Vashem, Joseph Rossi, M. Puissat, vice-président du Conseil général, représentant Alain Carignon, prirent la parole, pour dire combien ils étaient heureux de participer à une telle cérémonie et combien était méritée cette médaille des Justes.

Très ému, Jo Guidi remercia Israël, l'association Yad Vashem et tous ses amis présents, certains ayant fait un très long voyage pour assister à cette cérémonie, comme le président des anciens combattants français d'Israël, qui arrivait de Jérusalem pour la circonstance.

Les émouvants chants des *Marais* et des *Partisans* ainsi que *La Marseillaise* terminèrent cette touchante cérémonie.

☆
☆ ☆

David Klugman n'aura pas eu le temps de concrétiser tous ses projets pour Prélenfrey, qu'il qualifia un jour de « deuxième patrie ». La mort le faucha brusquement, là-bas, de l'autre côté de l'Atlantique, loin de cette terre qu'il chérissait.

Ici, chacun sait
Ce qu'il veut, ce qu'il fait
Quand il passe.

(Chant des Partisans)

MÉDAILLES DES JUSTES

Dans ce petit coin pittoresque et charmant du Vercors, tout près de Prélenfrey, d'autres juifs ont également été cachés et sauvés pendant la guerre. Ce fut le cas, notamment, dans le chef-lieu de la commune du Guâ où un couple bien connu et estimé dans la région, recevait le jeudi 9 décembre 1993 la médaille des Justes.

Ce jour-là, dans la salle d'honneur de la mairie, Gilbert Faure, le premier magistrat municipal, ne cachait ni sa joie ni son émotion en accueillant tous ses invités, à l'occasion de la remise de cette haute distinction à M. et Mme Ruelle.

M. et Mme Ruelle, du Guâ, ont reçu la médaille des Justes le jeudi 9 décembre 1993.

Après que Lucien Fayman, délégué France Sud du comité français Yad Vashem, eut présenté cette fondation et le département des Justes, Odid Shamir, consul d'Israël, dit combien était grande sa fierté de représenter son pays en de telles circonstances et combien était immense sa gratitude pour René et Ginette Ruelle « qui ont nourri, logé, sauvé des juifs pendant la guerre sans rien demander en échange », évoquant ensuite l'attitude héroïque de la population du Guâ et de Prélenfrey-du-Guâ.

Conseiller général, Denis Bonzy soulignait ensuite le courage « considérable » et « l'héroïsme quotidien et l'exemple » de ce si sympathique couple dauphinois.

Un moment d'intense émotion gagna toute l'assistance, au premier rang de laquelle on remarquait Joseph Rossi et Simone Lagrange, quand Estelle Gavron (qui était accompagnée de sa petite-fille) prit la parole pour remercier M. et Mme Ruelle qui l'avaient accueillie et sauvée pendant la guerre, alors qu'elle n'avait que onze ans...

Après avoir reçu la médaille et le diplôme des Justes des mains du consul d'Israël et la grande médaille d'honneur de la commune du Guâ remise par le maire, les époux Ruelle furent invités à trinquer avec la nombreuse assistance. Au cours du cocktail, je pus m'entretenir avec eux... Et je leur ai demandé tout d'abord comment ils avaient pu sauver la petite Estelle, qui avait absolument tenu à être présente ce jour-là, cinquante ans après les tragiques événements...

« Il y avait plusieurs mois que nous l'hébergions, se souvenait René Ruelle, quand, un matin, vers 6 heures, la Gestapo déboula chez nous, en enfonçant la porte, après avoir encerclé tout le quartier. Mais heureusement pour elle et pour nous, « ils » avaient eu le tort, la veille, d'effectuer une reconnaissance des lieux sans prendre beaucoup de précautions. Nous les avions repérés. Aussi, le soir même, j'ai emmené la petite fille chez ses parents, qui se cachaient, eux, chez M. Bonnet, au pied des Saillants-du-Guâ. Mais la situation devenait précaire dans le coin. Aussi, deux jours après, j'ai trouvé un moyen d'emmener plus loin la petite et sa mère. Le lendemain, c'est le père que j'éloignais à son tour de ces lieux devenus très dangereux, en le cachant dans une camionnette... avec des meubles dessus ! Mais, ce jour-là, j'avoue avoir eu peur... »

Un soupir, un hochement de tête, et René Ruelle enchaînait :

« Avec mon chauffeur, Pierre Jullien, nous avons pris la direction d'Ornon. Soudain, nous tombâmes sur un barrage d'Allemands. C'est foutu ! me dis-je... J'ai répondu que je transportais quelques vieux meubles dans une autre maison... Allaient-ils fouiller le véhicule ? Non ! Allez, filez ! rétorquèrent-ils. Nous n'avons pas hésité un seul instant pour obtempérer !... Un peu plus loin, sur la petite route, pas large du tout, on croisa une voiture du maquis... et notre camionnette glissa dans le fossé ! Je connaissais bien les gars, et ils nous ont aidés à en sortir... C'est ainsi que toute la famille fut sauvée ! »

J'ai pu aussi m'entretenir avec Estelle, devenue grand-mère...

« Mon nom de famille, c'était Waingot à l'époque. Mais, pour me soustraire aux recherches, on m'avait donné le nom de Wallon. Et, à Ornon, où nous fûmes conduits par M. Ruelle, j'ai changé une nouvelle fois d'identité et on me connut alors sous le nom de Wolny... Je suis devenu Estelle Gavron en me mariant... »

Se tournant vers sa petite-fille qui l'accompagnait, la prenant gentiment par l'épaule, elle me déclara avec un grand sourire, mais avec un brin d'émotion aussi :

« Je l'ai amenée avec moi, pour que la mémoire ne se perde pas... »

☆
☆ ☆

Deux mois plus tard, le vendredi 11 février 1994, une cérémonie identique se déroulait dans les salons de l'hôtel de ville de Grenoble. Ce jour-là, c'est un ancien instituteur de Chartreuse qui était honoré : Gaston Luyat, que nous rencontrerons un peu plus loin dans ce livre.

Des médailles des Justes furent encore décernées à d'autres Isérois qui, eux aussi, pendant ces années terribles, n'avaient pas hésité un seul instant pour aider, cacher et sauver des juifs, sachant bien ce qu'ils risquaient...

Les Dauphinois, c'est bien vrai, ont su faire preuve de patriotisme et de fraternité pendant ces années de malheur, se montrant les dignes descendants de ceux qui avaient apporté à Paris la Révolution commencée chez eux...

- 1918 - REPUBLIQUE FRANÇAISE - 1943 -

FETE NATIONALE du 11 NOVEMBRE

PATRIOTES DAUPHINOIS !

A l'occasion du 25e anniversaire de la Victoire de 1918,

Pour honorer la mémoire de tous nos héros morts pour la liberté et l'indépendance de la Patrie,

Pour préparer et hâter la prochaine victoire de la France, sur les barbares Nazis et les traitres à leur solde,

Jeudi 11 Novembre

Pavoisez ! Arborez les Trois Couleurs! fleurissez les Monuments aux Morts !

Ouvriers, employés, fonctionnaires, étudiants, patrons, commerçants, artisans,

CESSEZ LE TRAVAIL

Dans chaque quartier, formez vos cortèges et, drapeau tricolore en tête;

RASSEMBLEZ-VOUS à 11 HEURES AU MONUMENT AUX MORTS ou devant la Mairie

POUR MANIFESTER au chant de la Marseillaise, notre ardente volonté de combattre pour redonner à la Patrie forgée dans le sang de nos pères et de nos martyrs,

SA LIBERTE, SON INDEPENDANCE et SA GRANDEUR.

LE COMITE DE L'ISERE
DE LA FRANCE COMBATTANTE
ET DES ALPES DAUPHINOISES
(Combat, Libération, Franc-Tireur, C.G.T., Front National, Francs-tireurs et Partisans, Armée Secrète, Comités Populaires Féminins, F.U.J., Jeunesses Communistes, Parti Communiste, Parti Socialiste).

DEFENSE DE TOUCHER -:- DANGER de MORT

Un trac diffusé dans les premiers jours de novembre 1943, appelant les Grenoblois à manifester le 11 novembre. Ce sera une triste journée pour Grenoble.

Chapitre III

… Et les dauphinois se réveillèrent

Mercredi 10 novembre 1943. *Le Petit Dauphinois* publiait en tête de la page 2 un communiqué laconique, émanant de la préfecture de l'Isère : « À compter d'aujourd'hui 10 novembre, le couvre-feu est appliqué de 20 heures à 5 heures du matin, dans les communes de Grenoble, La Tronche, Saint-Martin-d'Hères, Échirolles, Fontaine, Saint-Martin-le-Vinoux, Pont-de-Claix. »

Deux jours auparavant, le quotidien, à la botte du gouvernement de Vichy, avait fait paraître un autre communiqué, qui proclamait péremptoirement : « Toutes manifestations sur la voie publique et tous attroupements sont formellement interdits au cours de la journée du 11 novembre. » C'était clair et sans discussion possible. Le lecteur pouvait comprendre que ces décisions draconiennes avaient été imposées par le nouvel occupant, qui entendait régner sur l'agglomération grenobloise avec une main de fer. Ce dernier avait décidé de frapper très fort et de mater la Résistance et les habitants complices qui le narguaient. La relative clémence de l'occupation italienne était bien terminée…

Avec l'arrivée des Allemands, c'est un véritable étau qui s'abattit sur la région. Mais ils connaissaient bien mal les Dauphinois, plus que jamais épris de liberté, plus que jamais décidés à mettre des bâtons dans les roues à l'oppresseur arrogant et cruel. Longtemps contenue, la fibre des *Brûleurs de loups*, leurs ancêtres, se réveilla en eux. Déterminée, implacable… Et la guérilla s'organisa, s'intensifia contre l'ennemi, lui tombant dessus partout où il ne s'y attendait pas, lui infligeant bien des déboires.

Dans un numéro de *La France au Combat*, largement diffusé dans l'Isère, on pouvait lire, sous le titre « Avant la chute des feuilles », ces lignes : « César, tremble. Ironisez, nazis ! Vous ne trompez plus personne : vous avez peur ! Vous aurez encore plus peur avant la chute des feuilles ! »

Avant la chute totale des feuilles de l'automne, les Dauphinois allaient magistralement montrer ce qu'ils savaient faire...

LA DOULOUREUSE JOURNÉE DU 11 NOVEMBRE 1943

11 novembre 1943 : de nombreux Grenoblois sont arrêtés, regroupés contre un mur. 398 d'entre eux seront dirigés vers les camps de la mort. Beaucoup ne reviendront pas.

Quand en 1963 Albert Michallon, maire de Grenoble, qui avait été le « capitaine Buridan » dans la Résistance[1] baptisa du nom des « Déportés du 11 novembre 1943 » une artère de la ville,

1. Albert Michallon (1912-1975) avait, dès 1943, accepté les responsabilités de chirurgien des maquis du Grésivaudan. Il créa deux hôpitaux clandestins, au Pré-de-l'Arc, puis dans les Sept-Laux. Devenu maire de Grenoble en 1959, il baptisa le 27 juin 1963 du nom de rue des Déportés la voie qui relie la rue Mallifaud à la rue de Stalingrad. Quelques mois plus tard, le 18 novembre 1963, il compléta cette dénomination : rue des Déportés du 11 Novembre 1943.

je me suis posé plusieurs questions : que s'était-il passé exactement, vingt ans plus tôt, ce 11 novembre 1943 ? Car les écrits sur cet événement divergeaient sensiblement, au moins dans les détails. Personne ne semblait bien d'accord. Si ce n'est pour affirmer que, ce jour-là, de très nombreux Grenoblois avaient défilé dans les rues en chantant *La Marseillaise*, que beaucoup d'entre eux furent arrêtés, que certains avaient été libérés et que d'autres prirent la direction des camps de concentration, alors ignorés du public et que seul un petit groupe de rescapés parvint à revenir en 1945 à Grenoble. Mais en triste état...

Qui avait organisé cette journée de revendications patriotiques ? Comment s'était-elle déroulée exactement ? La police française, aux ordres de Vichy, avait-elle donné un coup de main à l'oppresseur allemand pour étouffer la manifestation et procéder aux arrestations ? Des coups de feu avaient-ils été tirés ? Et par qui ? Sur quels critères beaucoup de manifestants avaient-ils été envoyés en Allemagne ? Et combien exactement ?

Bien des réponses n'étaient pas apportées clairement ou différaient sensiblement les unes des autres. Bien des points restaient curieusement dans l'ombre. Peut-être cet épisode poignant de la guerre était-il encore trop récent et avait-on peur de réveiller de tristes comportements et de terribles rancunes ? C'est possible.

Les mois passèrent. Les années aussi. Un ancien déporté, qui avait été arrêté lors de la manifestation, m'avait confié : « Ce 11 novembre, j'avais obéi à des ordres. Comme beaucoup de jeunes. Et nous étions tous heureux de défiler, en nous défoulant. Le joug de l'ennemi haï nous étouffait trop. Mais certains, très excités, criaient n'importe quoi, ne se contrôlaient plus. Des insultes pleuvaient. C'est peut-être pour ça qu'on nous a arrêtés... Je ne sais pas qui avait organisé la journée, c'est vrai. Pour nous alors, c'était la Résistance. Et ça nous suffisait. Je ne sais pas s'il y avait des Français avec les Allemands qui nous piégèrent... »

Un autre s'était épanché, amèrement : « Je ne sais pas qui exactement avait programmé ce défilé. Mais il devait bien se douter que les « boches » n'allaient pas apprécier, que la répression risquait d'être terrible. Il nous envoyait à l'abattoir... »

D'autres encore semblaient du même avis. Mais, pour ne pas compromettre certains membres de la Résistance, qui s'étaient conduits en véritables héros par ailleurs, ils préféraient se taire.

Et puis arriva le mois de novembre 1973. Trente ans après le tragique épisode. Je pris contact alors avec Lucien Colonel, qui était reporter photographe du *Dauphiné libéré* à Annecy et qui fit partie des déportés du 11 novembre. Il accepta de me rencontrer au Cintra, place Grenette à Grenoble. Mieux, il amena avec lui deux de ses amis qui avaient aussi participé à la tragique journée et qui avaient eu la chance de revenir des camps de la mort.

« Il est temps de rétablir la vérité, me déclara Lucien Colonel. Tellement de choses ont été dites sur ce sujet. Tellement de bêtises aussi... » L'entretien dura longtemps et déboucha sur deux grands articles, publiés les jeudi 8 et vendredi 9 novembre, sous le titre général « Il y a trente ans : le 11 novembre 1943 ».

Plus tard, j'ai rencontré d'autres anciens déportés et des personnes qui avaient échappé au transfert en Allemagne. Tous m'ont confirmé la version de Lucien Colonel et de ses deux compagnons de l'Amicale des anciens déportés du 11 novembre 1943, m'apportant des précisions supplémentaires. Tous ces témoignages m'ont permis d'établir la chronologie et le déroulement de cette journée historique, qui fut un acte de foi dans une France pouvant se libérer mais aussi une triste page d'une guerre affreuse...

☆
☆ ☆

Un ciel bas, gris, maussade : un vrai temps d'automne, une ville vidée de son animation coutumière ; en ce petit matin morne du 11 novembre 1943, les rues de Grenoble étaient étrangement désertes. Si la plupart des affiches avaient été arrachées, certaines, collées clandestinement les nuits précédentes, sur les murs de la cité, subsistaient encore, interpellant les rares passants. Elles proclamaient en gros caractères : « Fête nationale du 11 novembre. Patriotes grenoblois, cessez le travail. Rassemblez-vous à 11 heures au monument aux Morts ou devant la mairie » et, dessous, en caractères plus petits : « pour manifester au chant de *La Marseillaise*, notre ardente volonté de combattre pour redonner à la patrie forgée dans le sang de nos pères et de nos martyrs sa liberté, son indépendance et sa grandeur ». Un appel qui était ainsi signé : « Comité de l'Isère de la France combattante et des Alpes dauphinoises (Combat, Libération, Franc-Tireur, C.G.T., Front National ; Francs-tireurs et partisans, Armée Secrète, Comités Populaires Féminins, F.U.J., Jeunesses Communistes, Parti Communiste, Parti Socialiste). » Un tract, beaucoup plus détaillé, circulait d'autre part de main en main depuis plusieurs jours, appelant les Grenoblois à manifester.

La ville était anormalement calme ce jour-là, car les Grenoblois dans leur immense majorité avaient obéi aux directives lancées par la *France Combattante*. Malgré des ordres impératifs édictés par le gouvernement de Vichy, ils ne s'étaient pas rendus au travail. Et beaucoup voulaient célébrer l'anniversaire de 1918, pour faire savoir à l'ennemi et à ses collaborateurs qu'ils étaient restés Français et patriotes.

Le grand silence qui s'abattait lourdement sur la ville avait quelque chose d'angoissant. Un pressentiment confus tenaillait sournoisement les citadins. Certains devinaient bien qu'il allait se passer quelque chose ce jour-là. Mais quoi ? Un vieux loup de mer aurait dit que c'était le calme qui précède les tempêtes... Ils se doutaient bien que les Allemands, récemment arrivés dans la région, succédant aux Italiens, pourraient réagir d'une façon implacable en cas de manifestations. Le 10 novembre, les services de renseignement de divers réseaux — notamment celui de la police — avaient d'ailleurs prévenu les organisations patriotiques que la réaction allemande risquait d'être impitoyable. Certains résistants tentèrent alors de prévenir la population : arrêter le travail, oui ; manifester contre l'occupant, non...

À ce propos, Aimé Requet, avec lequel nous ferons plus ample connaissance dans les pages qui suivent, m'a confié un jour qu'Albert Reynier, pour l'Armée secrète, Gaston Valois, pour les MUR et Flaureau, pour le Parti communiste, avaient essayé à la dernière minute de faire annuler la manifestation. Mais c'était trop tard... Comment prévenir tous les Grenoblois qui, se sentant oppressés et humiliés, depuis le 9 octobre, jour des obsèques de René Abry, voulaient crier à l'adversaire leur plus profond mépris ?

Ce 11 novembre 1943, policiers et gendarmes français redoutaient le pire. Quant aux Allemands, ils se cachaient. Mais ils étaient prêts à intervenir brutalement.

À dix heures, les commerçants baissèrent leurs rideaux. Et les citadins commencèrent à sortir de chez eux... Ici et là, on put apercevoir de petits groupes furtifs et silencieux. Et puis des groupes, de plus en plus importants...

Beaucoup d'auteurs ont évoqué plus ou moins brièvement cette journée tragique, mentionnant tous que le volume de la foule augmentait à chaque minute, que les allées du cours Jean-Jaurès étaient remplies de monde et qu'en chantant *La Marseillaise* les Grenoblois convergeaient sur le monument des Diables bleus, place Paul-Mistral.

Ce qui fit réagir Lucien Colonel, qui me confia avec assurance : « Ce n'est pas devant le monument des Diables bleus que nous devions nous rassembler initialement, mais bel et bien devant le monument aux morts de l'Esplanade, autrement dit la Porte de France. Les tracts qui furent distribués à l'époque en font foi. Mais ce rendez-vous se révéla impossible : les gardes mobiles français à cheval barraient le pont sur l'Isère. Impossible de passer. Alors, sur la place de la Bastille, devant l'Isère, un mot d'ordre fut lancé : tous au monument des Diables bleus ! »

Et le cortège s'ébranla et s'enfla sans cesse, empruntant la rue Docteur-Mazet, débouchant place Victor-Hugo, devant le siège de la milice. Il observa là un moment d'arrêt, vomissant des injures à l'adresse des collaborateurs. Il fit de même devant le repaire des PPF, place Grenette. C'est alors que la police française intervint, craignant l'affrontement avec l'ennemi. une recommandation circula parmi les manifestants : ne cherchez pas la bagarre avec les flics... Disloqué, le cortège se reforma un peu plus loin, place Notre-Dame et devant la préfecture.

« Au fur et à mesure que nous avancions, se souvenait bien Lucien Colonel, de nombreux Grenoblois se joignaient à nous et chantaient aussi bien *La Marseillaise* que *L'Internationale*, ce qui a fait penser aux Allemands que nous étions tous des communistes. Une étiquette que nous allions conserver dans les camps. Voilà pourquoi tant de Grenoblois ne sont pas revenus... »

Et la longue file de patriotes passa dans la rue du Lycée, où s'était déroulée en partie la mémorable journée des Tuiles de juin 1788. Là, quelqu'un, d'une fenêtre, lança aux manifestants un drapeau tricolore...

« Ce fut pour nous un extraordinaire encouragement. Tout le monde convergea, au pas de gymnastique, sur la place Paul-Mistral. Nous étions, à midi, près du monument des Diables Bleus, débordant les gendarmes... »

Deux mille manifestants entourèrent alors le monument et déposèrent des fleurs. Le drapeau tricolore jaillit de la foule et fut dressé sur le bronze. De nouveau, *La Marseillaise* éclata. Vibrante, puissante, émouvante...

Pressentant le drame, un lieutenant de gendarmerie intervint, demandant aux Grenoblois de rentrer vite chez eux. La foule l'écouta et commença à se disperser. Le calme revenait. Tout allait rentrer dans l'ordre.

Tout ? Non... Car quelque part, une fusée jaillit dans le ciel. Dans le livre du commandant Nal *La Bataille de Grenoble* et dans plusieurs autres ouvrages, il est question d'un coup de feu... Mais tous les témoins que j'ai pu rencontrer étaient formels : « Il s'agissait bien d'une fusée, qui fut tirée de la maison des Étudiants toute proche, alors siège de l'état-major allemand. Nous l'avons bien vue s'élever. C'était un signal. Immédiatement, les troupes allemandes surgirent de différents endroits, armées jusqu'aux dents, se déployant en tirailleurs... »

Ce fut la débandade chez les patriotes. Un moment, la police française se trouva entre les deux camps...

« L'ennemi lui intima l'ordre de tirer sur la foule. Elle refusa d'obtempérer. Il y eut alors un petit moment de flottement, ce qui permit à un millier de manifestants de s'enfuir. L'autre millier, lui, fut encerclé. Des policiers français, de leur côté, furent arrêtés, désarmés, frappés même... »

La tenaille ennemie se referma complètement sur les patriotes. Les coups de crosses pleuvaient de partout. Un officier français intervint pour faire relâcher les Grenoblois. En vain. Il fut lui-même malmené. L'occupant, furieux de l'attitude de la police française, envisagea un moment de faire fusiller certains de ses responsables.

« Sans les policiers grenoblois, m'ont affirmé mes interlocuteurs, un véritable massacre aurait pu être commis. Des gars comme le lieutenant David, adjoint au commandant de la compagnie de gendarmerie, comme le commissaire Toussaint, les commandants Gondrand et Stevenin, le capitaine Cloître, ont sans doute évité le pire... »

Les mille Grenoblois arrêtés furent parqués comme des bêtes derrière des fils de fer barbelés, sur le terre-plein situé devant la maison des Étudiants. Sans ménagement. Tenus en joue par des mitrailleuses, ils attendirent ainsi, dans le froid, pendant des heures. Un père de famille, bicyclette à la main, s'approcha des prisonniers pour leur parler. Les gardes le firent passer de l'autre côté des barbelés. Il allait être lui aussi déporté et ne revit plus jamais le ciel de France...

En ville, l'inquiétude, l'angoisse tenaillaient douloureusement la population. Qui n'avait pas un parent, un ami, un voisin sur cette place ? Craignant sans doute une nouvelle manifestation ou une tentative pour libérer les prisonniers, les Allemands firent patrouiller dans toutes les artères des voitures plus ou moins blindées appelant les Grenoblois au calme. Mais avec des paroles lourdes de menaces.

Au bout de cinq heures qui parurent une éternité, ils effectuèrent un « criblage », mot alors tristement à la mode, relâchant femmes, enfants et vieillards. Mais il restait encore environ six cents prisonniers, qui furent, en fin d'après-midi, escortés, sous bonne garde, jusqu'à la caserne de Bonne.

« Non. On ne nous a pas entassés dans des camions comme du bétail, m'ont encore affirmé les rescapés de l'enfer. Là encore, les récits publiés sont erronés. C'est à pied qu'on nous a emmenés. Mais solidement escortés ! Aussitôt arrivés, on nous a fouillés minutieusement. Des perquisitions furent ensuite effectuées dans les familles des suspects. Et puis des jeunes et des vieux furent encore relâchés. Environ deux cents... »

Les responsables de la France combattante, atterrés par les conséquences de cette manifestation patriotique qu'ils avaient voulue et qu'ils n'avaient pas pu annuler à la dernière minute, décidèrent le lendemain 12 novembre qu'il fallait, coûte que coûte, et par tous les moyens, faire sauter la voie ferrée Grenoble-Lyon pour délivrer les Grenoblois qu'on allait sans aucun doute envoyer en Allemagne. Mais, faute de moyens, le projet avorta.

Le samedi matin 13 novembre, les Allemands firent monter les prisonniers dans des camions. Vingt par véhicule. Des auto-mitrailleuses les accompagnèrent jusqu'à la gare. Pour faire le vide sur le parcours, elles roulaient sur les trottoirs ! Et 398 Grenoblois exactement, entassés dans des wagons à bestiaux, prirent la destination des camps de la mort, via Compiègne...

« Tout le long du trajet jusqu'à la gare, m'ont précisé les survivants, nous jetions nos objets personnels, nos clés, des messages à l'intention de nos familles. Et trois quarts de ces objets, de ces papiers, ont bien été portés à destination. Les Grenoblois ont été formidables. »

Un rescapé me confia à ce propos : « J'ai lancé à un agent de police français, avant d'arriver à la gare, un message destiné à mes parents, pour les rassurer. J'ai su plus tard qu'il s'était empressé de l'acheminer à bon port... »

Ceux qui ont vécu ces douloureux événements tenaient encore à relever des erreurs dans les récits : « S'il est vrai que de nombreuses familles essayaient de nous faire parvenir sur le trajet des vêtements, car nous étions peu vêtus et la température était basse, il est faux en revanche d'affirmer que des parents qui tentaient de nous approcher aient été à leur tour embarqués. »

Dans la soirée, le train s'ébranla lentement. Les abords de la gare étaient sévèrement gardés. Les auto-mitrailleuses patrouillaient sans cesse, interdisant toute circulation dans le quartier, de part et d'autre des voies ferrées. Les Allemands se méfiaient des Grenoblois...

Ce n'est que le 18 novembre que *Le Petit Dauphinois* publia une dépêche de l'Office français d'information concernant ce tragique événement. Elle était laconique : « Les autorités allemandes communiquent : le 11 novembre à Grenoble, une foule importante, principalement composée d'éléments communistes, a manifesté devant un bureau allemand. Des manifestants du sexe masculin ont été arrêtés en assez grand nombre et emmenés dans un camp en Allemagne. »

Mais les patriotes arrêtés n'allaient pas tous arriver à destination. Certains furent lâchement abattus en cours de route, pour servir d'exemple. D'autres moururent de froid et de faim. Deux cependant réussirent une spectaculaire évasion en cours de route[1]...

---

1. Bernard Gauthier et Émile Baffert, les futurs champions cyclistes.

Ceux qui atteindront les camps connaîtront les plus atroces souffrances. Cent vingt seulement reviendront. Ils ne sont plus nombreux aujourd'hui.

« À Compiègne, nous avons tous été dirigés sur Buchenwald. Nous faisions partie du tristement célèbre convoi des 16-17 janvier. Une grande majorité d'entre nous fut ensuite conduite à Dora ou à Flossenburg... »

Et, pendant dix-huit mois, les déportés allaient vivre toute l'horreur des sinistres camps. Une horreur insoutenable. Inimaginable...

L'EXPLOSION DU POLYGONE

Novembre 1943. Un des nombreux hangars anéantis par l'explosion du Polygone qui détruisit de nombreuses armes et munitions.

Solidement encadrés par l'ennemi intraitable, les 398 Grenoblois arrêtés lors de la manifestation du 11 novembre 1943 avaient quitté la gare depuis quelques heures seulement quand une violente explosion déchira la nuit du 13 au 14 novembre : le Polygone d'artillerie sautait, causant aux Allemands une perte considérable en matériel et en munitions.

Si bien que l'occupant, mais aussi la population grenobloise crurent qu'il s'agissait là d'une riposte cinglante de la Résistance. Pendant longtemps d'ailleurs, tout le monde le pensa. Même le général de Gaulle !

Bien des versions différentes les unes des autres ont été avancées sur cet événement. Et il faudra attendre la parution du livre du commandant Nal, *La Bataille de Grenoble*, en 1964, pour connaître la vérité : c'est un homme seul, Aimé Requet, son adjoint, qui avait réalisé cet exploit ! Sans rapport avec la rafle du 11 novembre.

Sollicité pour raconter comment il avait procédé, Aimé Requet, humble et effacé, se contentait de répondre : « Ne me mettez pas en avant. C'est l'œuvre de la Résistance, et c'est tout ! »

Ce n'est qu'à l'occasion du cinquantième anniversaire de cette mémorable explosion qu'il se décida enfin à répondre à mes questions. Et c'est ainsi que j'ai pu reconstituer ce qui s'était exactement passé, un demi-siècle plus tôt...

☆

☆ ☆

Mercredi 17 novembre 1943. *Le Petit Dauphinois*, toujours sévèrement contrôlé par la censure, publiait enfin quelques informations sur l'événement qui, depuis plusieurs jours, se faufilait au centre de toutes les conversations : la destruction du parc d'artillerie du Polygone. Son titre était d'ailleurs accrocheur : « Dans la nuit de samedi à dimanche, une formidable explosion a jeté l'émoi dans Grenoble. Plusieurs quartiers ravagés et l'on compte une quinzaine de blessés graves. »

L'article commençait ainsi : « Dans la nuit du 13 au 14 novembre, Grenoble et son agglomération ont vécu des heures d'angoisse et d'épouvante. Il était minuit quarante exactement lorsqu'une formidable explosion surprenait toute la population en plein sommeil. Dans tous les appartements, les vitres avaient volé en éclat, les cloisons s'étaient écroulées ou lézardées. Les solides rideaux de fer d'innombrables magasins étaient boursouflés, gondolés, arrachés et laissaient apparaître des vitrines aux glaces brisées. Partout, sur les trottoirs, des matériaux de toutes sortes étaient éparpillés. »

Le Petit Dauphinois expliquait ensuite qu'au petit jour, on avait pu apprendre que la catastrophe provenait de l'usine à gaz dans le quartier du Polygone, où deux gazomètres, l'un de 6 000 mètres cubes, l'autre de 9 000 mètres cubes, avaient été littéralement éventrés, le troisième gazomètre, de 12 000 mètres cubes, ayant « résisté ». « Les dégâts matériels étaient considérables dans un vaste rayon », enchaînait le quotidien, qui « oubliait » de mentionner que les troupes ennemies avaient particulièrement souffert.

On pouvait lire encore : « Rue du Moucherotte, rue de Sassenage, rue de Monestier-de-Clermont, rue Diderot, au quartier des Abattoirs, à Fontaine, à Saint-Martin-le-Vinoux même, les maisons d'habitation et les usines avaient terriblement été éprouvées. Toutes les cloisons intérieures avaient été renversées, les meubles brisés, jetés pêle-mêle, à des distances invraisemblables, ou ensevelis sous les décombres. Plusieurs maisons s'écroulèrent. »

Le journal ajoutait que les blessés étaient nombreux, « atteints par des éclats de vitres ou de glaces, par la chute de matériaux, quelques-uns le furent sérieusement, mais il faut se féliciter de n'avoir en la circonstance à déplorer aucun mort » ce qui, manifestement, était faux.

Suivaient quelques informations sur les premiers secours, sur la soupe populaire organisée par le Secours national. C'est tout. Pas une ligne sur l'origine de l'explosion, sur les dégâts au Polygone où — les Grenoblois le savaient — étaient entreposées des tonnes de munitions et de matériels.

Cependant, le même journal annonçait par ailleurs la mort du journaliste Abel Chatonnay, secrétaire de rédaction de *Sud-Est*, âgé de 33 ans seulement. Sans donner la moindre précision sur sa mort prématurée, se contentant de souligner cependant sa « disparition tragique ». Le lendemain jeudi 18 novembre, *Le Petit Dauphinois* publiait le compte rendu de ses funérailles, mais aussi de celles d'un autre confrère, Henri Parrat, du *Nouvelliste de Lyon*, « tragiquement disparu » lui également. Mais pas un seul mot sur les circonstances de ces deux décès subits. Et curieusement la rubrique nécrologique était plus importante que les autres jours annonçant la mort « brutale » ou « tragique » de plusieurs Grenoblois...

À n'en pas douter, l'explosion avait bien fait des victimes. Mais les autorités allemandes voulaient le cacher. On saura plus tard qu'une vingtaine de soldats ennemis avaient péri dans cet attentat. Et des civils aussi : une dizaine, dont les deux journalistes. Mais ces civils, contrairement à ce qu'on a pu dire pendant quelque temps — et cela m'a été formellement confirmé par Aimé Requet —, n'ont pas été victimes de l'explosion elle-même. Non. Ils avaient été abattus par les Allemands, furieux, alors qu'ils s'approchaient du lieu de la catastrophe, soit pour prêter secours, soit pour exercer leur métier (c'était le cas des journalistes), soit par curiosité.

En tout cas, le dimanche 14 novembre 1943 au petit matin, les troupes d'occupation étaient atterrées. Après la rébellion toute récente du 11 novembre, c'était maintenant le Polygone qui sautait ! C'en était trop... L'ennemi était vexé, ulcéré, furibond.

Mais un petit doute planait pourtant : s'agissait-il d'un abominable acte de sabotage de ces épouvantables « terroristes » ou, plus simplement, comme certains témoignages pouvaient le laisser entendre, d'un regrettable accident ? Allez savoir ! Bien que les dégâts fussent considérables et que la population fût en émoi, le black-out total devait être imposé sur cette « nouvelle affaire » grenobloise. Pas un journal n'aura le droit d'en parler pendant quelques jours... Pourtant, on l'imagine facilement, les langues allaient bon train à Grenoble. Bien des « témoins » auraient vu jaillir une flamme bleue d'un gazomètre et l'explosion aurait succédé à ce phénomène, ce qui pouvait authentifier la thèse de l'accident. Les Allemands, vivement atteints dans leur amour propre, durent se contenter de sauver la face en abondant dans ce sens. Mais, comme le soulignait le commandant Nal dans son ouvrage, « leur conviction profonde fut que Grenoble, ville indomptable, venait de venger ses déportés du 11 novembre ».

Pourtant, le couvre-feu mis à part, ils ne prirent aucune sanction contre les habitants, préparant, dans le secret, une violente riposte contre les résistants. Car l'« affaire du Polygone », qui leur coûtait très cher, les avait humiliés, mortifiés...

On a su un peu plus tard que la destruction du parc d'artillerie avait gommé 150 tonnes de munitions et 1 000 tonnes de matériel, que l'armée allemande s'apprêtait à utiliser. Et que, du même coup, la section ennemie qui gardait la nuit cet entrepôt avait été décimée. Ou presque...

Il est vrai, comme l'attestait *Le Petit Dauphinois* du 17 novembre, que cette explosion avait provoqué de nombreux dégâts en ville. On l'entendit même à près de cent kilomètres de Grenoble !

À ce propos, le commandant Nal confiait dans ses mémoires, ce qui me fut confirmé encore par Aimé Requet : « ... Quant au parc, complètement détruit, il ne pourra plus être utilisé par l'ennemi. Plus de la moitié des hangars, dans lesquels se trouvait un important matériel, sont complètement rasés, l'autre partie, effondrée, ne se reconnaît plus qu'à quelques pans de murs. Un immense cratère indique l'emplacement du stock de poudre. Les énormes blocs en pierre qui formaient l'ossature des portes, quelques-uns pesant une tonne, ont été projetés à plusieurs centaines de mètres. Plusieurs dizaines de tonnes de poudre ont sauté, ainsi que plus de cent cinquante tonnes de munitions diverses. Plusieurs centaines de tonnes de munitions stockées à proximité sont devenues inutilisables. Des canons, des caissons détruits gisent sous les décombres. Des voitures automobiles par dizaines, des voitures hippomobiles par centaines, de l'outillage et des rechanges de matériel d'artillerie, par centaine de tonnes, sont maintenant sans valeur... ».

Le commandant Nal commentait ensuite : « Pour l'occupant, le préjudice matériel est considérable. Quant au préjudice moral, un rude coup vient d'être porté à la confiance de l'ennemi. »

Et ce coup mémorable, qui fait date dans l'histoire du Dauphiné on le doit indubitablement à un homme seul, qui ne s'en est jamais vanté car, disait-il toujours, « je faisais partie d'une équipe », un homme qui a fui sans cesse les honneurs et les interviews, un homme calme mais audacieux : Aimé Requet, lequel, cinquante ans après son exploit, me précisait bien : « Ne montez pas cette affaire en épingle. J'étais un combattant parmi beaucoup. C'était une action parmi tant d'autres... »

Pour étayer son argument, il me confia avec beaucoup de modestie : « La tâche me fut facilitée car, travaillant à l'époque à l'intérieur du parc d'artillerie, je connaissais bien les lieux mais aussi tout le personnel qui y était embauché : cadres, officiers, sous-officiers français, et le personnel civil également, lesquels ont tous apporté une aide importante aux collectivités publiques, à une époque où l'économie était exsangue. Ils ont su soustraire à l'emprise ennemie des approvisionnements militaires très nombreux et ont ainsi apporté aux groupes FFI des armes, des munitions, du matériel. Sans eux, bien des actions glorieuses qui ont suivi n'auraient sans doute pas connu le même éclat. Les sentinelles allemandes aussi me connaissaient bien : elles avaient l'habitude de me voir circuler partout, et ne se doutaient pas, évidemment, que j'occupais un poste de responsable dans la Résistance. »

Après un petit silence, Aimé Requet m'apporta des précisions sur son incroyable entreprise. Des précisions dont certaines n'étaient pas encore connues alors...

« Nous avons absolument voulu épargner les vies de tout le personnel. C'est pour cela que nous avons agi la nuit... Mais l'opération était prévue depuis plusieurs jours déjà. Contrairement à ce qui a pu être écrit ou dit, ce n'est pas pour venger les nombreuses arrestations du 11 novembre que nous avons fait sauter le Polygone. Car notre opération aurait dû se dérouler plusieurs jours auparavant ! »

À ce propos, le grand résistant me glissa en aparté : « Dans nos groupes francs, nous étions contre cette manifestation du 11 novembre à Grenoble. Car nous nous doutions que la réaction allemande allait être implacable. Nous avions demandé aux patriotes de s'abstenir à tout prix d'y participer... »

Reprenant le fil de ses confidences, il enchaîna : « On peut le dire aujourd'hui : c'est dans la nuit du 6 au 7 novembre, que le Polygone devait exploser. Donc avant le 11 novembre. Pour que l'opération puisse réussir avec le maximum de chance, il fallait que le nombre des exécutants fût réduit au strict minimum : un seul homme. Connaissant bien le terrain et insoupçonnable, je fus choisi par Nal. Mais les crayons[1] à retardement de six heures amorcés par détonateurs ne fonctionnèrent point la nuit en question. Sans doute étaient-ils défectueux. Aussi, le matin, avant l'arrivée des ouvriers, j'ai vite enlevé tous mes engins... »

Le bras droit du commandant Nal esquissa un petit sourire, puis poursuivit : « Nous avons donc remis l'opération pour la nuit du 10 au 11 novembre. Mais nous nous sommes heurtés à un nouveau contretemps, car je fus envoyé à Modane pour désamorcer des bombes non éclatées, lancées par des bombardiers américains. Employé du parc, c'était mon boulot, je ne pouvais pas y échapper... À mon retour de Savoie, le 12, Nal me dit : « C'est pour ce soir ! » Mais cette fois-ci, il nous manquait des crayons. Aussi Bricknet, adjoint du docteur Valois, apporta-t-il chez Nal du matériel qui venait d'être parachuté, et c'est Mme Nal en personne qui vint au parc du Polygone me remettre ces crayons, à la barbe des sentinelles ennemies sans méfiance ! »

Ces sentinelles ne se doutaient évidemment de rien. Aimé Requet déjoua facilement leur vigilance, posant tranquillement ses engins entre deux rondes, dans les grands hangars bourrés de poudre, de munitions, d'obus...

« D'ailleurs, elles me connaissaient très bien. Qui pouvait me soupçonner ? Surtout pas leur chef, cet adjudant allemand, qui ne désirait qu'une chose : retourner le plus vite possible chez lui ! »

Avec un beau mépris du danger pourtant, le résistant avait soigneusement placé partout, aux endroits propices, les crayons et détonateurs...

1. *Le* crayon *faisait partie du matériel nécessaire à l'artificier. Il fut ainsi baptisé parce qu'il avait à peu près la forme d'un crayon et la même longueur. Il comportait une goupille de sécurité, ce qui permettait de le transporter facilement et une amorce de fulminate de mercure. En réglant d'une façon simple le débit de l'acide qui rongeait l'intérieur de l'engin, on pouvait déterminer le retard avec lequel il allait fonctionner.*

Un petit instant de silence, une esquisse de sourire et Aimé Requet arriva au dénouement : « C'est peu après minuit que tout a pété. Munitions et obus, partant à ras de terre, sont allés dans d'autres hangars où il y avait des artifices de signaux, ce qui provoqua une immense lueur. Et puis du gaz est parti en l'air, explosant à son tour... Nous avions épargné les vies françaises, tout en détruisant un stock formidable d'armes, de munitions et de matériel. Hélas, l'ennemi, fou de rage, tira ensuite sans sommation sur tous ceux qui s'approchèrent du lieu de la catastrophe... »

Et celui qui avait fait un effort certain en acceptant d'être interviewé répéta encore : « Le Polygone, ce fut un travail d'équipe. Ce fut une action de la Résistance[1]... »

Pourtant, qu'il me soit permis de citer ce qu'a écrit le commandant Nal à ce sujet :

« ... Quant aux bobards, ils fusèrent de toutes parts. On parla d'attaque du maquis, en citant même ce maquis. On parla de la traversée de l'Isère à la nage par les auteurs de ce coup de main (...). En fait, personne, hormis les rares initiés, ne se douta jamais qu'un homme avait réalisé tout seul cet exploit. Cet homme poussa même l'audace jusqu'à se rendre au parc sinistré, le lendemain matin, dès le lever du jour. Connu de certains Allemands, il leur donna même son opinion, puis il se dirigea, inquiet, vers l'endroit où il élevait des lapins. Les innocentes petites bêtes étaient sauves ! »

GRENOBLE, COMPAGNON DE LA LIBÉRATION

Si nous nous référons à la mémorable et très élogieuse citation qui l'accompagnait, la Croix de la Libération fut accordée à

1. Cinquante-neuf ans jour pour jour après l'explosion du Polygone, un mur du souvenir était inauguré le jeudi 14 novembre 2002, sur les lieux mêmes où Aimé Requet avait réalisé son exploit. Sur ce mur, plusieurs plaques sont scellées, rappelant les hauts faits de la Résistance dauphinoise, telle la destruction du Polygone, mais aussi le lourd tribut que Grenoble a dû payer pour recouvrer sa liberté. Des plaques sont ainsi dédiées aux victimes de la Saint-Barthélémy dauphinoise, à Albert Reynier, dit Vauban, préfet de la Libération, à Pierre Flaureau, dit Pel, le chef de file du Comité départemental de la Libération, aux femmes françaises dans la Résistance et aux déportés du 11 novembre. C'est au pied de ce mur que se dresse maintenant la statue du docteur Valois, qui se trouvait auparavant rue Félix-Poulat.

titre exceptionnel à la ville de Grenoble pour les actions spectaculaires et efficaces de ses résistants, que je viens de relater ou qui vont suivre dans les chapitres suivants. Et cette honorifique distinction lui fut décernée bien avant la libération de notre territoire, avant même le débarquement allié sur les côtes de Normandie !

C'est en effet dès la fin de l'année 1943 que le général de Gaulle, tenu au courant de l'attitude patriotique et héroïque des Grenoblois face à l'ennemi, décida de récompenser et de mettre à l'honneur la capitale des Alpes françaises, la citant en exemple, commettant toutefois des erreurs de chronologie, comme nous allons nous en apercevoir.

Mais il faudra toutefois attendre le 4 mai 1944 pour que l'exceptionnelle décoration accordée à Grenoble devienne officielle.

C'est en effet un décret officiel du 4 mai 1944 signé à Londres, qui accorda à Grenoble la Croix de la Libération « vu l'ordonnance n° 7 du 16 novembre 1940 créant l'Ordre, vu l'ordonnance du 7 janvier 1944 prise par le général de Gaulle ».

Seules quatre villes en France (dont deux en Dauphiné !) reçurent cette rare distinction : Grenoble bien sûr, Nantes, Paris et Vassieux-en-Vercors, auxquelles il faut ajouter l'île de Sein.

Une citation flatteuse mais méritée (qui est précieusement conservée maintenant au musée de la Résistance de Grenoble) accompagnait cette très rare décoration :

« Ville héroïque à la pointe de la Résistance française et du combat pour la Libération, dressée dans sa fierté, livrée à l'Allemand, malgré ses deuils et ses souffrances, malgré l'arrestation et le massacre des meilleurs de ses fils, a mené une lutte acharnée de tous les instants ; bravant les interdictions formulées par l'envahisseur et ses complices, a manifesté le 11 novembre 1943, sa certitude de la victoire et sa volonté d'y prendre part ; les 13, 14 et 16 novembre 1943, a répondu aux représailles et à l'exécution des chefs des mouvements de la Résistance par la destruction de la poudrière, de casernes, de transformateurs et d'usines utilisées par l'ennemi. A bien mérité de la Patrie. »

La Croix de guerre avec palme devait être attribuée pour ces hauts faits de guerre à la ville de Grenoble le 11 novembre 1948.

Nous ne pouvons toutefois être entièrement d'accord avec tous les termes de cette citation, laquelle, pourtant, reconnaît la valeur exemplaire et l'héroïsme de la population et des résistants. Car s'il est vrai que la poudrière (et les armes !) du Polygone ont bien été détruites dans la nuit du 13 au 14 novembre 1943, ce n'était pas pour répondre à l'exécution des chefs de la Résistance, laquelle s'est déroulée sur plusieurs jours, mais... après cette opération spectaculaire, à la fin du mois de novembre, comme nous le constaterons dans le chapitre suivant. Et cette destruction, comme me l'a bien précisé Aimé Requet, n'était pas une mesure de représailles suite aux arrestations du 11 novembre pour la bonne raison qu'elle avait été programmée avant. Quant à la caserne de Bonne, elle ne fut dynamitée que le 2 décembre.

Des erreurs se sont donc malencontreusement glissées dans cette citation. C'est dommage. Le général de Gaulle, s'il a retenu l'essentiel, a toutefois toujours tissé un amalgame involontaire dans la chronologie des événements qui ont marqué un tournant important dans l'histoire de la Résistance dauphinoise. N'écrivait-il pas encore en 1956 dans ses *Mémoires de Guerre* : « ... C'est ainsi qu'à Grenoble, le 14 novembre, la Résistance fait sauter le parc d'artillerie, où munitions, essence, véhicules sont entreposés par les Allemands. Ceux-ci arrêtent 300 otages. Sommés de les libérer ils s'y refusent ; mais alors, à titre de sanction, la caserne de Bonne où cantonnent plusieurs batteries de la Wehrmacht est détruite par une explosion qui tue 220 Allemands et en blesse 550. »

Près de soixante ans se sont écoulés depuis l'attribution de la Croix de la Libération à la ville de Grenoble, croix qui fut remise officiellement à la capitale des Alpes le 5 novembre 1944 par le général de Gaulle en personne au cours d'une cérémonie grandiose, en présence d'une foule en liesse. Mais les acteurs de la Résistance étaient unanimes : que ce soit Aimé Requet, le soldat isolé des groupes francs comme le surnomme Georges Avallet dans son livre *Et Grenoble explosa*, que ce soit Georges Bois-Sapin, de *Combat*, qui à l'époque venait d'être rattaché à l'état-major de Lanvin-Lespiau, que ce soit tant d'autres qui n'ont pas hésité un seul instant à prendre les armes contre l'envahisseur ; personne, le 4 mai 1944, n'eut connaissance de l'honneur qui venait d'être fait à la ville de Grenoble. « Ce n'est que plus tard, reconnaissait Georges Bois-Sapin, que nous avons appris cette nouvelle. » Il est vrai que Radio Londres répétait sans cesse alors des messages codés à l'attention des maquis. C'était le plus important.

Les Dauphinois qui s'étaient engagés dans l'armée française reconstituée et qui combattaient sous les ordres du général de Lattre de Tassigny, eux aussi, n'ont appris la nouvelle que plus tard.

Si bien que la plupart des Grenoblois n'ont su que leur ville avait été si magnifiquement honorée qu'après la Libération...

Chapitre IV

La Saint-Barthélémy grenobloise

C'est Émile Farsat, ancien instituteur, ancien résistant et pendant quelque temps le compagnon d'armes d'Aimé Requet, qui fut le premier à me parler de la Saint-Barthélémy grenobloise[1].

« Ce fut une période de folle inquiétude pour toute la Résistance dauphinoise, me confia-t-il. Une semaine de terreur au cours de laquelle nous nous attendions tous à être éliminés. Nos chefs de file disparaissaient tous, les uns après les autres. L'ennemi, impitoyable, les arrêtait, les abattait ou les emmenait on ne savait où. Nous étions tous « donnés » !

« C'est en pensant au massacre historique des protestants que nous avons appelé, un peu plus tard, cette catastrophique hécatombe des meilleurs d'entre nous : la Saint-Barthélémy grenobloise. Une appellation peut-être un peu exagérée, mais qui pourtant reflète bien cette triste opération montée par un ennemi sanguinaire, aidé, hélas, par des Français indignes de ce nom... »

Mais qui donc avait dénoncé aux Allemands ou à leurs sbires tous ces patriotes lâchement abattus ? Aimé Requet, le vaillant — et téméraire ! — lieutenant du commandant Nal se montrait un peu désabusé pour en parler...

« Les Allemands étaient bien renseignés, c'est certain. Il y a eu avant tout de l'imprudence. Mais à partir de quand devient-on

1. Émile Farsat était aussi franc-maçon. Les francs-maçons étaient nombreux dans la Résistance, occupant souvent des postes importants : Albert Reynier, futur préfet de la Libération, les docteurs Valois et Martin, Chavant le « préfet » du Vercors, Pupin, Battail, Marion et tant d'autres...

imprudent ? Un mot de trop glissé dans une conversation ? Quelques adresses hâtivement jetées en noir sur blanc par peur de les oublier ? Une petite confidence sur un oreiller ? L'utilisation d'un mot de passe trop facile à deviner ? Suivre trop souvent le même itinéraire pour se déplacer ? Tenir deux réunions au même endroit ? Venir dire bonjour à un ami alors qu'on se sent menacé ? Il y a sans doute eu un peu de tout ça au départ... »

Et Aimé Requet se montrait plus tolérant que d'autres sur la notion de traîtrise :

« Peut-on accuser de lâche un patriote qui, sous la torture, a balancé quelques noms ? Qui peut affirmer qu'il ne parlera jamais si un jour il était torturé ? Qui peut se vanter qu'il restera stoïque sous une souffrance affreuse ? Certains résistants, arrêtés et soumis à l'horrible question, le sont restés. D'autres n'ont sans doute pas pu. Doit-on pour autant les désigner sous le nom de traîtres, alors qu'ils avaient par ailleurs affiché un héroïsme exemplaire et un patriotisme incontestable ? »

Quant à Georges Bois-Sapin, du groupe Combat, il reconnaissait que cette sanglante opération allemande, rapidement menée, avait porté un coup dur à la Résistance dauphinoise :

« Cela nous a fait mal, très mal. Et les Allemands pensaient bien nous avoir porté un coup fatal. C'était nous méconnaître. Nous nous sommes réorganisés, aussitôt le moment de stupeur passé. D'autres chefs ont été nommés. Et, plus déterminés que jamais, nous avons repris le combat. Avec acharnement. Avec la conviction profonde de contribuer à la victoire finale sur cet ennemi si féroce. Mais avec plus de prudence aussi... »

De longues rencontres avec ces artisans de la victoire, mais avec beaucoup d'autres encore, m'ont permis de reconstituer, chronologiquement, ces journées douloureuses...

IRRÉDUCTIBLES DAUPHINOIS

Mardi 30 novembre 1943. *Le Petit Dauphinois*, qui paraissait ce jour-là dans un petit format à cause de la crise du papier, titrait sur une colonne seulement : « Une série d'attentats à Grenoble, neuf morts. » Le journal signalait brièvement dans l'article que ces neuf compatriotes avaient été abattus soit à leur domicile, à coups de revolver ou de mitraillette, soit en pleine campagne, sans aucune autre précision. Après avoir publié les noms des victimes, le quotidien ajoutait un seul commentaire : « Cette série d'attentats a provoqué la plus vive émotion dans notre ville, où chacun réprouve ces sanglantes violences qui mettent en deuil des familles dauphinoises et ajoutent un surcroît de douleur à l'angoisse de nos populations. »

Le Petit Dauphinois, à plusieurs reprises, avait eu l'occasion de publier des informations concernant d'autres attentats, tous commis par des *terroristes* (entendez par là des résistants) sur des miliciens. Mais, en ce jour de novembre, l'organe régional de presse soumis à une sévère censure n'employait pas ce mot. Tout permettait donc de penser que ces attentats, cette fois-ci, n'avaient pas été perpétrés par ces terroristes, que le préfet dénonçait d'habitude sans ménagement. Les victimes étant très honorablement connues, tout laissait supposer qu'il s'agissait d'une terrible vengeance des nazis envers les patriotes...

La population apprendra très vite d'ailleurs que, sur la plupart des corps retrouvés, une pancarte grossière avait été déposée avec ces quelques mots : « Terreur contre terreur, cet homme paye de sa vie le meurtre d'un national. » Avec cette signature : « Mouvement national antiterroriste. »

L'ennemi et ses alliés, sans cesse harcelés par les patriotes dauphinois, venaient de passer à l'action. Il est vrai qu'il était fou de rage, cet ennemi. De nombreux coups lui avaient été portés, le perturbant sérieusement dans ses plans d'occupation, et rallumant une lueur d'espoir dans le moral de la population française.

Dans son livre *La Bataille de Grenoble*, le commandant Nal allait d'ailleurs écrire à ce propos : « L'occupant avait de quoi s'alarmer. Ses collaborateurs immédiats et dévoués tombaient sous les coups de nos agents. Quotidiennement, nos tractions sillonnaient la ville, des rafales de mitraillette couchaient à terre miliciens et collaborateurs convaincus de trahison. Le sabotage économique battait son plein. Les bombes explosaient partout. Les usines travaillant pour l'ennemi, directement ou indirectement, voyaient leurs transformateurs sauter, quand elles ne sautaient pas elles-mêmes. Les lignes à haute tension étaient coupées et le courant n'arrivait plus que par intermittence. De nombreuses lignes ferroviaires subissaient des interruptions de trafic pendant plusieurs jours. Les déraillements, fréquents, affectaient toutes les lignes... »

« Entre juin et novembre 1943, nous avait signalé de son côté Georges Bois-Sapin, ce sont environ cinq cents actions de résistance que nous avons menées à bien, surtout entre le début de l'occupation allemande en septembre et le 11 novembre. »

La manifestation patriotique du 11 novembre et l'explosion du Polygone avaient considérablement atteint le moral des Allemands, qui constataient par ailleurs que les jeunes Français, dans leur grande majorité, fuyaient le STO (Service du travail obligatoire), malgré une propagande habile (ne prétendait-on pas qu'ils allaient être correctement payés et remplacer en Allemagne les pauvres prisonniers de guerre qui, par voie de conséquence, allaient pouvoir rentrer chez eux ?). Et puis la chasse aux terroristes n'apportait pas les résultats escomptés. Visiblement, les Grenoblois n'obéissaient plus guère aux ordres du gouvernement de Vichy...

Aussi, pour mater une bonne fois pour toutes cette population hostile et cette rébellion qui lui causait tant de préjudices et entravait terriblement leur programme, les Allemands, s'appuyant sur la milice inconditionnelle qu'ils contrôlaient parfaitement, avaient décidé une opération de nettoyage de grande envergure, espérant anéantir complètement les terroristes et éteindre définitivement la flamme patriotique française.

Mais leur espoir fut de courte durée...

Il est temps, maintenant, d'ouvrir ce douloureux chapitre de la Résistance dauphinoise.

LA SINISTRE RONDE DES TRACTIONS NOIRES

Mercredi 17 novembre 1943. Un encadré en page une du *Petit Dauphinois* attirait l'attention des lecteurs. Son titre, très court, était particulièrement alléchant : « Cent mille francs de récompense. » Une somme énorme à l'époque. Une aubaine en temps de guerre... L'article était en réalité un communiqué de la sinistre Gestapo : « Ces jours derniers, des criminels ont commis sous le prétexte de mots d'ordre politiques, des actes de terrorisme : sabotages de voies ferrées, dépôts de bombes, brigandage, incendies. Ce sont surtout des Français qui ont été victimes de cette activité. »

Le communiqué se poursuivait ainsi : « En conséquence, les éléments réfléchis de la population sont invités à transmettre sans délai toutes les indications susceptibles de permettre l'arrestation de ces terroristes, soit aux services allemands, soit aux services français. Une discrétion absolue est garantie. » Suivait l'offre de la récompense...

Cet appel à la délation fut publié à plusieurs reprises dans la presse régionale. Des Dauphinois ont-ils été alléchés par cette prime exceptionnelle ? Sans aucun doute. L'ennemi a dû glaner quelques informations précieuses qui lui ont permis d'échafauder un plan...

Dès le 15 novembre 1943, la Gestapo grenobloise, réunie à son siège, 28 cours Berriat, avait déjà pris la décision de faire appel à la Gestapo lyonnaise et à l'équipe redoutable de Francis

André[1], un des responsables français du SD de Lyon, pour mener à bien l'*opération de Grenoble*, sous la direction du SS Moritz. C'est ce jour-là aussi qu'elle rédigea le communiqué qui allait porter ses fruits...

Le 25 novembre au matin, après plusieurs réunions[2], un sinistre commando était à pied d'œuvre dans la ville, ayant donc en main un certain nombre de renseignements et d'adresses. La lugubre ronde des tractions avant noires allait commencer...

Georges Duron, le sympathique marchand de fleurs de la place Victor-Hugo, sera la première victime. Dans la clandestinité, il était un précieux agent de liaison des groupes francs de Grenoble. Vers 18 heures, deux individus surgirent dans son magasin :

« Veuillez nous suivre !

— Mais... pourquoi ?

— Nous avons à vous parler ! »

Le résistant avait sans doute deviné qui étaient ses interlocuteurs, visiblement armés. Il ne pouvait rien faire. Aussi obtempéra-t-il, disant à sa femme, inquiète, qu'il serait de retour au plus tard dans une demi-heure. Plus personne ne le reverra vivant. Le lendemain matin, on retrouvait son corps criblé de balles, à la sortie de Varces. Et, sur lui, l'écriteau de la vengeance : « Terreur contre terreur... »

Le 25 novembre également, à peu près à la même heure, une autre traction avant s'arrêtait brusquement devant le numéro 15 de la rue Brocherie. Trois hommes en descendirent rapidement et

---

1. *Francis André avait été surnommé* Gueule Tordue *par la population qui ne l'aimait pas. Il fut ainsi décrit par notre confrère R.L. Lachat qui assista à son procès, lequel se déroula à la cour de justice de Lyon, du 10 au 16 janvier 1947 : « L'image de la brute aux 160 victimes ne s'effacera jamais de ma mémoire. Il était plus laid, plus bovin, plus immonde que toutes les photos qu'on garde de lui, avec la trace de son hideuse paralysie faciale. Son nez déraciné semblait ne tenir que d'un côté, au milieu d'une longue cicatrice serpentant d'un front énorme et lourd jusqu'à la grosse lèvre pendante. Ses mains d'étrangleur passaient et repassaient sur sa bouche, à chaque question qu'on lui posait. Geste qui avait l'air d'essuyer l'horreur des réponses. Car il était loquace l'abominable assassin ! »*

2. *Des spécialistes de la Gestapo, l'équipe de Francis André à laquelle s'était jointe celle de Carbonne, venant des bas fonds marseillais, s'installèrent, pour mener à bien leur sinistre opération, au sixième étage d'un immeuble situé au 22 de la rue Joseph-Rey, dans un vaste appartement rendu vacant par l'arrestation de la famille Wertheimer.*

pénétrèrent sans frapper au domicile de Roger Guigue, employé civil du Génie, gardien du bastion VII, membre des groupes francs :

« Police allemande ! Veuillez nous suivre ! »

Lui aussi ne pouvait rien faire... On retrouva son cadavre au petit matin, sur le bas-côté de la route de Meylan, avec sept balles dans le corps et une pancarte ainsi libellée : « Abattu par les anti-terroristes. Sa mort répond de celle d'un patriote. »

Duron et Guigue, sous les ordres d'un même chef, connaissaient les détails de l'organisation des groupes francs, mais n'avaient pas parlé. Sinon cette organisation en eût terriblement souffert dans les heures qui suivirent. Sous la torture, ils surent garder un silence héroïque. Le commandant Nal devait d'ailleurs écrire plus tard à ce propos : « Malgré les recherches, le dépôt d'armes que Guigue avait constitué sur ordre ne fut pas découvert et nos GF purent le récupérer. Guigue n'avait rien dit... »

Au cours de son interrogatoire à la Libération, Francis André allait de son côté reconnaître le mutisme de ces deux résistants, affirmant d'autre part qu'ils avaient été abattus par deux Français, Gargaro et Durand.

Mais ce 25 novembre, la sinistre ronde ne faisait que commencer et les résistants s'attendaient au pire. Le commandant Nal notera à ce sujet : « Nous nous souviendrons toujours des douloureuses nouvelles qui se succédèrent d'heure en heure : partout régnaient l'angoisse et la terreur. Les visages étaient crispés, les cœurs se révoltaient, réprouvant les crimes odieux. Grenoble vécut dans l'horreur, sous la barbarie déchaînée qui semblait ne plus prendre fin. Nos chefs, nos meilleurs camarades tombaient ; chacun de nous se demandait si, demain, il ne serait pas frappé à son tour... »

JEAN PAIN : UN HÉROS CONTESTÉ ?

26 novembre 1943, dans la matinée... Deux hommes, assez jeunes, bien habillés, se présentaient au café du Tribunal, place Saint-André à Grenoble. C'était le lieu de rendez-vous quotidien des journalistes à cette époque. Il est vrai que le palais de justice se trouvait juste en face et que le commissariat de police, installé dans les anciennes écuries du palais de Lesdignières, était à deux pas. Dans cet établissement très fréquenté également par les policiers et les avocats, les journalistes glanaient et s'échangeaient des informations.

Les deux inconnus demandèrent à la patronne Jean Pain, correspondant du *Progrès* à Grenoble. Cela ne l'étonna pas du tout : beaucoup de personnes rencontraient les hommes de plume au bar ou au coin d'une table.

« Revenez vers 6 heures ce soir, leur répondit-elle.

— Il ne passe pas avant ?

— Si, certains jours, mais à des heures irrégulières.

— Ce soir, il sera bien là ?

— Oh, oui : sans aucun doute !

— S'il arrive avant nous ou si vous le voyez avant, dites-lui bien que nous passerons lui remettre une commission urgente de la part de son neveu de Lyon.

— Comptez sur moi, ce sera fait ! assura la patronne, qui avait l'habitude de rendre de tels petits services. » Cela faisait partie de son métier...

Jean Pain arriva vers 17 heures 45, consomma un petit verre, parlant avec ses confrères, attendant la visite annoncée sans méfiance. Pourtant lui, journaliste, devait savoir qu'on venait de découvrir dans la matinée les corps de deux Grenoblois, lâchement abattus. Il ne pouvait ignorer leur identité et leur appartenance à la Résistance. À moins que le « neveu de Lyon » glissé dans une phrase ne fût un mot de reconnaissance...

Vers 18 heures 15, une automobile stoppa devant l'établissement. Une traction avant noire... Les deux inconnus en sortirent tranquillement, entrèrent dans le café, passant devant le journaliste qu'ils ne connaissaient pas et s'adressèrent à la tenancière. Les entendant, Jean Pain s'approcha d'eux :

« C'est moi, leur dit-il. Alors quelles nouvelles m'apportez-vous ?

— Police allemande ! Suivez-nous !

— Mais, que me voulez-vous ? »

En guise de réponse, ils lui passèrent les menottes et le poussèrent sans ménagement dehors.

Le lendemain matin, on retrouva son corps sans vie, ensanglanté, au bas du Chevalon de Voreppe...

☆

☆ ☆

Né le 11 novembre 1891, deux fois volontaire pour se rendre au front lors de la première guerre mondiale, il avait affiché une conduite héroïque qui lui avait valu la Croix de guerre avec deux étoiles. Aussi, en 1940, il refusa catégoriquement d'accepter la défaite et l'armistice et devint un des résistants de la première heure.

En 1942, il collaborait très activement au sein de l'organisation Combat, dont il allait devenir le délégué pour l'Isère. Mais il adhérait aussi à la France combattante et aux groupes de secteurs. Ses activités dans la Résistance ne se limitèrent pas là : il fut nommé chef départemental du ROP (Recrutement organisation propagande) et consacra un peu de son temps encore aux réfractaires du STO, les faisant passer dans les maquis en voie de formation. Jean Pain devint ensuite un des adjoints du docteur Valois, chef des MUR (Mouvements unis de la Résistance) et plus particulièrement chargé de la liaison entre les différents secteurs. La Saint-Barthélémy lui fut fatale...

Quand on arrêta à la Libération Francis André qui, avec son équipe lyonnaise avait apporté un solide concours à la Gestapo grenobloise, ce dernier, interrogé, fit des révélations sur Jean Pain, déclarant tout d'abord que ce dernier avait été « vendu » *(sic)* par une dénommée Rosette, serveuse au café du Tribunal, qui écoutait les conversations. Interpellée, elle fut rapidement jugée, condamnée à mort, fusillée. Et son corps jeté dans l'Isère.

Francis André déclara encore à ses enquêteurs : « ... En le fouillant, tout de suite après son arrestation, j'ai trouvé sur lui, dans sa poche revolver, un carnet sur lequel étaient portés les noms et les pseudonymes de quelques résistants de la région grenobloise. Sur ce carnet étaient aussi notées les indications "Lafayette" et "Hoche" que Pain a reconnu sans difficulté se rapporter à son chef le docteur Valois et à lui-même. Ces indicatifs leur servaient de mots de passe. Après un interrogatoire d'une demi-heure, Pain a été emmené par Moritz, Gricht et Athenosi et c'est ce dernier qui l'a exécuté. »

Ainsi, si Francis André a dit la vérité — mais dans quel intérêt aurait-il inventé une histoire ? —, Jean Pain aurait pu être le responsable de l'arrestation du docteur Valois... Mais apparemment très bien renseignée avant de coincer le journaliste, la Gestapo pouvait fort bien avoir déjà sur ses tablettes le nom du responsable des MUR de l'Isère.

Réalisant un film sur la Saint-Barthélémy grenobloise, Pascal Estadès évoqua une réunion qui se serait déroulée 5 rue de Palanka à Grenoble, le 17 novembre 1943, et à laquelle auraient assisté le docteur Valois pour les MUR, Jean Perrot pour le groupe Franc-tireur et Albert Reynier, représentant l'Armée secrète. Au cours de la réunion, il aurait été dit : « Jean Pain parle trop. Il faut lui donner l'ordre de se mettre au vert... ou l'éliminer. » Mais rien, absolument rien, ne vient confirmer cet épisode...

Cinquante ans après les tragiques événements de novembre 1943, Aimé Requet me confiait : « Pain, c'était un brave gars.

Mais comme beaucoup d'autres à l'époque, il ne se méfiait pas. C'était un imprudent, mais pas un traître. Ce sont d'autres personnes qui ont dénoncé aux Allemands ou à la milice la plupart des patriotes ! Pour des raisons pas belles du tout... Et parmi elles, un dénommé Antoine Girousse, qui a tout dévoilé à Barbie et que la Résistance a fusillé après la Libération. »

Le docteur Pierre Fugain, qui fut le responsable du réseau Coty, que j'ai rencontré également dans le cadre de mon enquête en 1993, était aussi un peu de cet avis : « Pain, c'était un imprudent, comme beaucoup d'autres alors. Mais c'était un brave type. » Au cours de la conversation, il reconnut également : « C'est un peu le hasard de la vie qui faisait que l'on devenait collaborateur ou résistant. Il faut se replacer dans le contexte de l'époque. »

Un peu dubitatif, Georges Bois-Sapin, de Combat, se contenta de me déclarer : « Jean Pain fut un grand imprudent. Mais il n'était pas le seul ! »

Le commandant Nal en personne ne put s'empêcher de souligner dans son livre *La Bataille de Grenoble* : « ... En ce qui concerne les résistants et leurs chefs, des indiscrétions se produisaient fréquemment. Les mesures de prudence les plus élémentaires étaient très souvent oubliées. Quelques-uns allaient jusqu'à proclamer ouvertement à qui voulait l'entendre qu'ils faisaient partie de la Résistance et s'occupaient même de choses très importantes. »

Ce que m'a confirmé oralement, un peu plus tard, Mme Nal : « Avant la Saint-Barthélémy, les patriotes ne se méfiaient pas assez. » Daniel Huillier, l'actuel président de Résistance Unie et des Pionniers du Vercors, et Gabrielle Giffard — Ariel dans la Résistance et devenue aujourd'hui présidente des Anciens de Combat —, que j'ai rencontrés tout récemment en novembre 2002, sont intimement persuadés que Jean Pain n'était absolument pas un traître :

« Certes, il parlait beaucoup. Mais il ne disait pas n'importe quoi dans ses conversations. C'était un homme responsable. La vague d'arrestation avait commencé avant sa propre arrestation. On peut juste lui reprocher le carnet qu'il avait sur lui, qui aurait pu aboutir à l'arrestation du docteur Valois. Mais la Gestapo très bien renseignée connaissait sans doute déjà le rôle et l'adresse du praticien résistant. Et cette Gestapo aurait-elle torturé à ce point Jean Pain s'il s'était "mis à table" ? Il faut savoir que son corps fut retrouvé horriblement mutilé. Ses doigts étaient écrasés. Il avait un œil crevé, une oreille à moitié arrachée, les membres inférieurs brisés. Le médecin qui pratiqua l'autopsie dira plus tard que, durant sa carrière, jamais il ne vit une dépouille aussi criblée de balles et aussi mutilée... »

LES COMMANDOS ANTI-TERRORISTES SÈMENT LA MORT

La journée du 26 novembre 1943 fut particulièrement terrible. Les anciens résistants qui m'ont raconté, cinquante ans après, les événements tragiques qui se sont déroulés ce jour-là étaient unanimes : « Cinq de nos meilleurs camarades furent arrêtés, dans des conditions à peu près identiques. Le soir, nous étions atterrés, après une journée d'horreur et d'angoisse... »

Tout commença vers 13 heures. Une traction avant noire s'arrêta brusquement devant la villa du docteur Girard, 60 rue de l'Élysée à Grenoble. Trois hommes en sortirent, précipitamment, pénétrèrent en vociférant dans la maison et, sous la menace de mitraillettes, contraignirent le médecin à les suivre. On le retrouvera sans vie le lendemain matin, une balle dans la nuque, à l'intersection des routes de Seyssins et de Claix, au lieu-dit Malhivert. Sa montre s'était arrêtée à 0 h 17...

« Je connaissais bien le docteur Girard, agent du réseau Coty et de Combat, me confia le docteur Fugain. Il était formidable. C'était à la fois un bon patriote et un bon camarade. Mais son arrestation nous posa immédiatement un problème crucial : il était gardien de nos archives ! Elles étaient chez lui, dans une valise. Si l'ennemi s'en était emparé, cela aurait provoqué dans toute la France une série d'arrestations de nos agents les plus importants...

— Trois policiers français, membres de la Résistance, avertis tout de suite après l'arrestation, se précipitèrent chez Mme Girard, récupérèrent la précieuse valise, à la barbe de la Gestapo, et me la ramenèrent. »

Ces policiers appartenaient au réseau NAP (Noyautage des administrations publiques)[1].

1. *Le NAP réunissait tous les éléments sympathisants des administrations : préfecture, mairie, police, radio, postes, chemins de fer, électricité, etc. Ses membres transmettaient à la Résistance les informations utiles pouvant l'intéresser, mais effectuaient aussi du sabotage passif, faisant preuve de négligence, par exemple, dans les enquêtes de police ou encore dans les arrestations de patriotes.*

Le 27 novembre, au petit matin, le corps du docteur Henri Butterlin est retrouvé criblé de balles aux Garcins de Vif.

Vers 15 heures, ce 26 novembre, les mêmes individus enlevèrent dans les mêmes conditions le docteur Henri Butterlin, médecin de la prison Saint-Joseph, à son domicile, 5 rue de Palanka. On retrouva le corps de cet agent précieux de la Résistance le lendemain matin, aux Garcins de Vif. Dans son portefeuille, une carte écrite au crayon et en lettres capitales y avait été glissée : « Comité régional anti-terroriste, région des Alpes. Cet homme a payé de sa vie l'assassinat d'un National. Vive la France ! À bas Giraud ! À bas de Gaulle ! »

On apprendra plus tard que le docteur Butterlin avait été dénoncé par sa bonne...

Toujours le même jour, à 17 heures 30, un ingénieur électricien, Alphonse Audinos, fut arrêté dans des circonstances semblables, à son domicile, 22 cours Berriat. C'était un membre très actif de Combat. Grâce à un témoin qui, de loin, a vu la scène, on sait comment, lui, a été abattu. Il l'a raconté au commandant Nal : « À 22 h 30, sur un chemin entre la rue Abbé-Grégoire et la rue Ampère, une voiture arrive en trombe. On entend les freins, puis les portières s'ouvrent. Cinq ombres se dirigent vers un terrain vague, face à la scierie Vigier. Des coups de feu claquent. Quatre hommes repartent dans la voiture à toute vitesse. Le cinquième gît, sans vie, à terre... »

Vers 18 heures 30, une traction avant noire s'arrêtait cette fois-ci place Vaucanson, près du café Sotizon. Trois individus en surgirent et se précipitèrent dans l'allée du numéro 2. L'un resta dans la cour et les deux autres gravirent les étages au pas de charge, s'arrêtant devant la porte de M. Bernard, agent d'assurances et agent de l'Armée secrète. Ils sonnèrent...

« Que voulez-vous ? cria ce dernier sans ouvrir la porte.

— C'est pour un contrat !

— Mais il est bien tard ! »

L'assureur entrouvrit quand même la porte et les deux hommes le repoussèrent violemment à l'intérieur de l'appartement. L'un d'eux, après avoir vérifié l'identité de l'assureur, sortit un pistolet de sa poche et vida le chargeur à bout portant sur M. Bernard, qui s'écroula, sans vie, sous les yeux horrifiés de sa fille et de sa petite-fille... Son gendre, le lieutenant Bertaux, employé au parc d'artillerie et fournisseur d'armes et de matériel aux maquis, était heureusement absent.

Et la course folle des sinistres voitures allait se poursuivre, encore, pendant plusieurs jours...

LA FIN HÉROÏQUE DU DOCTEUR VALOIS

27 novembre 1943, deux heures du matin. Le docteur Valois, réfugié à son domicile clandestin de la rue de Palanka à Grenoble, entendit frapper à sa porte. Derrière celle-ci, quelqu'un prononça le mot de passe : « Je viens voir Hoche de la part de Lafayette. » Rassuré, le médecin ouvrit sans méfiance... et se trouva face à une mitraillette braquée sur lui. Que pouvait-il faire, lui, qui avant d'occuper son poste clé dans la Résistance avait

Le docteur Valois, chef des M.U.R. (Mouvements Unis de la Résistance) : il est mort héroïquement dans les geôles de la Gestapo à Grenoble.

donné un essor important à la lutte clandestine dans la région de Tullins et de Saint-Marcellin ? Rien. Pantois, il fut emmené au siège de la Gestapo, cours Berriat et enfermé aussitôt dans la cellule numéro 2, une pièce de 2,20 mètres sur 1,75.

Trois hommes, arrêtés à leur tour, le rejoignirent : un dentiste, un vétérinaire et Gustave Estadès, un autre résistant qu'il connaissait bien.

Le docteur Valois fut « interrogé » de 19 h 30 jusqu'à 5 heures du matin et soumis à d'épouvantables tortures. « On l'entendait gémir pendant de longues heures, dira plus tard Estadès à son retour de déportation. Mais aucun interrogatoire, aucune torture n'étaient à la mesure de cette magnifique volonté, de ce caractère d'acier... Il fut enfin reconduit dans sa cellule, la face, les jambes et le dos ne formant qu'une plaie... »

Entre temps, une receveuse des Postes, arrêtée à la place de son mari, échappé de justesse aux griffes de la Gestapo, avait été introduite à son tour dans la cellule. Visiblement, les locaux étaient pleins de résistants et de membres de leurs familles, qui venaient d'être arrêtés, les uns après les autres.

« Je ne pourrai pas supporter un autre interrogatoire, murmura avec peine à Gustave Estadès le docteur Valois à bout de souffle.

— Mais maintenant, c'est fini ! Ils vous laisseront tranquille, rétorqua ce dernier.

— Oh, non... Car je n'ai rien avoué... Ils m'ont dit qu'ils m'interrogeront à nouveau ce soir... Pourtant, ils savent à peu près tout de nous. Ils ont arrêté ma secrétaire, et j'ai l'impression qu'ils ont tout raflé... Ils ont le code, la liste des chefs de secteurs... Mais ils veulent des détails... C'est pour cela que je vais y repasser... Mais ce sera trop pour moi... »

Gustave Estadès tenta alors de lui remonter le moral. En vain... À bout de force, le médecin sortit une lame de rasoir qu'il conservait sur lui et qui avait échappé à la fouille, et, déterminé, s'ouvrit l'artère du bras. Le sang gicla. Se réveillant alors, l'employée des PTT poussa des hurlements stridents, pendant que le vétérinaire frappait furieusement à la porte. La sentinelle arriva, regarda la scène avec étonnement, s'en alla prévenir quelqu'un sans doute, revint. Mais c'était trop tard. Le docteur Valois avait déjà quitté ce monde, sans rien dire.

Dans la matinée, le chef de la police allemande convoqua le commissaire central M. Toussaint (lequel sera arrêté à son tour quelques semaines plus tard et déporté), lui annonçant que le corps du docteur Valois allait lui être remis dans un sac plombé et devrait être incinéré en présence des policiers allemands sans être ouvert. Le commissaire Toussaint refusa catégoriquement. Les Allemands n'insistèrent point, mais en voulurent au policier français. Les assassins ne voulaient pas dévoiler les marques affreuses du martyre qu'ils avaient fait subir à leur victime...

Lors de son interrogatoire, plus tard, Francis André confirma bien les circonstances de la mort du docteur Valois, assurant qu'il n'avait rien révélé sur son organisation[1].

☆
☆ ☆

Très tôt, le samedi 27 novembre 1943, peu de temps après l'arrestation du chef des MUR, la Gestapo avait appréhendé Suzanne Ferrandini, sa secrétaire, et Henri Maubert, à la clinique des Alpes, son secrétaire pour la Résistance, qui cachait dans sa chambre des documents que la police allemande s'empressa de saisir et d'exploiter.

Puis l'infâme commando nazi tendit une « souricière » chez le photographe Bonin-Arthaud, 1 rue de Strasbourg, où se trouvait une boîte à lettres de la Résistance. C'est ainsi que furent arrêtés Marcel Bonin, Emilie Bonin née Arthaud, Edmond Gallet, Anthelme Croibier-Muscat, « Philippe », « Hardy », Maud et Gustave Estadès, qui fut donc jeté dans la cellule occupée par le docteur Valois.

Un intrépide résistant, Paul Vallier, dont nous allons suivre les exploits dans le prochain chapitre, faillit tomber, lui aussi dans la souricière. Cinquante ans après, Georges Bois-Sapin me raconta les faits : « Vers 16 heures 30, Paul Vallier, ne revoyant pas revenir Estadès qu'il avait envoyé aux renseignements rue de Strasbourg, entra chez le photographe, armé d'un revolver. Lorsqu'il aperçut son collaborateur menottes aux mains, il comprit immédiatement ce qui s'était passé. Il tira sur un agent de la Gestapo qui fut blessé assez sérieusement, un dénommé Frantz, et s'enfuit à toutes jambes en se protégeant à coups de revolver. »

Paul Vallier, toujours sur le qui-vive, aux réflexes étonnamment rapides, s'en était sorti une fois de plus. Il n'allait toutefois pas voir briller le grand soleil de la Liberté : il sera fauché, quelques mois avant la Libération, par l'ennemi acharné qui le traquait...

---

1. Francis André avait lui-même participé à l'arrestation du docteur Valois. Il le confirma au cours de son procès. Et à cette occasion, il lui rendit un hommage inattendu : « Ce fut le plus brave des résistants que je tins entre mes mains. Pendant son transfert à la Gestapo, il me demanda un revolver afin de se donner la mort. Je regrette de le lui avoir refusé, comme je regrette, aussi surprenant que cela puisse paraître, que Valois ne soit plus : c'était un homme. »

PAS DE TRÊVE LE DIMANCHE

Dimanche 28 novembre 1943. Grenoble, après l'effervescence des derniers jours, semblait baigner dans une torpeur hivernale. En ce jour de repos hebdomadaire, personne n'osait sortir dans les rues immensément vides. Tout le monde était terrorisé. Bien que la presse muselée par la censure n'eût pas encore publié une seule ligne sur ces horribles événements, tous les Grenoblois savaient déjà que la sinistre et redoutable Gestapo et ses odieux collaborateurs français procédaient systématiquement depuis plusieurs jours à un grand nombre d'arrestations, à de terribles interrogatoires, à des exécutions sommaires.

Le siège de la Gestapo à Grenoble ressemblait, lui, à une véritable ruche. L'« Opération Grenoble » était menée tambour battant. Des équipes interrogeaient à leur façon le docteur Valois, mais aussi d'autres résistants qui venaient d'être arrêtés, notamment Ferrandini et H. Maubert. D'autres équipes sautaient dans leurs véhicules, toujours des tractions avant noires, pour se rendre maintenant en dehors de Grenoble, afin de mettre la main sur d'autres « terroristes ». C'était un va-et-vient continuel. Combien de patriotes furent-ils interpellés ce jour-là ? On ne le sait pas exactement... Certains étaient quelquefois arrêtés par erreur, relâchés ou envoyés dans les sinistres camps de la mort...

À son tour, M. Gras, responsable du secteur Combat à Saint-Hilaire-du-Touvet, reçut la visite d'un peu sympathique trio. Il fut transféré immédiatement cours Berriat à Grenoble. Il en fut de même pour M. Frier, de Voiron. À La Mure, un commando, cherchant M. Ducollet père et ne le trouvant pas, arrêta à défaut le fils et le ramena au siège de l'opération...

« Certains résistants n'ont pu être appréhendés : ils n'étaient pas chez eux, me précisa Georges Bois-Sapin. Ce fut le cas, notamment, de Langlet. Mais sa femme et ses deux fils furent envoyés en déportation. L'un d'eux, Raymond, ne reviendra pas. Ce fut le cas, aussi, de Machet. Sa femme fut elle aussi arrêtée, et relâchée seulement en mars 1944. Et ce fut le cas, encore, de Battail, qui a pu rejoindre à temps l'Oisans. Et de bien d'autres encore, sans doute... »

Albert Reynier, alors chef-adjoint de l'Armée secrète, directeur de l'école de la Capuche, futur Vauban commandant FFI au maquis du Grésivaudan et, après la Libération, préfet de l'Isère, échappa de justesse, lui aussi, aux mailles du filet[1]...

Et l'aube se leva sur une nouvelle journée qui, hélas, ressembla aux précédentes. Ce lundi 29 novembre, c'est le commandant Nal en personne qui faillit tomber lui aussi dans les griffes de la Gestapo. Mais, toujours sur ses gardes, il tira le premier et abattit son agresseur. Bien que sa tête fût mise à prix, il ne quitta point Grenoble pour autant et s'employa sans trêve au regroupement des forces de l'Armée secrète.

Au petit matin, le docteur Victor Carrier, chef de Combat de la région de Saint-Marcellin, ami intime et collaborateur du docteur Valois, ayant appris les tragiques événements des jours précédents et se sentant particulièrement en danger, s'apprêtait à rejoindre une cachette, d'où il espérait pouvoir poursuivre son action. Alors qu'il avait sa valise à la main pour partir, une traction avant noire s'arrêta devant chez lui. Le docteur Carrier, sentant venir le danger, s'empara d'un pistolet. Mais à peine avait-il l'engin à la main qu'une rafale de mitraillette le faucha pour toujours, devant les yeux horrifiés de sa femme et de son petit garçon.

Mme Carrier, mais aussi la bonne du médecin, furent emmenées dans les locaux de la Gestapo, à Grenoble.

Le praticien ne fut pas la dernière victime des commandos, qui n'avaient pas terminé leur odieuse besogne...

LA FIN TRAGIQUE DE JEAN BISTÉSI ET DE JEAN PERROT

Jean Perrot, responsable du mouvement Franc-Tireur, entouré de ses deux enfants, peu de temps avant qu'il ne soit abattu dans les bureaux de l'usine Sappey.

---

1. À ce propos, Francis André déclara au cours de son procès : « Il y avait plusieurs Reynier à Grenoble. J'ai perdu du temps à chercher et il en a profité pour s'éclipser. Vauban a eu de la veine. Il était dans ma première liste de « terroristes » à abattre... »

Jean Bistési, chef départemental de Combat, fut abattu le lundi 29 novembre 1943 à son bureau de l'Institut électro-chimique de Grenoble.

Lundi 29 novembre 1943. À midi, trois individus armés et visiblement très pressés se présentèrent à la conciergerie de l'Institut électro-chimique de Grenoble demandant à rencontrer le professeur Jean Bistési. Ils arrivèrent à son bureau au moment même où ce dernier en sortait, venant de donner un cours à ses élèves. Il n'y eut, semble-t-il, aucune conversation. Les deux hommes avaient dû avoir en main sa photographie. Et sans la moindre hésitation, ils l'abattirent de deux coups de revolver. Quelques secondes plus tard, un troisième coup retentissait : les tueurs achevaient leur victime, puis ils se mirent à fouiller hâtivement son bureau et son laboratoire. Ils se rendirent ensuite à son domicile, à Saint-Martin-le-Vinoux, y effectuant une perquisition plus fouillée, mettant le feu avant de s'en aller...

Chef départemental de Combat, Jean Bistési était un grand résistant. Né le 9 juillet 1906 à Fraize, il quitta son pays natal avec ses parents en 1914, fuyant l'agression allemande. Et c'est à Nice que la famille s'installa. Le jeune Jean vint à Grenoble, en 1924, pour préparer simultanément le diplôme d'ingénieur et une licence de sciences, avec certificats supérieurs de mathématiques générales, de chimie générale, d'électrochimie et d'électrométallurgie.

Le professeur Flusin le fit entrer dans son laboratoire de la faculté des sciences le 16 août 1927, en qualité d'attaché au service des échantillonnages et d'analyses des produits électrométallurgiques. À la création du diplôme d'ingénieur électrochimiste et électrométallurgiste en novembre 1930, il fut chargé de conférences et de travaux pratiques et devint un des professeurs les plus écoutés.

Dès 1940, Jean Bistési entra en contact avec toutes les usines d'électrochimie, aidant au camouflage des alliages les plus précieux, pour qu'ils ne puissent pas tomber entre les mains de l'envahisseur. Début 1942, il rencontra Marie Reynoard, alias Claude, alors chef départemental du mouvement Combat, et fut nommé chef du ROP (Recrutement organisation propagande). Après les arrestations successives de Marie Reynoard, de Zigmant et du colonel Blum, il devint à son tour le chef de file de Combat, déployant une intense activité au sein de la Résistance. Une activité qu'il paya de sa vie...

Vers 16 heures, ce même lundi 29 novembre 1943, deux individus poussaient violemment les portes de l'usine Sappey, 40 rue de Bresson, demandant à rencontrer M. Perrot. Celui-ci se présenta. Un des inconnus sortit alors un revolver et lui intima l'ordre de se rendre à son bureau. Sous le manteau de son partenaire pointait une mitraillette. Jean Perrot obtempéra donc. Les deux hommes menaçants le suivirent et fermèrent ensuite la porte du bureau derrière eux.

Une discussion très vive s'engagea, qui attira l'attention de M. Jean-Marie Fouletier, beau-frère de Jean Perrot, lequel pénétra dans la pièce et prit part à l'altercation.

« Suivez-nous à la Gestapo ! ordonna alors un des deux individus.

— Il n'en est pas question ! répondit Jean Perrot.

— Nous resterons ici ! surenchérit Fouletier. »

Soudain, des coups de revolver et de mitraillette claquèrent sèchement. Jean Perrot s'écroula, sans vie. Fouletier, grièvement blessé, allait être conduit par la Gestapo à l'hôpital, puis ramené chez lui où il fut arrêté le lendemain, malgré son état, et envoyé en déportation d'où il ne reviendra pas...

Docteur en droit et directeur associé des Établissements Sappey, Jean Perrot avait accepté dans la Résistance, où il entra très tôt, la responsabilité départementale du mouvement Franc-tireur-ville vers la fin 1942, sous la direction du docteur Valois. Son action s'était étendue aussitôt dans tous les milieux et sous toutes les formes : organisation de maquis, placement de jeunes gens dans les chantiers, noyautage des administrations publiques, espionnage et contre-espionnage... Il milita aussi très activement pour la création des MUR.

Avec lui tombait une des plus belles, mais aussi des plus précieuses figures de la Résistance...

☆

☆ ☆

Quelle hécatombe en quelques jours ! Les chefs des grands mouvements de la Résistance, visés par l'« Opération Grenoble » étaient pour la plupart tombés. MUR, Combat, Franc-tireur, Armée secrète, Libération furent décapités brusquement, en peu de temps[1].

La Gestapo et la Milice, en cette fin novembre tragique pour les patriotes français, croyaient bien en avoir fini avec ces têtes brûlées de Dauphinois. Ils croyaient bien les avoir matés, une bonne fois pour toutes. Mais c'était mal les connaître.

---

1. D'autres résistants arrêtés, expédiés ensuite dans les camps de concentration, ne reviendront pas comme Jean-Marie Fouletier, membre de Franc-tireur-ville et le jeune lycéen Raymond Langlet, membre de Combat : Marcel Bonin, boîte à lettres de Combat ; Edmond Gallet, étudiant, agent de liaison de Combat et de la compagnie Stéphane ; Fernand Gras, percepteur de l'Armée secrète et Combat ; René Mauss, négociant, client arrêté chez le photographe Bonin...

Le courage et l'héroïsme de tous ces grands de la Résistance, bestialement fauchés par la Gestapo et la Milice, allaient servir d'exemple à beaucoup d'autres patriotes, leur apporter une foi plus forte encore, plus profonde, dans leur noble mission, une volonté acharnée de vaincre, mais aussi davantage de prudence.

Et ils le prouvèrent très vite, quelques jours plus tard, le 2 décembre 1943, en faisant sauter la caserne de Bonne, occupée par les Allemands et les Italiens.

Une nouvelle action spectaculaire, qui désempara une nouvelle fois l'ennemi et ses sbires.

Ils étaient toujours là, les « terroristes ». Et plus irréductibles que jamais !

Ami, si tu tombes
Un ami sort de l'ombre
À ta place...

(Chant des Partisans)

HENRI DUÉE, LE RESCAPÉ

Au centre : Henri Duée et Ariel, peu de temps avant l'horrible Saint-Barthélémy grenobloise.

Chef du secteur Combat puis plus tard des MUR du sous-secteur de Vizille, Henri Duée, alias Renne, fut le seul résistant blessé par les tueurs de la Saint-Barthélémy qui ait pu échapper au massacre programmé. Comme son chef Jean Bistési, il devait être abattu sans sommation...

Dans quelles circonstances exactes a-t-il réussi à déjouer les plans diaboliques de l'adversaire assoiffé de sang ? Il a quitté ce monde en novembre 1992 ; mais, trente ans auparavant, en novembre 1962, à Tullins, il avait tout expliqué, en détail, à Ariel (Gabrielle Giffard pour l'état-civil), qui avait combattu à ses côtés depuis août 1941. Et celle qui est devenue aujourd'hui la présidente très active des Anciens de Combat m'a aimablement communiqué les confidences que son ancien compagnon de lutte lui avait faites, confidences qu'elle avait soigneusement consignées à l'époque et qui allaient constituer l'élément essentiel de la note numéro 30 du livre de Lanvin, *Liberté provisoire*, paru en 1971.

C'est le 30 novembre 1943 que Gustou Floxoly, chef d'un groupe franc, est venu prévenir en catastrophe Henri Duée : « Vite ! Il faut partir tout de suite ! “Ils” ont les noms de tout le monde ! »

Rappelons que la veille, le docteur Carrier avait été mitraillé sous les yeux de sa femme et de son jeune fils. Jean Bistési, alors chef de Combat, avait été fauché, ainsi que Jean Perrot, chef régional de Franc-tireur. Le terrible étau se resserrait douloureusement, décapitant horriblement la Résistance... Mais écoutons maintenant Renne :

« Je devais donc quitter Vizille ce jour-là pour me mettre “au vert”, pendant quelque temps, du côté de Montélimar. Vers 13 h 30, j'entends une “traction” stopper devant la petite librairie que je tenais, Grand-Rue à Vizille. Je veux rapidement vérifier ce qui se passe et j'emprunte l'allée sur laquelle donne ma cuisine. Au bout de l'allée, je me trouve nez à nez avec un homme en chapeau sombre, au visage brutal et grêlé, revolver en main. Le mien (un 6,35) est dans ma ceinture, sous mon pull-over... “C'est bien ici chez monsieur Duquet ?” L'homme manifestement ne me connaît pas. Et il aura mal lu mon nom dans une liste... »

Sans aucun doute l'adversaire bien renseigné était décidé à l'abattre sur place. Aussi, le Vizillois réagit-il aussitôt, devançant le tueur :

« Je le frappe sous l'avant-bras qui tient l'arme, de bas en haut, dans un mouvement de défense instinctif et je prends la fuite vers le fond de l'allée. Des balles sifflent dans ma direction. Je franchis les marches qui conduisent vers la cour arrière de l'immeuble et je réussis à gagner un escalier près de l'ancien café

Martin, vers "la Voûte". Là, d'un fenêtron qui donne sur la rue Malpertuis, j'aperçois cinq ou six hommes armés de mitraillettes, probablement à ma recherche... Je prends alors conscience d'être blessé à la cuisse droite, d'où le sang coule. Je ne peux rester là ! Je pars vers le "Château de paille". Au passage, Mme Marigot, dont le mari est prisonnier de guerre, m'interpelle et me fait entrer chez elle. Elle ne pose pas de question, me fait un premier pansement, me donne un pantalon (le mien est entièrement taché) et — merveille ! — une bicyclette pour assurer ma fuite ! C'est ainsi que je réussis à rejoindre le chemin qui serpente à travers le "Plan" vers le "Travers", puis jusqu'à Vaulnaveys-le-Bas. »

Sans doute le résistant était-il épuisé. Et sa blessure devait le faire souffrir...

« J'arrive chez un cousin, cultivateur : Adrien Perrin. Deux enfants jouent près du puits, dans la cour de la ferme. Je crois que je leur demande d'appeler leur grand-mère. Et je m'évanouis... J'ai su plus tard que Mme Marigot avait pu prévenir mon père et que ce dernier, devinant mon refuge, avait amené avec lui le docteur Paret de Vizille. Ma blessure lui semble grave : "Il faut opérer d'urgence !", décrète-t-il. Le lendemain, on me transporte, à bord d'un camion gazo-bois, via Saint-Pierre-de-Mésage, jusqu'à Laffrey. Je fais prévenir la sœur de ma femme et, par elle Robert Manoel, responsable du secteur V. À l'hôpital de La Mure, nous trouvons un médecin de la Marine, échoué là on ne sait trop pourquoi. Robert le presse de m'opérer sur-le-champ. Mais la balle, touchant le fémur et très mal placée, nécessite une extraction dans un bloc opératoire plus perfectionné. Manoel va donc me ramener à Grenoble où, à la clinique des Bains, le docteur Sigaud peut enfin procéder à l'intervention. Je suis entré là sous le nom de René Lagrange, mais on ne peut néanmoins garder un blessé par balle longtemps. Je m'appelle René Dussert lors de mon admission ensuite à l'hôpital de La Tronche. Mais, là encore, je ne dois connaître que quelques jours de répit ! Les Allemands traquent les résistants jusque dans les hôpitaux et les cliniques... »

Il fallait donc, une nouvelle fois, partir...

« Une ambulance me sortira bientôt de La Tronche. À Saint-Georges-de-Commiers, on me transporte dans une fourgonnette, toujours sous la garde vigilante de mon ami Manoel. Il peut enfin me confier, à Valbonnais à l'hôtel David, aux bons soins du docteur Vallon, qui exercera plus tard à Vizille. Enfin, fin juin 1944, je pourrai rejoindre le maquis du secteur I. »

Renne sut plus tard que c'est un dénommé Gargaro qui l'avait interpellé le 30 novembre 1943 :

« Il pensait m'avoir touché mortellement de plusieurs balles. Lui-même et les occupants de la traction n'ont pas effectué de très longues recherches puisque je devais “crever” dans quelque coin ! Je suppose que c’est pour bien vérifier mon identité et tenter d’obtenir d’autres filières qu’ils ont alors emmené ma femme et ma mère à la Gestapo, où elles ont séjourné au sixième étage de l’immeuble tristement célèbre du 28 cours Berriat à Grenoble. On les a interrogées sur mes activités. Elles ont affirmé tout ignorer et jusqu’à ma survie. Dans leur cellule, huit détenus : quatre hommes, quatre femmes dont la veuve du docteur Carrier, abattu le lundi 29 novembre, la veille de ce 30 novembre, qui devait être la date de ma mort… Ma femme et ma mère sont relâchées dix-sept jours plus tard. Il faut faire de la place. La Saint-Barthélémy de la Résistance dauphinoise continue sauvagement… »

Ayant raconté cet épisode mouvementé de sa vie, Renne confia ensuite à Ariel et à ses camarades de Combat :

« J’ai vécu et je vis encore aujourd’hui un sursis dont je suis pleinement conscient ! »

Chapitre V

Intrépides dauphinois

Fin 1943. Début 1944... La crise du papier, plus aiguë que jamais, imposait aux quotidiens régionaux une pagination très réduite et même, de temps en temps, un tout petit format. Aussi les nouvelles devenaient-elles de plus en plus rares, de plus en plus courtes...

Pourtant, entre une propagande intensifiée du gouvernement de Vichy pour tenter de masquer les problèmes désormais rencontrés un peu partout dans le monde par les troupes allemandes et leurs alliés, entre les communiqués laconiques et pitoyables des services du Ravitaillement général concernant les restrictions, de plus en plus sévères, les lecteurs prenaient connaissance de faits divers qui se répétaient un peu partout dans l'Isère. Ici, un chantier était pillé, et des explosifs et de la poudre disparaissaient. Là, des hommes armés s'emparaient de stocks d'essence ou de véhicules. Plus loin, c'est de la nourriture, du tabac, des tickets de rationnement, du matériel divers qui s'évaporaient brusquement. Ailleurs, c'étaient des firmes travaillant pour l'ennemi ou des voies de communication fort utiles, qui volaient en éclats...

Les Dauphinois savaient bien maintenant que les résistants — toujours baptisés « terroristes » par l'occupant — étaient à l'origine de ces actions, toujours fustigées par la préfecture de l'Isère. Ils savaient bien que ces résistants avaient besoin de vivres, de matériel, d'armes et de munitions pour s'organiser et contrecarrer partout les plans de l'ennemi, voulant l'affaiblir pour le rendre plus vulnérable lors de l'assaut final qu'ils pressentaient proche maintenant.

Mais il fallait se méfier des réactions impitoyables et quelquefois imprévisibles des Allemands et de leurs tristes collaborateurs. Malleval, le 29 janvier 1944, en fut la pénible illustration : 1 800 Allemands s'abattirent sur 50 maquisards, 29 personnes furent massacrées, d'autres déportées. 18 granges et 75 % des habitations furent incendiées... Ce qui a fait dire plus tard à l'abbé Pierre, qui avait été résistant en Dauphiné, et plus particulièrement dans ce coin du Vercors : « Malleval est le premier Oradour. »

Quelques jours plus tard, c'est à Vizille que les Allemands voulurent montrer une nouvelle fois leur volonté d'en finir avec les « terroristes » qui paralysaient leurs visées en se livrant à d'innombrables actes de sabotage.

Mais il en fallait plus, beaucoup plus, pour décourager les résistants. Les inflexibles résistants dauphinois, qui voulaient prouver que l'abominable « Opération Grenoble » n'avait pas ébranlé leur farouche détermination...

Montez de la mine,
Descendez des collines,
Camarades
Sortez de la paille
Les fusils, la mitraille,
Les grenades.

(Chant des Partisans)

L'EXPLOSION DE LA CASERNE DE BONNE

La caserne de Bonne, à Grenoble, après l'explosion provoquée par l'héroïque Éloi.

« Nous étions en train de prendre le petit déjeuner quand soudain il s'est produit une grande déflagration. Une cloison intérieure de l'appartement a été soufflée et nous nous sommes retrouvés dans un nuage de poussière... »

« Je discutais avec mon épouse. Brusquement, il y eut un bruit épouvantable. Les vitres ont volé en éclats. Une partie du plafond s'est écroulée sur nous ! »

« Il y a eu une énorme explosion et la porte-fenêtre de mon appartement s'est ouverte brusquement, un violent souffle balayant sauvagement toutes les pièces... »

« J'étais sur la route pour aller à l'école. Des tuiles et des pierres dégringolaient de partout. Effrayé, je me suis réfugié sous un porche. »

Bien des Grenoblois se souviennent encore aujourd'hui de cette journée du 2 décembre 1943, qu'ils ont vécue dans leur jeunesse. Et beaucoup me l'ont évoquée. C'est un événement qui est resté gravé d'une façon indélébile et précise dans leur mémoire. L'explosion de la caserne de Bonne les a profondément marqués...

La Gestapo et la Milice croyaient bien avoir épuré Grenoble de tous ses « terroristes ». Mais en s'attaquant tout de suite après les tragiques opérations nazies à cette caserne occupée par l'ennemi, la Résistance prouvait qu'elle était toujours là. Et bien là !

Après l'explosion du parc d'artillerie le 14 novembre, les Allemands avaient récupéré les quelques munitions restées intactes ainsi que du matériel pouvant encore leur servir et les avaient entreposés dans cette caserne, sous bonne garde, pensant ainsi qu'ils seraient à l'abri de toute attaque : qui oserait la faire sauter, elle qui occupait un vaste espace au cœur même de la ville ? Aussi, l'ennemi entreposa-t-il également, en plus, une bonne partie de ses unités de feu destinées aux opérations prévues ultérieurement ainsi qu'un stock important de pièces lance-torpilles, dont la destruction avait été demandée à la Résistance par Londres.

Et c'est au cours d'une réunion secrète, non loin de la caserne de Bonne, chez Bois-Sapin, au gymnase municipal, que fut décidée cette nouvelle opération d'envergure de la Résistance.

« Nous avions noué un contact fructueux avec un petit noyau de patriotes étrangers, qui avaient été enrôlés de force dans l'armée allemande, qu'ils détestaient, me confia Aimé Requet. Certes, ils portaient l'uniforme vert-de-gris. Mais dessous battait un cœur qui nous était totalement acquis. Et ils coopéraient avec nous, dans la mesure du possible, nous apportant de temps en temps de précieux renseignements sur les projets de l'occupant, sur leur armement, sur leur organisation intérieure. Leur chef de file, viscéralement anti-nazi, était un Polonais, Aloyzi Kospiski, qui prit le nom d'Éloi dans la Résistance. C'est d'ailleurs sous ce pseudonyme que la plupart d'entre nous le connaissaient... »

La réunion fut de courte durée...

« Moi, je me charge de tout faire sauter, déclara Éloi.

— Sans aide extérieure ?

— Non surtout pas ! »

Et ce n'est pas Aimé Requet, qui avait agi tout seul, lui aussi, pour obtenir le maximum de chances de réussite tout récemment au Polygone, qui allait le contrarier...

« Je peux mettre les engins, en différents endroits. Mais il m'en faudra un certain nombre, estima Eloi. »

Et le Polonais détailla son plan. Aimé Requet, en grand spécialiste des explosifs, y apporta quelques petites modifications.

« Ce sera bien dangereux, lui fit-il observer. Même si tu connais bien une sentinelle qui fait partie de nos amis. Fais bien attention !

— Je sais, rétorqua Éloi, mais je veux ! Mon pays souffre aussi beaucoup. Et la Pologne a toujours été l'amie de la France. C'est bien ainsi...

— Quelle date choisis-tu ?

— La nuit du 1er au 2 décembre.

— D'accord ! Reviens ici demain à midi. Tu auras ton matériel ! »

Éloi fut exact au rendez-vous. « Il ne prononça pas un seul mot, me confia encore Aimé Requet. Mais avant de repartir, avec dix « crayons » dans la poche, il nous serra longuement la main... »

Et c'est ainsi qu'Éloi le Polonais, dont personne ne se méfiait et qui portait l'uniforme allemand[1], fit sauter tout seul la caserne de Bonne...

L'explosion devait se dérouler pendant la nuit car, le couvrefeu aidant, aucun civil ne se trouvait alors dans les rues à proximité. Il fallait évidemment épargner les vies humaines françaises. Mais à cause d'un système de retardement défectueux, l'explosion ne se produisit qu'à 8 heures...

« Cinquante soldats ennemis furent pulvérisés et beaucoup d'autres blessés, estimait Aimé Requet. Des soldats italiens, retenus dans les bâtiments par les Allemands, périrent aussi. Et bien du matériel fut anéanti. »

---

1. Aloyzi Kospisky avait fait tout naturellement son service militaire dans l'armée polonaise, avec le grade de sergent. Mais la Wehrmacht l'incorpora d'office dans ses rangs, comme simple soldat, et l'affecta à Grenoble. Il avait 25 ans. Après avoir avoir fait exploser la caserne de Bonne, il faussa compagnie à l'armée allemande avec un de ses compagnons Léon Gradinski pour rejoindre le groupe franc de « Petit Louis », une des équipes sous les ordres d'Aimé Requet.

Mais les résistants, pourtant, ne furent pas pleinement satisfaits. C'est encore le fidèle bras droit du commandant Nal qui me l'expliqua :

« Si les explosifs avaient fonctionné, en pleine nuit, c'est plusieurs centaines d'occupants, sur les huit cents, qui auraient été éliminés et qui auraient ainsi payé de leur vie la sanglante oppression de la Gestapo et de la Milice... »

Certes, Grenoble, une fois de plus, avait souffert. Bien des appartements proches de la caserne étaient anéantis. Mais la population civile française était sauve et un rude coup avait encore été porté à l'ennemi par la Résistance dauphinoise, plus décidée que jamais depuis cette odieuse Saint-Barthélémy dauphinoise à participer très activement à la libération de notre pays. L'ennemi, ce jour-là, avait perdu un matériel performant, beaucoup d'armes, de munitions, de véhicules divers. Sans compter les vies humaines.

Quant à l'héroïque Éloi, il repose pour toujours dans le petit cimetière du Versoud. Il est mort, en héros, le 20 août à Domène, lors des combats de la Libération, ne portant plus alors, à sa grande joie, l'uniforme allemand...

PAUL VALLIER ET JEAN BOCQ : UN DUO D'ENFER

Le 22 mars 1944, Paul Vallier, de son vrai nom Gariboldy, arrivait tranquillement au niveau du petit garage Achard, à Fontaine, où il garait habituellement son automobile. Il était accompagné de son inséparable ami Jean Bocq, avec lequel il accomplissait de très nombreux exploits, au nom de la Résistance. Tous deux savaient qu'ils étaient activement recherchés, que l'ennemi les traquait avec acharnement. Mais ils venaient de prendre leurs dispositions pour s'éloigner un peu de Grenoble, le théâtre de leurs intrépides actions. Et ils avaient le cœur gonflé d'espoir : le Jour J approchait. Le jour tant attendu de la Libération...

Brusquement, des armes crépitèrent, sans la moindre sommation. La Gestapo et la Milice, prévenus par des traîtres, cernaient le garage. Armés de mitraillettes, onze hommes déterminés tiraient sans retenue sur les deux résistants, qui n'avaient pour se défendre que de simples revolvers. La lutte était trop inégale, il fallait se replier. Et vite ! Trois miliciens furent abattus. Soudain, un cri. Jean Bocq était touché à la cuisse. Alors, pour permettre à son ami de se sauver, Paul Vallier, héroïquement, sautant par-dessus des barrières attira sur lui tous les tueurs. Une première balle l'atteignit. Puis une deuxième et une troisième...

Paul Vallier, héros des groupes francs grenoblois.

Quatorze balles en tout !

Couvert de blessures, répandant son sang en abondance sur cette terre qu'il aimait tant et qu'il défendait si bien, le jeune combattant de l'ombre qui avait trouvé dans la Résistance son idéal d'aventure tomba, les armes à la main, sans vie. Il n'avait que vingt-cinq ans...

Son sacrifice n'aura accordé qu'un sursis de quatre jours à son ami le lieutenant Jean Bocq, dit Jimmy. Ce dernier fut abattu en effet le 26 mars avec un autre compagnon de la Résistance, Henri Tarze, dit Bob, au cours de l'attaque des officiers allemands à Saint-Nizier-du-Moucherotte. Mais Jimmy, pour venger son chef et ami, avait eu le temps de hisser le drapeau tricolore dans les gorges d'Engins, où Paul Vallier avait l'habitude de se mettre « au vert »...

☆

☆ ☆

C'est Gustave Estadès, que j'ai pu rencontrer à plusieurs reprises, qui me campa le mieux le personnage hors du commun de Paul Vallier. Il l'avait tellement côtoyé dans ces moments difficiles mais exaltants, où s'épanouissent sans fard les personnalités.

Jimmy Bocq, le fidèle lieutenant de Paul Vallier.

Lors d'une de nos entrevues, Gustave Estadès me déroula avec fébrilité un grand plan sur sa table de travail. « Regardez, me disait-il : voilà le futur musée de la Résistance de Grenoble. Enfin, un musée digne de ce nom. Et digne de Grenoble et de ses héros... »

Et, immanquablement, la conversation débouchait sur l'incontournable Paul Vallier, héros parmi les héros.

Officier de l'armée de l'air, Gustave Estadès avait tenté de rejoindre Londres en juin 1940, sans y parvenir. Il entra alors comme ingénieur, aux Établissements Merlin-Gerin. Patriote de choc, il assuma rapidement le commandement d'un groupe franc du mouvement Combat, créé par Marie Reynoard en 1941, puis céda sa place en 1943, à Paul Vallier, qui lui avait été présenté par Henri Tarze. Ce fut le commencement de la terreur pour les miliciens et les PPF (Parti populaire français, entièrement soumis au gouvernement de Vichy).

Lors de notre dernière rencontre, Gustave Estadès me parla encore de Paul Vallier. Peu de temps après, il quittait à son tour ce monde... « C'était un gars extraordinaire, formidable, plein de fougue. Il n'avait peur de rien ! Trop téméraire, même. Il fallait savoir le freiner, ce que je faisais fréquemment, si bien qu'après mon arrestation il n'y avait plus personne pour le retenir. Ça lui a coûté la vie. »

Le calme et le sang-froid de Gustave Estadès, le soin qu'il apportait à la conception d'opérations de grande envergure, tempérèrent heureusement certaines impulsions de groupes francs et la témérité de Paul Vallier. Mais Gustave Estadès fut pris, le 27 novembre 1943, dans la souricière que j'ai évoquée dans le précédent chapitre. Transféré à Lyon, chez l'infâme Klaus Barbie, il y fut torturé. Ses tortionnaires le dirigèrent ensuite sur le camp de Dora, où il organisa le sabotage des fusées V2. Il en revint en 1945, considérablement amaigri et malade...

☆
☆ ☆

Paul Gariboldy était né à Ecully, dans le Rhône, le 17 octobre 1919. Il fut élève aux Anguisses, près de Grenoble, jusqu'à l'âge de 7 ans. Le petit Paul aimait jouer au cow-boy sur son âne préféré : son grand-père possédait plusieurs petits ânes marocains, ramenés en France pendant la guerre de 1914-1918. Le jeune garçon, déjà turbulent, commit de nombreuses escapades sur son « pur-sang », et il était récupéré un jour à Gières, un autre jour à Poisat...

En 1926, il perdit sa mère qu'il adorait. Il tenait d'elle, paraît-il, cette droiture et cette générosité qui le caractérisèrent plus tard. À l'âge de 10 ans, il suivit son père en Algérie, d'où il ramena un goût encore plus prononcé pour l'aventure et la liberté.

Il entra ensuite au lycée, puis à l'école des Arts et Métiers. Excellent élève, très brillant même, il ne supportait pas en revanche les mesquineries du pensionnat, les brimades et les injustices. Son esprit d'indépendance lui rendait la vie d'internat impossible. Ses rapports avec les surveillants étaient plutôt ombrageux...

« Il cherchait alors visiblement quelque chose dans la vie, estimait Gustave Estadès. Il semblait attendre on ne sait quoi. Lui-même n'aurait su le définir exactement. À bien réfléchir, il était en quête d'aventure, d'espace, de liberté... »

Et la Résistance allait lui permettre de s'extérioriser comme il le souhaitait confusément. Elle allait le combler. Mais comment entra-t-il en son sein ?

Incorporé en mars 1940 dans l'artillerie à Draguignan, il suivait le peloton quand survint l'armistice. Il fut alors versé aux chantiers de Jeunesse pour y terminer son temps de service. À sa démobilisation, il séjourna six mois à Saint-Nizier-du-Moucherotte, chez son oncle et sa tante Revollet, hôteliers, puis entra aux Établissements Merlin-Gerin, où il fit la connaissance de

Henri Tarze puis de Gustave Estadès, lequel, conquis par l'homme, le recruta très vite dans le mouvement Combat.

À Combat, Paul Vallier rencontra des hommes de tous les milieux, et surtout des jeunes aussi rebelles que lui, de cette espèce qu'on appelle aujourd'hui avec un rien de méfiance des « marginaux ». Et ce fut dur pour lui, au début, de canaliser son ardeur. « On ne peut pas faire n'importe quoi ! On n'a pas le droit de mettre en péril la population ! Il faut éviter les représailles ! », lui recommandaient les anciens. Qu'elle fut dure en effet à supporter cette discipline des groupes francs ! Car, en lui, le cow-boy justicier de son enfance était de retour. Il piaffait d'impatience. Il n'avait qu'une hâte, qui le tenaillait viscéralement : il voulait passer à l'action !

Ce qui ne tardera pas. Car Gustave Estadès le recommanda à Pierre Carré, responsable d'un groupe franc, avec l'intention de le faire participer à l'action directe contre les nazis. C'est à ce moment-là aussi qu'il fera plus ample connaissance avec Henri Tarze, dessinateur industriel à Merlin-Gerin et volontaire pour toutes les missions, même les plus périlleuses, faisant preuve d'un total mépris du danger, né la même année que lui, en 1919, à Grenoble.

Et c'est aussi à cette époque qu'il se liera d'une amitié hors du commun avec Jean Bocq, qui deviendra son inséparable Jimmy, né le 9 juin 1921 à Aix-en-Provence lequel, après avoir été mécanicien, puis parachutiste en 1939, s'était engagé dans la police comme gardien de la paix en 1941 « pour mieux connaître certaines filières », disait-il. Car Jimmy pensait déjà à devenir un combattant de l'ombre. Et effectivement, dès 1942, on le retrouva dans les rangs de la Résistance, où il déposa, avec une audace incroyable, plus de deux cents bombes chez les miliciens et les collaborateurs !

Et Jean Bocq allait devenir le lieutenant fidèle de Paul Vallier. Tous deux devaient constituer un groupe de choc, qui sèmera la terreur parmi l'occupant, et surtout parmi les traîtres à leur pays.

Un duo d'enfer !

☆
☆ ☆

Printemps 1943. Il fallait placer des bombes un peu partout, pour harceler l'ennemi et nuire à ses projets, mais aussi pour faire savoir aux Français qu'ils n'étaient pas abandonnés. Paul Vallier se révéla tout de suite un parfait stratège et prit rapidement de l'influence sur tous ses compagnons.

Un matin, il convoqua ses hommes et leur déclara tout de suite :

« Pour montrer aux Allemands et aux traîtres tout ce que nous pouvons faire, pour les faire trembler un peu, nous allons faire sauter, en plein jour, le siège de la Milice à Grenoble[1] !

— Mais… N'est-ce pas un peu risqué, en plein jour ? Ils sont nombreux et bien armés ! Peut-être faut-il attendre la nuit ?

— Non, il y aurait moins d'impact ! Et puis, nous aurons l'effet de la surprise ! Ils ne s'attendent pas du tout à une telle audace ! Et cela donnera du moral à nos troupes et à la population !

— Bon… Qui est désigné ?

— J'irai tout seul. Car à deux ou trois, on risque de se faire repérer ! »

Et c'est ainsi que le dimanche 8 août 1943, il pénétrait d'une allure désinvolte, seul, dans l'immeuble de la milice, place Victor-Hugo. Il monta tranquillement au deuxième étage, posa consciencieusement sa bombe devant la porte du milieu du couloir, alluma la mèche, ressortit sans précipitation et alla s'asseoir sur un banc de la place qui faisait face à l'immeuble ! Ce n'est qu'après l'explosion et après avoir constaté l'affolement des

1. Le siège de la milice à Grenoble avait déjà reçu la visite de la Résistance quelques mois auparavant, en mars 1943. L'opération avait été mise au point par Raymond Nagel, qui était alors chef des groupes francs de Combat dans l'Isère. Pour réaliser cette action, il utilisa les services d'un étudiant de première année de l'institut électronique Georges J., qui lui avait fait part de son intention de rentrer dans la Résistance. Un examen de passage, en quelque sorte. L'attaque eut lieu en plein jour, à une heure de l'après-midi. Nagel et plusieurs membres de son groupe se tenaient à proximité du siège, prêts à intervenir en cas de besoin. Le jeune étudiant passa à l'heure dite à bicyclette et jeta un cocktail Molotov dans la vitrine de la milice.
« Comme prévu, tout se passe simplement, nota Raymond Nagel dans ses mémoires. Des flammes de plusieurs mètres de haut lèchent les murs et brûlent la devanture, accompagnées d'épaisse fumée noire. Le feu prend aussi derrière la vitrine. Les miliciens à l'intérieur, affolés, à la pensée qu'ils sont encerclés par le feu, démolissent la porte et s'échappent à travers les flammes. L'un d'eux a même la présence d'esprit de courir derrière le vélo de Georges, mais en vain. Nous nous retrouvons tous une demi-heure plus tard, et je félicite Georges pour son audace et son adresse. (…) Il est maintenant des nôtres. »
C'est à peu près à la même époque que Raymond Nagel organisa avec beaucoup de maîtrise et de précision une opération-commando pour récupérer un stock impressionnant de paires de chaussures de cuir et de chaussettes de laine, que l'armée française avait camouflé en 1940 à la signature de l'Armistice dans l'ancien hôpital des Chartreux, à la Correrie.

miliciens qu'il s'en était allé, nonchalamment, bougrement satisfait. Il savait maintenant que, avec de l'audace, il pouvait frapper partout...

Un peu plus tard d'ailleurs, il remit ça, toujours en plein jour, tirant cette fois-ci une rafale de mitraillette sur la façade de l'immeuble. Et pourtant, le siège était maintenant bien gardé !

En quelques mois, Paul Vallier et Jimmy Bock multiplièrent les actions de ce type. À peine l'attaque du siège de la Milice commençait-elle à s'estomper dans les esprits que Paul Vallier décida de frapper celui du Parti populaire français.

Il était 22 h 30 ce 14 août 1943, quand les deux compagnons arrivèrent sur les lieux, l'un détenant une fausse carte de police, l'autre une vraie. Et pour cause ! Deux hommes de Vichy s'avancèrent vers eux, revolver à la main, leur demandant leurs papiers. Placidement, les deux compères sortirent leurs cartes, mais exigèrent à leur tour de connaître l'identité des gardiens. Ceux-ci fouillèrent leurs poches. C'était le moment attendu. Paul et Jimmy braquèrent leurs 6,35 sur eux, les désarmèrent, leur firent ouvrir le bureau et les poussèrent à l'intérieur. Ils entassèrent alors dans une valise tous les papiers intéressants qu'ils trouvaient et tout ce qui pouvait leur servir. Même une machine à écrire ! Mais ils laissèrent en échange une bombe à l'intérieur du local et emmenèrent les prisonniers qu'ils libérèrent plus loin. Une affaire qui allait semer le trouble et l'inquiétude parmi les traîtres...

Aussi audacieux fut le vol, quelques jours plus tard, du film de propagande allemande, qui devait être présenté aux familles des jeunes partis au Service du travail obligatoire. Paul Vallier avait appris que ce document devait arriver en gare de Grenoble le 17 août. Se renseignant plus amplement, il sut que c'était un cycliste qui devait l'acheminer dans un sac vert, jusqu'au cinéma Royal. Le jour en question, le résistant coinça le cycliste avenue Alsace-Lorraine, lui appliqua son 6,35 dans les côtes. « Ne bouge pas, lui dit-il. Il ne t'arrivera rien ! C'est ce que tu transportes qui m'intéresse ! »

Le cycliste, suffoqué, obtempéra, sans broncher. Une passante regarda, sans comprendre, les deux hommes si rapprochés l'un de l'autre. Des gens défilaient, près d'eux, ignorant complètement ce qui se passait. Le revolver, il est vrai, était peu visible et Paul Vallier avait l'air de parler si gentiment à son interlocuteur que personne ne pouvait se douter de quelque chose. Jimmy et d'autres compagnons arrivèrent alors, prenant livraison du fameux sac. « Maintenant, file sans te retourner jusqu'au bout de la place Grenette, et gare à toi si tu désobéis ! », glissa toujours tranquillement Paul Vallier au cycliste qui ne demanda pas son reste...

Le soir, sur la scène du Royal, Herr Kirsh annonçait au public convié que le film qu'il devait présenter avait été dérobé par des gangsters. Il fut pourtant projeté à Grenoble, ce film, mais plus tard, après la Libération, et il fut présenté comme un document sur l'insidieuse propagande ennemie pendant la guerre. Hélas, ceux qui avaient intercepté le film n'étaient plus là...

☆
☆ ☆

15 septembre 1943. Jean Bocq était prévenu par le gardien de la paix Bonier que 2 000 fiches de renseignements du STO devaient quitter Grenoble dans l'après-midi pour Lyon, afin d'être exploitées par l'ennemi et ses complices. Deux mille Dauphinois et leurs familles pouvaient trembler... Aussitôt averti, Paul Vallier convoqua sur-le-champ plusieurs compagnons. « Ces fiches ne doivent pas partir, décréta-t-il. On les récupère ! »

Le groupe « emprunta » alors une voiture du Secours national. Paul et un de ses amis arrivèrent à son bord sur la place de la Manutention (Philippeville aujourd'hui) où se trouvaient les locaux du Service du travail obligatoire. À midi, ils pénétraient sans hâte dans les bureaux. L'agent de garde, croyant qu'il s'agissait d'employés zélés venant travailler pendant les heures de repas, les laissa pénétrer sans difficulté. Les fichiers étaient déjà entreposés sur une table, prêts à être emportés. Les deux résistants les firent glisser rapidement dans des sacs qu'ils avaient apportés et, au fur et à mesure, ils les passaient par une fenêtre à Jimmy Bocq et à Gustave Estadès, sous les yeux ahuris d'un patron de manège installé sur la place, le garde, lui, stationné dans le couloir, ne pouvant rien voir.

Mais le dernier sac tomba malencontreusement sur des fils de fer barbelés tendus pour protéger plus ou moins bien l'immeuble, se déchira, vidant son contenu sur le sol. Jimmy et Gustave, par brassées, ramassèrent les fiches pour les porter à la voiture qui attendait à quelques pas de là avec les autres sacs déjà récupérés. Puis tout le monde se retrouve dans celle-ci. Avant de démarrer, Jimmy lança au forain : « vous n'avez rien vu ! ». Un sourire et un hochement de tête lui répondirent. Et le véhicule partit. Estadès se retourna, apercevant l'enfant du forain qui ramassait consciencieusement les quelques fiches qui restaient ici et là sur la chaussée et que son père faisait subrepticement disparaître ensuite. Il sourit à son tour...

Le groupe de Paul Vallier allait encore alertement mener d'autres actions spectaculaires et audacieuses.

C'est ainsi que le 12 septembre, il s'empara prestement des armes cachées au fort des Quatre-Seigneurs qu'il détruisit à la barbe de l'ennemi médusé et consterné. Le 27 septembre, il mettait à La Placette la main sur 25 000 feuilles de tickets d'alimentation, qui allaient bien servir en cette période de grande disette.

Et c'était loin d'être fini. Le 12 octobre, il signait un nouvel exploit, attaquant avec une hardiesse déconcertante la police de Vichy au Grand Hôtel à Grenoble, pour tenter de délivrer Mado, nom sous lequel se cachait André Surre, chef de service de renseignement du réseau Combat, qui venait d'être fait prisonnier. Mais ce dernier ne se trouvait plus là. L'impétueux résistant ne rentra cependant pas bredouille : il profita de cette expédition pour rafler tous les papiers des policiers ; cela pouvait toujours servir...

Le 24 octobre cependant, pour la première fois, un obstacle vint se glisser subrepticement dans ses plans, jusqu'alors sans faille. Et un obstacle de taille ! Alors que Jimmy et lui se préparaient à faire évader Mado, qu'ils savaient maintenant être enfermé à la prison Saint-Joseph, leur voiture, fournie par Aimé Requet, tomba malencontreusement en panne... juste devant la gendarmerie de Grenoble ! Sans se démonter, Jimmy montra sa carte de gardien de la paix au planton de service, qui les laissa regarder ce qui se passait sous le capot du véhicule, leur prêtant même un tournevis !

Mais un capitaine de gendarmerie un peu curieux fit le tour de l'automobile et aperçut le bout d'une arme maladroitement dissimulée sur le siège arrière. Sans rien dire, il alla chercher du renfort et appréhenda les deux compagnons, qui ne tardèrent pas à rejoindre à la prison voisine Mado qu'ils venaient libérer...

Ils n'y restèrent toutefois pas longtemps. Car, deux jours plus tard grâce à la complicité d'un gardien-chef, Jean-Baptiste Fontanarosa, et de sept policiers résistants, notre duo et Mado furent libérés ! Et la vie mouvementée et fertile en émotions de Vallier et de Bocq repartit sur des chapeaux de roue...

Le 29 octobre, Paul Vallier se battait en duel avec le capitaine de gendarmerie Bonardi ! Et, pendant tout l'hiver, il allait accomplir bien d'autres actions encore dans l'agglomération grenobloise, avec son ami Jimmy et d'autres résistants.

Le 9 mars 1944, il détroussait la poste centrale de Grenoble de six millions de francs, argent qui fut distribué ensuite à la Résistance. Mais il était désormais « fiché » et très recherché partout et il sentait l'ennemi sans cesse à ses trousses. La section spéciale de la cour d'appel de Grenoble l'avait d'ailleurs condamné par défaut, le 17 février, ainsi que Jean Bocq à cinq années de réclusion pour « détention illicite et recel d'objets volés ».

Le 21 mars, dénoncés par deux traîtres, dont l'un fut condamné à mort après la Libération, Paul et Jimmy purent échapper de justesse à l'étau qui se refermait inexorablement sur eux et se réfugièrent chez Bois-Sapin, qui leur conseilla de quitter immédiatement Grenoble où ils étaient complètement « grillés ». Bois-Sapin était alors l'adjoint du capitaine Farsat (« Pons » dans la clandestinité), chef du quatrième bureau de l'Armée secrète. Tous deux m'apportèrent plus tard des renseignements précieux sur les deux héros. Ajoutés à ceux de Gustave Estadès, ils me permettent aujourd'hui de rédiger cet épisode palpitant de la Résistance dauphinoise.

Convaincus qu'ils devaient bien quitter le théâtre de leurs exploits, Paul et Jimmy répondirent à Bois-Sapin : « On partira demain... » Mais le lendemain c'était trop tard. Ils avaient cette fois-ci rendez-vous avec la mort. Paul d'abord, Jimmy ensuite. Ils entraient dans la légende...

« Paul fut un chef remarquable, reconnut Aimé Requet. Il a porté constamment à l'ennemi des coups implacables. Il doit être considéré aussi comme le chef de file prestigieux d'une jeunesse ardente, patriote, prête à accepter les plus grands sacrifices, qui n'hésita pas à se lancer pleinement dans la lutte pour la liberté, faisant preuve d'un patriotisme ardent, allant jusqu'aux pires souffrances de la torture et au sacrifice de sa vie... »

Quant à Emile Farsat, c'est l'œil ému qu'il me confia : « Paul était extraordinaire. Son amour sans limites pour la liberté et la justice a fait de lui un des plus purs héros de notre temps. »

Pour tous ceux qui l'ont connu et que j'ai pu rencontrer, Paul Vallier était non seulement très estimé pour son courage et son patriotisme exemplaires, mais aussi pour sa générosité, qu'il savait toujours conserver, même au sein de l'action.

Gustave Estadès me raconta un jour une anecdote le concernant, qui illustre bien son caractère :

« Peu de temps après son coup de main sur les tickets de rationnement, je déjeunais avec lui dans un restaurant de la rue Condorcet. À la table voisine, il y avait un vieil homme à l'air triste, qui ne possédait plus guère de tickets de pain sur lui. Quand la serveuse lui en réclama, il les fit maladroitement tomber par terre. Paul s'empressa de les ramasser ; voyant qu'il n'en restait que pour 150 grammes, il leur substitua une carte entière.

« Pardon, monsieur, je crois que c'est à vous ! », dit-il.

Le vieil homme le regardait, ahuri, hésitait à prendre la carte, balbutiait... Puis, voyant se dessiner dans les yeux de Paul une gerbe de bonté et une insistance soutenue, il accepta :

« Oui, en effet. Merci. Merci, monsieur ! »

Ainsi était Paul Vallier. Un héros au grand cœur. Un chevalier moderne...

LES RÉSISTANTS FONT LA « BELLE »

Comme Aimé Requet, Émile Farsat — alias le capitaine Pons —, très modeste lui aussi, n'aimait pas parler de ses actions dans la Résistance. En revanche, il ne tarissait pas d'éloges sur les exploits de ses compagnons d'armes, rendant toujours un très vibrant hommage à ceux qui avaient payé de leur vie leur engagement pour combattre l'ennemi et leurs nervis français.

Après la Libération, il avait consigné sur des cahiers ou sur des feuilles volantes (qu'il faisait relier ensuite), de son écriture régulière et élégante d'instituteur de la Troisième République, un grand nombre d'actions réalisées par les soldats de l'ombre. Il m'en avait prêté quelques-uns. Sur d'autres cahiers, il avait recopié consciencieusement des documents plus ou moins confidentiels concernant la Résistance. Il avait ainsi noirci un grand nombre de pages. Plusieurs milliers. Mais hélas, il se contenta de photocopier à quelques exemplaires seulement son étonnante production, pour des amis très proches, ne songeant pas à l'édition de livres...

S'il me raconta sans trop se faire prier son évasion spectaculaire de la prison Saint-Joseph de Grenoble (dont l'emplacement est occupé aujourd'hui par un grand complexe cinématographique), c'est sans doute parce qu'il n'y avait joué qu'un rôle passif. Et c'était aussi pour lui l'occasion de saluer, une nouvelle fois, l'audace et le courage de ceux qui l'avaient libéré.

☆
☆ ☆

Tout avait commencé le 8 mars 1944. Le commandant Nal, Aimé Requet et Émile Farsat, à bord d'une traction qu'ils avaient « empruntée », venaient de quitter Grenoble. Ils avaient pris livraison d'un important colis aux cars Huillier, destiné à la Résistance, et se rendaient à Saint-Georges-de-Commiers pour assister à une réunion au cours de laquelle des décisions délicates devaient être prises. Ils allaient s'arrêter au passage à Varces pour récupérer des biscuits de guerre fabriqués par M. Guillaud pour les maquisards.

Ils étaient partis sans méfiance, des gendarmes amis leur ayant indiqué deux jours auparavant un itinéraire sûr pour ne pas être inquiétés.

Mais hélas, ils rencontrèrent néanmoins sur la route indiquée un barrage mis en place à la dernière minute par un officier de la Gendarmerie. Plusieurs militaires, qui, sous le manteau, aidaient la

Résistance, auraient bien laissé passer le trio. Mais leur adjudant, lui, obéissant aveuglement aux ordres péremptoires du gouvernement de Vichy, les fit emmener à la gendarmerie d'Échirolles. Et là, pendant qu'il téléphonait à ses supérieurs, se vantant d'avoir arrêté des chefs de la Résistance, le commandant Nal, avec la complicité d'un gendarme, parvint à s'échapper...

Quant à Requet et Farsat, solidement encadrés, ils furent dirigés sur la caserne de gendarmerie de la place d'Apvril à Grenoble (l'emplacement est occupé aujourd'hui par l'hôtel des Postes) puis enfermés à la prison tout à côté.

Mais Nal n'allait pas oublier bien entendu ses fidèles lieutenants et demanda aux groupes francs de Petit Louis et de Ségal de préparer une attaque-éclair pour les libérer.

Et c'est ainsi que le dimanche 12 mars, à dix heures du matin, deux résistants, Henri Ségal et Maurice Mitaine, correctement habillés en gendarmes par Émile Anselme, chef de la brigade de Villard-Bonnot, amenaient à la prison deux malheureux bougres : Louis Clavel (Petit Louis) et Marius Didier, avec un mandat d'écrou parfaitement en règle. Les deux « gendarmes » étaient évidemment bien armés, les deux « prisonniers » dissimulant des pistolets-mitrailleurs sous d'amples canadiennes.

Sur le trottoir, devant l'entrée, d'autres résistants étaient là, allaient et venaient parmi les fidèles qui se rendaient à l'église Saint-Joseph toute proche pour assister à l'office dominical : Joseph Brun, Adrien Chenavas, Georges Dufournet, André Gonthier, Marcel Lecchi, Rodolphe Bertaud et deux gardiens de prison passés à la Résistance, qui connaissaient donc bien les lieux : Yves Fontanarosa et Joseph Jourdan. Dans un hangar du marchand de charbon Curt, juste en face de la prison, deux autres résistants disposant d'une bonne artillerie, étaient eux aussi prêts à intervenir en cas d'une intervention venant de l'extérieur : Tony Lansalone et l'aviateur britannique Lenne, dont l'avion avait été abattu et qui, avant de rejoindre clandestinement l'Espagne, avait voulu absolument participer à cette opération.

La suite des événements, on pourrait la deviner : une première porte massive fut ouverte par un gardien qui avait examiné les papiers et qui fut aussitôt mis hors d'état de nuire. Il en fut de même pour les deux GMR de garde entre les deux portes. Le groupe de l'extérieur entra à son tour dans l'établissement, derrière les faux gendarmes et faux prisonniers, se dissimulant aussitôt.

Deuxième porte, deuxième contrôle des mandats d'écrou. Et surprise aussi pour le gardien, rapidement mis hors d'état de nuire. Ce fut ensuite la ruée vers les cellules, les autres gardiens rencontrés ainsi que dix GMR, médusés, étant désarmés en un tour de main et enfermés dans un réduit. Une complicité intérieure avait permis au commando de connaître les numéros des cellules (24 et 26) dans lesquelles les deux résistants étaient enfermés. Aimé Requet et Émile Farsat sortirent précipitamment, un sourire aux lèvres éclairant leurs visages émaciés par plusieurs jours d'internement et de privation, mais aussi marqués par les coups qu'ils avaient reçus.

C'est au pas de course que toute la troupe sortit de la prison, traversa la place des Alpes (devenue depuis place Paul-Vallier).

« Les passants nous regardaient d'abord étonnés, puis comprenaient ce qui se produisait et nous applaudissaient, se souvenait Émile Farsat. Trois voitures nous attendaient dans la petite rue Macheval. Elles démarrèrent à toute allure, nous emportant vers la liberté et l'œuvre qui restait à accomplir... »

Évoquant cette sortie précipitée de Saint-Joseph, Émile Farsat ne pouvait s'empêcher de sourire : « Je courais, tenant solidement celui qui me précédait à l'épaule. Car, myope comme une taupe, je ne voyais pas grand-chose. Et dans ma grande hâte, j'avais oublié mes lunettes dans la cellule... »

Une évasion dont on parla beaucoup à Grenoble, et qui n'avait duré que quelques minutes[1]. Une opération bien préparée, une réussite totale...

Et une fois de plus l'ennemi, et peut-être davantage encore les Français qui travaillaient pour lui, devinrent fous de rage. Cette fois-ci, deux éminents chefs de la Résistance venaient de glisser entre leurs doigts, les humiliant. En plein jour ! Intolérable...

Heureux d'avoir récupéré Requet et Farsat, les groupes francs ne s'accordèrent pourtant aucun répit. Déjà, ils avaient en tête d'autres opérations...

C'est nous qui brisons
Les barreaux des prisons
Pour nos frères...

(Chant des Partisans)

---

1. *À deux reprises, des résistants s'étaient déjà évadés de la prison Saint-Joseph : le lieutenant Guérin, en début d'automne 1943, avec la complicité d'un gardien, Joseph Jourdan ; puis André Surre, « Mado », chef du service de renseignement du réseau Combat, Paul Vallier et Jimmy Bocq, avec la complicité, cette fois-ci, d'un gardien-chef de la prison, Jean-Baptiste Fontanarosa.*

LA BATAILLE DU RAIL

La bataille du rail : le tunnel de Réaumont est bouché par un train que les résistants ont fait dérailler.

Juin 1944... Partout, la Résistance était mobilisée, prête à intervenir, dans toutes les circonstances. Le « Plan Vert » et ses annexes, ainsi que le « Plan Grenouille », prévoyaient en effet que, après le débarquement des forces alliées, tout devait être réalisé pour paralyser complètement le trafic ferroviaire et donc compliquer au maximum les déplacements de l'ennemi et de son matériel. Dans l'Isère, groupes francs, Francs-tireurs et partisans ne s'en privaient pas ! Voies ferrées et ponts « sautaient » presque tous les jours. Sans compter les tunnels bloqués...

La coupure des communications sur l'axe Lyon-Grenoble — un axe évidemment très important — fut confiée au groupe Guy-Roger (Guy Mousson et Roger Garnier), dont fit partie Marguerite (Alban Fagot), qui coordonnait l'action avec les groupes francs de Chartreuse dont il était le chef.

Grâce à mon confrère et ami Georges Avallet, qui signa un très intéressant ouvrage *Et Grenoble explosa*, lequel ne connut pas hélas la promotion qu'il méritait, son auteur ayant brusquement quitté ce monde quelques jours seulement après sa parution en 1994, j'avais pu rencontrer assez longuement Alban Fagot dans les années 1970. Les deux hommes se connaissaient très bien depuis leur enfance et Alban Fagot était devenu député de l'Isère. Malgré un emploi du temps assez chargé, il me parla, avec l'humilité qui était la sienne, de cette véritable épopée que fut la bataille du rail...

Dès le 12 juin, fort de vingt hommes, le groupe Guy-Roger investit la gare de Rives, coupa la voie ferrée, détruisit les aiguillages et un matériel considérable. Mais ce n'était pas suffisant : bien qu'importants, les dégâts allaient vite être réparés. Il fallait donc frapper plus fort encore.

L'occasion se présenta le 21 juin. Cinq résistants (Antoine, Marguerite, Titin, Fred et Guy), alors qu'ils circulaient en voiture, aperçurent un long train de marchandises arrêté en gare de Rives. Une aubaine ! Trois d'entre eux se précipitèrent dans la gare et tinrent en respect les employés. Deux autres partirent en courant longeant la voie ferrée en direction de Voiron, avec cet ordre donné par Marguerite : « Déboulonnez si possible ou faites sauter ! »

Le chef de gare, tout acquis à la cause de la Résistance, comprit très vite le plan de Fagot, n'opposa aucune obstruction au projet et fit même accrocher au convoi deux wagons supplémentaires. Il allait d'ailleurs être déporté ensuite par les Allemands, furieux...

Dès la sortie de la gare, les voies descendent lentement vers le viaduc du Bœuf, qui enjambe la Fure, et le tunnel de Réaumont. Estimant que la Libération était proche, les maquisards ne voulaient pas faire sauter le viaduc qui devait leur servir plus tard et dont la reconstruction aurait demandé bien trop de temps. En revanche, l'engorgement complet du tunnel ne pouvait durer que quelques mois au plus et ne devait donc ainsi gêner que l'ennemi. Les deux gars envoyés par Marguerite — en l'occurrence Fred et Guy — avaient donc pour mission de déboulonner les rails à l'entrée du tunnel.

Ils revinrent au bout d'un certain temps, qui parut une éternité pour leurs compagnons. Mais ils affichaient un large sourire aux lèvres. Ils avaient bien accompli leur mission ! Alors, le mécanicien lança la locomotive à toute vapeur, entraînant de plus en plus vite le long et lourd convoi, sautant de la machine à la dernière minute...

Remontant dans leur véhicule, les hommes du groupe franc foncèrent vers Réaumont. La locomotive, mal en point, crachant encore de la vapeur de partout, gisait sur un talus. Les wagons s'enchevêtraient inextricablement dans le tunnel. Pourtant, Marguerite n'était pas entièrement satisfait.

« Ils auront vite fait de dégager tout ça, dit-il. Il faut faire plus encore... »

Et c'est alors qu'il songea à ce que lui avait dit le mécanicien avant de s'élancer sur sa machine : deux autres locomotives stationnaient en gare du Grand-Lemps, prêtes à partir.

Alors tout le monde sauta à nouveau dans l'automobile, fonçant vers Le Grand-Lemps, à une dizaine de kilomètres de Rives. Elles étaient toujours là, les deux locomotives en question. Et elles furent vites attelées à deux rames de wagons, mécaniciens et chauffeurs n'étant pas mécontents de jouer un mauvais tour à l'occupant, de plus en plus haï. Et les deux convois, l'un derrière l'autre, prirent la direction de Rives, puis du tunnel...

Ce fut un gigantesque carambolage. Trois locomotives et quarante-cinq wagons entremêlés constituaient le plus beau barrage qui soit...

Mais les Allemands « mirent le paquet », réquisitionnèrent de la main-d'œuvre à bon marché et quinze jours après, la voie était déblayée et réparée. Et un train de soixante wagons de charbon français à destination de l'Allemagne passa, sans problème, de Voiron à Rives, via le tunnel... Mais les résistants veillaient... et le long train démarra à nouveau, mais en marche arrière cette fois-ci, allant s'écraser sous le tunnel, à nouveau sérieusement bloqué !

Ulcérés, les Allemands décidèrent alors de faire circuler en va-et-vient continu, sur cette voie stratégique, un train blindé bourré de soldats armés jusqu'aux dents, espérant définitivement mettre fin aux « attentats » des « terroristes ». Mais c'était sous-estimer nos groupes francs...

Alors que le train blindé, effectuant une de ses nombreuses navettes, arrivait à hauteur de Rives, une locomotive folle, lancée par les résistants avec la complicité d'un mécanicien, le percuta à toute vitesse dans un vacarme infernal !

Croyant à une nouvelle attaque de la Résistance, les soldats sortirent tant bien que mal des huit wagons renversés, s'égaillant un peu partout, tirant au jugé devant eux, en plein désarroi, espérant faire reculer les « terroristes ». D'autres coups rageurs leur répondirent en arrière... Ils se mitraillaient entre eux ! Quand ils s'aperçurent de leur affreuse méprise, plusieurs dizaines de leurs compatriotes gisaient déjà sans vie autour des voies.

Hélas, trois innocentes victimes civiles, dont un enfant, qui se trouvaient à proximité, furent tuées aussi par des balles perdues. Mais le train blindé était devenu inutilisable.

Et la voie ferrée, une nouvelle fois, coupée !

« À cette époque si proche de la Libération, nous n'étions pas les seuls, en Isère, à montrer un tel acharnement pour déstabiliser et affaiblir l'ennemi, afin de le rendre plus vulnérable quand les forces alliées allaient déferler sur lui », me commenta simplement Alban Fagot.

UNE GERBE DE FEU DANS LA NUIT...

Mercredi 5 juillet 1944. Sur tous les fronts, l'ennemi reculait, régulièrement, irrémédiablement. Non seulement à l'Est, mais aussi en Italie et en Normandie. Et tout le monde s'attendait maintenant à un débarquement allié en Provence, qui prendrait ainsi les troupes nazies dans une véritable tenaille.

Obéissant aux ordres qui leur demandaient de couper partout désormais toutes les voies de communications, et plus seulement les voies ferrées, afin de paralyser davantage encore les troupes allemandes, groupes francs et Francs-tireurs et partisans, sans répit, procédèrent à des destructions de ponts pour rendre inutilisables les routes nationales. N'hésitant même pas, quelquefois, à attaquer directement les convois militaires ennemis qui les sillonnaient...

Et, ce 5 juillet, sous les ordres de Requet et de Dax, cinquante hommes des groupes francs de l'Isère étaient désignés pour faire sauter le pont de Corbonne à Saint-Ismier, afin de couper la route nationale Grenoble-Chambéry.

Cinquante hommes ! Il fallait bien cet effectif, car l'opération n'était pas une mince affaire et le risque, lui, était considérable. L'ennemi parcourait sans cesse cette nationale 90, effectuant de très fréquentes navettes entre la capitale du Dauphiné et celle de la Savoie. Il s'y aventurait toutefois moins souvent la nuit, redoutant sans doute des attaques de « terroristes ». C'est donc la nuit que Dax qui avait échappé de justesse en novembre 1943 à la « Saint-Barthélémy grenobloise » et qui avait rallié alors le secteur 6, prenant le commandement de la rive droite du Grésivaudan, décida de s'attaquer au pont en question, en plein accord avec Aimé Requet, lequel reconnut plus tard que ce fut une opération « rondement menée » :

« De part et d'autre du pont avaient été mises en place deux équipes solidement armées pour arrêter tout convoi, avec explosifs sur la chaussée et fusils-mitrailleurs en embuscade. L'une était composée du groupe franc de Petit Louis, l'autre de celui de Jacquier. Ainsi protégés, des hommes courageux, en nombre, venant essentiellement de Saint-Ismier, se relayèrent sans répit, de 22 heures à 2 heures du matin, n'ayant pour tout matériel que pioches, pelles et barres à mine, creusèrent dans la route quatre trous de 1 m 50 de long sur 80 cm de profondeur, pour y déposer quatre charges explosives... »

Aimé Requet avait d'ailleurs noté, auparavant, les noms des habitants de Saint-Ismier, tous membres de l'Armée secrète, qui avaient participé à cette opération : Berger, Bouchet, Bouillé, Bouvet, Chapuis, Collin, les trois frères Combet, Fine, Gandy, Lallemenot, Marquiant, Mathieu, Massit, Noguès, Roberjot, Roche, Stephano, Theny, Vallat, Veyron père et fils. Trois d'entre eux allaient d'ailleurs disparaître trop tôt, au cours d'actions précédant immédiatement la Libération : Chapuis, Noguès, Vallat...

Un seul petit incident fut à signaler au cours de cette opération : une équipe de surveillance arrêta un véhicule dans lequel se trouvaient plusieurs Dauphinois, qui pratiquaient ce qu'on appelait à l'époque le marché noir. Les marchandises furent saisies et les trafiquants, bon gré, mal gré, durent mettre main à la pâte et aider la Résistance à creuser les trous !

À deux heures et demie du matin, les charges ayant été bien disposées, tout le monde se replia et s'abrita. Une immense gerbe de feu jaillit et illumina la belle nuit estivale. Et la déflagration violente réveilla toute la population aux environs. Une population qui, d'ailleurs, commençait à avoir l'habitude de ces réveils nocturnes intempestifs.

La route à grande circulation était coupée : le pont avait sauté... Ce ne sera pas le seul, cet été-là. D'autres subiront le même sort. À la barbe... et à la grande rage de l'ennemi.

L'ATTAQUE DU CHÂTEAU D'URIAGE

Ils furent bien troublés les deux premiers mois de ce bel été 1944, qui, décidément, ne pouvait se parer de ses séduisants attraits habituels. Bien souvent, l'azur tendre était impitoyablement balayé par de sombres et lourdes fumées bien longues à s'estomper, et des lueurs inattendues et bizarres déchiraient subrepticement l'horizon. Dans une nature généreuse en plein épanouissement, la douce caresse du vent léger était irrespectueusement bousculée par le souffle violent et étourdissant des explosions sporadiques qui, ici et là, venaient surprendre le calme serein de la campagne.

Partout, dans la région grenobloise, sans répit, les ponts routiers et les lignes de chemins de fer étaient détruits, les uns après les autres. Les soldats de l'ombre surgissaient là, où l'on ne les attendait pas, portant des coups sévères et imparables à l'ennemi. Cet ennemi furieux et revanchard qui, au cœur du Dauphiné, formait de plus en plus de miliciens. Et de plus en plus vite : les besoins devenaient si impérieux...

Au-dessus de Grenoble, ce beau château d'Uriage abritait en effet depuis le début de l'année 1943, après la dissolution de l'école des cadres de Dunoyer de Segonzac[1], la sinistre école des cadres de la Milice, qui ne chômait pas, distillant perfidement son venin à de nombreux jeunes Français, déjà acquis aux idées néfastes du nazisme par une propagande éhontée et sournoise.

Cette école, c'était une verrue dans ce département, cité en exemple par le général de Gaulle pour son patriotisme et sa lutte acharnée contre l'occupant.

Devinant sans doute que les « terroristes », de plus en plus efficaces, ne pouvaient rester inactifs face à elle, sentant souffler le vent glacial de la défaite, les Allemands décidèrent finalement de l'évacuer au début du mois de juillet 1944, avec tout son matériel, mais, surtout, avec tous ses occupants, professeurs et élèves, qui, en cette période d'échecs répétés pour eux, pouvaient rendre de précieux services ailleurs.

Toujours bien renseignée, la Résistance apprit cette évacuation imminente. Coûte que coûte, il fallait détruire cette école (et non le château !), en éliminant les hommes ô combien dangereux et pervers qui la constituaient, avant qu'ils ne partent semer la mort plus loin...

C'est la section Porte, du maquis de l'Oisans, qui fut désignée alors pour intervenir avant le grand départ, bien que le château fût situé hors de son champ d'action traditionnel. Et ce sont plusieurs anciens de cette héroïque section qui me livrèrent, bien des années après, des détails sur cette opération spectaculaire que la population avait oubliée...

Une opération qui commença le 6 juillet 1944, à une heure du matin. En pleine nuit, donc. Le groupe, très correctement armé, quitta son nid d'aigle de la vallée de la Romanche, au-dessus de Livet, prenant la direction d'Uriage dans un vieux camion cahotant mais pourtant bien utile. À l'approche du château qui domine fièrement la cité thermale, les hommes en descendirent et, silencieusement, progressèrent à pied, dessinant un mouvement encerclant, dissimulés dans les bois.

Les maquisards savaient que l'ennemi devait quitter les lieux dans la matinée. Aussi avaient-ils reçu cette consigne : ils ne devaient « tomber » sur l'adversaire qu'au moment précis où celui-ci sortirait du château, sans méfiance, pour monter dans des

---

1. Se reporter au premier chapitre.

camions. C'est à cet instant que les maquisards pouvaient lui faire le plus de mal...

Car les résistants ne mésestimaient pas la force de cet adversaire bien entraîné, composée d'une centaine de miliciens et d'une dizaine d'Allemands. Mais l'effet de surprise devait les paralyser pendant quelques secondes, le temps pour les maquisards d'en éliminer le plus possible.

À dix heures du matin, la section Porte avait atteint les positions stratégiques de combat, un fusil-mitrailleur étant disposé dans un chemin creux prêt à cracher la mort avec le maximum d'efficacité, des éclaireurs étant dispersés dans les buissons environnants afin d'assurer le repli de tous ensuite.

Les minutes passaient, lentement, trop lentement pour ces hommes d'action. À 10 h 45, brusquement, un fait imprévu se produisit : une colonne allemande inattendue arriva au pas cadencé par la route venant du château ! Que se passa-t-il exactement alors ? On ne le sait pas bien. Toujours est-il que des balles sifflèrent tout-à-coup et que le fusil-mitrailleur entra aussitôt en action. Le plan, bien élaboré, tombait à l'eau. Tant pis : il fallait infliger à l'ennemi une sévère défaite...

Miliciens et Allemands sortirent en courant du château, venant à la rescousse, tirant en direction des « terroristes » qu'ils ne voyaient pas...

« Ce fut alors un déferlement tonitruant des armes qui vomissaient le feu et semaient la mort », m'ont conté les anciens maquisards que j'ai pu rencontrer plus tard. « Fusils, fusil-mitrailleur, mitrailleuses crépitaient de partout sur l'ennemi qui, évidemment, réagissait avec violence, utilisant des mitrailleuses et même des mortiers. Étant beaucoup à découvert, cet ennemi « dérouillait ». Mais les balles sifflaient de partout au-dessus de nos têtes. Il fallait se replier. Et vite ! Heureusement, la forêt protégea notre décrochage... »

Le lendemain, un communiqué officiel, laconique comme d'habitude, paraissait dans la presse grenobloise, annonçant que 17 miliciens et 4 Allemands avaient été lâchement tués par des terroristes.

Du côté de la section Porte, on ne déplorait qu'un seul blessé, le maquisard Bison...

COUP D'ÉCLAT AU MÛRIER

« Adjudant-chef Requet, du parc d'artillerie ! Il nous faut des explosifs pour la Résistance ! Ouvrez ! »

Interloqué par cet homme qui ne manquait pas d'audace en affichant carrément qu'il travaillait pour les maquis, en pleine occupation allemande, le chef de poste de la poudrière du fort du Mûrier près de Grenoble éclata de rire :

« Vous êtes fou ! Le fort est bien gardé. N'essayez pas d'entrer ou nous tirons !

— Mais vous êtes encerclés ! Regardez ! », rétorqua le chef des groupes francs.

Et c'était vrai. Des hommes, sur la falaise surplombant la poudrière, se dressèrent, fusil-mitrailleur à la hanche. Les douze GMR qui gardaient les lieux comprirent rapidement la situation. Ils laissèrent pénétrer les résistants, se firent désarmer sans broncher. La ligne téléphonique fut aussitôt coupée par mesure de précaution. Et les caisses d'explosifs commencèrent à sortir du fort...

Aimé Requet avait frappé à la bonne porte. Il savait bien que le fort du Mûrier, qui dépendait du parc d'artillerie où il travaillait officiellement, possédait beaucoup d'explosifs, si nécessaires alors aux maquisards. Et c'est lui aussi qui avait choisi la tactique hardie pour forcer la porte d'entrée, ce mardi 11 juillet 1944...

« Pour éviter toute casse et tout affrontement, il fallait y aller franchement et annoncer la couleur ! me dit-il plus tard avec un large sourire. Mais il est évident que, tout seul, je n'aurais rien pu faire ! Il faut bien dire que cette opération fut montée avec les groupes francs de Petit Louis et d'Henri Segal, de l'Armée secrète du Grésivaudan, et avec le groupe FTP du Luitel, commandé par Hector Dalmasso. À dire aussi que le groupe Bonnet-Gamard, de Saint-Martin-d'Hères, était chargé d'intercepter, plus bas, le cas échéant, la garde montante... »

Les résistants étaient prévoyants : ils avaient amené avec eux... dix camions, voulant profiter de l'occasion pour rafler aussi les armes qui se trouvaient en dépôt dans le fort.

À 9 h 30, les camions étaient presque tous chargés quand, soudain, un agent de liaison accourut, signalant que des GMR étaient postés sur un lacet de la route, en contrebas. Un « accrochage » avec eux risquait de faire sauter les camions dangereusement bourrés de dynamite. Il fallait absolument trouver une solution. Et très vite ! Et cette fois-ci encore, Aimé Requet, impassible, allait jouer la carte de l'audace...

Il se tourna vers Petit Louis :

« Moi, je vais descendre à travers les prés pour rejoindre la route plus bas, où sont les GMR. Je vais attirer toute leur attention. Toi, tu en profiteras pour t'engager tout doucement avec ta camionnette blindée dans l'épingle à cheveux, jusqu'à ce que tu aies les GMR dans ta ligne de mire... »

Et, aussitôt, mitraillette à la bretelle, Aimé Requet s'élança donc au-devant des GMR. Calmement. Résolument. Il fut tout surpris, le lieutenant GMR, quand il le vit déambuler ainsi, tout seul. Le moment de stupeur passé, il cria :

« Levez les bras ! Rendez-vous ! »

Imperturbable, le résistant continua de marcher, à la même allure, en direction des hommes qui maintenant pointaient leur arme sur lui, prêts à tirer. Et il leur lança :

« Laissez-moi passer ! Vous savez où est votre devoir !

— Non ! Je suis officier : mon devoir, c'est d'obéir !

— Je suis aussi un soldat et j'obéis au général de Gaulle ! Laissez passer le convoi. Vous nous tirerez dessus après ! »

Certains GMR étaient prêts à accepter. Mais le lieutenant surenchérit :

« Non ! Vous ne passerez pas. Les Allemands vont arriver et je ne veux pas être interné ! »

Mais il était trop tard déjà. Car, captivés par la scène, les GMR n'avaient pas vu la camionnette de Petit Louis s'approcher, tranquillement, sans bruit et se poster en bonne position. Et quatre fusils-mitrailleurs surgirent du haut du véhicule, pointés sur eux. Requet en profita pour faire basculer son arme sur la poitrine du lieutenant, pendant que les groupes francs d'Henri Segal et les FTP arrivaient en courant, désarmant ensuite tous les GMR.

Parmi ces derniers, six demandèrent à suivre désormais les résistants qui, ce jour-là, avaient la chance avec eux. Mais encore fallait-il savoir la mettre de son côté, la chance, et jouer la bonne carte, très vite, au moment précis. Aimé Requet, fin stratège, en avait fait une brillante démonstration.

Le long convoi s'ébranla ensuite et ne fit aucune mauvaise rencontre sur la route nationale en contrebas.

Et c'est ainsi que trente tonnes d'explosifs et un important armement — sans compter celui des GMR : soixante mousquetons et pistolets-mitrailleurs — furent récupérés pour les maquis, ce 11 juillet 1944. Mais Aimé Requet apprendra plus tard avec un petit frisson qu'une colonne allemande était arrivée à hauteur de la route du Mûrier cinq minutes après le départ des groupes francs...

Plusieurs jours après cette opération spectaculaire, les groupes francs du Grésivaudan étaient avisés par Zussi, le gardien du fort, que des armes se trouvaient encore cachées dans la poudrière, et plus exactement sous une fausse voûte. Une poudrière qui n'était plus gardée, les GMR croyant que les maquisards avaient tout emporté...

Sans aucune difficulté, les groupes francs allaient encore récupérer dix fusils-mitrailleurs, une centaine de fusils et de nombreuses munitions. Des armes qui leur serviront bien pour les combats de la Libération que l'on devinait maintenant très proche...

LA MORT D'UN PRÉFET

La reconstitution de l'exécution du préfet Frantz par la Résistance.

Mardi 1er août 1944. Le soleil dardait généreusement ses rayons de plomb sur l'agglomération grenobloise. Il était environ 14 heures.

Dans une villa cossue de Montfleury, baptisée le Cèdre, Marcel Besson, propriétaire du *Petit Dauphinois*, s'apprêtait à faire servir le café, sous les platanes qui ombrageaient délicieusement un jardinet, à ses hôtes, Georges Biessy, secrétaire général du journal, Gabriel Forest, un des propriétaires des papeteries Matussière et Forest, et au nouveau préfet de l'Isère, Philippe Frantz, arrivé depuis un mois, jour pour jour, à Grenoble.

Brusquement, des hommes armés surgirent, après avoir escaladé le mur peu élevé de la propriété. Effrayés, Marcel Besson et ses invités se regroupèrent près de la porte de la salle à manger. Un coup de semonce retentit et Gabriel Forest fut atteint à la cuisse par un ricochet.

« Qui est le préfet ? questionna un des gars armés.

— C'est moi ! répondit Georges Biessy en s'avançant courageusement d'un pas.

— Non, c'est moi ! rétorqua Philippe Frantz, effectuant à son tour un pas en avant. »

Deux rafales crépitèrent sèchement. Les deux hommes s'écroulèrent, criblés de balles. Sans vie.

Et les agresseurs appartenant aux groupes francs repartirent à toute vitesse... dans l'automobile du préfet.

Le lendemain, *Le Petit Dauphinois* ne dissimulait pas sa colère contre ce qu'il considérait être un « inqualifiable attentat ». Il consacra bien entendu un article à la carrière de Philippe Frantz, qui n'était âgé que de 33 ans, fils du général Frantz, qui commanda la 27e division d'Infanterie, lequel avait laissé un excellent souvenir parmi les anciens combattants de la région.

Mais il s'étendit surtout sur Georges Biessy, « numéro deux du journal, affectueusement aimé de tout le personnel, depuis le plus modeste employé jusqu'au patron ».

Né à Grenoble le 22 avril 1895, Georges Biessy avait créé, en 1912, la rubrique sportive du *Petit Dauphinois*, le journal régional le plus diffusé et le plus lu à l'époque. Pendant la première guerre mondiale, il devint un intrépide aviateur, réalisant trente-trois bombardements dans les lignes allemandes, ce qui lui valut par la suite la Croix de la Légion d'honneur. À la fin de la guerre, il consacra tout son temps à développer *Le Petit Dauphinois*, qui devint l'un des plus importants quotidiens de France.

J'ai rencontré dans les années 70 plusieurs témoins qui ont vécu cette fusillade du 1er août 1944 ainsi qu'un de ses acteurs. Ils ne contestaient pas l'élimination du préfet, porte-parole du gouvernement de Vichy et auteur de prises de position particulièrement violentes contre la Résistance. En revanche, certains n'approuvaient pas l'exécution du journaliste. L'un d'eux estimait même que ce fut un « accident » :

« Biessy ne méritait pas ça. Mais la gâchette était si facile à l'époque. On appuyait sur la queue de détente avant même de réfléchir. Un réflexe de survie... En se faisant passer pour le préfet, il a provoqué un instant de confusion. Le commando devait agir très vite. Pas le temps de se poser des questions... »

Un autre voulait réhabiliter le journaliste :

« Certes, *Le Petit Dauphinois* diffusait la propagande de Vichy. Il était obligé de le faire. Sinon, il se sabordait. Il était donc bien au service de l'ennemi. Mais il ne faut pas oublier pourtant que ce quotidien fut l'un des deux seuls journaux français à avoir diffusé — dès le 19 juin 1940 — le texte intégral de l'appel du général de Gaulle. Et certaines de ses camionnettes qui, très tôt le matin, quittaient le quai des rotatives pour livrer les journaux fraîchement imprimés, dissimulaient aussi de temps en temps du courrier pour la Résistance, quelquefois même du ravitaillement. Cela, évidemment, dépendait des chauffeurs...

« Quant à Georges Biessy, pendant la durée de la guerre, il continua à donner la paye de ses employés qui avaient pris le chemin des maquis à leurs femmes, ne les dénonçant pas. Ça, c'est une forme de Résistance, non ? »

Pourtant, Aimé Requet me confirma que Georges Biessy devait bien être abattu ce jour-là : il avait été condamné à mort au cours d'un conseil de guerre tenu par le Comité départemental de la Libération nationale. Un comité qui n'avait peut-être pas toutes les données en mains quand il prit cette décision...

D'autres personnes rencontrées se disaient toujours étonnées de la non-élimination, ce 1er août 1944, du grand patron du *Petit Dauphinois*, premier responsable de la diffusion de la propagande de Vichy, et qui avait invité chez lui le préfet :

« Si une personne devait être abattue ce jour-là, ce n'est pas Biessy, mais bien Besson ! »

Mais, curieusement, ce dernier n'avait pas été condamné par le CDLN : Aimé Requet était très affirmatif sur ce point.

C'est vrai qu'il possédait une imprimerie importante, beaucoup de professionnels de l'information, un conséquent réseau de distribution, qui pouvaient être les bienvenus dès le lendemain de la Libération...

Chapitre VI

Dressés contre l'oppresseur

Avril 1944... Les Dauphinois, comme la plupart des Français, rencontraient des difficultés grandissantes pour se ravitailler. Il est vrai que, depuis 1940, la production agricole nationale fléchissait régulièrement chaque année. De 29 432 000 tonnes avant la guerre, elle était tombée à 19 400 000 en 1942 et allait passer à 12 748 000 en 1944...

Certes, cette baisse inquiétante était due partiellement à une sécheresse anormale pendant les années 42, 43 et 44. Mais c'était surtout la conséquence évidente de l'occupation allemande, qui entraînait un manque croissant de semences fourragères, de main-d'œuvre retenue en Allemagne, de matériel qui faisait de plus en plus défaut aux agriculteurs. Sans oublier la mainmise sur un certain nombre de nos produits par l'ennemi. Bref, les denrées de première nécessité manquaient cruellement et de plus en plus, surtout dans les villes.

Les journaux locaux regorgeaient de communiqués concernant les restrictions, sévèrement imposées par l'État français. C'est ainsi que le 4 avril, le préfet de l'Isère faisait savoir qu'en raison des difficultés d'approvisionnement en farine l'inscription chez les boulangers devenait obligatoire pour obtenir sa ration de pain en échange des tickets d'alimentation équivalents. Une ration bien maigre, d'ailleurs. La distribution du beurre elle aussi se révélait très stricte. En ce mois d'avril, les titulaires des titres P4 n'y eurent d'ailleurs pas droit. Et aucun ticket de viande ne put être honoré lors de la semaine du 17 au 23 avril. La faim tiraillait maintenant impitoyablement les ventres. Même avec des tickets, on n'était plus sûr de pouvoir se procurer des denrées alimentaires en faible quantité : cela dépendait — aussi — de l'arrivage, de plus en plus aléatoire, de ces denrées !

Et il fallait désormais des tickets pour tout. Même pour le pétrole d'éclairage, là où l'électricité et le gaz faisaient défaut. Même pour le charbon ! Tout était très sévèrement contingenté, y compris les produits de remplacement ! Le public se procurait du café... sans un seul gramme de café dedans. Et encore fallait-il le trouver, cet ersatz !

Dans ce véritable marasme dû à l'occupation allemande, le « marché noir » se développa à pas de géant. Que ne ferait-on pas pour se procurer un jour un bon morceau de viande introuvable chez le boucher, quelques boîtes de conserve, une paire de chaussures dignes de ce nom, voire quelques paquets de cigarettes ? Un marché noir qui progressait toujours, malgré les internements administratifs de plus en plus fréquents, prononcés par le préfet, à l'encontre d'agriculteurs qui ne déclaraient pas toutes leurs récoltes pour pouvoir vendre quelques produits sous la main à un prix plus intéressant pour eux et qui procédaient aussi à des abattages clandestins. Mais aussi à l'encontre d'intermédiaires peu scrupuleux qui n'hésitaient pas à vendre très cher — et sans tickets ! — des produits presque introuvables autrement...

La population, assommée, rencontrait bien des problèmes dans d'autres domaines. Avec la malnutrition et le manque de médicaments, les épidémies se développèrent et se propagèrent rapidement. La tuberculose, notamment, fit des ravages. Et il devint de plus en plus difficile de se déplacer. Des trains de moins en moins nombreux, des cars essoufflés qui se raréfiaient, conséquence directe de la pénurie de charbon et de carburants. Les véhicules individuels, pour la même raison, devenaient de plus problématiques. Il n'y avait d'ailleurs plus de pièces de rechange pour réparer les moteurs à l'agonie. Même les simples bicyclettes souffraient : on ne trouvait plus de pneus sur le marché depuis longtemps. Les couvre-feux intempestifs, dont les horaires changeaient souvent, ne facilitaient pas les déplacements. Certains jours, la circulation, même à vélo, fut totalement interdite !

Dans ce contexte exceptionnel, invivable, la population manifestait une hostilité croissante à l'ennemi et à ses alliés. Et elle soutenait chaque jour davantage, et d'une façon ostensible, les maquis — ces fleurs de l'Espoir — qui continuaient à se développer et à se structurer pour faire face à l'occupant et contribuer à sa déroute. Elle écoutait sans sourciller désormais ces patriotes qui se dressaient fièrement et efficacement contre l'oppresseur et ses odieux alliés qui semaient la misère, la terreur, la mort...

Demain du sang noir
Séchera au grand soleil
Sur les routes.
Chantez compagnons
Dans la nuit la liberté
Nous écoute.

(Chant des Partisans)

EUGÈNE CHAVANT, CHEF CIVIL DU VERCORS

Eugène Chavant (à droite) avait confié à l'auteur : « Notre Vercors, notre pauvre Vercors, a été sacrifié... »

La nouvelle s'était répandue rapidement, ce 28 janvier 1969, dans les milieux de la Résistance : Eugène Chavant, le chef civil du Vercors, compagnon de la Libération, venait de s'éteindre à l'âge de 74 ans. Il était entré à l'hôpital de Grenoble quelques jours auparavant, le 5 janvier exactement, atteint de paralysie. L'annonce de sa mort plongea dans la consternation la foule immense de ses amis.

Je l'avais rencontré à plusieurs reprises, Eugène Chavant. Et à plusieurs reprises aussi, j'avais assuré pour *Le Dauphiné libéré* les comptes rendus des assemblées générales des *Pionniers du Vercors*, association qu'il présidait avec foi, avec passion. C'est lui d'ailleurs qui l'avait créée en 1944. Ses discussions en privé, comme ses déclarations lors des nombreuses réunions auxquelles il participait, reflétaient toujours fermement son attachement profond au souvenir de tous ses compagnons de lutte qui avaient laissé héroïquement leur vie dans ce Vercors qu'il aimait tant.

Mais souvent, il ne pouvait dissimuler une infinie tristesse qu'il contrôlait difficilement, un brin de colère perlant même quelquefois dans ses propos...

« Notre Vercors, notre pauvre Vercors abandonné... Personne ne s'en est soucié en haut lieu. Il a été sacrifié », m'avait-il déclaré un jour. À d'autres, il aurait dit : « Nous avons été trahis... »

C'est vrai qu'en cet été 1944 un rouge plus vif que celui des tendres coquelicots parsemait les versants du Vercors, un rouge sang, versé avec trop d'abondance par les patriotes, écrasés, qui luttaient pour notre liberté, et par bien des civils, massacrés par un ennemi cruel et odieux.

☆
☆ ☆

Eugène Chavant était né le 12 février 1894 à Colombe, près de Vienne. Issu d'une famille modeste, il commença sa vie professionnelle comme simple ouvrier aux Établissements Neyret-Beylier à Grenoble. En même temps, afin de se perfectionner, il suivit assidûment des cours par correspondance. Il se fit rapidement remarquer par sa grande conscience au travail et par une volonté farouche de faire toujours mieux.

Quand éclata la première guerre mondiale, il fut affecté au 11e Dragon, puis au 20e bataillon de Chasseurs à pied. Élève officier en 1916, il affichait une attitude exemplaire pour les autres *poilus*. Mais il fut sérieusement gazé en 1918. Pour lui, le combat, c'était fini. Il fut rendu à la vie civile avec la médaille militaire et la Croix de guerre avec quatre citations.

Après la grande tourmente, il reprit son travail, militant en même temps dans les rangs de la SFIO. En 1935, il gagnait les élections municipales de Saint-Martin-d'Hères, devenant le maire de cette localité de banlieue, fonction qu'il cessa d'exercer tout de suite après l'armistice de 1940 pour entrer dans la clandestinité, abandonnant en même temps le petit café qu'il avait ouvert quelques années auparavant à l'Île Verte, à Grenoble. Et c'est ainsi qu'il prit une part très active à l'organisation du mouvement franc-tireur, créant, avec quelques amis, les premiers camps de maquisards dans le Vercors.

Combattant intrépide, infatigable, exemplaire, il s'imposa très vite par son courage, son allant, ses vues claires sur la situation, ses conseils particulièrement pertinents, si bien que ses compagnons lui demandèrent un jour de devenir « le patron ». Sous le pseudonyme de Clément, il devint alors le chef civil du Vercors, où il constitua le plus important maquis de France, avec pas moins de quatre mille hommes au moment du débarquement en Normandie.

C'est finalement les fonctions de préfet qu'il exerça clandestinement dans le Vercors, prenant quand il le fallait les décisions qui s'imposaient, réglant de nombreux problèmes importants dans les domaines les plus variés, concernant aussi bien la sécurité que l'armement, aussi bien le ravitaillement que les parachutages, aussi bien les transports que les communications.

Et c'est bien en grand patron qu'il décida un jour, peu de temps avant le débarquement, de se rendre à Alger, n'hésitant pas à bousculer les Alliés qui lui avaient formellement promis une aide sérieuse qui ne venait toujours pas, tapant le poing sur la table, leur lançant : « Alors, quoi ? Est-ce que vous vous moquez de nous ? »

Dans un article du *Dauphiné libéré*, paru le 29 janvier 1969, Paul Dreyfus nous contait cet épisode :

« En mai 1944, trouvant que les alliés tardent trop à aider le Vercors, il décide de partir pour Alger. Il embarque à bord d'un sous-marin au large de Saint-Tropez, débarque en Corse, trouve un avion, atterrit à Alger et obtient de l'état-major interarmes — service des projets spéciaux — l'assurance qu'on va lui envoyer 3 000 parachutistes. On lui affirme que les ordres n'ont pas été et ne seront pas modifiés : le Vercors est toujours destiné à jouer un rôle important : celui d'un moderne cheval de Troie, au cœur de la forteresse allemande.

Chavant rentre réconforté. Dans l'attente du débarquement de Provence, il tient en haleine tout son monde. Le 14 juillet, à La Chapelle, il proclame la *République du Vercors*. Le drapeau tricolore est hissé. Mais ce lambeau de territoire libre attend toujours les renforts promis... »

Les Allemands attaquèrent le Vercors le 21 juillet 1944. Massivement. Férocement, comme nous le constaterons dans un prochain chapitre. Les maquisards se défendirent héroïquement. En vain. Il leur manquait ces renforts tant promis...

Jusqu'à l'heure de sa mort, Eugène Chavant ne pouvait cacher à ses amis ce qu'il ressentait intimement. C'est un homme déçu, toujours terriblement déçu, mais digne, qui quitta ce monde sur la pointe des pieds. Et en écrivant ces lignes, je me rappelle encore de cette recommandation :

« Le Vercors. Il ne faut pas l'oublier. Jamais on n'en parlera assez... »

LE GÉNÉRAL ALAIN LE RAY, CHEF DES FORCES FRANÇAISES DE L'INTÉRIEUR

« La Résistance est une forme majeure de combat. C'est celle qui soulève contre un ennemi souverainement maître du terrain un peuple militairement vaincu, mais qui conserve un patriotisme intact, dont l'occupation et ses séquelles vont retremper la volonté. »

Ainsi s'exprimait le général de corps d'armée Alain Le Ray, ancien chef départemental des Forces françaises de l'intérieur (FFI), dans une plaquette publiée à l'occasion du quarantième anniversaire de la libération de Grenoble.

Et le général Le Ray s'empressait d'ajouter : « La Résistance est même une forme de guerre, car elle se nourrit de la convergence de toutes les forces dont un peuple a besoin pour se mobiliser. Mais elle souffre, par rapport à l'ennemi, d'une disproportion telle qu'il ne lui est pas permis de l'affronter dans une bataille et que sa lutte est appelée à se développer dans l'ombre et en marge des conventions. »

Quelle carrière exemplaire que celle d'Alain Le Ray !

Officier, il avait rejoint dès 1933 les troupes alpines, où il servit successivement au 6e et au 11e bataillons de Chasseurs alpins, avant d'être affecté au 159e régiment d'Infanterie alpine pour commander la section d'éclaireurs-skieurs. C'est là qu'il allait connaître le tout jeune sous-lieutenant Poitau, futur capitaine Stéphane dans la Résistance.

Alain Le Ray participa ensuite à la campagne de France en 1940, au cours de laquelle il fut blessé et fait prisonnier. Mais pas pour longtemps. Alpiniste de haut niveau, il réussit une superbe « première » en parvenant à s'évader de la forteresse de Colditz, en Saxe, dans laquelle les Allemands enfermaient leurs prisonniers les plus récalcitrants. Une évasion qui fit sensation, laissant l'ennemi tout pantois.

Il rejoignit immédiatement l'armée d'Armistice et se trouva ainsi démobilisé lors de l'invasion de la zone libre en novembre 1942, avec le 159e RIA en garnison à Grenoble. Il se rallia aussitôt à la Résistance, où ses qualités indéniables de chef et

Le général Le Ray : « La liberté est une richesse qu'il nous faut mériter, protéger, défendre et reconquérir si elle est arrachée. »

d'organisateur clairvoyant lui assurèrent rapidement les plus hautes responsabilités.

Avec deux autres grands résistants, le Sassenageois Pierre Dalloz et le journaliste Yves Farge, il créa le premier comité de Combat du Vercors, dont il établit minutieusement les plans d'opérations. Et, tout naturellement, il fut désigné chef militaire du Vercors, fonction qu'il occupa de mai 1943 à janvier 1944. Mais déjà, sa tête était mise à prix par la Gestapo, qui le qualifiait de très dangereux terroriste...

En mai 1944, il succédait au commandant de Reyniès, enlevé par l'ennemi près de son domicile à Grenoble, et devint chef départemental des Forces françaises de l'intérieur. À ce titre, il supervisa toutes les opérations militaires de la Résistance, liées aux débarquements : combats du Vercors, de l'Oisans, libération du département. Sa tâche fut colossale. Et c'est ainsi qu'il fut amené à organiser à Domène la reddition de 1 500 soldats allemands de la 157e division d'Infanterie le 24 août 1944.

Mais la libération de l'Isère ne fut qu'une étape pour lui.

On le retrouva en effet de novembre 1944 à avril 1945 à la tête de la septième demi-brigade de Chasseurs alpins — celle de l'Isère — qui se lança vaillamment à l'assaut des solides positions allemandes du Mont-Cenis et pénétra ensuite en Italie début mai 1945.

Plus tard, en 1953 et 1954, il servit toujours brillamment en Extrême-Orient où il participa notamment en tant qu'adjoint opérationnel de la zone Sud aux combats de Nam Dinh et de Phat Diem. Et, en 1956, il rejoignit l'Algérie à la tête de la deuxième demi-brigade de Chasseurs alpins dans les Aurès.

Il commanda ensuite en 1962 la 27e division alpine en grande Kabylie puis, en 1965, la 7e division mécanisée à Mulhouse. C'est en 1970 qu'il quitta le service actif, comme inspecteur général de la Défense opérationnelle du territoire (DOT).

Excellent alpiniste, le général Le Ray fut un membre très actif du groupe de Haute Montagne et un des fondateurs de l'Union des troupes de montagne. Figure emblématique de la Résistance dauphinoise, il a été neuf fois cité !

« La liberté, a-t-il écrit, n'est ni un bienfait qu'on nous offre, ni une sécurité qu'on vous garantit. Elle est une richesse qu'il nous faut mériter, protéger, défendre et reconquérir si elle est arrachée. »

Une belle définition !

Et c'est encore lui qui, dans son allocution prononcée à l'occasion du cinquantième anniversaire de la libération de Grenoble déclarait : « La noblesse et la chance d'une Résistance sont qu'elle jaillit du cœur de la nation, qu'elle efface les disparités sociales et idéologiques pour s'accrocher à l'essentiel et souder les hommes dans la lutte. »

MARIE REYNOARD, LA FLAMME DE LA RÉSISTANCE

Une petite pluie fine et froide tombait tristement sur Grenoble. Pourtant, ils étaient venus nombreux tous ceux qui, de près ou de loin, avaient connu Marie Reynoard, héroïne de la Résistance. Ils étaient venus en effet nombreux, ce 22 février 1968, pour l'inauguration de la grande voie du village olympique qui allait désormais porter son nom. Organisée par les anciens du groupe Combat, cette cérémonie officielle réunissait tous les mouvements de la Résistance qui s'élevèrent contre l'ennemi pendant les années sombres. Émus, ils écoutèrent dans un

Marie Reynoard : elle fut pour tous les Résistants un exemple magnifique.

silence profond l'allocution de Gustave Estadès, alors président de Combat et de Résistance unie :

« Je vous remercie, devait-il dire en s'adressant à Hubert Dubedout, maire de Grenoble. Vous avez donné à cette importante avenue le nom d'une résistante dauphinoise qui symbolise si bien les femmes dans la Résistance. Farouchement, elle repoussa toute idée de collaboration et entra dans la clandestinité. Sous son impulsion, ceux qui se cherchaient trouvèrent la cohésion, et le premier groupe de Résistance fut créé. Son activité ne voulut pas abdiquer, et elle continua le combat jusqu'à son arrestation. Et même au-delà... »

---

1. Le docteur Étienne Sprunck, qui a vécu des moments épouvantables dans les camps de la mort et dont nous ferons connaissance dans la deuxième partie de cet ouvrage, avait évoqué avec beaucoup d'émotion les premières réunions de la Résistance à Grenoble chez Marie Reynoard, lors de l'inauguration de la plaque et du parloir « Marie Reynoard » au lycée Stendhal en novembre 1946.« C'est dans son petit appartement de la rue Fourier qu'il m'a été donné de faire sa connaissance. Un peu déçu, il faut le dire, de constater que notre chef était une femme et combien fragile. Ma déception fit place, en quelques minutes, à une sorte d'envoûtement que, je crois, nous avons tous, plus ou moins, subi en sa présence. Sa confiance en nous rejaillissait sur elle et sa foi en la Résistance fit d'elle l'âme de notre mouvement (...). Ma première vision, c'est Claude sortant d'un tiroir deux revolvers qui, dans ses mains d'artiste, avaient l'air énormes et irréels, presque anachroniques, et qu'elle brandissait avec une fierté si pure avant de nous les remettre, tout en nous disant : "Voilà nos premières armes, j'espère qu'elles serviront et que beaucoup d'autres suivront !" Et, dans ses yeux à la madame de Récamier brillait cette flamme incomparable, qui a dû briller dans tous les yeux des Jeanne Hachette de tous les temps et de tous les lieux (...).

— Héroïne, elle le sera toujours pour nous, ses compagnons de Combat. Et, s'il y en eut de plus célèbres ou de plus glorieux, pour moi, elle incarnera toujours la Résistance (non pas la Résistance déformée et souillée), mais ce pur esprit d'abnégation et de non-renoncement, cette soif de liberté à reconquérir, cette lutte farouche de l'intelligence contre la force imbécile ! »

2. Les principaux journaux clandestins, imprimés à Lyon, étaient Combat, Libération et Témoignage Chrétien.

Gustave Estadès portait une admiration sans faille à Marie Reynoard, qui savait si bien allumer la flamme patriotique chez tous ceux qu'elle rencontrait.

« Elle fut pour nous tous un exemple magnifique, me déclara-t-il un jour. Sa conduite héroïque dans la clandestinité, elle l'a aussi conservée dans les pires circonstances de l'univers nazi... Torturée, son mutisme sauva ses compagnons de lutte qui poursuivirent leur action. Déportée au camp de Ravensbruck, malgré sa fragile constitution, elle stimula ses compagnes de misère dans le combat disproportionné contre les SS... »

☆

☆ ☆

Marie Reynoard, « Claude » dans la Résistance, puis Renée Rousseau et encore Claire Grasset, était née à Bastia en 1897. Après avoir suivi des études littéraires à l'École normale supérieure de Sèvres, agrégée de lettres, elle enseigna tout d'abord à Cahors puis à Marseille, avant d'être nommée professeur au lycée Stendhal à Grenoble. C'est alors qu'éclata la deuxième guerre mondiale.

Dès 1940, elle prenait la décision d'entrer dans la Résistance et d'y entraîner tous ceux qui ne voulaient pas être asservis par les Allemands. Et c'est dans son petit appartement de la rue Fourier qu'elle put réunir les tout premiers résistants de Grenoble[1]...

Après avoir rencontré à Marseille, Henry Frenay, fondateur du mouvement qui allait s'appeler Combat, elle prit de nombreuses initiatives en Dauphiné. C'est encore chez elle, en novembre 1941, que les groupes Libération nationale et Liberté fusionnèrent, pour devenir Libération française, puis Combat.

Marie Reynoard commença par distribuer et faire distribuer des tracts, imprimés à Lyon et acheminés clandestinement à Grenoble par des amis sûrs. C'était alors le moyen le plus efficace pour informer et sensibiliser ses compatriotes, asphyxiés par la propagande de Vichy. En même temps, elle ne craignait pas de mener une véritable campagne pour les idées gaullistes à la sortie des usines !

Elle multiplia ensuite les actions de résistance dans tous les domaines : diffusion de la presse clandestine[2] ; initiations au sabotage pour contrecarrer les plans de l'occupant ; réunions nombreuses pour mobiliser le maximum de patriotes ; actions pour cacher les aviateurs alliés abattus dans la région, pour acheminer du ravitaillement et du courrier à ceux qui, recherchés par l'ennemi, étaient obligés de se cacher...

Elle était partout, devenant, malgré sa santé déficiente, une vraie locomotive pour mener une lutte sans merci contre l'envahisseur.

Sans doute s'entourait-elle de précautions, mais son activité était si débordante qu'elle fut remarquée.

Arrêtée une première fois le 4 octobre 1942, elle se retrouva dans une cellule de la prison Saint-Joseph à Lyon accusée de « menées gaullistes ». Mais elle en sortit rapidement. À peine libérée, bien que se sachant étroitement surveillée, elle se plongea à nouveau dans la lutte, courageusement, plus volontaire que jamais. Mais, pour désorienter l'ennemi, elle changea plusieurs fois de nom et d'adresse, ne faisant plus que de brèves apparitions à Grenoble, redoublant de prudence.

Pourtant, elle sera une nouvelle fois arrêtée, en mai 1943, par un collaborateur du sinistre Barbie. Elle ne retrouvera plus jamais la liberté, pour laquelle elle se battait avec tant de conviction.

En février 1944, elle prenait l'épouvantable direction de Ravensbruck, au sein d'un long convoi de 960 femmes.

Dans l'horreur du camp, elle sut se montrer très courageuse. Un jour, les SS lancèrent brutalement contre elle un de leurs chiens féroces. Cruellement mordue, pas soignée, elle dépérit rapidement. Ses plaies étaient sauvagement infectées ; de plus, elle était rongée par l'avitaminose. C'en était trop pour elle, déjà bien fragile de constitution avant le début de la guerre...

Une rescapée de Ravensbruck, qui l'a côtoyée, rapporta à son retour : « Au camp, ses beaux cheveux si lourds étaient devenus clairsemés et tout gris en quelques semaines. Son dos se voûtait de jour en jour. Elle n'avait pourtant que 48 ans lorsqu'elle s'éteignit, en décembre 1944 ou janvier 1945, on ne sut jamais au juste... »

Et les Dauphinois durent attendre l'année 1998 pour apprendre plus de détails sur la mort atroce de Marie Reynoard.

Le 12 mars 1998, Mme Anise Postel-Vinay adressait de Paris une lettre à Mme Andrée Lancha, professeur de lettres au lycée Stendhal de Grenoble, qui avait écrit la longue et intéressante préface de l'ouvrage en vers que Fernand Garnier avait consacré à Marie Reynoard et qu'il fit paraître aux Presses universitaires de Grenoble. Une lettre émouvante, qui apportait des précisions sur l'horrible fin de l'héroïne, et dont une copie m'a été aimablement communiquée par Gabrielle Giffard, Ariel dans la Résistance et actuelle présidente des Anciens de Combat.

« Ce n'est que récemment, grâce à un article de la revue *Le Déporté*, que nous, ses compagnes de captivité, nous avons appris que Claire Grasset n'était pas Claire Grasset, mais Marie Reynoard ! J'ai pu faire venir des PUG le long poème de Fernand Garnier et j'ai découvert en lisant votre préface que nous ignorions presque tout de cette attachante personnalité, et mon émotion fut très grande. Nous vous sommes très reconnaissantes d'avoir mené cette difficile enquête et de l'avoir publiée.

— Mais, ce qui va vous bouleverser à votre tour, c'est d'apprendre la fin terrible de Marie Reynoard. Yvonne Besançon l'a encore vue mourante sur sa paillasse. Mais elle vivait encore le 28 janvier 1945 quand elle dut se lever et partir de force vers un petit camp annexe, le *Jugendlager*, à un kilomètre du grand camp, où les femmes étaient achevées par le froid, la nourriture divisée en deux, l'administration d'une poudre blanche empoisonnée et les sélections vers la chambre à gaz. Par une jeune Française qui a survécu à ce centre d'assassinats parce qu'elle chantait chaque soir à la chef surveillante yougoslave des airs nouveaux, Germaine Tillion, ethnologue, auteur de plusieurs livres sur Ravensbrück, avait appris que Claire Grasset avait lutté de ses dernières forces pour refuser d'avaler la fameuse poudre blanche. La Yougoslave, furieuse, l'a frappée et a appelé à sa rescousse les deux "infirmiers" SS qui ont achevé notre compagne... »

Ainsi s'en est allée Marie Reynoard, première dame de la Résistance et une de ses héroïnes les plus pures.

LE COLONEL TANANT, L'HOMME DU SOUVENIR

Le capitaine Pierre Tanant (troisième à partir de la droite) et l'abbé Joannès Vincent (au premier plan à gauche), aumônier du Vercors.

J'ai souvent rencontré le colonel Tanant. Il habitait tout près des locaux du *Dauphiné libéré* à Grenoble, et il y venait souvent, pour apporter des communiqués du Souvenir français. Je le croisais aussi fréquemment sur l'avenue Alsace-Lorraine et, chaque fois, nous nous arrêtions pour échanger quelques phrases.

Homme discret, courtois, cultivé, il se passionnait pour l'histoire. Nos conversations dérivaient donc la plupart du temps vers ce sujet. Militaire exemplaire, héros du Vercors, fin stratège, homme de lettres et de réflexion, son thème favori était évidemment la Résistance, qu'il avait vécue avec passion de l'intérieur.

Pierre Tanant était natif de Lorraine. Fils d'officier, attiré lui aussi par la carrière des armes il était entré à Saint-Cyr en 1927. À la sortie de la grande école militaire, il fut affecté comme lieutenant au 13e régiment de Tirailleurs algériens, alors basé au Maroc. Rapidement, il gagna ses galons de capitaine, puis fut affecté au 53e bataillon de Chasseurs alpins. C'est au sein de ce bataillon qu'il participa en 1940 à la campagne de Norvège et aux durs combats de la Somme.

Il se retrouva ensuite capitaine au 6e bataillon de Chasseurs alpins à Grenoble et chef d'état-major du colonel Huet, organisant méthodiquement la Résistance, se révélant à la fois un meneur d'hommes et un tacticien habile fort apprécié.

Ce qu'il a vu, ce qu'il a vécu, ce qu'il a ressenti dans le Vercors, il le relata après la Libération, dans un remarquable ouvrage édité en 1947, couronné par l'Académie Française et plusieurs fois réédité : *Vercors haut-lieu de France*. Avec cet ouvrage, le militaire expérimenté laissait la place à l'humaniste et à l'historien.

Combien de fois m'a-t-il parlé de ce Vercors, qui l'avait profondément marqué !

« Ce fut une aventure peut-être insensée, me disait-il, mais une aventure qui a eu la grandeur du sacrifice librement consenti. »

C'est sur ce thème d'ailleurs qu'il fit son discours de réception à l'Académie delphinale en mars 1982.

À peine son livre de témoignage venait-il de paraître en 1947 qu'il rejoignit l'Autriche pour commander le 6e BCA. Puis il gagna l'Algérie où il devint responsable du 5e Bureau, chargé des relations sociales avec les populations défavorisées. Cette Algérie déchirée qui le marqua aussi beaucoup et qui réveilla en lui l'historien puisqu'il publia en 1973 un deuxième ouvrage : *Algérie, quatre ans d'une vie*.

Commandeur de la Légion d'honneur depuis 1965, titulaire de la Croix de guerre, homme très actif, mais aussi très serviable, le colonel Pierre Tanant ne pouvait se contenter d'une retraite banale. Aussi consacra-t-il une partie de son temps à développer le Souvenir français dans l'Isère.

« Savez-vous comment est né le Souvenir français ? », me questionna-t-il lors d'une de nos rencontres.

Et sans attendre une réponse qui eût été évasive, il enchaîna :

« Le Souvenir Français trouve ses racines en Alsace et en Lorraine en 1872. Cette année-là, un professeur alsacien, M. Nelson, constata avec tristesse le mauvais entretien des tombes des soldats français, morts pour notre pays. Cela lui fit mal au cœur. Il décida d'y remédier. Après maintes démarches, après de nombreuses réunions, l'association vit officiellement le jour en 1887 à Neuilly-sur-Seine. Elle fut reconnue d'utilité publique en 1906. »

Lui-même originaire de Lorraine, le colonel Tanant, afin que nul n'oublie tous ses compagnons d'armes tombés pour la France et tous les autres fauchés ailleurs sur les champs d'honneur, prit donc les fonctions de délégué général du Souvenir français pour l'Isère en 1977. Et, en 1985, c'est avec une légitime fierté qu'il pouvait établir un bilan de son mandat :

« Quand j'ai pris la délégation dans l'Isère, l'association ne faisait pas encore grand-chose dans le département. On s'est alors efforcé de développer son action. Il n'y avait que deux comités, l'un à Vienne, l'autre à Grenoble. Il y en a un peu partout, maintenant. Et le nombre d'adhérents atteint le chiffre de 2 600 ! »

En passant le flambeau à son successeur, il ne manqua pas de faire passer aussi un message qui lui tenait au cœur :

« Dans notre société occidentale, on s'en remet toujours trop souvent à l'argent. Les jeunes générations ont besoin d'autres valeurs, d'autres motivations... Je suis pour le patriotisme et non pour l'idéologie mal placée dont certains hommes politiques se font les entremetteurs... »

Le colonel Tanant aimait bien, au sein du Souvenir français ou au cours des réunions de l'Académie delphinale, faire usage de citations. Ses deux préférées, semble-t-il, étaient : « Le souvenir du bonheur n'est plus du bonheur ; mais le souvenir de la douleur est de la douleur encore », de Byron, et « Savoir, c'est pouvoir », de Renan.

Deux citations qui résument bien l'homme qui s'est éteint, tranquillement, après une vie bien remplie, en août 1988...

ALBERT DE REYNIÈS, CHEF DE L'ARMÉE SECRÈTE

« J'ai bien connu le commandant de Reyniès, me dit un jour le colonel Tanant. Et j'ai toujours éprouvé une profonde admiration pour lui. C'était un officier droit, de grande valeur, remarquable par son expression à la fois fière et profondément humaine. »

Après un petit silence, il avait ajouté :

« Comme je l'ai écrit dans mon livre *Vercors, haut-lieu de France*, ce Français de race, élevé dans le culte de l'honneur et du devoir, malgré ses huit enfants, n'a pas hésité un seul instant à se jeter corps et âme dans la vie périlleuse de la Résistance, où il a pris les plus lourdes responsabilités. Quand vous parlerez un jour des grands de la Résistance, il ne faudra surtout pas l'oublier... »

Et le colonel Tanant fut sans aucun doute l'interlocuteur qui me campa le mieux ce pur héros, trop tôt disparu...

Le commandant Albert Seguin de Reyniès : après la dissolution du 6ᵉ B.C.A. qu'il commandait, il devint le chef de l'Armée secrète.

☆
☆ ☆

Samedi 6 mai 1944. Le commandant de Reyniès marchait tranquillement dans une rue de Grenoble. Un passant parmi tant d'autres... Qui se serait douté que cet homme à l'apparence si calme exerçait un rôle de tout premier plan dans l'organisation de la Résistance ? Rien en effet dans son allure nonchalante ne laissait deviner ses importantes fonctions et son tempérament bouillant de fonceur. Il marchait, décontracté, sans se presser. Comme un retraité faisant sa promenade digestive. Et pourtant, il était le chef très actif de l'Armée secrète de l'Isère ! Il s'approchait, toujours sans se presser, de son domicile, où il devait relever le courrier de sa boîte aux lettres.

Brusquement, plusieurs hommes menaçants surgirent l'arme au poing, se précipitant sur lui. Le commandant de Reyniès ne put rien faire. Les hommes, qui manifestement appartenaient à la Gestapo, le firent monter sans ménagement dans une voiture. Plus jamais on ne le reverra. On apprendra seulement un peu plus tard qu'il avait subi un sévère interrogatoire de cinq heures, immédiatement après son arrestation, et qu'il fut jeté ensuite en cellule. C'est tout. On ignore toujours le sort qui fut le sien...

En revanche, on sut rapidement que le résistant fut dénoncé aux Allemands par un certain Tyrolle, un ancien du 6e BCA, qui allait être plus tard exécuté par des maquisards...

Albert de Seguin de Reyniès était né à Arry, en Meurthe-et-Moselle en 1900. Très attiré par la carrière des armes, il s'engagea dans les Chasseurs alpins. Et c'est ainsi qu'il fut le dernier chef de bataillon du 6e BCA à Grenoble avant la dissolution officielle de celui-ci. Au lendemain de l'invasion de la zone Sud par les troupes ennemies, il brisa son épée et entra dans la clandestinité malgré sa nombreuse famille, incitant tous ses hommes à en faire autant.

« Il n'avait alors qu'une seule idée en tête, me certifia le colonel Tanant. C'était de reconstituer son bataillon dans la clandestinité. Avec l'aide de ses officiers et sous-officiers, il avait réussi à mettre à l'abri une grande quantité d'habits, de matériel et même d'armes afin que l'ennemi ne puisse mettre la main dessus et afin de pouvoir s'en servir rapidement. »

Sous le pseudonyme de Sylvain, il chercha autour de Grenoble des refuges pour accueillir les premiers maquisards. C'est ainsi qu'est né le camp de Malleval, sur la façade occidentale du Vercors. Un camp rapidement très actif, qui allait créer à l'ennemi de sérieux problèmes. Mais ce dernier, exaspéré, ne resta pas sans réaction. Le 29 janvier 1944, 1 800 Allemands s'abattaient furieusement sur cinquante maquisards de Malleval et la population qui les accueillait. Un drame que je relate un peu plus loin dans ce livre, dans le chapitre « Encore des victimes du nazisme ».

Malleval, c'était fini. Dans les cendres et le sang... Mais il en fallait bien plus pour arrêter les actions de la Résistance et le commandant de Reyniès, qui était devenu le chef de l'Armée secrète de l'Isère.

C'est à ce titre qu'il participa d'ailleurs, le 25 janvier, quelques jours donc avant la tragédie de Malleval, à la grande réunion de Méaudre — dite de Monaco — qui rassemblait les chefs des différents mouvements et partis politiques de la Résistance. Fin stratège, il calma ce jour-là les esprits un peu échauffés en déclarant notamment : « ... Si nous déclenchons partout une insurrection générale, les représailles contre les populations civiles seront terribles et elles se désolidariseront de la Résistance. Nous risquons de voir nos villes et nos villages détruits... »

Albert de Reyniès réorganisa minutieusement et développa ses camps, plus profondément, dans le Vercors, accueillant toujours d'anciens Chasseurs alpins, mais aussi beaucoup de jeunes, réfractaires au STO, à qui il faisait enseigner les premiers rudiments du combat. Il avait beaucoup de projets en tête, beaucoup de soins à apporter encore à la structuration de ses maquis quand il fut arrêté, le 6 mai 1944...

Une arrestation, un départ dramatique, ainsi commentés par Pierre Tanant :

« Il a laissé deux familles à la France : sa famille militaire, son bataillon. Et sa propre famille, sa femme et leurs huit enfants. »

LE COMMANDANT NAL, CHEF DES GROUPES FRANCS DE L'ISÈRE

Inaugurant le 27 novembre 1955 le monument élevé à la mémoire du commandant Nal, M. Gros, alors maire de La Tronche, déclarait : « Nous tournons aujourd'hui la dernière page d'un livre magnifique. »

Magnifique, le livre, assurément. Mais ce n'était pourtant pas tout à fait la dernière page, car le monument, qui avait déjà changé plusieurs fois de lieu, allait être encore déplacé vingt ans plus tard...

Louis Nal : il fut le très efficace chef des groupes francs de l'Isère.

Décédé prématurément à l'âge de 47 ans le 13 juin 1949, Louis Nal, ancien chef départemental des groupes francs et chef d'état-major de l'Armée secrète de l'Isère, fut unanimement regretté. Sa mort causa une vive émotion et très nombreux furent ceux qui le pleurèrent. Inhumé tout d'abord à Die, sa cité natale (il y vit le jour en 1902), son corps fut rapatrié ensuite à Grenoble, où il comptait tant d'amis.

Et ce sont ses innombrables amis et ses compagnons d'armes qui commandèrent au sculpteur Abel Chrétien un monument en son honneur et pour perpétuer son souvenir. Ce monument fut élevé clandestinement place Paul-Mistral à Grenoble, dans la nuit du 6 au 7 avril 1954, à 2 heures 30. Les amis du héros de la Résistance l'inaugurèrent le 7 avril à 19 heures. Quatre heures plus tard, il était enlevé par les services municipaux, puis transféré au parc de l'Exposition avant de rejoindre un local discret. Le maire de Grenoble n'avait pas apprécié que l'on déposât une stèle sans son autorisation et ne savait pas où la placer...

Ce fut finalement M. Gros, maire de La Tronche, qui proposa un terrain, près de l'hôpital militaire, devenu de nos jours centre de recherches des armées. Mais, érigé en bordure de l'avenue des Maquis-du-Grésivaudan, sur la petite place qui prit le nom de Commandant-Nal, le monument était hélas trop proche de la route à grande circulation. Celle-ci dut être élargie et, à nouveau, il fallut le déplacer, en 1975. « Les services municipaux ont bien fait les choses, m'avait déclaré à cette occasion Mme Nal, la veuve du commandant. Ils l'ont reculé d'une vingtaine de mètres, le disposant dans un cadre bien agréable. »

Le 13 juin 1975, jour anniversaire de la mort du héros, de nombreux anciens résistants se sont retrouvés aux côtés du maire de la Tronche, devant la stèle qui, cette fois, enfin, avait trouvé son emplacement définitif.

☆
☆ ☆

Mme Nal, que j'ai rencontrée à plusieurs reprises, et surtout Aimé Requet, qui fut son fidèle et intrépide adjoint, ne pouvaient me parler du chef des groupes francs sans le qualifier de soldat courageux. Car du courage, il lui en a fallu beaucoup pour accomplir la tâche colossale qu'il s'était imposée.

Louis Nal s'était engagé au 184e régiment d'Artillerie à Valence où il gagna très rapidement le grade de maréchal des logis. En 1932, il entrait à l'école militaire de Poitiers et en sortit sous-lieutenant. C'est en 1934 qu'il fut affecté au 2e régiment d'Artillerie de Grenoble. Il allait rejoindre ensuite Orléans et le 30e régiment d'Artillerie, où il prit le commandement de la 9e batterie au début de la deuxième guerre mondiale. Il se conduisit brillamment pendant la campagne de France. Revenant de Belgique où il s'était battu vaillamment, il se retrouva avec sa batterie dans la « poche » de Dunkerque. Mais, violemment attaqué par les chars allemands, ne disposant plus guère de canons, il fut fait prisonnier, après un combat sans merci.

Sa conduite lui valut d'être inscrit à titre exceptionnel pour la Légion d'honneur, avec cette citation flatteuse à l'ordre de l'Armée :

« Capitaine, commandant une batterie de 75. Après s'être distingué dans les opérations de la Sarre (10 au 15 mai 1940), a été engagé avec son unité, successivement les 17 et 18 mai 1940, devant Landrécies, à Castillon, au Cateau. S'est fait remarquer par son allant, son courage, la rapidité et la précision de ses feux. A tenu sa dernière position jusqu'au moment où, soumis au feu intense d'une attaque massive de chars, il a dû laisser sur place son matériel hors de combat. A alors regroupé son personnel, l'a ramené dans nos lignes et s'est joint à un groupe de 105 C encore en position. »

Mais Louis Nal ne resta pas longtemps prisonnier. Déjà gravement malade — il était atteint de tuberculose —, il fut libéré et effectua un séjour dans un sanatorium. Et, le 15 décembre 1940, il était affecté au parc d'artillerie de Grenoble, où il allait retrouver deux anciens compagnons d'armes sous-officiers : l'adjudant Aimé Requet, avec lequel il avait suivi notamment un cours de perfectionnement automobile, et le maréchal des logis-chef Béranger, qui avait servi avec lui au 184e régiment d'Artillerie à Valence.

Malgré sa santé toujours délicate, profondément patriote, n'acceptant pas la défaite, il allait s'investir à fond dans la Résistance. Dès 1941, il entrait au sein du mouvement qui allait prendre un peu plus tard le nom de Combat, sous le pseudonyme de Brunet. Son premier souci fut d'assurer avec son fidèle adjoint Aimé Requet le camouflage du matériel du parc d'artillerie, pour qu'il ne serve pas à l'ennemi. Puis il prit la direction des groupes francs de l'Isère, qui allaient infliger à l'ennemi de cuisants échecs, commandant plus de deux cents actions contre lui, dont certaines très spectaculaires et très dures, telle l'explosion du Polygone d'artillerie, dans la nuit du 13 au 14 novembre 1943.

Autant d'opérations mûrement réfléchies, promptement menées, réalisées au moment précis où il le fallait, qui épargnaient au maximum la vie des civils et qui révélaient en Louis Nal un fin stratège.

Sa conduite vaillante et héroïque, ses décisions rapides et efficaces, sa droiture et son amour pour la justice l'amenèrent, à la Libération, à occuper les fonctions de chef départemental des forces de police et de maintien de l'ordre, fonctions qu'il ne pourra pourtant exercer bien longtemps.

Rongé par la maladie, il y renonça en effet rapidement. Ses dernières forces, il les consacra à l'exercice de son mandat de conseiller municipal de Grenoble, avec beaucoup de courage et d'abnégation. Ce courage qui ne lui manqua jamais, ni pendant la très dure campagne de France, ni pendant ces années de lutte intense dans la clandestinité, contre l'ennemi sanguinaire et arrogant...

« C'était un chef ! » me lança un jour Aimé Requet. Et ce mot "Chef", dans la bouche d'Aimé Requet, cela voulait dire : un être exceptionnel, un meneur d'hommes, droit, juste, efficace, humain...

LE DOYEN GOSSE, TECHNICIEN DE LA RÉSISTANCE

Le doyen René Gosse, son fils Jean, avocat, et sa femme Lucienne, peu avant le guet-apens tendu par l'ennemi le 20 décembre 1943.

Il venait souvent me voir au *Dauphiné libéré*, Émile Farsat, ancien capitaine Pons dans la Résistance. Mais il n'aimait pas me rencontrer dans les salles de rédaction. Il y avait trop de monde. Il préférait se rendre dans le grand local des « Invendus », aménagé dans l'ancienne salle du cinéma Le Sélect, rue Aristide-Bergès. Il s'y sentait plus à l'aise, d'autant plus que le chef du service des invendus n'était autre qu'Aimé Requet, son ancien compagnon des groupes francs, qui avait été placé à ce poste évidemment par Louis Richerot, alors PDG du quotidien,

« Tencin » dans la Résistance où il occupait la fonction d'adjoint au responsable des MUR.

De temps en temps d'ailleurs, Louis Richerot ne dédaignait pas faire un petit tour dans ce vaste local où s'empilaient des montagnes de journaux. Et, quand il me voyait, là, discuter avec ses deux amis Requet et Farsat, il me lançait d'un ton faussement bourru :

« Qu'est-ce que tu fais là, toi, au lieu de travailler ? »

C'était sa façon bien à lui de dire bonjour. En réalité, cela ne lui déplaisait pas du tout de me voir en compagnie de ces deux hommes qu'il estimait beaucoup. À l'apostrophe de Richerot, immanquablement, Requet se précipitait pour répondre à ma place :

« Mais, président, on travaille ! »

Et Farsat, sortant d'une serviette une liasse de papiers qui, évidemment, concernaient la Résistance, surenchérissait :

« Et ça, qu'est-ce que c'est ? »

De temps en temps, l'ancien instituteur, qui à la fin de sa vie professionnelle était devenu directeur d'école, m'invitait chez lui, boulevard Agutte-Sembat. Je devrais plutôt dire dans son garage, qui était situé en arrière de son immeuble, rue Saint-Joseph. Je crois en effet que je n'ai pénétré dans son appartement qu'une seule fois. En revanche, il m'accueillit dans son petit garage des dizaines de fois. Le long des murs, étagères et grands cartons étaient pleins de documents et de dossiers volumineux, comprenant d'innombrables pages remplies de son écriture si soignée. C'était là, véritablement, « chez lui ». Il y passait une partie de son temps, lisant, triant, rajoutant toujours de nouvelles pièces dans ses chemises et ses classeurs. Ses yeux un peu masqués par ses puissantes lunettes brillaient de mille éclats. Un grand sourire illuminait alors toujours son visage. Il était heureux de me recevoir là, parmi ses souvenirs.

Je l'ai déjà dit : il n'aimait pas parler de lui, de ses actions dans la Résistance. Mais, en revanche, il était intarissable sur ses compagnons qui avaient perdu la vie dans le dur combat pour la liberté.

Parmi tous les héros qu'il évoquait avec emphase mais aussi avec une certaine fébrilité, il semblait éprouver une émotion particulière quand il parlait du doyen Gosse. Peut-être parce qu'ils avaient été tous les deux des enseignants, lui-même se flattant d'être un ancien maître d'école, mot qu'il préférait à celui d'instituteur. De même, il ne parlait jamais de l'Éducation nationale, mais d'Instruction publique…

« Ah, le doyen Gosse ! Quel superbe exemple a-t-il donné à la jeunesse qu'il éduquait ! Le plus beau des exemples, me disait-il en hochant la tête. Il s'était dépensé sans compter pour Grenoble, sa ville d'adoption. Mais la guerre arrêta son œuvre de pionnier et de constructeur. Dès 1940, il devint un farouche résistant. Un jour de décembre 1943, il paya de sa vie son patriotisme indéracinable. "J'ai choisi le luxe le plus coûteux : la liberté" nous proclamait-il. Cette liberté, il l'a payée de sa vie... »

☆
☆ ☆

Né en 1883 à Clermont-L'Hérault, René Gosse entra en 1903 à l'École normale supérieure de Paris. Il en sortit agrégé de mathématiques et commença une brillante carrière universitaire occupant des postes de plus en plus importants, à Rochefort, Bordeaux, puis Grenoble, dès 1921. Il ne devait plus quitter cette ville, qui profita particulièrement de son dévouement sans limites et de son intense activité. Dauphinois d'adoption donc, il s'est en effet profondément attaché à la capitale des Alpes.

Élu doyen de la faculté des sciences en 1927, à l'âge de 44 ans, puis directeur de l'institut polytechnique en 1929, René Gosse œuvra beaucoup pour le développement scientifique de l'université de Grenoble. Poursuivant l'œuvre de Barbillion, il fit construire les nouveaux bâtiments de l'institut polytechnique (entre l'avenue Félix-Viallet et la rue Casimir-Brenier) et l'institut Fourier, face au Sacré-Cœur. Il eut aussi l'idée de créer une école d'hydraulique. Il fut encore l'ardent pionnier de la collaboration fructueuse entre l'université et l'industrie.

C'est en effet lui qui, le premier, adjoignit aux professeurs de carrière des ingénieurs de l'industrie privée ou des représentants de la Fonction publique. Il fut aussi un membre très actif de la première municipalité du docteur Léon Martin, puis de celle de Paul Cocat, apportant tout son dynamisme dans le monde économique et culturel.

Ce grand mathématicien, passionné de littérature et de peinture, fervent disciple de Jean Jaurès dans sa jeunesse, proclama au début de la guerre dans deux articles de *Témoignage Chrétien*, journal alors clandestin, qu'il croyait en Dieu. Hostile au gouvernement de Pétain dès 1940, il se consacra aussitôt à la Résistance, y prenant rapidement des responsabilités, y apportant toutes ses connaissances, qui furent appréciées.

C'est ainsi qu'il étudia notamment les moyens de détruire les objectifs militaires allemands, en faisant l'économie de bombardements alliés qui manquaient alors terriblement de précision, épargnant la vie des populations civiles habitant autour des cibles. Il joua aussi un rôle déterminant pour préserver les barrages hydroélectriques français menacés de destruction. Il était ainsi devenu le technicien de la Résistance, que l'on consultait fréquemment pour des opérations délicates et pour protéger les vies humaines[1]. C'était un conseiller sage et avisé, respecté de tous, mais recherché par la Milice et la Gestapo, qui avaient fini par percer son rôle prépondérant chez les « terroristes »...

Le 20 décembre 1943, l'ennemi et ses sbires lui tendirent un guet-apens, ainsi qu'à son fils unique, Jean, avocat, à Saint-Ismier. Ils furent tous deux assassinés, près d'un four à chaux. Tous deux reposent pour toujours au mémorial de Manival, aménagé sur les lieux où ils versèrent leur sang.

L'épouse de René Gosse, Lucienne, décédée le 7 avril 1975 à l'âge de 92 ans, avait publié chez Plon, en 1963, un livre remarquable sur son mari *René Gosse (1883-1943), chronique d'une vie française*, ouvrage qu'elle m'adressa un peu plus tard, en me demandant de publier le message que son mari, par son exemple, avait voulu adresser aux générations futures.

Dans ce livre, elle écrivait notamment : « J'ai fait ce récit pour ceux qui les ont connus. Ils retrouveront la continuité de la vie généreuse de René Gosse, de sa richesse toujours jaillissante, de son inépuisable bonté. Et aussi quelques traits de la vie de Jean Gosse, simple, droite, pure et ardente. En parcourant ce passé, j'ai rencontré beaucoup de tombeaux prématurément scellés : ceux de tous les amis d'enfance et de jeunesse, sacrifiés dans les carnages de la première guerre mondiale ; ceux des camarades massacrés comme eux dans les obscurs combats de la Résistance. Ils étaient tous engagés dans des œuvres de paix, mais devant les périls mortels qui ont menacé notre patrie, ils ont obéi inconditionnellement aux lois de l'honneur et du sacrifice. Ils ont succombé... »

Et Lucienne Gosse m'avait souligné ce passage :

« Ils font gravement défaut aux survivants dans l'œuvre immense de reconstruction du monde et dans le combat incessant pour le rétablissement de la paix. Ils ont enrichi notre patrimoine d'héroïsme et restent un exemple de ce que notre peuple et notre culture ont su accomplir. Les jeunes générations peuvent puiser dans leur grand souvenir la fière assurance qu'elles ont eue, elles, la force et qu'elles trouveront le courage de ne pas démériter, quel que puisse être leur destin. »

---

1. René Gosse était devenu aussi pourvoyeur de fonds pour plusieurs mouvements grenoblois où militaient ses amis socialistes. Au sein du réseau Marco Polo, aidé par d'autres éminents scientifiques, il parvenait à escamoter des matériaux rares, base des recherches nucléaires...

RAYMOND BANK, CHEF D'ÉTAT-MAJOR DANS LA RÉSISTANCE

Mardi 7 mars 1944... Le quotidien grenoblois *La Dépêche dauphinoise* apprenait à ses lecteurs d'une façon brève et désinvolte que son ancien collaborateur Raymond Bank, secrétaire de rédaction, venait de décéder, victime d'une embolie. La pagination extrêmement réduite et le petit format du journal, dus à la sévère restriction du papier, auraient pu expliquer la brièveté de l'information. Mais non pas son inexactitude. Car Raymond Bank n'était pas n'importe quel collaborateur du journal : il en avait été le secrétaire général. Et il n'était pas mort d'une embolie : le 4 mars, la Gestapo l'avait abattu. Mais le quotidien, strictement contrôlé par l'ennemi et désireux d'éviter de très sérieux ennuis, voulait se démarquer du comportement et des actions de celui qui fut son journaliste numéro un...

Raymond Bank était né à Ivry-sur-Seine en 1895. Il s'illustra particulièrement par sa bravoure au cours de la première guerre mondiale où il fut blessé à quatre reprises. La Croix de guerre récompensa ses nombreux mérites et sa vaillance. Après l'Armistice, toujours impétueux, il se porta volontaire pour des opérations militaires dans le Haut-Atlas.

« C'est à cette occasion qu'il fit la connaissance de journalistes, envoyés spéciaux. Il se lia tout de suite d'amitié avec eux, me confia un jour Jean Liéber, alors chef des Informations de jour du *Dauphiné libéré*, ancien rédacteur en chef du *Réveil*, qui avait bien connu et apprécié Raymond Bank. Dès lors, il fut attiré par le journalisme, une profession en plein essor à cette époque, qui correspondait sans doute à ses goûts. Car ce n'était pas facile en ces années-là d'aller à la pêche aux renseignements et d'écrire des articles dans des conditions parfois bien difficiles. Il fallait se remuer, rivaliser d'ingéniosité, de perspicacité, de ténacité avec ses confrères. Il fallait arriver le premier sur un événement. Il fallait dénicher la petite information que personne ne connaissait, forcer la main au hasard. Et tout cela, visiblement, lui plaisait. Chaque reportage était une petite aventure... »

Tout de suite après son service dans le Haut-Atlas, Raymond Bank fit ses premières armes dans la presse. Avec beaucoup de foi et de volonté. Restant sur la terre africaine, il devint journaliste au *Petit Marocain.*

« Il y fit rapidement ses preuves, m'affirma Jean Liéber. Et il gravit aussi vite les échelons, devenant, en quelques années, le secrétaire général de ce quotidien de Casablanca. Un concurrent le remarqua et l'embaucha : il devint alors directeur de l'*Écho marocain.* »

Mais la Métropole lui manquait. Et c'est ainsi qu'on le retrouva à Grenoble, avec le titre de secrétaire général de *La Dépêche dauphinoise.*

« C'est là que, commençant ma carrière, j'ai fait la connaissance de Raymond Bank, un meneur d'hommes infatigable et brillant, me dit encore Jean Liéber. Une race de journalistes comme on n'en voit plus beaucoup... »

Mais déjà le second grand conflit mondial pointait son nez. Et le héros de la guerre 1914-1918 reprit les armes, avec la même détermination, avec le même courage. Et il fut blessé une cinquième fois sur le front. Après la débâcle, le fougueux Raymond Bank, humilié par la défaite, décidait de reprendre sa plume de journaliste à Grenoble, avec la volonté de ne pas dissimuler ses sentiments dans ses écrits. Ce qui ne plut pas, mais pas du tout, au gouvernement de Vichy, qui lui interdit d'exercer sa profession...

Alors, il s'engagea à corps perdu dans la Résistance.

« Il déploya toute sa fougue, toute sa foi, toute sa compétence à combattre l'oppresseur, me déclara à ce propos Gustave Estadès. Dès 1941, il fut de ceux qui jetèrent les premières bases de l'Armée secrète en Dauphiné. Inlassable, il ne se ménagea pas pour organiser la lutte clandestine. »

Et le journaliste devint successivement chef du deuxième bureau (sous le pseudonyme de Féval) et du mouvement Combat que Marie Reynoard avait créé dans l'Isère, chef de Libération, puis chef d'état-major départemental sous le nom de Tinan.

Mais l'ennemi, hélas bien renseigné et connaissant les activités de Raymond Bank, le suivait à la trace...

« Tu devrais vite quitter la région, lui conseillèrent ses compagnons.

— Non, rétorqua-t-il. Mon devoir est ici, en Dauphiné. »

Une réponse inébranlable.

Le 4 mars 1944, il était abattu par la Gestapo. Dans la citation qui lui fut décernée, on peut lire : « Officier de plus pur esprit de résistance, a montré dans les postes de chef du deuxième bureau puis de chef d'état-major les plus belles qualités d'organisation et de bravoure. Prévenu que l'ennemi était sur sa trace, a refusé de quitter son poste. Assassiné par la Gestapo le 4 mars 1944. »

C'est le 26 mars 1945 que le conseil municipal de Grenoble décidait de donner le nom de Raymond Bank à la petite rue située entre la rue Denfert-Rochereau et la rue Gabriel-Péri, honorant ainsi un combattant exemplaire et un des plus purs patriotes que la France ait connus.

POLOTTI ET LENOIR, CHEFS DE L'ÉTAT-MAJOR DES FTPF

Mercredi 17 mai 1944. Deux chefs de l'état-major départemental des FTPF (Francs-tireurs et partisans français), Antoine Polotti (dit Georges) et Marco Lypzick (dit Lenoir) se rendaient à une importante réunion clandestine à Fontaine. La victoire sur l'occupant paraissait proche, mais de sérieuses opérations pour le déstabiliser davantage encore étaient toujours à organiser.

Brusquement, des membres de la Gestapo armés jusqu'aux dents, menaçants, leur tombèrent sur le dos. L'immeuble dans lequel ils se rendaient était étroitement surveillé par les Allemands et la Milice. Sans doute suite à une dénonciation...

Une fusillade éclata aussitôt. Antoine Polotti tomba, fauché par les balles. Marco Lipzyc, seulement blessé, fut emmené sans ménagement par la Gestapo, horriblement torturé et abattu quelques jours plus tard. Son corps fut retrouvé parmi d'autres, au Désert de l'Écureuil, tout près des bois de Vouillant, à Seyssinet-Pariset.

Bien des adhérents de l'ANACR (Association nationale des anciens combattants de la Résistance), rencontrés au cours de réunions, ont bien voulu m'évoquer le souvenir de ces deux héros, lâchement terrassés, alors que l'aurore de la Liberté perçait à l'horizon, timidement mais sûrement.

« Polotti et Lipzyc sont des figures symboliques de la Résistance qu'il ne faudra jamais oublier », m'avait déclaré cinquante ans après leur exécution sommaire un ancien FTPF. « Ils n'étaient pas Français de souche. Mais ils ont montré courageusement, héroïquement, à bien des Français où était leur devoir. »

☆

☆ ☆

Antoine Polotti était né en 1903 à Iséo, en Italie. Quand Mussolini prit le pouvoir, le père d'Antoine, maire socialiste et antifasciste, s'expatria avec sa famille, venant se réfugier en Meurthe-et-Moselle. Naturalisé français, Antoine Polotti adhéra en 1932 aux Jeunesses communistes et milita dans les syndicats. En 1936, il fut placé à la tête des syndicats de la sidérurgie du bassin de Longwy. En 1937, la République espagnole étant attaquée, il s'engagea dans les Brigades internationales pour la défendre. À la chute de la Catalogne, meurtri, il revint en

Antoine Polotti (Georges dans la Résistance), chef d'état-major des F.T.P.F.

Marco Lypzick (commandant Lenoir), commissaire aux opérations dans l'état-major des F.T.P.F.

Meurthe-et-Moselle et prit la direction fédérale du Parti communiste français.

Mobilisé en 1939 et incorporé dans l'artillerie, il afficha une attitude particulièrement courageuse, qui lui valut la Croix de guerre avec citation. Mais il ne pouvait se complaire dans la situation de défaite. Aussi, après la débâcle, la direction du PCF le désigna pour participer à la Résistance dans l'Isère, après un séjour en Gironde et dans la Loire.

Et c'est ainsi qu'il devint secrétaire régional du PCF et chef d'état-major des FTPF, prenant d'importantes responsabilités au sein du Front national de la Résistance.

Marco Lypzick, lui, qui n'allait guère être connu que sous son pseudonyme de capitaine puis de commandant Lenoir, était né à Lodz, en Pologne, où toute sa famille fut lamentablement anéantie par les nazis en 1939. Après avoir effectué ses études à Brno, en Tchécoslovaquie, il revint en Pologne, adhérant aux Jeunesses socialistes. Arrêté pour « activités subversives », il s'évada et se réfugia à Paris en 1937.

Lui aussi s'engagea dans les Brigades internationales et combattit aux côtés des Républicains espagnols. À son retour, il s'installa à Grenoble où il trouva du travail aux Établissements Merlin-Gerin.

Engagé dans l'armée française en 1939, il participa le 11 juin 1940 à la reprise du Chemin des Dames et fut décoré de la Croix de guerre avec deux citations pour son comportement héroïque.

Revenu à Grenoble, il ne pouvait que s'engager dans la Résistance, détruisant notamment chez Merlin-Gerin des transformateurs destinés à la marine allemande, ainsi que des machines produisant des pièces pour l'ennemi. Et, en-dehors de l'usine, il effectua de nombreuses opérations périlleuses : récupérations d'armes, de munitions et d'explosifs, sabotages divers.

En 1943, il fut appelé à Paris et désigné pour une mission délicate en Pologne occupée. À son retour en Dauphiné, il participa très activement à la constitution de plusieurs groupes du bataillon MOI (Main-d'Œuvre immigrée) et, en février 1944, il se retrouva adjoint de Polotti (alors commissaire aux effectifs régionaux), devenant lui-même commissaire aux opérations, dans l'état-major des FTPF.

L'élimination brutale de Polotti et Lenoir laissait les formations FTPF sans commandement. Mais pas pour longtemps. Car, bien vite, les adjoints, aidés par les agents de liaison, prirent la relève.

L'ennemi s'en rendit compte rapidement...

Chapitre VII

Combats pour la liberté

Évoquant les nombreuses actions des résistants, Georges Avallet écrivait dans *Et Grenoble explosa* : « Faute de moyens de transmissions, il n'y eut nulle part, sauf à la veille de la Libération, une organisation vraiment hiérarchisée, mais plutôt des centaines de petits groupes, qui firent chacun dans leur coin ce qu'ils crurent devoir faire et surtout ce qu'ils purent faire. C'est la somme de ces actions souvent remarquables qui constitue la Résistance, dont l'histoire continue de s'écrire. »

De leur côté, dans leur volumineux ouvrage *Chronique des Maquis de l'Isère*, Paul et Suzanne Silvestre évoquaient également tous ces groupes répartis sur le territoire du département : « Les camps vétérans soudés par les épreuves et la vie communautaire constituent, en mai 1944, des microcosmes aux limites bien établies. Il y a par exemple "ceux du 6e BCA", "ceux du 11e Cuir" ; ceux de la "section franche de l'Oisans", "ceux du C 3", "ceux de la Vacherie", homologués à part et, dans le Grésivaudan, ceux de "Stéphane" et ceux de "Bernard" coagulés en clans autour du chef qu'ils vénèrent, qui se "prêtent des instructeurs". »

Dans le même ouvrage, les deux auteurs utilisaient même à ce propos le mot *microsociétés* pour désigner tous ces groupes épars.

Mais la Résistance avait la volonté de bien se structurer : nous nous en sommes aperçus dans les chapitres précédents. Et une importante réunion, qui s'est tenue le 25 janvier 1944 à l'hôtel de la Poste à Méaudre sous le nom de code « réunion de Monaco », qui regroupa neuf responsables de la Résistance a bien marqué cette volonté de tous d'unifier les différents mouvements de la Résistance et de restaurer les valeurs républicaines. Conformément aux ordres reçus d'Alger, le Comité de la France combattante de l'Isère et des Alpes dauphinoises, que certains mouvements avaient déjà créés, se transforma et devint ce jour-là, regroupant tous les mouvements et partis politiques de la Résistance, le Comité départemental de l'Isère de la Libération nationale (CDLN).

Cette réunion secrète a gonflé d'espoir bien des cœurs. D'autant plus que, le 19 février suivant, la toute récente armée clandestine des Forces françaises de l'intérieur (FFI) réunissait sous une même autorité — celle d'Albert de Reyniès — toutes les formations opérationnelles. À l'arrestation de ce dernier, c'est le capitaine Alain Le Ray qui le remplaça.

En ce mois de mai 1944, chacun savait que l'ennemi n'allait plus tenir longtemps, que les troupes alliées devaient prochainement débarquer, qu'il fallait harceler coûte que coûte les Allemands et leurs tristes amis, toujours et sans cesse. Groupes francs, Francs-tireurs et partisans français rivalisaient de bravoure, d'audace et de sang-froid pour récupérer armes, munitions, matériels, véhicules, essence et vivres. Ou encore pour détruire le matériel ennemi, des machines ou des firmes réquisitionnées par l'occupant.

Partout, c'est une véritable guérilla qui fut lancée, qui s'amplifia, qui déferla brutalement, humiliant l'ennemi et les miliciens, les rendant souvent ivres de rage.

Partout, l'espérance s'enflait, se répandait. Tout le monde devinait que la libération tant attendue, la libération tant espérée, était proche. Et les maquisards, plus déterminés que jamais, mieux organisés, intensifièrent encore leurs combats contre l'adversaire sur lequel commençait à souffler le vent de la défaite.

LA RÉUNION DE MONACO

Cette réunion dite de Monaco fut effectivement importante pour la Résistance en Dauphiné. Et c'est précisément celui qui l'avait organisée, en l'occurrence Pierre Flaureau, Pel dans la clandestinité, qui vint m'en parler, le mercredi 7 avril 1982, alors qu'il était ingénieur radio-électricien retraité.

Il avait lu dans *Le Dauphiné libéré* l'appel que j'avais lancé quelques jours auparavant. À l'occasion de la première diffusion à la télévision française du film *Le Jour le plus long*, je recher-

Cinquante ans après, ils sont revenus sur les lieux de la célèbre « Réunion de Monaco » (Hôtel de la Poste à Méaudre) : le colonel Le Ray (alias Rouvier, qui représentait les maquis du Vercors) et Lecutiez (alias Lepape), porte-parole du N.A.P. (Noyautage des Administrations Publiques).

chais des lecteurs qui avaient vécu un événement exceptionnel au cours d'une journée qui leur avait paru presque interminable. Et j'avais été surpris par le nombre de personnes qui étaient venues me raconter des histoires à peine croyables, mais vraies, ou des instants importants qui avaient profondément marqué l'Histoire.

L'un de ces témoins fut donc Pierre Flaureau.

« J'étais alors responsable de l'exécutif de la France combattante, depuis la disparition du docteur Valois. Ce 25 janvier 1944, nous ne savions pas encore qu'il était mort. Répondant aux ordres de Gaulle, qui voulait que soit constitué en Isère un

Comité départemental de la Libération, j'avais donc organisé cette rencontre secrète, qui fut la dernière du comité de direction de la France combattante. Ce jour-là, pour nous ce fut bien le jour le plus long. Nous avons changé de fond en comble toutes les dispositions pour succéder au gouvernement de Vichy. Ce fut un long travail. Mais du bon travail... »

Tout en me parlant, il avait sorti un dossier de la serviette qu'il avait avec lui :

« Tenez, dit-il. Voici le texte intégral de cette réunion. Je n'ai supprimé du procès-verbal *in extenso* que la dispute mémorable qui a opposé Chavant et le commandant de Reyniès, le civil et le militaire. Une dispute en préambule de la réunion, mais qui fut vite arrêtée, les deux hommes devant regretter d'ailleurs de s'être laissés ainsi emporter... »

Neuf délégués avaient participé à cette rencontre au sommet, qui, d'après mon interlocuteur, fut « le grand tournant » de la Résistance iséroise. Le procès-verbal officiel les cite dans cet ordre : Benoît (alias Chevallet), membre du comité exécutif de la France combattante, représentant le Front national et les Femmes de France ; Pel (Flaureau), membre du comité exécutif, représentant le Parti communiste, Francs-tireurs et partisans ainsi que la CGT ; le commandant Rolland (de Reyniès) représentant l'Armée secrète ; Clément (Chavant) représentant le Parti socialiste et Francs-tireurs Vercors ; Jacques (docteur Samuel) représentant aussi Francs-tireurs Vercors ; Martigues (Manhaudier) représentant Combat et les maquis du Grésivaudan ; Ric (Sibellas) représentant Libération (il était assisté de Vernet) ; le capitaine Rouvier (Le Ray) représentant les maquis du Vercors ; Lepape (Lecutiez) représentant Meunier et Lebreton du NAP (Noyautage des administrations publiques).

Une orientation décisive de la lutte clandestine fut décidée ce 25 janvier :

« Tout d'abord, me déclara Pierre Flaureau, j'ai attiré l'attention de tout le monde sur le manque de précautions qui, jusqu'à ce jour, s'était fait sentir dans la Résistance. Et j'ai donné un certain nombre de recettes pour agir d'une manière positive dans la clandestinité. Il est vrai que j'avais eu le privilège exceptionnel de recevoir dans la période précédant la guerre des instructeurs soviétiques. Et, grâce à eux et à ce qu'ils m'avaient appris, j'ai pu organiser la Résistance telle qu'elle devait être faite, avec le maximum de sécurité et d'efficacité. »

Cette réunion, il l'avait soigneusement préparée :

« Il ne fallait pas perdre de temps en bavardages stériles. Il fallait adopter très vite des dispositions indispensables pour éviter toute nouvelle tuerie. Il fallait donc mettre sur pied immédiatement ce Comité de Libération, coordonnant parfaitement tous les partenaires. L'ordre du jour comportait d'ailleurs exactement dans l'ordre où Benoît le présenta : la dénomination nouvelle du comité ; la composition du comité directeur et la réorganisation du comité exécutif ; le plan d'insurrection, le travail de l'Armée secrète et des FTP, la prise du pouvoir ; les mesures de sécurité à prendre ; la dénonciation des « faux de dernière heure » ; le journal du comité et la création des comités locaux de Libération. »

Et c'est ainsi qu'après de longues discussions le Comité de Libération de l'Isère vit le jour. Il fallut l'autorité de Pel pour trancher de fastidieux débats sur le nombre de délégués devant composer « l'exécutif » et sur le choix de ces délégués...

« J'ai bien attiré leur attention sur le fait qu'une réunion de 9 à 10 membres constituait alors une initiative pleine de danger. Elle ne pouvait pas être provoquée avec la rapidité qu'exigeait souvent le déroulement des événements. Et puis il n'était pas possible de prendre avec la même célérité des décisions en délibérant à dix comme à trois. La création d'un exécutif restreint s'était imposée au comité directeur de la France combattante. Le maintien de cet exécutif s'imposait donc plus encore qu'auparavant. Il ne fallait d'ailleurs pas s'illusionner sur le pouvoir détenu par l'exécutif. Celui-ci était entièrement responsable devant le comité directeur et ne pouvait outrepasser sans risques graves pour ses membres les directives reçues du comité départemental... »

« Je leur ai dit que les conditions dans lesquelles allait naître le nouvel exécutif écarteraient systématiquement toutes les velléités de mystification ou simplement de tromperie. Il fallait que chacun puisse s'exprimer avec franchise, il fallait à tout prix éviter les malentendus qui, dans la période traversée alors, pouvaient avoir de graves conséquences. Il fallait surtout rechercher avec passion tout ce qui pouvait nous unir, et rejeter loin de nous tout ce qui pouvait nous diviser. Nous étions, ce n'était pas douteux, un organisme politique, mais nous ne pouvions sans trahir nous écarter de la ligne politique qui devait être la nôtre et qui ne pouvait être que celle qui allait nous conduire à la libération de la France. Toute déviation hors de la direction de cet objectif fondamental eût constitué une trahison de nos engagements réciproques et une trahison envers notre Patrie. »

Finalement, un exécutif de trois membres et de deux suppléants fut élu. Il figurait dans cet ordre dans le compte rendu de cette réunion exceptionnelle : membres actifs : Brunet (commandant Nal) représentant Combat, Libération et l'Armée secrète ; Benoît (Chevallet) représentant le Front national, Francs-tireurs et partisans et Femmes de France ; Pel (Flaureau) représentant le

Parti communiste. Les suppléants étaient Clément (Chavant) représentant le Parti socialiste et un membre de la CGT, que celle-ci allait désigner quelques jours plus tard : Japon (Marius Clerc).

« Cette formation fut adoptée à l'unanimité. Et la discussion s'engagea aussitôt sur le travail à réaliser... Nous sommes tous tombés d'accord sur cet objectif : “Si nous nous montrons les plus grands et les plus dignes sur le sol national, en commençant dans notre propre sphère d'action à accomplir tout notre devoir, si nos initiatives sont audacieuses, elles seront vite connues des autres Français et nous aurons, c'est certain, des émules. Prenons sans hésiter le chemin du strict devoir et tant mieux si nous sommes les guides qui montrent à tous la voie à suivre”. »

Et c'est vrai que cette « réunion de Monaco », avec les décisions qui furent prises, allait servir d'exemple dans de nombreux autres départements.

À l'issue de cette journée bien remplie — le jour le plus long pour Pel — on voyait déjà se dessiner un autre jour. Bien long lui aussi. Celui de la Libération...

UN JOUR PRESQUE COMME LES AUTRES...

Mardi matin, 6 juin 1944... En ouvrant leurs journaux, les Grenoblois pouvaient lire un appel de M. Homo, préfet de l'Isère. Il recommandait cette fois à tous les Grenoblois d'évacuer de la ville les enfants de moins de quatorze ans, les femmes enceintes et les vieillards. Une recommandation qui, soulignait-il, s'adressait plus particulièrement aux personnes habitant le quartier de la gare et Saint-Martin-le-Vinoux.

Déjà, le 1er juin, le préfet avait fait fermer « jusqu'à nouvel ordre » tous les établissements scolaires primaires élémentaires, secondaires, techniques, publics et privés de Grenoble.

Il redoutait, comme tout le monde, un nouveau raid aérien sur la ville. Tout récemment, le 26 mai, l'aviation américaine avait bombardé la gare de triage de La Buisserate, dans la banlieue proche, mais avait en même temps, détruit des maisons du quartier, semant la mort et la désolation parmi la population[1].

---

1. Lire un peu plus loin dans ce chapitre : « Les bombardements de La Buisserate ».

Tout le monde craignait en effet une nouvelle intervention des bombardiers américains. Et la Défense passive, qui avait conseillé à tous les possesseurs de jardins d'y creuser des tranchées pour s'abriter, s'adressait aussi, ce 6 juin 1944, aux propriétaires d'immeubles, les invitant à mettre d'urgence en état les caves qui devaient servir d'abri et à procéder à « l'intercommunication des caves voisines ». À défaut d'exécution, leur responsabilité se trouverait engagée « en cas d'accident ».

La rubrique locale de Grenoble du *Petit Dauphinois* n'était d'ailleurs guère développée ce jour-là. D'abord parce que l'actualité, très réduite, entraînait une absence de comptes rendus. Et surtout parce que les journaux ne paraissaient plus que sur deux pages — une seule feuille recto-verso — et dans un petit format...

Mais le lecteur pouvait apprendre cependant que, rue Chenoise, en étendant son linge à la fenêtre, une femme était tombée du troisième étage et s'était tuée. Quant au théâtre de Grenoble, il programmait « Femmes de Paris », une production des tournées André Fleury, revue en deux actes, trente tableaux, vingt ballets et quatre sketches comiques.

La grande nouvelle du jour, cependant, les Grenoblois allaient l'apprendre fébrilement « de bouche à oreille » tout au long de la journée. Et elle en alimenta, des conversations ! C'était bien sûr la nouvelle qu'on attendait depuis si longtemps : l'annonce du débarquement allié sur les côtes de Normandie.

« Je l'ai entendue sur Radio Londres qui, ce jour-là, n'était pas brouillée, m'a expliqué un Grenoblois. Évidemment, fou de joie, j'en ai fait part aussitôt à tous mes amis, qui, à leur tour, se sont empressés de la répercuter autour d'eux...

— Pour moi, ce fut une nouvelle formidable, m'a déclaré un autre Grenoblois. Je n'y croyais plus ! Je crois que j'ai pleuré !

— Moi, m'a confié un Fontainois, j'avoue que j'ai été très sceptique. Je me souvenais en effet que des Canadiens avaient essayé de débarquer à Dieppe en 1942 et avaient échoué... »

Dans leur immense majorité cependant, les Dauphinois interrogés ne se souviennent plus exactement dans quelles circonstances ils ont appris le débarquement...

« On s'y attendait tellement que cela nous paraissait logique. Ce fut une nouvelle parmi tant d'autres qui se colportaient sous le manteau, a tenté de m'expliquer un Échirollois. Tous les jours, on parlait de la guerre, bien sûr. On parlait des revers allemands en Russie, en Italie. Les informations arrivaient de partout. Les vraies mais aussi les fausses... Et je serais bien incapable aujourd'hui de vous dire qui m'a apporté l'information... »

Un Voironnais, lui, se souvenait bien d'avoir appris l'événement en lisant son journal le lendemain matin. Un journal, *La Dépêche Dauphinoise,* annonçait : « Débarquement massif anglo-américain sur la côte normande » et, sous le titre : « Cette nuit, l'ennemi a commencé sur l'Ouest de l'Europe son attaque préparée depuis longtemps et à laquelle nous nous attendions... »

Malgré l'inévitable propagande les lecteurs pouvaient comprendre, à travers les lignes, que, cette fois-ci, c'était sérieux et que l'ennemi mentionné était bel et bien cet ami qu'effectivement on attendait depuis si longtemps !

Pourtant, les Dauphinois patientèrent encore plusieurs jours pour croire enfin que le jour tant espéré de la Libération allait arriver bientôt, les troupes de l' »ennemi » n'ayant pas été repoussées... Mais ils devinaient aussi que le redoutable occupant ne lâcherait pas si facilement prise, surtout dans notre région qui lui était particulièrement hostile, et que cette Libération, il faudrait la payer chèrement...

☆
☆ ☆

Mais ils ne surent que plus tard, les Dauphinois, que plusieurs d'entre eux avaient participé au débarquement... avant même les troupes alliées !

LES SAS ONT SAUTÉ LES PREMIERS !

Tout le monde évoque aujourd'hui avec une vive reconnaissance — ce qui est mérité — l'héroïsme de ces troupes alliées venues de très loin pour libérer notre territoire occupé par l'ennemi, ce mardi 6 juin 1944. Le jour le plus long...

S'il n'y avait pas de Français, parmi ces innombrables soldats qui ce jour-là ont débarqué sur les côtes de Normandie, cela ne veut pas dire que l'armée française n'a pas pris part à cette grande opération pour libérer notre pays de l'envahisseur. Car, la veille de ce jour mémorable — on ne le sait hélas pas beaucoup —, 430 militaires français — et parmi eux des Dauphinois — furent parachutés sur les côtes du Nord et du Morbihan, pour bloquer avec l'aide des maquis de cette région les forces allemandes qui s'y trouvaient et les empêcher au maximum d'aller renforcer les trente-deux divisions ennemies du front de Normandie.

Une mission capitale, réalisée par des hommes très entraînés du 4e bataillon SAS (Special Air Service), qui s'est révélée très utile pour la réussite du débarquement...

☆
☆ ☆

Il était vice-président de la section Rhône-Alpes des anciens parachutistes SAS de la France libre, Pierre Drablier (aujourd'hui disparu), quand il vint me trouver en 1994. Particulièrement modeste, il n'aimait pas se mettre en évidence, comme la plupart des grandes figures de la Libération. Mais il tenait cependant, cinquante ans après, à faire connaître un épisode ignoré de la plupart des Français. Au nom de tous ses compagnons du SAS, au nom de ceux qui, nombreux, sont tombés pour la France, il tenait à lever un coin de voile sur cette période mouvementée et exaltante de notre histoire...

Faisant preuve d'un grand calme, il commença son récit, d'une voix posée :

« C'est le 24 juin 1940 que le capitaine Bergé proposa au général de Gaulle, à son quartier général de Stephen House, de se charger de former et d'instruire une compagnie de parachutistes. Et le 29 septembre 1940, par ordre général n° 765, la première compagnie de l'Infanterie de l'air (1re CIA) était officiellement créée, dépendant des Forces aériennes françaises libres.

« Dans la nuit du 14 au 15 mars 1941, une première opération parachutée en France occupée était réalisée par une équipe de cinq gars, commandée par le capitaine Bergé, larguée près d'Elven dans le Morbihan, avec pour objectif l'attaque du personnel navigant de la base de Meucon et la création d'un réseau de résistance et d'évasion à Mimizan-Plage. »

Après une autre mission réussie dans la nuit du 11 au 12 mai 1941 (destruction de la centrale électrique de Pessac, en Gironde, en collaboration avec un groupe de résistants mis en place par Bergé), le général de Gaulle, afin de participer à la sauvegarde française au Moyen-Orient, décida d'y transférer une partie de ses parachutistes une section restant cependant en Grande-Bretagne, employée par le Bureau central de renseignement et d'action (BCRA).

Pierre Drablier se souvenait bien de cette époque, qu'il évoquait avec émotion :

« Après de longues démarches, mais surtout après une importante entrevue à Beyrouth entre le général de Gaulle et le capitaine Stirling, la 1re CIA fut intégrée au Special Air Service britannique, basé à Kabrit-Camp, en Égypte, unité qui vit le jour en 1941 sur une idée du capitaine écossais David Stirling, lequel voulait opérer par petits groupes sur les arrières ennemis. Le *French Squadron* a ainsi accompli avec les Anglais des actions qui sont devenues légendaires, ayant pris une part bien à lui dans l'étonnant palmarès des SAS : plus de quatre cents avions de guerre ennemis détruits en Cyrénaïque et en Tripolitaine en moins d'un an, notamment au cours de deux attaques spectaculaires, l'une dans la nuit du 10 au 11 juin 1942 (attaque de l'aérodrome d'Héraklion), l'autre dans la nuit du 26 au 27 juillet 1942 (attaque de l'aérodrome de Sidi-Hanneich).

« Au cours de ces multiples actions-surprise, nous avons enregistré, hélas, des morts et de nombreux blessés. Et plusieurs d'entre nous furent faits prisonniers, notamment le capitaine Bergé. Dans ces opérations, nous avons dû abandonner quelquefois des blessés à mort, agonisants, qui ne pouvaient recevoir aucun secours. C'était affreux... »

Le maréchal Montgomery, rendant hommage à ces soldats d'élite, dira que les résultats qu'ils ont obtenus ont pesé très lourd dans la bataille contre l'Afrikakorps de Rommel...

Couverts de gloire, mais bien moins nombreux, les rescapés du *French Squadron* furent ramenés en Grande-Bretagne début 1943 et participèrent à la formation et à l'entraînement de nouveaux volontaires. Et c'est ainsi qu'en 1943 et 1944, deux nouvelles unités étaient créées et intégrées dans le Special Air Service.

« Désormais, faisait remarquer Pierre Drablier, notre SAS pouvait enfin mériter l'appellation de « brigade » que Stirling avait pompeusement donnée à sa « bande » deux années plus tôt... Notre SAS se composait alors de deux régiments britanniques, de deux régiments français et d'une compagnie belge. »

Les nouveaux arrivants étaient des Alsaciens et des Mosellans qui refusaient la nationalité allemande, des Basques et des Bretons, contrebandiers et marins épris de liberté et patriotes, mais aussi des évadés de toutes les régions de France et notamment du Dauphiné, des Français d'outre-mer, des Pieds noirs et des Corses qui refusaient l'occupation.

« Tous avaient deux points en commun, confirmait Pierre Drablier : individualisme et profond amour de leur patrie. C'est cela qui a permis un amalgame parfait d'hommes de toutes races, de toutes classes sociales, de toutes obédiences. Sous l'autorité du général de Gaulle, ils formèrent l'une des plus éphémères unités de la France libre. Mais une des plus prestigieuses aussi...

« Alors qu'ils poursuivaient un entraînement intensif principalement dans les Highlands d'Écosse, les responsables français du SAS, le colonel Bourgoin et son adjoint Puech-Samson, furent informés au dernier moment début juin, que le 4e SAS, uniquement composé de Français, allait avoir le redoutable honneur d'être la première unité alliée engagée dans le plan *Overlord* avec, pour mission, de retenir au sol, sur place, avec l'aide de la Résistance, le maximum de troupes allemandes. Ce sont plus de 220 000 hommes qu'il fallait empêcher d'aller renforcer le front ennemi en Normandie !

« Voilà comment 430 Français furent parachutés le 5 juin, après la tombée de la nuit, reconnaissait Pierre Drablier. Deplante, Marienne, Botella, Deschamps et leurs hommes prirent ainsi contact avec le sol de France, passablement émus. Mais l'équipe radio de Marienne fut hélas vite repérée par l'ennemi et décimée. Elle nous manqua beaucoup. Le caporal Bouetard fut tué le 5 juin à 23 heures 30 : ce fut officiellement le premier mort allié du débarquement...

« Notre rôle fut extrêmement important. Pendant des semaines avec le précieux concours des maquis, partout, en Bretagne, nous avons fait régner l'insécurité dans les troupes allemandes. Une vraie guérilla. Nos pertes, et celles de la Résistance, furent dramatiques... Mais la mission fut accomplie... »

Parallèlement à cet engagement crucial, les sticks du 3e SAS, commandés par Conan, étaient parachutés dans différentes régions françaises...

« Il est impossible d'évoquer en détail toutes ces missions accomplies sur le sol de leur patrie par des hommes dont la devise était : *Qui ose gagne*, avouait Pierre Drablier. Ils ont osé, ils ont gagné. Mais, hélas, à quel prix... »

Le vice-président des anciens SAS me cita cependant l'opération menée habilement en Saône-et-Loire, où les FFI de Jarrot, associés aux sticks SAS de de Boissonas, Colcombet, Porot et Zermatti, attaquèrent l'ennemi sans relâche et réalisèrent des exploits :

« Le point d'orgue, ce fut à Sennecy-le-Grand. Quatre jeeps menées par Guy de Combaud-Roquebrune, dans une charge légendaire, mitraillèrent une très importante concentration de troupes ennemies, engins et véhicules. Les mitrailleuses Vickers firent un carnage. Les véhicules et les soldats flambèrent. Sur les treize attaquants — onze SAS et deux FFI — dix ont été tués. Les trois rescapés, grièvement blessés, furent recueillis, soignés et sauvés par leurs camarades FFI. »

Autant d'actions spectaculaires répétées, commentées ainsi par le parachutiste grenoblois :

« Faisant partie de la Résistance extérieure, les SAS ont été, avec les Jedburghs, les seuls, par leur combat en France, à s'être mélangés à la Résistance intérieure. À ce titre, ils ont le droit bien légitime de revendiquer l'action de ceux qui se sont battus pour que la France accède à la victoire. »

Après ces nombreux combats sur le sol national, les SAS ont poursuivi l'adversaire jusqu'à la victoire finale. C'est ainsi que, sous les ordres de Puech-Samson, ils participèrent à la libération des villes belges de Smuid, le 4 janvier 1945, de Saint-Hubert le 11 et de Seinbach le 20, des volontaires des maquis, qui avaient combattu à leur côté, comblant les pertes cruelles des disparus.

Et puis ce fut l'*opération Amherst*. Toujours sous les ordres de Puech-Samson, mais aussi de La Bollardière, tous les sticks des 3e et 4e SAS furent largués, dans des conditions difficiles sur le Nord de la Hollande. En avant-garde des blindés canadiens, ils empêchèrent la destruction des ponts stratégiques et des écluses. Une succession d'embuscades bien étudiées et de coups de mains hardis se déroulèrent alors dans ce pays peu propice pourtant à la guérilla, engendrant hélas beaucoup de pertes humaines parmi les paras, mais heureusement un succès total.

Pierre Drablier me rapporta cette anecdote authentique à ce propos ; une rencontre historique entre Churchill et Montgomery, tout de suite après la réussite de cette opération :

« Quelle idée saugrenue vous a poussé, Montgomery, à engager des Français dans une entreprise d'une telle importance ? Il était prévisible qu'ils se montreraient efficaces et spectaculaires !

— C'est pour cette raison que je les ai choisis, répliqua le maréchal et cela me semble logique !

— S'il arrive que la guerre se montre logique, rétorqua Churchill, la politesse ne l'est jamais. J'ai fait prévenir tous les organes de presse. J'exige que l'opération Amherst soit étouffée !

— Je comprends mal, monsieur le Premier ministre. L'action des SAS en Hollande peut être considérée comme un succès sans précédent dans l'histoire des parachutages de grandes unités au sein des lignes ennemies.

— C'est bien la raison pour laquelle j'ordonne qu'on fasse toute la discrétion autour d'elle. Nous arrivons à l'heure des comptes. Vous semblez ne pas connaître de Gaulle ! Il est fichu de prétendre que la guerre n'a été gagnée que grâce à l'intervention de « ses » parachutistes ! En tout cas, comptez sur lui pour que l'héroïsme de ses deux régiments pèse dans la balance dix fois le poids qu'il mérite !

— S'il pèse seulement le poids qu'il mérite, ne put s'empêcher de répondre le maréchal, croyez-moi monsieur : il est à considérer ! »

Et la deuxième guerre mondiale cessa. Ce fut la paix. Enfin... Pourtant, l'année suivante, des paras tombèrent encore : la guerre d'Indochine commençait...

Le Grenoblois, qui vécut ces heures intenses, était fier de me déclarer :

« Depuis leur création jusqu'à leur dernière mission officielle en Hollande, le drapeau des unités françaises du SAS a eu l'honneur de recevoir la Légion d'honneur, la Croix de la Libération, la Croix de guerre avec sept palmes, sans compter les plus grandes décorations belges, hollandaises et américaines. C'est le drapeau français le plus décoré de la deuxième guerre mondiale ! »

En 1953, dans un numéro spécial de la *Revue de l'Amicale des forces françaises libres*, le général de Gaulle écrivait : « Pour les parachutistes, la guerre, ce fut le danger, l'audace, l'isolement. Entre tous, les plus exposés, les plus audacieux, les plus solitaires, ont été ceux de la France libre. Coups de mains en Crète, en Libye, en France occupée, combats de la Libération en Bretagne, dans le Centre, dans les Ardennes, avant-garde jetée du haut des airs dans la grande bataille du Rhin : voilà ce qu'ils ont fait, jouant toujours le tout pour le tout, entièrement livrés à eux-mêmes, au milieu des lignes ennemies. Voilà où ils perdirent leurs morts et récoltèrent leur gloire. Le but fut atteint, la victoire remportée. Maintenant, que la basserie déferle ! Eux regardent le ciel sans pâlir et la terre sans rougir. »

Aujourd'hui, à Plumehec, dans le Morbihan, un mémorial national porte les noms de tous les Français parachutistes tombés en Bretagne. À Sennecy-le-Grand, un mémorial interallié porte les noms des Britanniques, des Belges et des Français, tous parachutes du SAS, tombés à la fleur de l'âge pour la Liberté. Ces deux imposants monuments sont d'ailleurs l'œuvre de Jean Mélinand, un ancien SAS...

Le Grenoblois Pierre Drablier a bien accompli son devoir, d'abord en participant vaillamment aux actions héroïques du SAS, ensuite en faisant connaître l'action injustement ignorée de ces étonnants et valeureux bataillons de parachutistes...

QUATRE RÉSISTANTS DANS LA TOURMENTE

La Résistance, ce ne fut pas toujours de grandes actions spectaculaires, dirigées contre l'ennemi, pour tenter de l'affaiblir et contrecarrer ses projets. Ce fut aussi une série de petits faits, de petites opérations, toujours pour enrayer les visées de l'occupant, pour le perturber au maximum, mais pour permettre aussi la vie de tous les jours dans la clandestinité. Il fallait sans cesse se procurer des armes et du matériel, certes, mais aussi des vivres, des vêtements, des couvertures. Et bien d'autres choses encore.

C'est cette Résistance-là, qu'il ne fallait absolument pas négliger car elle était indispensable à la survie et à l'extension des maquis, que m'a évoquée un ancien des groupes francs, Roger Billon, que j'ai rencontré à plusieurs reprises dans les années 1990, dans sa petite villa de Saint-Egrève. Alors paisible retraité, il aimait parler de sa jeunesse mouvementée, passée à récupérer du ravitaillement et tout ce qui pouvait servir à ses compagnons d'armes.

« Né le 14 avril 1927 à Fontaine, c'est donc tout jeune que je suis entré dans la Résistance, me dit-il à notre première entrevue. J'ai été affecté très vite au groupe franc de Louis Richerot, alias capitaine Tencin, du mouvement Combat. Je fis partie d'une équipe de quatre, qui comprenait Jean Crochon, Lucien Briffaud et Marc Viaroz. Nous étions un peu les gardes du corps de Richerot et on réalisait des « coups de mains » qu'il nous demandait de faire. »

Levant alors une main en avant, comme pour signifier « stop », il enchaîna tout de suite :

« Ces « coups de mains » n'étaient pas toujours des coups d'éclats... Souvent, on piquait des vélos, pour récupérer des pneus pour nos agents de liaison qui en avaient terriblement besoin. On n'en trouvait plus sur le marché depuis longtemps ! Certes, ce n'était pas de la grande besogne, mais, que voulez-vous, c'était nécessaire pour le bon fonctionnement de la Résistance ! »

Hommes à tout faire, ils ont commis d'autres petits larcins semblables... Un jour, ils furent confrontés à une des terribles réalités de l'époque :

« Je circulais rue de Bonne avec Marc Viaroz quand, soudain, nous rencontrâmes une connaissance, que nous avions perdue de vue depuis quelque temps. Un dénommé Tyrolle. Il nous déclara rapidement, mais peut-être un peu trop rapidement, qu'il faisait partie de l'Intelligence Service. Alors, sans soupçonner le moindre piège, on parla de nos occupations respectives et on fut amené à citer notre patron Tencin dans la discussion. Il nous dit alors qu'il aimerait bien le rencontrer. Et on lui répondit que c'était sans doute possible. On devait le recontacter... »

Peu de temps après, les deux jeunes résistants firent part de cette rencontre à Richerot, au Pax-Hôtel de Saint-Martin-d'Hères. Celui-ci bondit, furieux :

« M... ! C'est un traître ! Il ne doit pas savoir où je suis ! Il a pour mission de me descendre ! »

Et immédiatement, il ordonna à ses deux hommes :

« Il faut l'abattre immédiatement ! Vous allez l'exécuter ! »

Me relatant cet épisode cinquante ans après, Roger Billon en frémissait encore :

« Marc et moi, nous n'avions jamais tué quelqu'un ! Même en sachant que la personne que nous devions éliminer était une vermine, ça faisait quelque chose... C'était un soir d'été... Avec appréhension, on s'est dirigé vers l'immeuble où habitait Tyrolle. Il prenait le frais. On aurait pu l'abattre. Mais on s'est dégonflé. La peur d'être pris dans un piège... »

Mais le traître n'en avait plus pour longtemps à vivre. Quelques jours plus tard, un autre résistant, plus aguerri, lui régla son compte, rue du 4-septembre à Grenoble. Il avait eu le temps, cependant, de dénoncer les deux jeunes résistants, qui durent se mettre « au vert » pendant quelque temps à Allemont.

Puis la vie de tous les jours reprit normalement pour le groupe franc de Richerot. Avec une nouvelle mission :

« Tous les jours, du Pax-Hôtel de Saint-Martin-d'Hères, nous étions chargés de surveiller les camions qui sortaient de la biscuiterie Brun, en face, et qui prenaient souvent la direction de l'Allemagne. On arrêtait quelquefois un peu plus loin un de ces camions et on lui faisait prendre une autre route, afin de ravitailler le maquis. La plupart du temps, on trouvait une collaboration facile avec le chauffeur, pas mécontent de jouer un tour à sa patronne, entièrement acquise aux idées ennemies[1]... »

Un jour, Tencin apprit qu'un camion chargé d'armes se trouvait devant le tribunal des Prud'hommes. Une aubaine pour la Résistance ! Il envoya aussitôt son groupe franc pour récupérer quelques-unes de ses armes.

---

1. Peu de temps après la fin de la première guerre mondiale, l'usine Brun de Saint-Martin-d'Hères fut dirigée par Mme Darré-Touche, amie de la famille Pétain. Aussi, en 1940, la directrice des Biscuits Brun allait-elle suivre très fidèlement les directives du maréchal et devenir une de ses plus fidèles partisanes, collaborant au maximum avec les Allemands. Elle se réfugia en Suisse peu avant la Libération pour ne pas être arrêtée par les forces de la Résistance. Elle fit l'objet d'un mandat d'arrêt et la justice se montra curieusement clémente avec elle.

« Heureusement, la confiance régnait ! sourit aujourd'hui Roger Billon. Il n'y avait pas de gardien ! Subrepticement, nous avons passé un certain nombre de ces armes, du camion jusqu'à notre véhicule, garé dans une rue toute proche, contre un mur... C'est vrai que le « facteur chance » jouait beaucoup avec nous. Mais il faut bien reconnaître que la plupart du temps, les Français collaboraient avec nous ou, au moins, nous laissaient opérer. Cela nous aidait énormément ! »

Et puis un jour, les quatre compagnons apprirent que le 14 juillet 1944, un défilé défiant l'ennemi allait être organisé par le maquis, à Vassieux, avec les drapeaux tricolores. Ils décidèrent d'y participer. Ce sera, pour eux, le baptême du feu...

Mais comment se rendre à Vassieux, au cœur du Vercors ?

« Ce n'était pas un problème pour nous, trancha mon interlocuteur. Nous avions l'habitude de détourner les camions de ravitaillement... Alors, un de plus, cela ne nous faisait pas peur ! Mais on s'est adjoint un cinquième homme : Georges, le fils de la femme de ménage du grand comique Bach, qui habitait La Tronche. Et, le 13 juillet, tous les cinq, à vélo, nous avons pris la direction de Voreppe. Un moment donné, un convoi allemand nous a doublés. Mais on ne craignait rien : nous n'étions pas armés... Nous nous sommes arrêtés un peu avant Voreppe et nous avons fait stopper un camion chargé de farine de l'entreprise Armand. O.K. ! nous répondit le chauffeur avec un petit sourire complice. Direction Vercors ! Je dirai qu'on m'a forcé la main... »

Les cinq résistants chargèrent les bicyclettes dans le gros véhicule, montèrent à bord, et en avant pour Vassieux, via Sassenage, les gorges d'Engins, les gorges de la Bourne... Mais le camion n'était pas rapide. Il roulait en effet au gazogène. Et il n'arriva à La Chapelle-en-Vercors que le soir, sans avoir fait de mauvaise rencontre, heureusement, en cours de route.

« Nous avons passé la nuit dans le foin d'une grange. Auparavant, nous avons mangé un morceau avec les copains du maquis, tout heureux de récupérer de nombreux sacs de farine... »

Le 14 juillet au petit matin, Eugène Chavant, chef civil du Vercors, vint leur demander s'ils pouvaient participer, avec leur camion, à la récupération de nombreux containers qui devaient incessamment être parachutés par l'aviation alliée. Et comment qu'ils allaient y participer ! C'était une joie pour eux !

« Nous sommes arrivés en vue de la plaine de Vassieux quand les premiers avions larguaient leurs containers métalliques à l'intérieur desquels se trouvaient des armes et des munitions. »

Roger Billon ne se souvenait plus du nombre d'avions et de containers. Pris dans le feu de l'action, il ne s'en est sans doute pas soucié à l'époque. Et c'est le colonel Tanant qui m'apprit, un autre jour, que ce 14 juillet 1944, vers 9 heures du matin, ce sont quarante-huit forteresses volantes venues d'Angleterre qui ont lâché au-dessus de Vassieux plus de mille containers !

De nombreuses équipes au sol se précipitèrent pour récupérer la copieuse marchandise. Et, parmi elles, celle de nos cinq jeunes Grenoblois.

« Nous avons fait très vite, se rappelait Roger Billon. Je me souviens avoir mis à un moment donné des munitions dans mes poches, provenant sans doute d'une caisse brisée dans la chute. Soudain, dans le ciel, deux chasseurs allemands apparurent et commencèrent à mitrailler tous les résistants à découvert. Ce fut la panique. Nous nous sommes éparpillés en direction des bois. Ça tombait de partout ! »

Le colonel Tanant allait me préciser que les appareils à croix gammées — ils étaient plus de deux — sillonnèrent le ciel du Vercors jusqu'à la nuit tombante, bombardant ou mitraillant Vassieux et ses environs, détruisant les maisons, visant tout ce qui circulait sur les routes, s'en prenant même aux agriculteurs qui ramassaient les foins dans les prairies. Quand la nuit tomba, Vassieux et La Chapelle-en-Vercors étaient en flammes. Et les résistants profitèrent de l'obscurité pour procéder au ramassage des containers éparpillés un peu partout.

Mais revenons au récit que me fit Roger Billon :

« Notre groupe de cinq ne s'est jamais séparé. Nous nous sommes repliés dans les bois. Mais, alors que nous arrivions à Vassieux, nous nous aperçûmes que Georges n'était plus avec nous. Nous ne l'avons jamais revu. Personne ne l'a revu. Il a dû être tué et enterré dans un trou de bombe... Quant à notre camion, mitraillé, il était complètement foutu. Et ça mitraillait toujours ! Nous nous sommes retrouvés, avec d'autres, dans les grottes, où les avions ne pouvaient pas nous atteindre. »

Vers 16 heures, les quatre Grenoblois décidaient de regagner La Chapelle-en-Vercors : ils ne pouvaient s'éterniser trop longtemps à Vassieux car leur devoir les appelait à Grenoble, où Tencin devait être inquiet. Ils s'emparèrent d'une voiture pour rejoindre La Chapelle mais, à nouveau, ils furent pris comme cible par l'aviation ennemie qui n'avait pas décroché...

« La chance était avec nous, reconnaissait Roger Billon. Nous n'avons pas été touchés. Mais les « boches » ont bombardé le village à notre arrivée. À nouveau, nous avons fui en vitesse dans la campagne environnante et, le soir, nous avons trouvé une grange pour dormir. »

Le 15 juillet, à l'aube, le groupe franc décidait de redescendre à pied jusqu'à Grenoble.

« À Engins, nous avons appris que les Allemands étaient présents partout, excités, furieux. Par prudence, nous nous sommes divisés en deux groupes. Quatre hommes ensemble auraient été suspectés par l'ennemi. »

Marc Viaroz et Roger Billon décidèrent de passer par les gorges du Furon. Ils arrivèrent sans encombre, en contrebas, à Sassenage. Quinze jours plus tard, Jean Prévost et son groupe, optant pour le même itinéraire, n'auront pas la même chance...

Quant à Jean Crochon et Lucien Briffaud, qui prirent, eux, la route normale, ils furent arrêtés par les Allemands, qui les soupçonnèrent aussitôt d'être des « terroristes ».

« Si vous n'avouez pas d'où vous venez, vous ne verrez plus Grenoble ! », menaça un Allemand en pointant sur eux une mitraillette.

Alors, Lucien Briffaud, tranquillement, sortit d'une de ses poches une carte tamponnée par le gouvernement de Vichy. Heureusement, il appartenait à la Défense passive !

« Ça va, passez ! », dit simplement le soldat ennemi.

Ouf ! Ils avaient eu chaud...

Mais l'histoire ne s'arrête pas là. À peine arrivés à Sassenage, Marc Viaroz et Roger Billon étaient prévenus par un ami : ils étaient recherchés plus que jamais, suite à la dénonciation de Tyrolle.

« Surtout, ne rentrez pas chez vous ! », leur recommanda-t-il.

Harassés, ils atteignirent Grenoble le soir, leur première décision étant de se désaltérer au bar des Champs-Élysées. Mais, hélas, se trouvait là un agent de police qui avait découvert dans le grenier de l'un d'eux de nombreuses bicyclettes sans roues et qui, manque de chance pour eux, s'était lui-même fait voler son vélo la veille !

« Suivez-moi au commissariat ! », leur ordonna-t-il.

Mais heureusement arriva à ce moment-là dans le bar Jean Crochon, qui savait où retrouver ses amis. Il ne se fit pas remarquer et n'intervint pas, mais se précipita immédiatement chez Tencin pour qu'il intervienne.

« Au commissariat central, soupira Roger Billon, on a découvert sur moi des balles que j'avais conservées. Ça et les vélos : mon compte était bon... »

Le lendemain matin, les deux résistants étaient présentés au juge d'instruction. Une rencontre très brève.

« Asseyez-vous ! leur dit-il. Et il enchaîna aussitôt :

— Vous n'avez jamais volé de vélo, n'est-ce pas ? »

Il les avait regardés droit dans les yeux, en appuyant sur le mot « jamais »...

« ... Non...

— Vous êtes libres ! »

Une fois de plus, Tencin était intervenu. Avec efficacité !

☆
☆ ☆

Huit jours après la libération de Grenoble, Roger Billon fut victime d'un accident de la circulation peu banal : sa voiture entra en collision avec un char américain !

C'est ainsi qu'il se réveilla plus tard à l'hôpital américain de Serres, dans les Hautes-Alpes.

Et il passa sa convalescence au Pax-Hôtel, qu'il connaissait fort bien...

TROIS FONTAINOIS DANS LA TEMPÊTE

Trois amis Fontainois ont aussi vécu, ensemble, dans leur jeunesse, l'histoire mouvementée de la Résistance dans notre région. L'un d'eux, Jean Correzzola, habitait déjà Grenoble depuis longtemps quand il me raconta leurs pérégrinations mouvementées à travers le Vercors, sous le feu de l'ennemi.

« Tout commença au début de l'année 1944... Nous étions trois copains inséparables, qui venions de recevoir des papiers pour aller travailler en Allemagne. Pour nous, il n'était pas question de nous y rendre ! Aussi, pour nous soustraire au Service du travail obligatoire, nous avons fait comme beaucoup d'autres jeunes à l'époque. Et c'est ainsi que Michel Olivieri, François Gallo et moi-même sommes allés grossir les rangs déjà bien fournis des réfractaires.

« Le beau-frère d'Olivieri, du 6e BCA, connaissait bien l'adjudant-chef Chabal, qui entraînait dans le Vercors les jeunes recrues de l'Armée secrète. Il nous écrivit une lettre à son attention et nous traça l'itinéraire à suivre pour le rejoindre. »

Et le trio prit la route. Ou plutôt des petits chemins, pour ne pas se faire repérer... Il arriva à Saint-Quentin, où il fut accueilli par la famille Blanc, qui servait de relais. Le lendemain, il faisait une nouvelle étape, aux Barraques, un poste avancé de la section Chabal, où des sentinelles montaient la garde. Puis il arriva à destination, à La Rivière. Très vite il apprit à se servir des armes, bien qu'il n'y en eût pas pour tout le monde !

« Notre baptême du feu se déroula à Saint-Nizier-du-Moucherotte. Au-dessus de chez nous ! Les Allemands pilonnaient nos lignes avec l'artillerie basée à Bachelard. Des miliciens qui participaient aussi au combat, mais aux côtés de l'ennemi, portaient des bérets comme nous, ce qui prêtait à confusion ! Le troisième jour, dominés par le nombre d'adversaires, et par son armement, nous avons dû nous replier sur Saint-Martin... »

Dans ce village, les trois amis croisèrent d'autres connaissances fontainoises : les frères Regaldo, Yvonne Regaldo, les frères Cendan, les frères Hofman, Jean Claras, Pierrot Sobredo et bien d'autres encore.

La vie, dans la clandestinité, était souvent dure. Mais il y avait aussi des moments de détente, des moments d'allégresse également.

« En juin, nous fêtâmes joyeusement au restaurant Breyton la nomination de notre chef Chabal, promu lieutenant. Ah, ça faisait du bien ! »

Mais, début juillet, les maquisards prirent la route de Valchevrière, pour un entraînement intensif, sachant fort bien que les semaines à venir seraient très dures... Ils croisèrent d'autres Fontainois encore qui, eux, appartenaient au 11e Cuir : Victor Lopez, Jean Varesano, Michel de Palma, Charly Bensignor, Imzo Mazini...

« C'est l'adjudant Bigot qui nous prit en main, nous apprenant des rudiments qui allaient vite nous servir... Le 23 juillet, alors que je portais le café aux hommes qui étaient en première ligne, je fus pris sous le feu des mortiers ennemis. Les Allemands, qui attaquaient cette première ligne depuis deux jours, venaient de déclencher la grande offensive... Le lieutenant Chabal disposa alors rapidement ses hommes sur un belvédère. Et nous nous retrouvâmes quatre dans un petit poste avancé, commandés par le sergent Bayard... Écrasée sous le nombre des assaillants, la première ligne se replia, emportant ses blessés. Les Allemands arrivaient. Mais les balles de nos F.M. leur interdirent la route. Alors, ne pouvant plus progresser à découvert, ils s'infiltrèrent dans les bois, commençant un mouvement d'encerclement. Nous étions contraints au repli... »

Jean Correzzola poursuivait sa narration avec beaucoup d'émotion, qu'il ne cherchait pas à dissimuler :

« Le lieutenant réorganisa rapidement la défense sur le belvédère. Puis ce fut le drame, les Allemands ayant réussi à prendre position sur des rochers qui dominaient le belvédère et commençant à nous mitrailler. Chabal tira alors au bazooka sur cette bande rocheuse, ce qui permit à certains d'entre nous de se dégager. Et le lieutenant resta, le dernier, au sommet du belvédère, face à l'ennemi. Il fut abattu par des rafales d'armes automatiques[1]...

« Je rejoignis mes camarades qui se repliaient sur Herbouilly. Mais il fallait traverser un petit bois. L'ennemi, voyant les branches bouger, ouvrit le feu sur nous... On entendait les balles se figer dans le sol tout autour. Mais il ne fallait pas s'affoler. Ceux qui se sauvèrent en courant furent tous tués. Ce fut le cas d'un petit gars de seize ans, qui nous avait rejoints depuis quelques jours seulement. Je ne me souviens plus de son nom. Ne voyant plus de branches bouger, l'ennemi cessa son tir. Et je pus rejoindre Herbouilly, avec d'autres survivants. »

Dans le Vercors tout entier, c'était la déroute pour les maquisards. Le trio, reconstitué, décida de regagner Fontaine, où il connaissait une cachette.

« J'habitais alors à la ferme Morel, au pied du Vercors, et je connaissais bien le coin. »

Mais le petit groupe n'allait pas rester inactif...

« Nous nous retrouvâmes sous les ordres du sergent Victor Lopez. Nous avions des armes et des munitions à notre disposition, dans la cave du café des Pyrénées, tenu par la famille Bouvier. Notre point de rencontre était un petit café de la rue Maréchal-Joffre, tenu par M. Sobredo père. Nous avons pu réaliser quelques opérations, mais nous avons été dénoncés par un « collaborateur » et la Gestapo nous traqua... Alors, nous nous sommes mis en sourdine... »

Puis arriva la veille de la Libération.

« Apprenant que les Allemands étaient en train de miner le pont qui enjambait le Drac et qui reliait Fontaine à Grenoble, nous décidâmes d'intervenir. Et subrepticement, nous prîmes position sur la digue, prêts à faire feu sur eux. Mais ils étaient nombreux. Trop nombreux. Nous aurions eu le dessous. Et ils auraient fort bien pu s'en prendre, ensuite, à la population civile. Comme ils venaient de procéder dans le Vercors... »

Après la libération de Grenoble — et de Fontaine —, les trois amis n'abandonnèrent pas la lutte. Il y avait encore d'autres villes à libérer dans l'Isère...

« Notre première mission fut de protéger les ponts. En s'enfuyant, l'ennemi les faisait sauter, les uns après les autres, derrière lui, pour enrayer la progression des forces alliées. Nous n'en sauverons qu'un, hélas. Puis nous partîmes pour Jonage, où une concentration d'Allemands nous avait été signalée, près du

---

1. *Voir notre chapitre « Pour que vive la France », sous-chapitre : « Deux lieutenants héroïques ».*

cimetière. Mais nous étions nombreux, nous aussi, et bien décidés à les déloger. La bataille dura toute une nuit. À l'aube, l'ennemi était vaincu. Mais à quel prix ! Nous comptions huit morts dans nos rangs. Et des blessés !

« Le lendemain, on nous demanda de rejoindre officiellement l'armée régulière ou de déposer les armes. Ce fut notre séparation. Michel Olivieri et un autre compagnon qui ne nous quittait plus depuis quelque temps, Jean Varesano, signèrent l'engagement. Mais ils y laissèrent leur vie. Pour les autres, dont moi, c'était le retour au bercail... »

Jean Correzzola ne put retenir une petite larme qui perlait depuis quelques instants déjà au coin de l'œil. Cela faisait longtemps déjà qu'il avait vécu ces heures tragiques. Mais également des moments ô combien exaltants, où toute une jeunesse se retrouvait côte à côte pour défendre héroïquement son pays envahi... Mais jamais, non, jamais il ne pourra l'oublier.

L'ÉTONNANTE OPÉRATION DES FTP DE CHARTREUSE

J'ai rencontré à plusieurs reprises chez lui à Saint-Martin-le-Vinoux, ou à Grenoble, Gabriel Braisaz, alias capitaine Bretin dans la Résistance, qui m'évoqua plusieurs opérations menées par les maquisards de la Chartreuse. La plus insolite fut sans aucun doute celle réalisée à Grenoble par les FTPF du 3e bataillon de Chartreuse, à savoir l' « enlèvement » du poste de contrôle tenu par la Wehrmacht, au monument aux morts de la Porte de France, entrée Nord de la capitale des Alpes, dans la soirée du 21 août 1944...

« Cette opération, me confia Gabriel Braisaz, avait été préparée de longue date, dès le début du mois de juillet. C'est en effet à cette époque que le lieutenant Guérino Perli, alias Schitt, me mit en contact avec Aizemberg, alias Paul Fabre, du détachement « Liberté » du 5e bataillon FTP-MOI. »

Il faut savoir que les MOI — Main d'œuvre immigrée — étaient des étrangers qui ralliaient la Résistance française. Ils furent rattachés aux Francs-tireurs et partisans. Mais laissons parler Gabriel Braisaz :

« La rencontre se déroula à Saint-Martin-le-Vinoux, au café-restaurant Féraud, au lieu-dit Pique-Pierre. Fabre m'informa des contacts intéressants qu'il avait eus avec le détachement de la Wehrmacht qui assurait la garde du pont du chemin de fer voisin, lequel détachement était prêt à déserter et à prendre le maquis ! Il me présenta alors un soldat de l'armée allemande qui était son correspondant, lequel me confirma cette volonté. Ils en avaient ras-le-bol de Hitler ! L'état-major du 3e bataillon fut informé aussitôt de cette décision qui nous réjouissait, et plus particulièrement André Jarrand, alias Dufour, chef de bataillon, et son adjoint, le lieutenant Henri Buisson-Debon, qui avait pris le nom de Vaudreuil. »

Il fallait donc préparer cette désertion et prévoir l'accueil des déserteurs dans les rangs de la Résistance...

« Notre état-major entretenait des relations fructueuses avec Daniel, le fils du transporteur Burty, installé à Saint-Martin-le-Vinoux, qui, à plusieurs reprises, avait assuré le transport, pour le compte des FTPF ou pour celui du Front national, d'hommes, de vivres et même d'armes. Aussi reçut-il rapidement l'assurance de la mise à sa disposition d'un camion de l'entreprise pour assurer le transfert des déserteurs allemands. »

La date fut fixée au 20 juillet. Tout devait se passer sans aucun problème... Mais un imprévu se glissa dans le plan qui avait été pourtant bien étudié :

« Dans la nuit du 19 au 20 juillet, le détachement de la Wehrmacht fut relevé et remplacé par une unité de la Hitler Jugend (Jeunesse hitlérienne), bousculant tout notre plan. L'opération, à notre grand regret, fut donc reportée et Guérino Perli, alerté, se mit en chasse, avec l'aide des MOI pour retrouver nos gars disparus. Ce qui fut fait les jours suivants. Et leur nouvelle affectation, finalement, arrangeait bien nos unités. Ceux qui voulaient nous rejoindre étaient chargés, désormais, du contrôle des entrées et sorties de Grenoble, au barrage installé près du monument aux morts de la Porte de France. »

Une nouvelle tactique fut alors adoptée :

« Il fut décidé de les laisser en place, en raison des services qu'ils pouvaient rendre désormais à la Résistance. Et Perli assura le contact avec l'aide d'un brave commerçant du quartier qui parlait parfaitement bien l'allemand et qui nous servit d'interprète sous le nom de Darras. Mais le 21, dans la journée, Perli, estimant qu'il était temps de faire replier le détachement qui risquait de se compromettre vis-à-vis des autorités allemandes, organisa avec l'appui d'un groupe du 3e bataillon, l'évacuation du poste... »

Et c'est ainsi que, dans la soirée précédant le jour de la libération de Grenoble, le 3e bataillon FTP de Chartreuse vit ses effectifs s'accroître de trente-trois nouveaux membres, qui venaient d'abandonner leurs tenues allemandes !

« Mais il faut dire, tenait à préciser Gabriel Braisaz, que le groupe était constitué de Polonais et de Tchèques, qui avaient été incorporés de force dans la Wehrmacht ! Les 23 et 24 août, ils étaient engagés aux côtés des FFI dans les combats de Gières, Murianette et Domène... »

Mais cette belle opération fut entachée par la disparition de celui qui était à son origine : Aizemberg, dit Paul Fabre.

« Les nazis, se doutant de quelque chose, le voyant souvent avec les éléments étrangers incorporés d'office dans leur armée, l'arrêtèrent dès le 20 juillet. Il fut exécuté le lendemain avec d'autres patriotes, dont le commandant régional FTPF Marco Lipszyc, alias Lenoir, au Désert de l'Écureuil... »

ROC, LE RESSUSCITÉ

Gabriel Braisaz, après m'avoir raconté la désertion des trente-trois incorporés de force dans l'armée allemande, me dit :

« J'ai quelque chose de plus extraordinaire encore à vous rapporter. Mais ne prenez pas de notes. Je vous ai tout mis par écrit. Car cette histoire est tellement incroyable et un peu compliquée que j'ai peur, en la racontant, d'oublier quelques détails. »

Et il me tendit plusieurs feuilles dactylographiées. C'était l'histoire de Roc, le ressuscité, qu'il avait soigneusement consignée sur papier, avant de me rencontrer.

Gabriel Brézaz a aujourd'hui quitté ce monde. Mais je crois respecter sa volonté en publiant ci-dessous son propre texte, sans changer un mot.

☆
☆ ☆

André Jarrand, alias Dufour, chef du 3e bataillon F.T.P. de Chartreuse.

Par une journée ensoleillée de ce début de juillet 1944, au pied de la Pinéa, pic montagneux de Chartreuse, nous nous trouvions réunis, au P.C. du 3e bataillon FTPF, André Jarrand alias Dufour, Buisson-Debon alias Vaudreuil, son adjoint et moi-même, commandant le secteur 2. Je venais de recevoir, d'un de nos précieux agents de liaison féminins, une liasse de rapports destinés au service B (renseignements) de notre organisation.

Ensemble, nous prenions connaissance et commentions le contenu de chacun d'eux. Tous relataient les résultats de diverses opérations : sabotages, déraillements ou encore attaques contre des postes ennemis. L'un d'eux attira plus particulièrement notre attention : il était rédigé par le capitaine Faure (Antoine Vissac). Ce dernier, commandant le camp des « Flèches noires », formation FTPF implantée dans le Diois, relatait l'attaque et l'investissement du camp par les GMR (Groupes mobiles de réserve) créés par l'État de Vichy pour la répression de la Résistance. Inférieurs numériquement et en puissance de feu, les partisans avaient dû décrocher, à l'exception de quelques-uns qui se replièrent dans un bâtiment agricole servant de PC à leur unité.

C'est à l'intérieur de celui-ci que l'auteur du rapport s'écroula, grièvement atteint. Avant de perdre connaissance, il avait vu un jeune partisan nommé Roc, grièvement touché lui aussi, réussir à prendre son arme, tombée à ses côtés et, dans un sursaut d'énergie « abattre le GMR qui l'avait tué » (*dixit* le rapport).

Nous en étions là de notre lecture, méditant sur l'acte héroïque du partisan mort pour la France, lorsqu'on vint nous prévenir de l'arrivée d'un jeune homme qui voulait rencontrer un responsable. Nous le reçûmes, et, aux termes de l'entretien, nous lui recommandâmes de prendre une fausse identité, un nom de guerre comme nous disions alors. Notre interlocuteur, qui nous écoutait avec un sourire, se redressa soudain et, avec fierté, annonça :

« J'en ai un... Je m'appelle Roc ! »

Nous restâmes interloqués...

« Roc, des Flèches noires ? »

Il opina de la tête.

« Ça n'est pas possible ! Roc des Flèches noires est mort ! Nous venons de lire le rapport du commandant du camp qui, remis de ses blessures, rend compte de l'attaque des GMR et de la mort de Roc ! »

Il releva alors sa chemise : nous découvrîmes une cicatrice qui ornait son côté droit et dont le tracé en zigzag allait du thorax jusqu'à l'aine.

« Ça vous suffit comme preuve que je suis vivant ? Vous pouvez être sûrs que je suis bien Roc et que mon chef de camp s'appelle Faure ! »

Et de nous dire dans la foulée toute sa joie de savoir ce dernier tiré d'affaire...

Je le rassurai et l'informai que Faure, entièrement guéri, donc en état de reprendre du service, avait été désigné par l'état-major régional FTPF pour prendre le commandement du 4e bataillon implanté dans la région de La Tour-du-Pin. Décision que je lui avais personnellement notifiée, quelques jours auparavant.

Le moment de stupeur, de joie et d'émotion passé, sa première réaction à nos félicitations pour sa conduite héroïque fut :

« Peuh !... Une simple réaction de vengeance, en voyant mon chef s'écrouler à côté de moi. Dans ces moments-là, on ne ressent pas la douleur. Ce n'est que plus tard qu'elle s'éveille ! »

Et de nous raconter son « aventure », sa reprise de conscience dans la nuit. Les deux kilomètres, au moins, en se traînant, perdant et reprenant conscience à plusieurs reprises, avant d'atteindre, enfin, une ferme dotée grâce à son isolement d'un téléphone et dans laquelle un médecin de Valence venait parfois s'approvisionner. Ce dernier, prévenu par le fermier, vint immédiatement avec sa propre voiture, malgré les risques en plein couvre-feu, chercher le blessé, qu'il descendit à Valence à l'hôpital, où il fut opéré rapidement. Transporté ensuite au domicile du médecin, sitôt après l'opération, il y fut hébergé et soigné jusqu'à sa guérison.

C'est grâce à ce praticien, patriote inconnu, que nous eûmes, quelle étrange coïncidence, l'occasion de rencontrer le héros de cette histoire dans l'instant même où, quelque part en Chartreuse, nous venions d'apprendre sa mort !

Roc fut affecté à la compagnie 9101 du 3e bataillon de Chartreuse. Avec son unité, il participa à plusieurs opérations contre l'ennemi.

Capturé lors d'une embuscade contre un convoi dans les gorges de Chailles, il fut remis à la Gestapo de Chambéry, qui ne put obtenir de lui que son appartenance aux FTPF du Dauphiné, ce qui lui valut d'être « transmis » à la Gestapo de Grenoble. Après un dur trajet effectué sur le dos, allongé sur le capot d'une traction, bras et jambes attachés aux portières, il fut emprisonné à la caserne de Bonne. C'était quelques jours avant la Libération.

Là, il bénéficia une fois de plus d'un coup de chance. Il fit la connaissance d'un autre FTPF interné dans le même lieu. Ce dernier, Picaretta, alias Spada, bien qu'ayant subi de rudes sévices, notamment de graves brûlures à la plante des pieds, lui proposa de tenter la « belle » avec lui, par les égouts, affirmant que, les ayant reconnus, il n'y avait aucun risque. C'est par ce cheminement qu'ils rejoignirent l'Isère... et le 3e bataillon FTPF !

Spada fut pris en main par le service de santé. Quant à Roc, retrouvant sa propre identité, Bocquin, il participa avec l'ensemble des unités FFI aux combats contre le retour offensif des troupes nazies, au lendemain de la libération de Grenoble, dans le secteur de Gières, Domène, avant de poursuivre sa route pour la libération de Romans, Villeurbanne et Lyon, avec les unités FTPF de son secteur.

JEAN ARNAUD-DENIER : LE SYMBOLE

Grenoble, compagnon de la Libération, a commémoré avec ferveur et dignité en 1994 le cinquantième anniversaire de sa libération, en présence de l'ambassadeur des États-Unis en France.

Mais qui donc était ce jeune homme au regard clair, au visage respirant à la fois la douceur mais aussi une certaine détermination, qui avait été choisi comme le symbole des résistants, dont le portrait était placé dans un logo, en tête de tous les

Un logo officiel fut retenu pour toutes les manifestations concernant le cinquantième anniversaire des combats de la Libération. Jean Arnaud-Denier devint ainsi le symbole de la Résistance.

documents officiels évoquant ce cinquantième anniversaire avec cette inscription : « 44-94, le temps de la mémoire » ?

Des anciens compagnons d'armes l'ont reconnu avec émotion. Dans la Résistance, c'était Loulou, ou encore Jeannot. Mais son vrai nom, c'était Jean Arnaud-Denier.

Il s'en souvenait bien, Jacques Ramus, quand je l'avais rencontré dans son appartement de Saint-Martin-le-Vinoux. Car il avait eu l'honneur de servir sous ses ordres et de l'apprécier, pendant les années sombres...

« Il était plein d'allant, dans toutes les circonstances. Fougueux, mais très raisonnable, il se montrait toujours très gentil, serviable, généreux, protégeant discrètement ses hommes, très juste pour tout le monde. Toujours devant, il se donnait en exemple. C'était vraiment un meneur d'hommes exceptionnel, très écouté, qui d'ailleurs avait été très vite promu caporal, puis sergent... »

Jean Arnaud-Denier était né le 18 décembre 1923 à Saint-Jean-d'Hérans, dans l'Isère. Il passa sa petite enfance chez ses grands-parents maternels, ses parents étant divorcés et sa mère partie à Paris pour effectuer des études d'assistante sociale. Après sa nomination à Clermont-Ferrand, Jean la rejoignit à l'âge de six ans. Inscrit à l'école primaire, il y resta jusqu'à son entrée à l'école technique de la capitale de l'Auvergne.

Dans une lettre — elle était éloignée de Grenoble –, sa mère avait accepté elle aussi en 1994 de parler de son fils :

« Jean, m'écrit-elle, fut un enfant qui apprit très tôt à se débrouiller tout seul. Il s'inscrivit au club sportif Michelin, pratiquant le basket, ainsi qu'aux Éclaireurs de France, négligeant un peu ses études, qui auraient pu faire de lui un ingénieur. Il avait seize ans quand la guerre éclata. Dans Clermont où la vie était perturbée par des alertes fréquentes, il apprit à aider et à servir… »

En 1943, Jean et sa mère revinrent dans l'Isère, où l'adolescent poursuivit ses études techniques au lycée Vaucanson de Grenoble. Il y resta jusqu'au 5 juillet 1943, date de son incorporation aux chantiers de jeunesse, où il fut affecté au 8e groupement du Chatelard. Le 15 septembre suivant, requis par le STO, il n'hésita pas un seul instant. Pas question d'aller travailler pour l'ennemi, chez lui. Il déserta aussitôt, alla voir sa famille à Saint-Jean-d'Hérans et passa dans la Résistance, entrant dans le groupe des équipes civiles de Mens.

Il se révéla très rapidement comme un excellent patriote, toujours volontaire pour participer à de nombreuses opérations contre l'occupant.

« Il effectua notamment de multiples missions de sabotage de voies ferrées et de lignes électriques, me signala Jacques Ramus. Le 30 juin 1944, il « montait » dans les maquis, servant tout d'abord au camp des Beaumes, au-dessus de Pellafol. Les 22 et 23 juillet, il prit part très activement aux combats du pas de l'Aiguille. Pris au piège dans la grotte, il parvint néanmoins à s'en sortir. On le retrouva tout de suite après aux accrochages du Valbonnais et du col d'Ornon. »

Il harcela ainsi les Allemands sans cesse, jusqu'au grand jour de la Libération. Il aurait pu alors profiter pleinement des premiers jours de la paix enfin retrouvée. C'était mal le connaître. Il voulait bouter l'adversaire hors de nos frontières nationales. Car beaucoup d'autres régions de France étaient encore occupées et affreusement martyrisées par l'ennemi en pleine déroute et par les miliciens qui n'avaient plus rien à perdre…

Le lendemain même de la libération de Grenoble, il s'engageait officiellement au 6e BCA et participa le 3 septembre à la libération de Lyon, puis à la dure campagne du Queyras et à celle, plus dure encore, de la Haute-Maurienne, pendant l'hiver 1944-1945.

Le 12 mars 1945, à la tête de sa section, il tombait héroïquement, pour toujours, fauché dans l'embuscade de Lanslebourg. Sa citation porte concession de la Médaille militaire et de la Croix de guerre avec palme.

Dans sa lettre, poignante, sa mère me confiait encore :

« J'ai été bouleversée et très fière de l'honneur que vous faites à mon fils en le mettant ainsi en évidence. Nous n'avions que dix-neuf ans de différence. Il était devenu mon ami et sa mort a brisé ma vie. Seuls le travail et l'amour des miens m'ont aidé à vivre. Merci de faire en sorte que l'oubli ne tombe jamais sur cette page d'histoire. »

De jeunes combattants comme Jean Arnaud-Denier, qui sont allés jusqu'au sacrifice suprême pour notre liberté, il y en a eu beaucoup en cette fin de seconde guerre mondiale.

Ils sont tombés héroïquement à la fleur de l'âge, les armes à la main, pour nous dégager du joug insoutenable de l'ennemi et de ses tristes alliés...

PIERRE RUIBET, SEUL CONTRE TOUS

Beaucoup de Dauphinois ont combattu héroïquement l'ennemi dans leurs massifs. Des patriotes d'autres régions sont venus quelquefois renforcer leurs effectifs : ils étaient toujours les bienvenus. Mais des Dauphinois ont aussi participé à la grande et belle bataille pour la liberté, en dehors de leur ancienne province. C'est le cas, notamment, de Pierre Ruibet, dont l'émouvante histoire m'a été racontée par Émile Farsat... Une superbe histoire qui, hélas, est presque ignorée de nos jours...

Loin de son pays natal, ce jeune Voironnais — il n'avait que 18 ans ! — a porté un coup très dur à l'ennemi, en faisant sauter, tout seul, son plus important dépôt de munitions en France occupée. Mais il a payé de sa vie son exploit extraordinaire.

Sa vie, il savait bien qu'il la mettait terriblement en danger, ce 30 juin 1944, quand, juste avant d'aller accomplir la mission qu'il s'était fixée, il écrivit ce petit mot à sa mère :

« Ma chère petite maman, ma lettre va te faire bien de la peine. J'ai été désigné pour faire sauter la carrière. J'avais posé des mines qui n'ont pas fait leur effet. J'attendais quelqu'un qui n'est pas venu. Il est de mon devoir de tout détruire. Tant pis : je

Pierre Ruibet, compagnon de la Libération, un des héros les plus purs de la Résistance.

vais y mettre le feu. Je suis bien décidé. Seulement, il y a beaucoup de chances pour que j'y reste. Cependant, je tenais à la vie. Mais je fais passer mon pays avant mon bonheur. Je vous embrasse tous. Adieu. Vive la France ! »

Comme il l'avait pressenti, Pierre Ruibet trouva la mort en accomplissant ce qu'il considérait être son devoir…

Le 30 juin 1944, à 9 heures du matin, il détruisit le plus important stock de munitions établi en France par les Allemands dans les carrières d'Hurtebize, près de Jonzac, en Charente-Maritime. Des carrières qui s'enfonçaient à vingt mètres sous terre et qui avaient été utilisées par l'ennemi dès l'invasion et aménagées en une gigantesque poudrière, à l'abri des bombardements. Parallèlement, cet immense dépôt de munitions était devenu aussi un vaste magasin, où l'intendance nazie avait entassé des centaines de tonnes de vivres. On comprend ainsi pourquoi la Résistance attachait beaucoup d'importance à sa destruction.

Évidemment, les Allemands avaient mis en place un important dispositif de défense pour protéger cette carrière stratégique. De nombreux fortins, des blockhaus, de larges champs de mines empêchaient son approche. Et, pour pénétrer dans cette véritable forteresse, les ouvriers français requis par l'ennemi étaient quotidiennement contrôlés et fouillés. Le moindre soupçon pouvait les conduire au poteau d'exécution.

Jour et nuit, dans l'immense labyrinthe creusé dans le rocher, des patrouilles armées circulaient sans cesse...

Aussi, début juin 1944, afin d'aider le débarquement allié et de paralyser l'ennemi, le groupe Alerte, un des plus importants noyaux de résistance de la région de Jonzac, commandé par le lieutenant Jimmy et ayant dans ses rangs notre jeune compatriote Pierre Ruibet, reçut-il l'ordre de détruire « coûte que coûte » ce dépôt.

Coûte que coûte... Cela laissait supposer que des maquisards pouvaient laisser leur vie dans l'opération et qu'en outre des représailles féroces pourraient aussi avoir lieu, dans la foulée, sur les populations civiles.

À ce propos, Émile Farsat avait vite compris qu'aucune hésitation n'était possible de la part de Jimmy, à la hardiesse légendaire :

« Quelles que soient les représailles envisageables, elles ne pouvaient être que peu de choses à côté des vies humaines que ce dépôt coûtait en approvisionnant journellement des milliers de combattants allemands du mur de l'Atlantique, commentait-il. Il faut savoir en effet que tout le matériel entassé là par les nazis, toutes les armes et toutes les munitions, représentaient le chargement de 350 trains ! Ce dépôt alimentait en effet toutes les batteries et les défenses côtières, de Nantes jusqu'à Biarritz, comprenant également celles des îles de Ré et d'Oléron ! C'était un enjeu considérable... »

Comme Aimé Requet quelques mois plus tôt à Grenoble, Pierre Ruibet était arrivé à cette conclusion : pour mettre le maximum de chances de réussite dans cette opération périlleuse, il fallait agir seul. Mais comment en était-il arrivé là ?

☆
☆ ☆

Tout jeune, il voulait servir dans les armes, sans doute parce que sa tendre enfance avait été bercée par des récits de guerre et d'exploits militaires. Son grand-père, Henri, n'avait-il pas été blessé et fait prisonnier à la célèbre charge de Reichshoffen en 1870 ? Fernand, son père, s'était battu héroïquement en Artois, dans la Somme et en Alsace et avait été blessé également en 1916. Et son oncle, Aimé, lui aussi avait été meurtri dans sa chair, à quelques jours d'intervalle, devant Verdun...

Aussi, en 1942, devant les incessantes prières que le jeune garçon leur adressait, ses parents l'inscrivirent-ils à l'école des Enfants de troupe, qui était alors basée à Audinac, près de Saint-Girons, dans l'Ariège. Mais il n'y resta pas longtemps : au début de l'année 1943, trouvant l'établissement trop vichyste à son goût, il le quitta et revint à Voiron, bien décidé à participer, malgré son jeune âge, à la lutte contre l'ennemi. C'est alors qu'il apprit avec une joie non dissimulée qu'une entreprise qui installait des câbles téléphoniques pour les PTT opérait dans le Massif central, servant de couverture discrète à de nombreux réfractaires au STO, mais aussi à des maquisards issus de l'armée d'Armistice.

Et c'est ainsi qu'il fit ses premiers pas dans la Résistance. L'entreprise étant dissoute à la fin de l'année 1943, un de ses compagnons, Michel Robert, l'emmena dans son pays, à Jonzac, pour y travailler officiellement. Mais surtout pour combattre, ensemble, l'occupant. Et c'est là qu'il allait accomplir son spectaculaire et héroïque exploit...

Pierre Ruibet trouva vite un emploi sur place, comme manutentionnaire... au vaste dépôt de munitions, très sévèrement gardé.

« Ce n'est pas par hasard qu'il se fit embaucher là, reconnaissait Émile Farsat. Tout de suite, confusément peut-être, il avait deviné qu'il pourrait y réaliser quelque chose pour son pays... Sans se faire remarquer, il fit rapidement l'inventaire des carrières souterraines. Parlant un peu l'allemand, il lia chaque fois que c'était possible la conversation avec les soldats ennemis qu'il croisait régulièrement. Ceux-ci le trouvèrent sympathique. Mieux : il ne manquait pas de leur rendre de menus services, si bien que les nombreuses sentinelles ne se méfièrent plus de ce jeune Français si avenant et perdirent l'habitude de le fouiller chaque fois qu'il passait d'un endroit à un autre.

« Voilà comment mûrit son projet de tout faire sauter, en accord avec le mouvement de Résistance local, mais aussi avec l'état-major de Londres, sachant très bien qu'il n'avait que très peu de chance de s'en tirer... »

À ses supérieurs dans la lutte clandestine, il avait déclaré avec pertinence, sans s'émouvoir : « Aucun bombardement ne parviendrait à bout de l'important dépôt, trop bien enterré dans les profondeurs. On ne pourra le détruire qu'en le faisant sauter de l'intérieur. Je connais en détail tous les lieux. Je sais où il faut frapper. Et il n'y a que moi qui puisse y pénétrer sans éveiller la méfiance. »

Dès lors, sa détermination fut inébranlable...

En faisant sauter ce dépôt stratégique, tout seul, le jeune Dauphinois a largement contribué à la victoire des troupes alliées. Il s'est sacrifié, sans aucune hésitation, bien qu'aimant fortement la vie, comme il le soulignait d'une façon émouvante dans sa dernière lettre, adressée à sa maman. Il s'est sacrifié, à l'aube de ses dix-huit ans, en toute connaissance de cause, alors que pour la loi française il n'était encore qu'un mineur, inapte à mettre un bulletin de vote dans une urne !

Évoquant cette opération extraordinaire de la Résistance française, le commandant allemand du dépôt anéanti a commenté : « C'est une catastrophe ! Nous venons de perdre une bataille... »

Toute la Résistance, émue, a salué l'exploit du petit Voironnais. Et le général de Gaulle a su reconnaître le fait d'armes exceptionnel de Pierre Ruibet. Il lui a décerné, à titre posthume, sans la moindre hésitation, la Croix de compagnon de la Libération. Une décoration prestigieuse, très limitée, ô combien méritée.

LES BOMBARDEMENTS DE LA BUISSERATE

La Dépêche Dauphinoise publiait le 27 mai 1944 quelques lignes seulement sur le terrible bombardement qui avait mis en émoi la veille toute la population de l'agglomération grenobloise :

« Vendredi, des formations d'appareils de l'aviation anglo-américaine ont survolé Grenoble et ont laissé tomber un grand nombre d'engins sur une localité de banlieue immédiate. Cette dernière a été atteinte et les dégâts qui y furent occasionnés sont importants. Plusieurs maisons ont été détruites. Il y a eu des tués et il reste encore des morts ensevelis sous les décombres. On a retiré 27 cadavres, dont 17 seulement ont pu être identifiés. »

C'est tout. Rien de plus. Le quotidien grenoblois ne mentionnait même pas le nom de la localité meurtrie. Ce n'est que le surlendemain qu'il allait le préciser : « Le bombardement de La Buisserate a fait, finalement, 37 victimes. »

Le 26 mai 1944, un raid de forteresses volantes américaines s'en était pris à la gare de triage de La Buisserate à Saint-Martin-le-Venoux, occasionnant d'importants dégâts dans tout le quartier, faisant hélas bien des victimes. Car les avions bombardiers n'étaient évidemment pas encore dotés d'appareils électroniques permettant d'atteindre sûrement l'objectif visé. Et les aviateurs étaient obligés de voler très haut pour échapper aux tirs de la DCA... Tous les bombardements, alors, manquaient terriblement de précision et semaient la mort parmi la population...

À peine les gros avions avaient-ils disparu que les Grenoblois et les banlieusards se précipitèrent au secours des victimes. L'un des premiers arrivés sur les lieux fut M. G. Mollaret, de Grenoble. Quand je l'ai rencontré, en 1994, il se souvenait toujours très bien de cette triste journée, dans ses moindres détails...

« Dans les dernières années de la guerre, je faisais partie des équipes d'urgence de la Croix-Rouge française, me dit-il. Les premiers avions sont arrivés vers dix heures. Moi, j'étais alors dehors près des abris de la place Paul-Mistral. Les sirènes nous avaient alertés, quelques minutes auparavant... Brusquement, j'ai vu nettement des bombes se détacher des avions. Et il y a eu des explosions retentissantes... Conformément aux instructions que j'avais reçues, je me suis rendu immédiatement au siège des équipes d'urgence, rue Émile-Augier. J'étais alors chef d'équipe. Là, le directeur départemental nous a tout de suite envoyés à La Buisserate, où il y avait déjà près des ruines fumantes quelques sauveteurs : gendarmes et gens des alentours. »

Avant de poursuivre son récit, M. Mollaret marqua un petit instant de silence. Sans doute revoyait-il, cinquante ans après, des scènes d'horreur, bouleversantes et pénibles...

« Les bombes étaient tombées un peu partout sur le quartier, reprit-il. Même sur le Polygone, de l'autre côté de l'Isère. La gare, finalement, avait très peu souffert. Nous nous sommes dirigés vers les maisons endommagées. Avec quelques gars, je suis arrivé à une villa, qui était occupée par des réfugiés de Metz. Ils avaient creusé dans leur jardin une tranchée pour s'y abriter en cas de bombardement, comme le recommandait la Défense passive. Ils s'y étaient donc réfugiés. Mais hélas une bombe tomba, tout près de la tranchée, les recouvrant de terre. Les parents furent néanmoins sauvés. Mais pas leur petite fille, âgée de cinq ans. »

La gorge de mon interlocuteur se serra. Il était tout ému encore...

« Nous nous sommes précipités pour la dégager, cette petite. Son corps était encore tout chaud, mais elle ne donnait plus de signes de vie. Nous avons tout essayé : bouche à bouche, massage cardiaque... Arrivé à son tour sur les lieux, le docteur Lamy lui fit même une piqûre dans le cœur. En vain... Je revois toujours cette petite fille. Et chaque fois que je regarde à la télé cette publicité de Volvic et cette gamine blonde qui rit aux éclats, ça me la rappelle avec un pincement au cœur... »

Les équipes de secours, avec l'aide de la population, continuèrent leur travail jusqu'à la nuit, dégageant des personnes des ruines qui les recouvraient, apportant les premiers soins aux blessés.

« Pour beaucoup, hélas, il n'y avait plus rien à faire, soupirait M. Mollaret. On transporta les corps dans un bâtiment municipal. Et nous sommes restés près d'eux, avec les gendarmes, une partie de la nuit, jusqu'au moment où on nous fit partir : une deuxième alerte avait en effet été lancée. Alors, on a terminé la nuit dans une prairie, au pied du Néron. »

Effrayés encore par le terrible bombardement, les habitants de Saint-Martin-le-Vinoux, de Saint-Égrève et du Nord de Grenoble vécurent les jours suivants dans la crainte d'une nouvelle intervention aérienne, car la gare visée n'avait guère souffert ce 26 mai. Cette crainte, hélas, n'était pas sans fondement...

Le mercredi 16 août 1944, alors qu'ils venaient d'apprendre avec une joie indicible le débarquement des forces alliées en Provence, une nouvelle alerte sema la panique parmi la population...

« Ce jour-là, une nouvelle fois, chacun rejoignit des abris dès qu'il le put, se souvenait le chef d'équipe de la Croix-Rouge. Et ce fut le ronronnement lourd des bombardiers. Puis des sifflements de plus en plus aigus et un bruit effroyable. Les bombes pleuvaient sur la banlieue grenobloise une fois de plus. Mais cette fois-ci, l'aviation anglo-américaine visait plus particulièrement le pont de chemin de fer de Pique-Pierre, à côté de la gare. Et le soir, on déplorait 27 morts et 25 blessés. Et, évidemment, des dégâts, un peu partout... »

Le désarroi était grand dans l'agglomération grenobloise. Ses habitants ne comprenaient pas pourquoi ceux qui voulaient les libérer leur faisaient tant de mal. Les maquisards non plus, d'ailleurs. Cinquante ans après les tragiques événements, ils éprouvaient toujours une certaine rancœur...

Connaissant bien l'imprécision des bombardements, la Résistance dauphinoise avait en effet bien œuvré pour les éviter, s'attaquant avec succès à tous les points stratégiques de l'ennemi. Les groupes francs étaient intervenus efficacement au Polygone, à la caserne de Bonne et avaient détruit beaucoup de voies de communications. Les Francs-tireurs et partisans français, eux aussi, avaient remarquablement déployé leurs efforts pour paralyser l'envahisseur, faisant sauter, partout, des voies ferrées, des routes, des ateliers qui travaillaient pour l'ennemi. Alors, pourquoi donc ces bombardements intempestifs, inutiles ?

« Les bombardements des 26 mai et 16 août 1944 n'ont jamais été compris », me déclara Alfred Rolland, commentant le livre qu'il venait de publier : *La Résistance aux portes de Grenoble : le troisième bataillon FTPF-FFI.* « Les FTPF du 3e bataillon venaient de recevoir des félicitations pour leurs sabotages des voies ferrées Grenoble-Lyon et Grenoble-Valence. Ils avaient pratiquement la maîtrise du trafic. Pourquoi alors bombarder ? »

Gaby Braisaz, de Saint-Martin-le-Vinoux, un ancien de ce 3e bataillon, était bien d'accord avec Alfred Rolland. Il me précisa même :

« Oui, pourquoi ? C'est la question que nous nous posons toujours. Elle a été d'ailleurs posée le soir du 16 août 1944 par un Anglais, aspirant-parachutiste, qui se trouvait alors parmi nous, assurant des liaisons avec la Résistance... »

Une incompréhension est sans doute à l'origine de ces bombardements. Un problème de communication...

« Les résistants redoutaient des représailles de la part des nazis contre la population civile, reconnaissait Alfred Rolland. Des représailles, hélas, il y en eut. Mais il faut reconnaître que les bombardements firent beaucoup plus de victimes. Les résistants pensaient que les actions de harcèlement contre l'ennemi devaient éviter ces bombardements. Ils réclamaient avec insistance aux alliés des armes, des munitions, des explosifs, pour intensifier leurs attaques, leurs sabotages... »

Le colonel Alban Vistel, chef de l'Armée secrète de RI (région Rhône-Alpes), avait d'ailleurs fait parvenir ce message à Alger : « Bombardements Lyon et région, effet moral plus désastreux encore qu'effet matériel — Population douloureusement indignée — répétons : sacrifices énormes pour résultats insignifiants — Aide Résistance plus économique tous points de vue — Plus efficace. »

C'est certain : il y a eu, entre les Forces alliées et la Résistance, des problèmes de communication. De graves problèmes, sans lesquels bien des vies humaines eussent été épargnées.

Mais il est vrai que, dans une guerre impitoyable d'une telle ampleur, il y a toujours des bavures...

Chapitre VIII

Dans les griffes de la Gestapo

Combien de patriotes ont passé des journées épouvantables dans les tristes et indescriptibles locaux de la Gestapo à Grenoble ? On ne le sait pas exactement. Mais le chiffre est très élevé, sans aucun doute. Beaucoup d'entre eux ne revirent jamais le grand et beau soleil de la liberté. Certains furent torturés à mort sur place. D'autres furent fusillés à leur sortie. D'autres encore envoyés dans les terribles camps de concentration et exterminés...

Il n'est pas question dans ce chapitre de décrire dans le détail les actes ignobles de barbarie nazie, les séances abominables de tortures, les horribles souffrances des détenus. Bien des livres ont décrit cet univers sadique, effrayant, hallucinant, inhumain, insoutenable.

J'ai rencontré plusieurs résistants qui avaient séjourné dans ces locaux de la Gestapo, amenés par l'ennemi ignoble ou, pire encore, par l'odieuse milice. Aucun d'eux, par pudeur, ne m'a dépeint les affreuses exactions qu'il avait subies. Respectant leur retenue bien légitime, je ne leur ai pas demandé de me raconter leur enfer.

Ce chapitre ne renfermera donc que quelques témoignages spontanés délivrés pour les générations futures, afin que nul n'oublie toutes les horreurs du nazisme.

LA PORTE DE LA GESTAPO

La porte de la Gestapo, évoquée par Olga.

C'est le mardi 2 mai 1974 que je fis la connaissance d'Olga. Elle me dévoila son vrai nom ce jour-là, mais me demanda tout de suite après : « Je préfère que vous m'appeliez Olga. C'était mon surnom dans la Résistance. Beaucoup d'amis encore ne me connaissent que sous ce pseudonyme d'ailleurs. » Alors, sur mon calepin, j'ai simplement noté : Olga. Et, aujourd'hui, près de trente ans après cette rencontre, j'avoue que je ne me souviens plus du tout de son vrai nom.

Elle était venue me voir pour solliciter un article, afin de sauver une vieille porte qui moisissait quelque part dans un grenier grenoblois. J'avoue avoir été légèrement étonné au premier abord. Mais, très rapidement, je compris l'importance exceptionnelle qu'avait cette porte pour elle, et pour beaucoup d'autres aussi. Car elle m'invita à venir la voir, 28 cours Berriat. C'était, pendant la guerre, le siège de la sinistre Gestapo !

En arrivant sur les lieux, elle s'exclama :

« La voilà ! Ah, je m'en souviens bien de cette terrible porte... Mon nom est gravé dessus d'ailleurs ! »

Elle se pencha, examinant les nombreuses inscriptions que le temps commençait à effacer inexorablement...

« Tenez, regardez là : Olga !... C'était en 1943. »

☆

☆ ☆

C'était effectivement en 1943 : Olga, jeune résistante, venait d'être arrêtée une nouvelle fois et jetée sans ménagement derrière cette porte, qui donnait accès à une cellule aménagée dans le grenier de l'immeuble de la Gestapo. Comme tant d'autres patriotes à l'époque, elle a vécu dans cette geôle malsaine des heures interminables, épouvantables. Dans l'anxiété et la souffrance. Pour passer le temps, elle avait gravé son « nom de guerre » : Olga et un calendrier, sur la vieille porte en bois...

C'est avec beaucoup d'émotion qu'elle revoyait, en ma présence, ces quelques lettres qu'elle avait tracées, dans la plus insupportable des angoisses, alors qu'elle était à la fleur de l'âge. Elle allait être la plus jeune résistante déportée de Grenoble... Près de son nom, on pouvait lire encore un autre nom, tracé, lui, par un homme ; avec, dessous, une inscription insoutenable : « Vendu par ma femme »...

Combien de patriotes, qui ont écrit leur prénom, leur nom de guerre ou tout simplement leurs initiales sur ce vieux bois vermoulu, n'ont jamais pu respirer ensuite le grand air de la liberté. Ils sont tombés, souvent en pleine jeunesse, sous le joug de l'ennemi. Ou, pis encore, sous les coups répétés, horribles, de certains Français, traîtres à leur pays...

Olga avait beaucoup souffert, elle aussi, dans les locaux de la Gestapo. Mais très pudique, elle ne me parla pas de ses souffrances.

« Moi, j'ai eu la chance d'en réchapper, me dit-elle. Mes faux papiers attestaient que j'avais seize ans à l'époque... Je fus sans doute la plus fougueuse des détenues. On se souvient de moi, partout où je fus retenue prisonnière. À Grenoble, bien sûr. Mais aussi au fort Montluc à Lyon, au fort de l'Esseyon au-dessus de Modane, où je fus la seule femme internée, à Sarrebruck ou dans les camps de concentration... »

Intrépide, Olga le fut beaucoup. Dans toutes les circonstances. Elle le reconnaissait bien volontiers, le jour de notre rencontre.

« Savez-vous que je suis la seule femme à avoir couché dans le lit du président de la République, au château de Vizille ? »

Un petit sourire, un petit air mutin. Et elle enchaîna :

« Oui, j'ai couché dans ce lit ! J'étais suivie par la Gestapo qui me traquait. Pour me sauver, le gardien du château m'avait enfermée dans la chambre présidentielle. Comme j'étais morte de fatigue, je me suis endormie, enroulée dans le dessus de lit... »

Arrêtée une première fois par les Italiens au printemps 1943, puis une seconde fois par la Gestapo en automne de la même année, elle tenta à plusieurs reprises, de s'échapper. Elle ne s'avouait jamais vaincue !

« À Montluc, on avait même fait une chanson sur moi[1] !

1.. *Olga avait retrouvé les paroles de cette chanson, écrite par deux co-détenues, et qu'on se répétait de cellule en cellule, pour se remonter le moral :*

À Montluc, comme on le pense
Au pas, on nous a fait marcher ;
Mais la Foi et l'Espérance
Ne manquent pas aux prisonniers.

Courage, mes amis,
C'est bientôt fini.

Notre Olga est la plus jeune
des prisonnières,
On peut la rosser, lui faire
des misères,
Elle n'a jamais peur de rien.
Elle chante, ça nous fait du bien.

Courage, mes amis,
C'est bientôt fini.

Maintenant, soyons tous fiers,
Car la France de demain
Resplendira sur la Terre,
Refaçonnée par nos mains.

Courage, mes amis,
C'est bientôt fini.

C'est au cours de ce séjour à Lyon que j'ai appris à mieux connaître les bestioles que l'on qualifie injustement de répugnantes... Les rats, oui ! On m'avait enfermée dans la « chambre aux rats » ! Et j'ai pu constater que ces petits rongeurs avaient de l'intelligence. Plus jamais je n'en tuerai un seul ! J'adore d'ailleurs tous les animaux. J'en ai beaucoup dans ma maison de Luitel... »

Olga avait bien des choses à raconter :

« Vous savez, trente ans après, il y a bien des récits à faire encore... »

Mais, ce jour-là, son objectif était de sauver cette vieille porte d'un grenier du cours Berriat. Une porte si lourdement chargée de souvenirs douloureux...

☆

☆ ☆

Elle est revenue me voir quelque temps plus tard, Olga.

« Merci, un grand merci, me dit-elle aussitôt. La porte est sauvée. Suite à votre article, le musée de la Résistance l'a récupérée ! »

Et elle m'embrassa, n'essuyant pas une larme qui glissait lentement sur son visage.

Je n'ai plus jamais revu Olga depuis...

L'AVENTURE GRENOBLOISE D'UN MAQUISARD

Alors que cinquante ans après, jour pour jour, je retraçais régulièrement dans *Le Dauphiné libéré* les combats qui avaient précédé la Libération, un habitant du Cannet-Rocheville, dans les Alpes-Maritimes, abonné au quotidien grenoblois, prenait contact avec moi pour me conter ce qu'il avait vécu dans le Vercors, mais aussi son séjour dans les geôles de la Gestapo dans la capitale des Alpes. Son nom : Georges Garnot.

« C'est en avril 1943 que je suis entré dans les rangs de la Résistance, et plus particulièrement dans l'Armée secrète, au sein du maquis des confins à La Clusaz. Onze mois plus tard, je me trouvais dans le Vercors, sous les ordres de Robert Bennes, qui avait été parachuté le 14 mars 1944 comme officier d'opérations aériennes régionales, devenant le lieutenant responsable des opérations « parachutage » dans le massif. »

Et Georges Garnot me tendit la photocopie d'une vieille attestation qu'il gardait précieusement, signée par le lieutenant

Bennes : « M. Garnot s'est mis à ma disposition à partir du 14 mars 1944 pour m'aider dans ma mission, qui consistait à recevoir des parachutages sur différents terrains de la région R1. Il m'a suivi dans le Vercors comme « chiffre » à mon P.C. radio à La Britière, près de Saint-Agnan. Après l'attaque du Vercors par les Allemands, il a traversé les lignes ennemies avec un groupe que je commandais jusqu'à La Mure. Il m'a suivi début août à Grenoble, qui était une étape jusqu'à Lyon, où nous devions récupérer notre matériel radio. Il a été arrêté le 5 août à Grenoble par la milice et a été torturé. »

Georges Garnot ne pouvait oublier ce séjour affreux passé dans des locaux de la Gestapo grenobloise, au numéro 57 du boulevard Gambetta (boulevard Maréchal-Pétain à l'époque)[1].

« Mais j'ai eu la chance de m'en sortir, reconnaissait-il. Car avec moi se trouvait le professeur Pépy, de la faculté de droit de la ville. Et, heureux hasard pour nous, un officier allemand, sans doute professeur, lui aussi, le reconnut. Il avait été en liaison avec l'université grenobloise avant-guerre. Et il dit à mon compagnon d'infortune : « Vous pouvez partir. S'il y a ici des garçons étudiants que vous connaissez, ils peuvent partir aussi, avec vous. » Et c'est ainsi que sept jeunes gens, internés avec Pépy — dont moi — échappèrent à une mort certaine... »

Comme il apprécia la liberté quand il se retrouva dans la rue ! Mais malgré son grand épuisement suite au séjour épouvantable qu'il passa dans les geôles de la Gestapo, pas un instant il ne chercha à récupérer quelques forces.

« Je n'avais qu'une idée, se souvenait-il, me rendre immédiatement dans la famille d'un co-détenu, Edmond Marchandise, qui, lui, n'avait pas bénéficié de la même veine que moi, car il ne correspondait pas au profil d'un étudiant. Je me suis donc tout de suite rendu à l'adresse qu'il m'avait indiquée, à la caserne Vinoy[2], place Lavalette et tant bien que mal j'ai rassuré ses proches : il est toujours en vie. Tant qu'il y a de la vie, il y a de l'espoir. »

Mais Georges Garnot était très faible. Il ne tenait plus debout. La privation de vivres et les abominables traitements lui jouèrent un mauvais tour...

« Ayant réconforté de mon mieux la famille, je fus pris d'un profond malaise et je suis resté plusieurs jours dans un petit hôtel dont je n'arrive plus à trouver le nom. Je crois qu'il a disparu

1. Les locaux du cours Berriat ne suffisant plus, la Gestapo avait investi d'autres locaux, boulevard Maréchal-Pétain.
2. Son emplacement est occupé de nos jours par le nouveau musée de Grenoble.

aujourd'hui. C'est ainsi que j'ai été privé de la libération de Grenoble : quand je suis sorti du long sommeil, la ville était enfin libre... »

Mais dans quelles circonstances Georges Garnot — alias Patrick dans la Résistance —, avait-il été arrêté ?

« Je me suis fait ramasser bêtement, le 5 août, devant la gare de Grenoble, par des miliciens ex-prisonniers du Vercors, dont un m'avait reconnu, puisqu'un terrain d'atterrissage se trouvait près du camp de prisonniers, ceux-ci étant contraints quelquefois de nous aider dans les opérations de récupération des containers... Je portais au moment de mon arrestation des papiers au nom de Gérard Gervais, comptable à Metz. »

À peine remis d'aplomb, il fut informé par la famille Marchandise que le capitaine Bob — surnom dans la Résistance de Robert Bennes — encadrait la deuxième compagnie du 6e BCA et se trouvait à Saint-Jean-de-Bournay :

« Il fallait que je le rejoigne. Alors, avec un aumônier qui s'appelait Champon, de Monestier-de-Clermont, je pris dans une voiture réquisitionnée la route de Lyon. Et je participai à la libération de la capitale des Gaules. Et ce fut après, le regroupement de tous les agents du réseau Sapri, dont le « patron » était le colonel Paul Rivière, alias Marquis, puis la marche sur l'Est de la France. »

Pour Georges Garnot, ce n'était pas fini...

« Après une mission en Allemagne, en collaboration avec la 1re Armée française, j'ai accepté une mission « pacification » en Indochine, avec le commando Conus. Une mission qui s'est terminée six mois plus tard à Ventiane, après mon parachutage le 15 janvier 1946 à l'Est de cette ville. Le 11 juin 1946, je retrouvais le sol de France, avec un grand soupir... »

☆
☆ ☆

Trente-sept ans après sa participation aux combats du Vercors, il apprit avec surprise en visitant le musée de la Résistance à Vassieux que la médaille de la Résistance lui avait été décernée le 13 mars 1947, décision parue au *Journal officiel* du 31 mars 1947...

CLOVIS MARCOU, AGENT P2

Peu de personnes connaissent l'histoire de Clovis Marcou, qui appartint au réseau Reims-Coty, pour la bonne raison qu'il ne parlait jamais de ce qu'il avait fait pendant la guerre. C'était du passé. Il estimait qu'il n'avait accompli que son devoir, si bien que très peu de ceux qui le côtoyaient savaient qu'il avait été l'agent P2, adjoint-chef du secteur de Grenoble, et qu'à ce titre il avait réussi des missions, aussi délicates que nombreuses, importantes pour la Résistance.

Mais Mme Andrée Marcou, veuve du grand résistant, tint cependant à sortir de l'oubli celui qui est mort, plus tard, des suites des odieuses tortures qu'il avait subies dans les geôles grenobloises. Cinquante ans après les jours terribles que son mari avait passés sous la botte des nazis, elle prit contact avec moi pour me raconter son histoire.

☆

☆ ☆

« Clovis appartenait à la classe 38 mais, étudiant, il bénéficiait d'un sursis. Il fut mobilisé au début de la guerre en 1939 et affecté au Centre d'instruction des élèves aspirants de Riom, puis de Montluçon. Promu aspirant en août 1940, il fut incorporé au 6e BCA à Grenoble, bataillon qui était alors cantonné à la caserne Bayard. Démobilisé en septembre 1941 comme aspirant de réserve, il reprit ses études à la faculté des sciences et trouvait à l'école technique Vaucanson le gîte et le couvert comme maître d'internat. Et déjà, il militait pour la Résistance. »

Ses conditions de vie changèrent avec l'arrivée des Allemands à Grenoble, en remplacement des Italiens...

« Après l'explosion de la caserne de Bonne du 2 décembre 1943, l'école Vaucanson fut réquisitionnée par les troupes d'occupation et les maîtres d'internat expulsés et relogés un peu partout dans la ville, se souvenait Mme Marcou. Clovis se retrouva au Grand Hôtel, rue de la République, avec quelques camarades. Ils crevaient de faim, mais arrivaient à profiter des distributions de biscuits vitaminés faites aux potaches. À cette époque, il était déjà entré dans les services spéciaux de l'ex-BCRA (Bureau central de renseignements et d'action), créé en juin 1940 à Londres par le général de Gaulle, devenu DGSS (Direction générale des services secrets). À Grenoble et dans la région, les missions ne manquaient pas pour lui. »

C'est au cours d'une de ses missions qu'il fut arrêté, le 13 juillet 1944, au restaurant Ozanam, rue de la Poste à Grenoble. Il avait été repéré, comme l'attesta plus tard Nelly Montcenis, agent de réseau elle aussi, qui l'avait bien connu :

« Les Waffen SS l'ont interpellé en toute connaissance de son identité et l'ont transféré à la Gestapo, boulevard Gambetta.

C'est là qu'il resta en compagnie d'autres patriotes dans cet immeuble, réquisitionné au 57 de ce boulevard, où l'on peut lire aujourd'hui cette plaque : L'association des suppliciés et internés politiques de la Gestapo rappelle que derrière ces murs ont souffert des patriotes victimes de la barbarie nazie. »

C'est là qu'il fut interrogé, roué de coup, torturé... Mais il ne parla jamais. Des moments épouvantables, évoqués par Andrée Marcou :

« Ni les brûlures de cigarettes, ni les coups, ni les humiliations et chantages de ses bourreaux, ni le supplice de la baignoire, plusieurs fois renouvelé dans une salle de bain en céramique verte, ne vinrent à bout de sa détermination à ne pas répondre aux questions posées, de son courage à se taire. Les Waffen SS prolongèrent sa détention, se doutant de l'importance de ses fonctions, mais ne réussirent pas à obtenir la moindre information de sa part. »

Clovis Marcou était si épuisé, s'évanouissant à tout moment, que les nazis durent abandonner pendant plusieurs jours leurs abominables séances de questions...

« Il tint bon jusqu'au 21 août, date à laquelle il fut transféré en compagnie d'autres prisonniers par les Allemands en pleine débandade devant l'arrivée des troupes alliées. Mais ils n'allèrent pas loin. Ils furent conduits en effet dans la caserne de Bonne, située de l'autre côté du boulevard. Clovis constata très vite que les sentinelles, qui gardaient les issues, étaient sans cesse remplacées, que la surveillance des Allemands, tout occupés à s'enfuir, se relâchait. Mais, les connaissant, il craignait d'être fusillé avec ses compagnons, au dernier moment. Aussi leur conseilla-t-il de s'évader, en profitant du manque d'attention de l'ennemi. »

Et Clovis Marcou leur donna tout de suite l'exemple, quelques heures seulement après son entrée dans la caserne. Mais écoutons encore son épouse :

« Il sortit par la porte centrale, à la barbe d'une sentinelle épuisée, qui ne pensait sans doute qu'à quitter les lieux, le plus vite possible, et qui ne l'abattit pas d'une rafale de mitraillette quand il s'éloigna, d'un pas tranquille, barbu, torse nu, très amaigri car il n'avait rien mangé depuis longtemps. Un peu plus loin, il se mit à courir, en remontant le boulevard Gambetta, jusqu'au restaurant La Madelon, début du cours Berriat, devant lequel il tomba, évanoui. Transporté sur une banquette de cet établissement, il revint peu à peu à lui. Son corps portait les traces sanguinolentes des tortures subies. Il était couvert d'hématomes.

« Dans l'établissement, on le réconforta, on le soigna, on lui donna de la nourriture. Mais Grenoble n'était pas encore libérée.

Redoutant d'être repris, il préféra finalement repartir, refusant l'hospitalité qu'on lui proposait. Il alla se cacher dans la cave d'un immeuble de la rue Humbert-II. Quand il se réveilla le 22 août au petit matin, il fut immédiatement frappé par le silence qui régnait aux alentours. Il sortit doucement de sa cachette et découvrit avec une joie profonde une ville déserte que les Allemands affolés venaient d'évacuer avec précipitation. La première personne qu'il rencontra fut une de ses connaissances, qui lui annonça l'arrivée imminente des troupes alliées... »

Ceux qui l'ont revu les jours qui suivirent la Libération le trouvèrent évidemment très affaibli, dans un état physique voisin du délabrement. Lui qui était doté d'une robuste constitution ne pesait plus guère, après un terrible internement d'un mois, que trente kilos ! Et, petit à petit, ils apprirent avec étonnement l'important rôle qu'il avait joué dans la Résistance. L'un d'eux confia plus tard à Andrée Marcou : « Tant excellente fut sa réserve et grande sa modestie que nous ne soupçonnions pas du tout sa grande activité clandestine ! »

Mais il ne se reposa guère, l'ancien agent P2. Pour lui, la lutte contre la barbarie nazie n'était pas encore terminée et, bien que toujours chancelant, il se mettait au service de la Patrie.

« Il reprit immédiatement des activités, malgré les conseils de médecins, me dit son épouse. D'abord en qualité d'officier de réserve détaché à la DGER (Direction générale des études et recherches) jusqu'en avril 1945. Ensuite au Centre d'infanterie de Feyzin, comme capitaine instructeur. Puis il fut muté à Grenoble, au Centre d'infanterie n° 3 et détaché à Paris au Centre psychotechnique pour revenir ensuite, en juin 1945, dans une commission itinérante d'examens de formation prémilitaire de la 14e région. »

Mais il ne put récupérer ses forces qui s'étaient étiolées sous l'horrible régime que lui avaient infligé les nazis. Et en juillet 1945 il fut hospitalisé dans l'établissement militaire de Chambéry. Il y resta de nombreux mois. Dans une lettre de septembre 1946, il avouait toute sa détresse : suite aux tortures qu'il avait endurées, il était bien malade. Et il ne touchait plus sa solde depuis mars... Mais, finalement, il put sortir de l'hôpital et fut envoyé à Aix-les-Bains, à l'hôtel Beau Site, en convalescence. Toutefois l'armée, pour lui, c'était fini...

« Il opta ensuite pour une carrière universitaire centrée sur la recherche à l'institut polytechnique et à la faculté des sciences de Grenoble. Devenu docteur ès sciences physiques, il se consacra entièrement à ce qui était devenu sa passion, ne ménageant ni son temps, ni sa peine, ni ses forces. Ses travaux de réputation internationale sur la houle furent interrompus en 1978 par sa mort prématurée, due en grande partie aux horribles sévices subis pendant la guerre... »

Andrée Marcou a toujours conservé une admiration sans bornes pour son mari :

« D'un naturel gai, plein d'humour, il était peu porté à s'épancher dans les souvenirs d'anciens combattants. Il ne chercha pas ainsi à tirer parti de ses mérites pour obtenir des avantages ou des honneurs. Son nom mériterait pourtant aujourd'hui de figurer au musée de la Résistance parmi ceux des étudiants résistants arrêtés et torturés. En tout état de cause, le devoir de mémoire m'imposait de faire revivre le souvenir de celui qu'on appelait aussi Aristide au sein du groupe Reims-Coty. »

Un de ses amis de jeunesse, qui l'avait bien connu, ne put s'empêcher d'écrire à sa veuve, tout de suite après la disparition du héros : « Clovis était rentré dans le rang avec une rare modestie et la même pureté morale et de cœur que celle qui lui avait fait prendre des responsabilités et des risques durant l'Occupation... »

Chapitre IX

Encore des victimes du nazisme

Novembre 1943 a marqué un grand tournant dans l'histoire de la deuxième guerre mondiale dans l'Isère. Des observateurs auraient pu assister à une phénoménale prise de conscience de l'ensemble de la population, ou presque. L'ennemi en avait trop fait. L'insidieuse propagande, les humiliations répétées, les restrictions de plus en plus sévères, les répressions sauvages : les Dauphinois en avaient assez. Plus qu'assez ! Cet ennemi qui étouffait toutes les libertés, qui se conduisait en tyran sanguinaire, qui avait fait des Français des esclaves, il fallait le chasser. Par tous les moyens !

En quelques semaines seulement, les Dauphinois retrouvèrent la flamme altière de leurs ancêtres qui s'étaient jetés à corps perdu dans cette fameuse journée des Tuiles et qui avaient allumé les premiers feux de la Révolution française en 1788. Un grand élan de patriotisme embrasa toutes les couches de la population, qui se sentait bafouée par ses dirigeants officiels rassemblés à Vichy.

Du temps de la « zone libre », ils étaient pourtant nombreux encore à croire que le maréchal Pétain pouvait sauver la France, ne se souvenant guère de l'attitude énergique et courageuse des deux députés de l'Isère qui avaient refusé en 1940 les pleins pouvoirs au vieux, trop vieux militaire, vainqueur de Verdun : Léon Martin, ancien et futur maire de Grenoble, et Lucien Hussel, futur président du conseil général de l'Isère.

Mais ils furent beaucoup moins nombreux, à partir de novembre 1942, quand la zone libre disparut, laissant place dans la région alpine à l'occupation italienne, bien que les soldats transalpins se soient montrés plutôt conciliants : il y avait tant de descendants italiens dans la population de l'agglomération grenobloise !

L'arrivée des Allemands en septembre 1943 constitua un réveil brutal pour ceux qui pouvaient croire encore au régime de Vichy. Le comportement odieux des troupes SS et des miliciens balaya brutalement les dernières illusions.

Alors, pour clamer leur insoumission à l'occupant haï, pour lui hurler au visage leur patriotisme, leur attachement à la France, à ses valeurs, à la liberté, pour lui cracher son mépris, les Dauphinois ont vivement réagi. Partout ! Et la Résistance dauphinoise, constatant que presque toute l'opinion publique avait basculé avec elle, frappa de grands coups, humiliant l'adversaire.

Un adversaire qui, sentant désormais souffler le vent de la défaite — il reculait sur les différents fronts —, voulut, plus que jamais, broyer ces irréductibles Dauphinois qui osaient toujours le défier et l'affronter. Et, telle une bête sauvage et furieuse, il se lança sans hésitation dans une répression féroce, tuant, détruisant, incendiant...

La haine à nos trousses
Et la faim qui nous pousse,
La misère...

(Chant des Partisans)

MALLEVAL, LE PREMIER ORADOUR

Les ruines de Malleval. « Ce fut le premier Oradour » a déclaré Henri Grouès, devenu l'abbé Pierre.

« Malleval, ce fut le premier Oradour ! » : ces mots, c'est l'abbé Pierre qui les prononça lors d'une de ses visites à Grenoble. Ce jour-là, hélas, tiraillé de tous les côtés par les journalistes, les personnes qui le recevaient et le public qui voulait lui serrer la main, il n'a pu m'accorder une interview. Et je n'ai pu discuter que quelques instants seulement avec cet homme exceptionnel que les Français ont classé maintes fois « personnalité de l'année ».

L'abbé Pierre aimait bien venir à Grenoble. C'est dans cette ville qu'il passa ses premières années de prêtrise sous son vrai nom : Henri Grouès. Attaché à la paroisse Notre-Dame, il était déjà très sensible aux détresses et aux misères humaines. Il ne pouvait pas rester sans réaction en constatant combien ses compatriotes souffraient de l'occupation nazie. Très vite, il sut choisir son camp et prit dans la Résistance dauphinoise le pseudonyme d'abbé Pierre, qui lui resta attaché à jamais.

Et l'abbé Pierre, le plus célèbre retraité du diocèse de Grenoble, pouvait parler de Malleval, qu'il connaissait bien. Car il fut — notamment — l'aumônier de ce premier grand camp de maquisards créé par le chef de l'Armée secrète, Albert de Reyniès, et qui rassemblait de nombreux anciens du 6e bataillon de Chasseurs alpins de Grenoble.

Peu de temps avant le drame qui s'abattit sur ce camp, l'abbé Pierre y avait célébré la messe de minuit, une messe très fervente, devant une soixantaine de maquisards, mais aussi, disait-il, « des montagnards venus de partout à ski dans ce coin de France libre ».

Heureusement pour lui, l'abbé Pierre n'était plus à Malleval lors de l'impitoyable attaque allemande, l'effectif du camp ayant été d'ailleurs réduit depuis plusieurs jours.

Mais que s'est-il passé exactement ce 29 janvier 1944 dans ce coin si pittoresque du Vercors ?

« Il faut savoir, me dit un jour le colonel Tanant, que le Vercors était devenu une véritable enclave de liberté. Se sentant en zone d'insécurité, les Allemands y pénétraient peu. Nos maquisards, eux, se sentaient à l'aise. Cela irritait évidemment l'ennemi, qui fit une première tentative pour mettre fin à cet état de fait, le 22 janvier, en pénétrant sous la forme d'une longue colonne motorisée dans le massif. Près de trois cents soldats avaient trouvé place dans une trentaine de camions. Ils étaient précédés par une automitrailleuse et deux canons. C'est ce qu'on a appelé l'attaque des Grands Goulets, qui a fait un mort chez nous, le lieutenant Roure et deux blessés légers. Mais les Allemands sont repartis avec onze morts et de nombreux blessés. Pour se venger, les Allemands incendièrent une partie des maisons du hameau du Rousset. Mais nous nous attendions bien, désormais, à une nouvelle attaque des troupes nazies, vexées et furieuses.

« Le jeudi 27 janvier, j'étais en visite d'inspection au camp de Malleval, en compagnie du capitaine Hirschauer, adjoint du commandant de Reyniès. Nous avons été les derniers à voir ceux qui allaient connaître, deux jours plus tard, l'affreux sort d'un impitoyable encerclement par un ennemi rageur, vingt fois supérieur en nombre, considérablement armé, conduit sans aucun doute possible par d'odieux délateurs. »

Le 29 janvier en effet, le camp était pris dans un étau effroyable, duquel il était bien difficile de sortir...

Paul et Suzanne Silvestre, tous deux agrégés d'histoire, professeurs honoraires et correspondants pour l'Isère du Comité d'histoire de la deuxième guerre mondiale, ont, dans les années 1970, entrepris de nombreuses recherches sur les maquis de la région, publiant en 1978 aux éditions des Quatre Seigneurs un important ouvrage : *Chronique des maquis de l'Isère*. C'est chez cet éditeur, qui nous était alors commun, que j'ai rencontré Paul Silvestre qui avait étudié avec son épouse les moindres détails de ce drame.

« Cette opération sanglante ouvrait l'ère des grandes représailles de la Wehrmacht, disait-il. Rendez-vous compte : en quelques heures, 29 personnes ont été massacrées, 8 civils et maquisards furent brûlés vifs dans les fermes incendiées et, parmi eux, un médecin israélite et sa femme. Sept villageois ont été emmenés, déportés et ne sont jamais revenus. 75 % des habitations et 18 granges devinrent la proie des flammes. Les nazis se sont livrés en plus à de nombreux actes de pillage, enlevant, notamment, 33 vaches. En partant, ils firent sauter l'ancien presbytère où les résistants cachaient leurs armes et les munitions. Ce fut une vision d'enfer, ce jour-là, dans le Vercors. »

Combien de maquisards ont échappé au massacre ? Une vingtaine, parmi lesquels l'aspirant Bulle selon certains de mes interlocuteurs. Même pas une dizaine selon d'autres...

Mais il fut clairement démontré ce jour-là que, contre un ennemi en nombre et puissamment armé, il serait bien difficile de résister longtemps...

RAID DE LA GESTAPO À VIZILLE

« Tous les hommes de 14 à 80 ans doivent immédiatement se rendre au parc du château. Tout homme qui tenterait de se soustraire à cet ordre sera fusillé sur-le-champ. Les vieillards, les femmes et les enfants doivent se tenir sur le pas de leur porte : une perquisition générale va avoir lieu. Si des armes ou du matériel de guerre sont découverts, la maison sera brûlée et ses occupants seront fusillés. »

Ce vendredi 18 février 1944, au petit matin, une voiture munie d'un haut-parleur lançait ce sinistre message dans les rues enneigées de Vizille. Un message qui retentissait lugubrement dans le grand silence blanc. La population de la petite cité dauphinoise vivait dans la terreur depuis la veille au soir...

Tout avait commencé en effet, le jeudi 17 février. Ulcérés par les nombreux sabotages perpétrés dans la région par les groupes francs de Vizille, notamment contre les installations industrielles utilisées par l'occupant dans la vallée de la Romanche, les Allemands, en collaboration étroite avec la milice, avaient décidé de frapper un grand coup et d'anéantir ces « infâmes terroristes » qui contrecarraient trop leurs plans.

« La nuit venait juste de tomber, me raconta Aimé Requet lors d'une de nos nombreuses entrevues, lorsque cinq automobiles entrèrent dans la localité en se suivant. C'était étonnant à cette époque où peu de véhicules circulaient en raison de la grave pénurie de carburants. Mais hélas, c'étaient des voitures de la Gestapo... »

Après un petit moment de silence, il poursuivit son récit :

« Deux voitures s'arrêtèrent devant le domicile de Maurice Guichard, qui était alors le responsable des FTP dans ce secteur. Sans aucun doute il avait été dénoncé par un traître à la solde de l'ennemi. Mais heureusement, il était parti de chez lui la veille... Une troisième voiture se dirigea sans hésitation vers le domicile du jeune Charles Rousset, qui fut arrêté sans ménagement. Les deux derniers véhicules s'arrêtèrent devant le café Salmettoz et leurs occupants, armés de mitraillettes, y effectuèrent une sévère perquisition.

« Dans ce café, un plombier, André Rousset, en train d'effectuer une réparation, fut pris pour son cousin, qu'on venait déjà d'arrêter chez lui, et emmené. Il devait rester dans les locaux de la Gestapo une vingtaine de jours avant d'être libéré. Mais Charles Rousset, lui, ne s'en tira pas comme ça. Il fut fusillé quelques instants seulement après son arrestation... »

Et ce n'était pas fini !

« La voiture qui avait « cueilli » le pauvre Rousset chez lui se dirigea ensuite vers la maison des Bontoux, à la Glacière. Ses occupants étaient bien renseignés, car Mme Bontoux, alias Mme Rose dans la Résistance, et son mari servaient d'agents de liaison aux FTP et hébergeaient depuis quelques jours un lieutenant de ce groupement du nom de Maurice Chauvin... Ce dernier entendit la voiture s'arrêter brusquement. Il jeta un œil par la fenêtre et comprit aussitôt. Sa situation était désespérée, la maison ne possédant pas d'autre issue. Déjà, trois Allemands gravissaient le petit escalier de l'entrée. Il sortit son revolver de sa poche et tira, en tuant un sur le coup, blessant les deux autres. »

« Mais une autre voiture allemande arriva à la rescousse. Chauvin fut abattu à son tour d'une rafale de mitraillette. Puis ce fut le tour du couple qui l'hébergeait... »

C'est dans la terreur que les Vizillois passèrent la nuit, calfeutrés chez eux. Et dès 6 heures du matin, pas moins de 1 500 hommes de la Wehrmacht, les armes menaçantes, encerclaient complètement Vizille.

« Tous les hommes furent donc rassemblés dans le parc, enchaîna Aimé Requet. Et ils durent défiler ensuite, lentement, l'un après l'autre, devant une automitrailleuse, à l'intérieur de laquelle un homme — évidemment un traître — était caché avec mission de reconnaître les résistants. Et des résistants, il y en avait. Ne les reconnut-il pas ? Eut-il alors conscience de ce qu'il faisait ? Toujours est-il qu'il ne désigna personne puisqu'aucun homme ne fut sur-le-champ écarté des autres... »

« Mais cela n'empêcha nullement les Allemands, furieux, d'arrêter dix-sept Vizillois, qui furent déportés. Dix d'entre eux ne revinrent jamais des terribles camps. Et, avant de partir, l'ennemi mit le feu aux maisons des Bontoux, Perrin et Marcel Guichard à Vizille, et à celle d'Élie Berthet au Péage-de-Vizille. Ce jour-là encore, un jeune du mouvement Combat, M. Loubet, fut blessé alors qu'il tentait d'esquiver un contrôle... »

Vizille a payé, très cher, son engagement patriotique pour chasser l'adversaire barbare. Mais cela n'empêcha pas ses résistants de continuer à livrer leur combat pour la liberté, davantage aidés encore par la population meurtrie mais résolue.

MARCEL PERETTO, LA SENTINELLE DU VERCORS

La France manquait un peu de tout en ce triste printemps 1944. La viande et les légumes faisaient cruellement défaut ; pain et lait étaient très sévèrement contingentés, comme le beurre et les matières grasses, d'ailleurs. Le charbon, le pétrole et l'essence étaient distribués avec une parcimonie extrême. Les bonnes chaussures, les vêtements confortables, les pneus avaient déserté depuis longtemps les rayons des commerçants...

La circulation routière était très réduite, à la fois parce qu'il n'y avait plus guère de carburant et parce qu'il n'y avait plus grand-chose à transporter. Et, pour se rendre à leur lieu de travail, les ouvriers devenaient piétons ou n'utilisaient guère que la bicyclette, qu'ils surveillaient de très près, car elle était de plus en plus convoitée et faisait l'objet de nombreux vols.

Les Allemands, en revanche, ne connaissaient pas la crise de l'essence et se déplaçaient beaucoup. Des déplacements qui, surtout quand il s'agissait de camions transportant des soldats, étaient épiés par la Résistance...

Et c'est ainsi que, le mercredi 3 mai 1944, Marcel Peretto faisait le guet en bordure de la route qui mène à Villard-de-Lans, dissimulé derrière un rocher, à un point stratégique des côtes de Sassenage, non loin de la sortie des gorges du Furon. Aucun véhicule ne pouvait échapper à sa vigilance : la vue était superbement dégagée à cet endroit.

« Depuis quelque temps déjà, Marcel Peretto s'était vu confier la responsabilité de ce poste d'observation, me précisa Émile Farsat. Grâce à cette sentinelle, tout véhicule de police allemande, de SS, de miliciens ou de police française s'engageant sur la route venant de la vallée pour prendre la direction du Vercors, était immédiatement signalé à l'état-major de la Résistance, qui prenait aussitôt les mesures qui s'imposaient. Ce poste d'observation était très précieux, l'ennemi multipliant ses incursions sur le « plateau », qu'il savait parsemé de « terroristes ». En effet, là-haut, les maquis s'étoffaient toujours, et les jeunes étaient de plus en plus nombreux à venir grossir leurs rangs, refusant de partir en Allemagne avec le STO. »

Un grain de sable allait se glisser ce 3 mai dans ce dispositif bien réglé. Un gros grain de sable...

« Brusquement, des armes crachèrent le feu, dans des circonstances que l'on ne connaît pas exactement, reconnaissait Émile Farsat. Marcel Peretto, pourtant très vigilant, avait été surpris. Sans doute faut-il voir à l'origine de cette intervention l'œuvre d'un traître. Toujours est-il qu'il s'écroula, sans vie... »

Le résistant était né à Montrichet, en Savoie, en 1906. Commerçant de son état, il aimait se retrouver entre amis et, à ses heures de loisirs, il disputait volontiers de longues parties de boules. Épris de liberté, il se rangea vite parmi ceux qui luttèrent contre l'envahisseur et le gouvernement de Vichy.

Ardent patriote, il prit le surnom de Chicago dans la Résistance et, au côté de son ami Henri Tarze, dit Bob, il devint membre des groupes francs et accomplit à ce titre maints exploits.

Henri Tarze tomba les armes à la main avant lui, avec Jean Bocq, dit Jimmy, le 26 mars 1944 à Saint-Nizier-du-Moucherotte, quelques jours seulement après la mort héroïque à Fontaine de leur chef Paul Vallier.

« C'est parce qu'il se sentait « grillé » à Grenoble que Peretto se réfugia dans le Vercors, se mettant au service de la Résistance, m'apprendra encore Émile Farsat. On lui confia donc la responsabilité d'un poste de guet qui venait d'être créé aux côtes de Sassenage, pour surveiller les déplacements de l'ennemi. »

C'est à ce poste qu'il poussa donc son dernier soupir. Aux portes du Vercors...

À quelque douze semaines d'intervalle, tout près de là, sur les bords du Furon, qui glisse de cascade en cascade dans les gorges, un autre grand résistant, Jean Prévost, et son petit groupe, allaient eux aussi être fauchés par les Allemands, exaspérés des exploits héroïques de la Résistance dauphinoise.

LOUIS REVERDY, MAIRE ET RÉSISTANT

Un autre homme a joué un rôle capital dans les communications entre Grenoble, les vallées, et le plateau du Vercors, renseignant remarquablement les maquis, servant en même temps de base avancée à la Résistance du Vercors. C'est Louis Reverdy qui était maire de Sassenage, la commune qui contrôle l'entrée principale du massif.

Habitant cette localité depuis un demi-siècle, j'ai évidemment recueilli bien des témoignages sur Louis Reverdy.

« C'était un homme droit, travailleur, fidèle en amitié, m'ont dit les uns.

— Ce fut un gars précieux pour la Résistance. Il en a rendu, des services ! », me déclarèrent les autres.

Et d'autres encore soulignèrent :

« Toujours à l'écoute de ses administrés, il faisait le maximum pour qu'ils ne souffrent pas trop de l'occupation allemande. Il les protégeait dans la mesure de ses moyens. Jamais on ne faisait appel à ses services en vain. »

Mais c'est évidemment son fils, prénommé également Louis, mais surnommé Coco afin qu'on ne puisse le confondre avec son père, qui m'a apporté le plus de renseignements sur ce grand patriote.

Louis Reverdy était né en novembre 1883. Il participa brillamment à la première guerre mondiale : il en revint avec plusieurs citations. Tout d'abord employé de l'usine électrique d'Engins, il devint ensuite gantier et tint en même temps, avec son épouse Gabrielle, le café du Commerce de la place des Cuves, aujourd'hui place Louis-Reverdy. Fréquemment il livrait son travail aux ganteries grenobloises, nombreuses à l'époque, qui employaient beaucoup de travailleurs à domicile, comme lui.

Aimant se mettre au service des autres, il fut élu tout naturellement conseiller municipal en 1925, puis maire de Sassenage en 1936. Et, quand la deuxième guerre mondiale éclata, il n'hésita pas un seul instant à faire partie des premiers résistants.

« Mon père devint le responsable de la « garde » de Sassenage, directement sous les ordres d'Eugène Chavant, chef civil du Vercors, me confia son fils. Il ravitaillait, hébergeait, conduisait même parfois ceux qui montaient dans le Vercors. Plusieurs chambres leur étaient d'ailleurs réservées dans son petit établissement. Avec les autres résistants, il avait mis au point un système d'alarme qui fonctionnait entre l'usine électrique de Sassenage et celle d'Engins. C'étaient des signaux codés avec des lampes... Chaque fois que les Italiens puis les Allemands prenaient la direction du Vercors en passant par Sassenage, les résistants du massif étaient ainsi avertis. »

Évoquant son père, « Coco » Reverdy était toujours ému...

« C'est lui qui délivrait le mot de reconnaissance, qui changeait chaque semaine, et qui permettait aux autres résistants de prendre contact avec les maquisards en place dans le Vercors. »

Dans un discours qu'il prononça à l'occasion du premier anniversaire de l'arrestation de Louis Reverdy, son successeur à la mairie, Gaston Morin, qui l'avait bien connu, lui rendit un solennel hommage :

« M. Reverdy était maire pendant cette terrible période de l'Occupation ; tâche très lourde et très délicate pour un grand patriote, mais grâce à sa volonté et à son courage, il a toujours fait en sorte de tromper l'occupant, de saboter ses directives et celles de Vichy. Tout cela, au mépris de ce qu'il risquait et pour servir ses concitoyens. Il était l'âme de la Résistance dans sa commune qui était, en quelque sorte, un poste avancé du maquis du Vercors.

« Cette magnifique Résistance, qui a prouvé au monde que les Français n'étaient pas vaincus, a tant aidé la Libération ! Il avait foi en la victoire, à laquelle il n'a cessé de croire, à laquelle il n'a cessé de donner. Son attitude calme et ferme a certainement préservé notre commune du pillage et de la destruction et doit rester pour nous une leçon de courage et de patriotisme. Je le revois encore le jour de son arrestation, impassible et froid, alors qu'il pouvait se douter de son sort... »

Mais dans quelles circonstances s'est-elle déroulée, son arrestation ? Cette question, je l'ai bien sûr posée à son fils...

« C'était le vendredi 16 juin 1944. Ça bardait, là-haut, sur le plateau. Et dans l'agglomération grenobloise, la Gestapo et la milice se livraient à des exactions odieuses. Ce jour-là, elles tombèrent sur mon père, chez lui. Il ne put rien faire : ils étaient trop nombreux. Ils l'arrêtèrent et le firent monter dans un camion, sans aucun ménagement. Un camion qui prit la direction d'Engins. L'ennemi espérait sans doute lui faire dire où se cachaient les résistants. Mais c'était méconnaître la force de caractère de mon père. À mi-parcours à l'entrée du tunnel qui disparut en 1967 pour élargir la route, les Allemands le firent descendre et l'obligèrent à avancer seul, devant eux, dans ce tunnel, dans l'espoir que les maquisards tireraient sur lui et se dévoileraient en même temps... »

« Le maire d'Engins, M. Coynel, témoin, a essayé d'intervenir en faveur de son collègue de Sassenage. En vain. Et mon père dut remonter dans le camion qui fit demi-tour, passant devant moi à Sassenage. C'est la dernière fois que je le revis. Il quittait Sassenage pour toujours... »

Louis Reverdy fut emmené dans les sinistres locaux de la Gestapo à Grenoble, subissant sans doute d'horribles tortures, qui l'affaiblirent beaucoup. Il y resta huit jours, puis fut transféré à la prison de Montluc à Lyon où, là aussi, il résista héroïquement aux interrogatoires et aux sévices innommables.

Et c'est un homme complètement épuisé par tant de souffrances qui fut mis le 2 juillet 1944 dans le « train de la mort » en direction de Dachau, un homme tellement épuisé qu'il décéda dans le train, comme en témoigna plus tard M. Maire, qui tenait un café à Grenoble, cours Berriat, et qui se trouvait dans le même train, mais qui eut la chance, lui, de revenir de l'enfer.

« Mon père a dû se sentir aussi torturé moralement, me signala encore « Coco » Reverdy. Les nazis lui avaient annoncé qu'ils allaient brûler tout Sassenage. Et il ne sut jamais s'ils avaient mis cette terrible menace à exécution... »

ANDRÉ SIBELLAS, CHEF DU MOUVEMENT LIBÉRATION

« Je fus arrêté avec mon père le 25 juin 1944 à notre domicile de Grenoble, par une vingtaine de Waffen SS français en civil, et conduit au siège de la Gestapo boulevard Maréchal-Pétain. De 21 h 30 à 22 h 30, j'ai été insulté, frappé à coups de poings et coups de pieds, interrogé, séparé de mon père. Possédant de faux papiers de maladie (tuberculose), j'ai déclaré ignorer complètement tout

André Sibellas, alias Ric, capitaine F.F.I., chef du mouvement Libération de Grenoble.

ce qu'ils me demandaient, n'étant à Grenoble que pour quelques jours pendant mes congés de maladie. »

Ces lignes, c'est Maurice Sibellas, qui les a écrites, dans une petite brochure éditée en 1970 et intitulée *Résistants en Dauphiné*. Avec émotion, il racontait la fin tragique de son père, André Sibellas, alias Ric, chef du mouvement Libération à Grenoble, capitaine des FFI.

C'est Émile Farsat, lors d'une de nos nombreuses entrevues, qui m'avait donné cette brochure, tirée à peu d'exemplaires hélas et à laquelle il collaborait :

« Vous lirez dans ce numéro un article remarquable sur André Sibellas, me dit-il. Il fut, lui aussi, comme tant d'autres, victime du nazisme peu de temps avant la Libération. Je l'ai bien connu et estimé. C'était un patriote exemplaire, courageux, inébranlable. »

Maurice Sibellas poursuivait ainsi son récit :

« Continuant à être frappé, j'ai fait mine de me sentir très malade. Poussé brutalement dans l'escalier, je fus jeté dans la cellule numéro 18. Il devait être 23 h 30 environ, quand mon père fut emmené dans la même cellule. Je l'ai à peine reconnu, tant il avait reçu de coups. Il n'a pu prononcer que quelques mots : « Je n'ai rien dit », puis il a tremblé et soupiré toute la nuit. Il m'était impossible de le toucher sans qu'il poussât un cri. Ce n'est que le lendemain que nous avons pu causer. »

Et Ric, qui avait joué un grand rôle dans l'organisation de la Résistance des secteurs de Domène, Goncelin, Saint-Etienne-de-Saint-Geoirs et Saint-Geoire-en-Valdaine, chez qui se déroulèrent les premières réunions d'état-major et où étaient imprimés clandestinement une partie des journaux *Libération*, put décrire à son fils les abominables tortures qu'il avait subies.

« Six de ces brutes le frappèrent tour à tour, racontait Maurice Sibellas. On lui a d'abord mis les menottes, fait quitter ses chaussures, et deux Waffens chaussés de souliers cloutés sautaient chacun à leur tour sur ses pieds. Puis d'autres lui frappaient les mains avec une barre métallique, lui occasionnant de profondes blessures. Après l'avoir déshabillé, ils lui passèrent une barre entre les genoux et les bras (toujours avec les menottes) et le placèrent sur la baignoire, supplice qui le fit atrocement souffrir. La tête dans l'eau, il était frappé sur les reins ; relevé, il recevait un jet d'eau puissant et glacé dans le nez, les yeux, les oreilles. Puis frappé sur la tête avec un gros bâton terminé par du plomb. »

Maurice Sibellas continuait ainsi son hallucinant récit :

« Le lendemain, mon père souffrait toujours atrocement et était noir de coups, de la tête aux pieds, d'autant plus qu'étant blessé de 1914 il avait les pieds estropiés et craignait les rhumatismes. »

Quelques jours plus tard, le père et le fils étaient transférés, brutalement, tout près de là, à la caserne de Bonne, et incarcérés dans une cellule où il y avait déjà huit détenus, qui avaient été bien malmenés eux aussi. C'est là que Maurice passa ses derniers moments avec son père.

« Le 4 juillet, poursuivait-il, j'ai été transféré à l'hôtel Terminus[1] et conduit auprès de Kirsch, du STO, qui m'annonça que j'allais partir comme travailleur libre en Allemagne. Après avoir lu mon

---

1. *L'hôtel Terminus, place de la gare à Grenoble, avait été réquisitionné par le gouvernement de Vichy, pour y installer, notamment, les services du Travail obligatoire et de la Propagande.*

papier de maladie, il décida de me mettre pour huit jours à la caserne Bizanet et me dit que je pourrais m'en aller, passé ce délai. Soutenu par un docteur sympathisant, j'ai pu reparaître deux jours après mon arrivée à Bizanet devant Kirsch, qui me fit signe de m'en aller tout simplement. »

Le jeune homme ne se fit pas prier : il s'empressa de franchir la porte et quitta vite Grenoble, se doutant bien que les SS allaient rapidement se mettre à sa recherche quand ils apprendraient sa libération inespérée.

C'est à la fin du mois de juillet qu'il apprit que son père avait été emmené au fort Montluc à Lyon, le 7 juillet, puis fusillé à Genas, le 12 juillet 1944, avec vingt et un autres patriotes...

L'ODIEUX MASSACRE DU COURS BERRIAT

Juillet, août 1944... Il ne se passait guère un jour, maintenant, sans que les nazis, Allemands ou Français, ne commettent d'odieuses exactions. Tels des bêtes sauvages acculées et affamées.

« Les Grenoblois vivaient dans la terreur », se souvenait bien « Mimi » Della-Vecchia, que j'ai rencontrée à plusieurs reprises dans les années 1980-1990, et qui, depuis, a quitté ce monde qu'elle a servi admirablement. « Ce fut une époque très dure pour eux. Ils savaient bien maintenant que l'ennemi allait enfin être vaincu par les forces alliées, aidées par la Résistance qui le combattait vaillamment de l'intérieur. Mais quand ? Se sentant perdu, cet occupant cruel n'allait-il pas mettre tout le Dauphiné à feu et à sang ? »

Mimi était entrée dans la Résistance dans les premiers mois de 1942, dans les rangs du mouvement Libération, mettant à la disposition de ses dirigeants son appartement de la rue du Taillefer à Grenoble, accueillant ainsi de nombreuses réunions. En même temps, elle participait à la rédaction et à l'impression du journal *Libération* et de nombreux tracts qu'elle distribuait ensuite. En plus, elle se livrait avec témérité aux transports d'armes et de munitions...

Mimi Della-Vecchia accueillit aussi dans son appartement des membres du groupe Combat, et en particulier ceux qui allaient former le groupe franc de Paul Vallier.

Plus tard, elle milita beaucoup, avec énergie et foi, dans le monde des anciens combattants, devenant le porte-drapeau de l'Amicale des anciens de Combat, participant aux activités de la FNDIRP, puis à celles de Résistance unie, dont elle fut pendant de nombreuses années secrétaire adjointe, puis secrétaire générale. À plusieurs reprises elle m'aida dans mes recherches, me présentant aussi d'anciens résistants pour m'apporter leur témoignage.

« Une des journées les plus pénibles pour les Grenoblois et pour les habitants du Vercors, me dit-elle un jour, ce fut sans aucun doute celle du lundi 14 août 1944. Une horreur... »

☆
☆ ☆

Il était environ 11 heures, ce jour-là. Mme Rose Sirvin marchait tranquillement, revenant de faire ses courses, et s'apprêtait à rentrer dans le petit bar qu'elle tenait, au numéro 153 du cours Berriat. Soudain, deux hommes armés surgirent devant elle et tirèrent à bout portant sur deux soldats allemands qui passaient par là. Ils s'écroulèrent, morts. Les deux hommes s'enfuirent à toute vitesse. Affolée, Mme Sirvin se précipita dans son établissement, fermant les rideaux, tremblante de peur, redoutant des représailles de la part de l'ennemi sanguinaire.

Hélas, ses craintes étaient bien fondées...

Peu de temps après, policiers allemands et miliciens, commandés par le féroce Esclache, qui était vomi par la population grenobloise, arrivèrent sur les lieux, fouillèrent brutalement l'immeuble devant lequel deux des leurs avaient été abattus, firent descendre sans ménagement tous les habitants sur le trottoir et les alignèrent contre le mur, les armes pointées sur eux. Ils furent étonnés de l'absence d'hommes. Vérifications faites, ils étaient tous à leur travail, à l'extérieur. Les femmes et les enfants furent interrogés. Ils n'avaient rien vu. Ils ne savaient rien. Au bout d'une demi-heure qui leur parut une éternité, ils furent relâchés. Ouf ! le soulagement...

« J'ai cru qu'on allait tous nous fusiller, confia plus tard une mère de famille à la tenancière du café. C'était épouvantable ! »

Peut-être les nazis ont-ils pensé un moment le faire. Mais ils avaient mieux encore...

Sur les lieux mêmes de l'attentat, une scène horrible, une scène de cauchemar, allait se dérouler le même jour, vers 17 heures. Des camions ennemis s'arrêtèrent au niveau du 153 cours Berriat. Des ordres fusèrent. Sèchement. Des vociférations. Des cris de douleur. Comme d'autres habitants du quartier, Mme Sirvin mit le nez à la fenêtre. Prudemment, on ne sait jamais... Des passants, également, lancèrent un regard furtif à la scène, mais se pressèrent de déguerpir.

D'un camion, des soldats allemands faisaient descendre des hommes, la plupart très jeunes. À coups de pieds et de crosses...

Les quatre premiers furent poussés du côté de l'usine Bouchayer et Viallet. Un Allemand leva sa mitraillette, tira plusieurs rafales dans leur direction. Un autre les acheva avec son revolver.

En quelques instants, dans une horreur indescriptible, devant des témoins bouleversés, tous les hommes du camion allaient ainsi être exécutés comme des bêtes, tombant les uns sur les autres, éclaboussant le sol de leur sang.

Le lendemain, les quotidiens grenoblois publiaient un « communiqué du préfet » (... qui avait été abattu par la Résistance, le 1er août !) dans lequel on pouvait lire : « Le 14 août à 11 heures 50, pendant une alerte, deux soldats allemands ont été tués cours Berriat. Les autorités allemandes ont répondu immédiatement par des contre-mesures très sévères. Elles me prient de prévenir la population que des mesures au moins aussi sévères seraient prises en cas d'atteinte nouvelle à la sécurité de leurs troupes. »

Mais qui étaient ces hommes, lâchement et odieusement assassinés par l'ennemi haï ? Ce n'est que petit à petit que les Dauphinois apprirent leur identité. Ils avaient tous été arrêtés les jours précédents dans le Vercors, à Villard-de-Lans, Méaudre et Autrans, les uns étant des résistants, les autres de simples otages. Leurs noms : Jacques Alberto, Joseph Arnaud, Henri Arribert, Paul Belle, Henri Berthoin, Robert Bonnet, Alfred Bonnet-Ballon, Louis Brenaud, Marcel Chabert, Henri Gaillard, Jean Girard-Blanc, Émile Guillaud, Gérard Magat, Roger Mondel, Marius Reppelin, Pierre Rochas, Marcel Ronza-Pascal, Henri Salliquet, Paul Salvi, Giovanni Varoni.

Après la Libération, le 5 décembre 1944 exactement, le conseil municipal de Grenoble décida de donner à ce terrain, où vingt Dauphinois avaient été froidement exécutés, le nom de square des Fusillés. Un peu plus tard, un monument fut érigé à l'emplacement même du massacre, comportant la liste des martyrs et un médaillon dans lequel est gravée cette phrase : « Ce bronze protège l'urne renfermant la terre rougie de leur sang. »

LES FRÈRES HUILLIER, TRANSPORTEURS HÉROÏQUES

En cette nuit du 20 au 21 août 1944, une belle nuit d'été, Grenoble semblait vidée de ses habitants. Personne ne circulait. Pas même un piéton. Plus que jamais, un couvre-feu très strict était

Victor Huillier, sur le plateau du Vercors qu'il aimait tant. Il tient dans ses bras un de ses enfants. Avec ses frères, il fut un élément important du maquis du Vercors.

impérieusement imposé par un ennemi énervé qui, sentant souffler sur lui le vent de la défaite, devenait impitoyable, ignoble. Personne n'aurait osé braver l'interdiction de sortir de chez soi : l'horrible massacre récent du cours Berriat, vision de cauchemar, hantait toute la population et faisait redouter le pire... Même les rares titulaires de laissez-passer en bonne et due forme, comme les médecins, hésitaient beaucoup à se montrer sur les trottoirs. De temps en temps, le bruit cadencé des bottes des patrouilles allemandes venait troubler le grand silence nocturne...

Ce silence sera pourtant brusquement déchiré en pleine nuit, place de Philippeville. Des portières de voitures claquèrent brusquement, comme des coups de feu. Des ordres brefs fusèrent, hachés, hurlés. Paul Huillier, qui dormait dans une chambre située au-dessus des bureaux de son entreprise, n'eut pas le temps de s'échapper. Des hommes redoutablement armés étaient déjà sur lui, menaçants. Il dut les suivre immédiatement sans discussion, sans explication. Mais le transporteur bien connu avait vite compris la situation. Et il savait qu'il ne s'en sortirait pas. Il était perdu...

Il fut jeté dans une automobile qui démarra sèchement, prenant sans doute la direction du siège de la Gestapo. S'il arrivait à destination, c'en était fini de lui. Alors, profitant d'un virage, la voiture ralentissant, il tenta le tout pour le tout. En une fraction de seconde — à 35 ans, il avait encore des réactions très rapides — il ouvrit brusquement la portière, s'éjecta dehors, et prit ses jambes à son cou.

Mais ceux qui l'avaient arrêté, eux aussi, étaient lestes et prompts. Ils s'élancèrent à sa poursuite, le rattrapèrent et l'abattirent froidement, devant le bureau de tabac de la Grand-Rue. À quelques jours seulement de la Libération, un grand résistant, sans doute dénoncé par un traître, venait de rejoindre la très longue liste des héros qui avaient payé de leur vie le prix de notre liberté.

« Entrepreneur de transport établi à Villard-de-Lans, Paul Huillier était aussi bien estimé à Grenoble que sur le plateau, me déclara un jour Émile Farsat. Il devint rapidement pendant l'Occupation un des plus ardents résistants du Vercors, rendant d'autre part d'innombrables et précieux services aux organisations de Résistance. Il est vrai que, se déplaçant quotidiennement pour assurer les lignes régulières, les autocars des quatre frères Huillier constituaient un moyen de communication idéal pour les combattants de l'ombre. Ils transportaient fréquemment pour eux, clandestinement, du ravitaillement, du courrier, des instructions, des armes. »

Il est bien vrai que toute la famille Huillier s'était levée et mobilisée vaillamment contre l'impitoyable ennemi qui écrasait toute liberté, qui saignait le pays, imposant des contraintes de plus en plus lourdes, de plus en plus inacceptables.

Le colonel Pierre Tanant tenait à le souligner, haut et fort :

« En 1942, au moment de l'organisation de la Résistance dans le Vercors, la famille Huillier de Villard-de-Lans s'est engagée à fond dans l'action clandestine sous toutes ses formes. Victor Huillier, PDG d'une entreprise de transport familiale dans laquelle ses trois frères Paul, Émile et Georges travaillaient également, entraîna les siens avec lui. Ils avaient tous le même idéal : débarrasser la France de l'envahisseur. Ils furent des résistants de première heure. L'entreprise, hommes et matériel, s'est consacrée sans compter à toutes les missions que lui ont ordonnées les responsables de la Résistance : transports de matériels (armes et munitions, équipement et ravitaillement divers), transports de personnels clandestins rejoignant les camps du maquis. »

Et Pierre Tanant tenait aussi à souligner le rôle important joué par le fils aîné de Victor, Daniel Huillier, alors qu'il était à peine âgé de quinze ans :

« Il s'est engagé à côté de son père pour effectuer de nombreuses actions dangereuses : liaisons diverses, ravitaillement, recueils et transports de parachutage, transports d'équipements, d'armes et de munitions. Il l'a fait malgré les menaces qui pesaient de plus en plus sur sa famille de la part de la Gestapo. Le jeune

Huillier, pour chacune des actions auxquelles il a participé, a toujours montré un sang-froid et un courage parfois téméraire et exemplaire, mais toujours en tout point dignes de son père qui fut un des plus grands résistants du Dauphiné. Il a su malgré son jeune âge s'engager à fond dans la Résistance à la reconquête des libertés perdues... »

Daniel Huillier est aujourd'hui président des Pionniers du Vercors et président de Résistance unie de l'Isère. Et c'est avec beaucoup d'émotion qu'il évoque son père et ses oncles, héros du Vercors, la création du premier maquis de France, à Ambel, dans une ferme dont son père s'était rendu co-propriétaire début 1941. Il en a des choses à dire sur la vie dans ce maquis, sur les actions répétées contre l'ennemi, sur l'arrestation de son père, emmené en Italie et libéré en septembre 1943 après que le maréchal Pietro Badoglio eut demandé l'armistice aux Américains ; sur l'arrestation de son oncle Georges après la bataille de Saint-Nizier : il fut expédié à Compiègne, puis entassé dans le convoi de la mort en direction des camps d'extermination. Un convoi qui hélas mérite bien le surnom qu'on lui a attribué par la suite : 1 600 hommes au départ... 600 seulement à l'arrivée ! Georges fit partie des malheureux qui poussèrent leur dernier soupir au cours de l'abominable voyage...

Et Daniel Huillier se souviendra toujours d'une mission qu'il accomplit à Grenoble en août 1944 pour la Résistance. Il fut le témoin de scènes atroces. Écoutons-le :

« Le 14 août, en début d'après-midi, alors que j'allais rendre visite à mes grands-parents, 23 Grand-Rue, j'aperçus devant l'usine Bouchayer des hommes allongés qui venaient d'être fusillés. Je déguerpis rapidement. Ce n'est que plus tard que j'appris que, parmi ces fusillés, se trouvaient un de mes cousins et tous mes amis de Villard... En attendant de rejoindre mon père avec lequel j'avais rendez-vous le 22 août, à midi, à l'usine électrique d'Engins, je logeais chez mes grands-parents. Dans la nuit du 20 au 21 août, vers une heure du matin, j'ai été réveillé par la détonation d'une arme. Je me suis levé précipitamment et, jetant un regard à la fenêtre, je vis des hommes poursuivre un fugitif qui se tenait la tête. Sa course éperdue ne lui permit malheureusement pas d'échapper à trois ou peut-être quatre rafales de mitraillettes, tirées par des Waffens SS français. L'homme tomba, presque sous mes yeux, allongé sur le dos, son visage éclairé par un lumignon de la Défense passive. Je crus reconnaître mon père tout d'abord. Mais il s'agissait de mon oncle Paul. Mon grand-père m'empêcha de descendre : « Il est trop tard, dit-il. Son sort est scellé. » Et je me suis mis à pleurer... »

Eugène Chavant, compagnon de la Libération, qui fonda dès 1944 l'Association nationale des pionniers et combattants volontaires du Vercors, avait pris la parole aux obsèques de Victor

Huillier, le 7 mai 1961, pour rendre un hommage particulier à son compagnon de lutte et à sa famille : « Victor Huillier était un grand patriote. Il aimait ce beau et noble pays de France avec son passé chargé de gloire et de sacrifices, avec ses sites radieux dont le Vercors est particulièrement comblé, les richesses naturelles de son sol, cette culture bien française qui fait notre orgueil et l'envie de toutes les nations du monde. Mais il était aussi épris de liberté, cette liberté conquise de haute lutte par nos aïeux, qui avaient versé leur sang pour elle, et dont il connaissait la valeur. »

Après avoir retracé les nombreux services rendus par les frères Huillier et leur entreprise, il ajouta : « À la mobilisation du Vercors, le 6 juin 1944, Victor mit spontanément tout son matériel et ses garages, qui nous avaient déjà grandement servi, à la disposition de l'armée du Vercors. Pendant toute la période des combats, notre ami Victor, en qualité de chef des transports, se fit particulièrement remarquer par sa grande audace, donnant le plus souvent à ses hommes un brillant exemple du mépris du danger. Il assura continuellement et régulièrement le ravitaillement et le transport des troupes dans des circonstances le plus souvent extrêmement difficiles. Après une lutte héroïque où les combattants du Vercors luttèrent à cent contre mille, nous fûmes obligés de succomber. Il fut un des derniers à abandonner Saint-Martin-en-Vercors pour se replier dans les bois du Paradis, qu'il quittera sur ordre pour se rendre à Grenoble, au moment de la libération de la ville.

« Tout ce que possédait l'entreprise Huillier fut détruit, ses cars, ses garages, ses camions, une partie de ses immeubles (...). Dans cette famille si durement éprouvée, pas un geste, pas un acte, pas une décision ne furent pris qui soient contraires aux règles absolues de l'honneur... »

Quant à Paul Dreyfus, auteur d'un magnifique livre sur le Vercors, évoquant le rôle joué par l'entreprise de transports de Villard-de-Lans, il ne craint pas d'écrire : « Au fil des mois, ils (les autocars) se transforment en véritable train des équipages du maquis. »

Qu'il me soit permis d'ajouter : un train, dont les frères Huillier étaient la locomotive.

Chapitre X

Pour que vive la France !

Quand, dans la soirée du 5 juin 1944, la BBC lança le message codé « Le chamois des Alpes bondit », tous les cœurs des résistants battirent à l'unisson. C'était enfin le signal de l'insurrection. Un signal que les maquisards, civils et militaires, attendaient fiévreusement depuis quelque temps. Une insurrection dont la proclamation allait coïncider habilement avec le débarquement des troupes alliées en Normandie...

Dans le Vercors, véritable citadelle de la Résistance, la mobilisation fut décrétée immédiatement. Dès le 10 juin, le massif était entièrement verrouillé par un effectif de plusieurs milliers de combattants, rassemblés sous les ordres du colonel Huet, dit Hervieux : le Vercors se considérait alors en guerre, aux côtés des forces alliées, et attendait anxieusement les renforts en hommes et en armes, promis par Alger, qui devaient être parachutés.

Et, partout dans l'Isère, les Francs-tireurs et partisans français allaient saboter plus que jamais les voies ferrées utilisées par les Allemands pour le transport de leurs troupes et de leur matériel (5, 8, 10, 15 juin notamment). Ils attaqueront un transport allemand près de La Mure le 21 juin, détruiront des véhicules allemands dans un garage de Grenoble le 25 juin, saboteront les lignes téléphoniques Grenoble-La Mure le 27 juin, faisant aussi, le même jour, dérailler un train de marchandises à Lus-la-Croix-Haute, attaquant une patrouille allemande à Corps, exécutant un membre de la Gestapo à La Mure, détruisant le 29 juin du matériel de fabrication et des wagons chargés de carbure de calcium à Gavet, menant cinq actions de front le 30 juin : attaque de miliciens à La Placette, sabotage d'un pont de chemin de fer de la ligne Chambéry-Saint-André-le-Gaz, exécution d'un agent de la Gestapo à Grenoble, d'un autre à Allevard, attaque des GMR à Charnècles...

De leur côté, les groupes francs ne chômèrent pas non plus, participant à d'innombrables embuscades tendues à l'ennemi dans le Grésivaudan, accrochant et éliminant des Allemands le 9 juin au Versoud, à Jarrie, à Voreppe ; attaquant la gare de Rives le 12 juin, coupant la voie ferrée de Chambéry le 14 juin à Domène, faisant une hécatombe parmi les Allemands le 17 juin à La Frette, accrochant encore un groupe ennemi le 19 juin à Meylan, attaquant une nouvelle fois la gare stratégique de Rives le 21 juin, coupant toutes les lignes de haute tension de Burcin le 26 juin...

Partout, les Allemands, harcelés, ne se sentaient plus en sécurité. Tous ces actes de guérilla les immobilisaient sur place, entravaient tous leurs projets. Ils fulminaient...

Retenus dans la région grenobloise par ces « immondes terroristes », ils ne pouvaient prêter main-forte à leurs compatriotes qui tentaient en vain de repousser les forces alliées débarquées sur les côtes de Normandie. Alors, ils mirent tout en œuvre pour écraser, une bonne fois pour toutes, cette Résistance insupportable, redoutable.

Et de nombreux Dauphinois allaient être massacrés...

Ohé, les tueurs,
À la balle et au couteau
Tuez vite !
Ohé, saboteur,
Attention à ton fardeau,
Dynamite !

(Chant des Partisans)

LA BATAILLE DE SAINT-NIZIER

Quand le 9 juin 1944 les Grenoblois virent joyeusement flotter au-dessus de Saint-Nizier-du-Moucherotte un immense drapeau tricolore, leur cœur bondit d'allégresse, leur gorge se noua d'émotion. Plus personne ne pouvait douter alors que la grande bataille finale pour la Liberté était bel et bien commencée.

Depuis le 6 juin, jour du débarquement, ils pouvaient entendre régulièrement sur la BBC un message sans équivoque :

« Français, vous êtes tous mobilisés. Obéissez aux ordres de votre Gouvernement. Que chacun réponde à l'appel de la nation au service de laquelle toutes les Françaises et tous les Français sont déjà aujourd'hui mobilisés. »

Et les Grenoblois pouvaient lire ce tract, très largement diffusé : « Appel au peuple dauphinois : en avant vers le combat libérateur, pour que vive la France ! »

Ce 9 juin 1944, le grand drapeau tricolore déployé à l'entrée du Vercors annonçait une sorte de mobilisation générale sur le plateau. Et, dès le 10 juin, tout le massif était entièrement verrouillé par un important effectif composé de militaires et de nombreux civils.

Mais combien d'hommes étaient-ils ainsi mobilisés ? De 5 000 à 6 000 hommes, d'après un rapport de Zeller[1]. Plus proche de la vérité sans doute, Huet avançait le nombre de 4 000, dont 2 000 armés, 1 000 partiellement armés et 1 000 non armés. Quoi qu'il en soit, les forces françaises, qui s'engageaient dans une dure bataille, manquaient cruellement d'armement et de munitions...

L'ennemi, on s'en doute, avait vu lui aussi le grand drapeau hissé au-dessus de Saint-Nizier. Pour lui, c'était une vexation et une provocation intolérables. Il savait que tout le Vercors s'était soulevé. Et il préparait une sévère répression, faisant appel à sa 157e division d'infanterie placée sous les ordres du général Pflaum, le spécialiste des grandes opérations de guerre en montagne et de répression, qui avait décimé l'hiver précédent l'héroïque maquis des Glières et massacré une partie des Chasseurs alpins de Malleval, n'épargnant pas les civils.

« Cette offensive ennemie, tout la laissait deviner », me confia un jour, avec une infinie tristesse, le Grenoblois Jean-Louis Romier, un ancien de la 1re Armée française Rhin et Danube, aujourd'hui disparu. « La Kommandantur avait imposé à compter du 12 juin un couvre-feu total à Grenoble, de 20 heures à 6 heures du matin. Le lendemain, le mardi 13 juin, *Le Petit Dauphinois* informait ses lecteurs que la ligne de tramway de la SGTE, qui desservait alors Saint-Nizier et Villard-de-Lans, était « suspendue provisoirement ». Et partout à Grenoble régnait une effervescence anormale. Les Allemands s'agitaient comme des abeilles. Des camions pleins de soldats passaient et repassaient. J'étais très inquiet pour les maquisards et la population du Vercors... »

Jean-Louis Romier était toujours très ému quand il parlait de cette première grande attaque du Vercors : son frère aîné qu'il

---

1. Zeller : colonel « Joseph » dans la Résistance.

aimait tant s'était engagé dans les maquis. Caporal-chef des Chasseurs alpins, il fut tué à la bataille de Saint-Nizier, le premier jour. Et il n'avait appris cette affreuse nouvelle qu'un peu plus tard, le 24 juin. Le jour de sa fête, la Saint-Jean, qui était aussi, curieusement, le jour de son anniversaire. Ironie du hasard... Dans les dernières années de sa vie, il ne pouvait plus conduire sa voiture. Je l'ai emmené à plusieurs reprises, le jour de la Saint-Jean, au mémorial de Saint-Nizier où dort pour toujours son frère qu'il chérissait. Sur sa tombe, il déposait un petit bouquet de fleurs. Et il en déposait un autre, un peu plus bas, en bordure de la route où une simple croix de bois rappelle que c'est là que le vaillant caporal-chef fut tué, les armes à la main, par l'ennemi...

Chaque fois, Jean-Louis Romier évoquait avec un serrement de cœur, qu'il ne cherchait pas à dissimuler, cette douloureuse bataille de Saint-Nizier.

« C'est vers 9 heures, le 13 juin, qu'une longue colonne allemande quitta Grenoble et emprunta la route de Saint-Nizier. Certains ont dit que les « boches » étaient un peu plus de 300. D'autres, 400. D'autres encore, plus de 400. En tout cas, ils étaient puissamment armés et disposaient, eux, d'un grand nombre de munitions, ce qui n'était pas le cas des deux compagnies de Chasseurs alpins engagées (celle de Brisac composée de 150 Grenoblois et celle de Jean Prévost, formée d'éléments divers, qui n'excédait pas 60 combattants) et des civils qui, courageusement, repoussèrent l'attaque. »

Et le combat commença...

« Il dura toute la journée, soupirait Jean-Louis Romier. Certains survivants que j'ai rencontrés plus tard, pour savoir exactement comment il s'était déroulé et pour connaître dans quelles conditions mon frère fut tué, m'ont dit qu'il avait été très intensif pendant quatre heures. Mais d'autres m'ont affirmé qu'il fut acharné pendant huit heures et plus... Venant du bas, l'ennemi était plus exposé que les maquisards. Il a dû enregistrer des pertes en hommes plus importantes. Officiellement, il y a eu ce jour-là huit morts et six blessés parmi les résistants.

« Mais l'ennemi, nettement mieux entraîné et surtout très bien armé, commençait à gagner du terrain en fin de journée. Heureusement arriva à la rescousse, venant du cœur du Vercors, la section de l'adjudant-chef Chabal. En chantant *La Marseillaise* ! Un renfort qui fut, on s'en doute, le bienvenu, si bien que les Allemands, qui estimèrent que la nuit qui allait tomber pouvait se montrer redoutable pour eux, se replièrent et regagnèrent Grenoble.

« Le soir même, un autre événement vint redonner du moral à la Résistance : les Alliés leur parachutèrent des armes ! »

Des armes bien accueillies, que les maquisards attendaient avec impatience et qui avaient été demandées et redemandées avec force. Jean-Louis Romier avait pu se procurer les textes de différents télégrammes qui l'attestaient.

Le colonel Descour avait envoyé trois messages alarmants au colonel Constans, à Alger, dans la seule journée du 10 juin, réclamant, de toute urgence, des armes et des munitions pour soutenir le combat. Dans l'un de ces messages, il prévenait avec angoisse les alliés : « Vercors, 2 000 volontaires à armer. Enthousiasme fléchit devant carence armement. Urgence extrême. Envoyer hommes, armes, essence, tabac d'ici quarante-huit heures maximum. Attaque en force possible. Impossible résister efficacement dans conditions actuelles. Échec entraînera représailles impitoyables. Serait désastreux pour résistance région. »

Le lendemain 11 juin, il envoyait un autre message encore, plus précis, plus anxieux : « Pour Vercors, réitère demande pressante armement type maquis pour 18 compagnies légères et type lourd pour 6 compagnies lourdes. Ces effectifs une fois armés sont strictement nécessaires pour Vercors. Serons alors prêts à opérations offensives toutes directions. Mobilisation a été ordonnée sur assurance formelle recevoir armement. Non-exécution immédiate promesse créera Vercors situation dramatique. »

À Alger, le colonel Constans[1] répondit : « Seul obstacle jusqu'à présent : conditions atmosphériques. Ferons de notre mieux suivant possibilités transports aériens limités. » À ce message, Bennes[2] rétorqua : « Demandons parachutage urgent de mitrailleuses et mortiers, si possible armes anti-chars et canons. »

Le 13 juin, jour de l'offensive ennemie contre Saint-Nizier, le colonel Descour faisait parvenir encore à Alger : « Sommes attaqués dans Vercors par forces importantes venant de Grenoble. Ne pouvons songer à abandonner sans défense population entièrement compromise. Situation dramatique en raison manque armes et munitions. Vous supplions nous venir en aide par parachutage massif sur tous terrains Vercors. Bataillon parachutistes nous aiderait à sauver situation. Papier gommé prêt. »

Papier gommé, c'était le nom de code du terrain de parachutage établi à Saint-Martin-en-Vercors. Il existait alors six autres terrains répartis sur le massif, tous désignés aussi sous des

1. *Le colonel Constans représentait la France à l'état-major des Alliés à Alger.*
2. *Bennes, alias capitaine Bob, chef des équipes radio, était un jeune officier parachuté d'Afrique du Nord.*

noms de code : Presse-papier, coupe-papier, sous-main, plume, rayon, taille-crayon...

Dans la nuit du 13 au 14 juin, une nuit très étoilée, le parachutage tant attendu put enfin avoir lieu, après l'envoi par la BBC de deux messages codés « Le petit chat est mort sur Sous-main » (Ce que vous attendez arrive sur le terrain de Méaudre) et « Gloire et honneur à ce cochon de popotier sur Rayon » (la suite sur le terrain de la Chapelle-en-Vercors). Partis d'Italie et de Grande-Bretagne, huit avions larguèrent de nombreux containers d'armes et de munitions, dont beaucoup prirent la direction de Saint-Nizier pendant la nuit, transportés dans des camions.

Ces échanges de messages révélèrent aux maquisards un manque de coordination inquiétant entre les états-majors alliés d'Alger et de Londres. Car si le colonel Constans, représentant la France auprès de celui d'Alger, était toujours d'accord pour soutenir le soulèvement du Vercors, il semble bien qu'à Londres la politique était différente.

Car le général Kœning, commandant en chef des Forces françaises de l'intérieur, avait fait parvenir aux maquisards du Vercors le message suivant : « Londres, 10 juin. Ordres du général Kœning — Urgent : freiner au maximum activité guérilla. Impossible actuellement vous ravitailler en armes et en munitions en quantité suffisante. Rompre partout contact dans mesure du possible pour permettre phase réorganisation. Éviter gros rassemblements, constituer petits groupes isolés. »

Des « ordres » qui semèrent le trouble et le désarroi parmi les résistants et qui contrecarraient les dispositions prises antérieurement. Faire marche arrière ? Il était bien trop tard pour reculer : les Allemands étaient sur le point d'attaquer et rien ne les arrêterait. Sinon la Résistance, organisée. Et il était curieux de constater que c'est bien de Londres — via la BBC — qu'est parti le message annonçant le parachutage, et que c'est bien de Londres aussi que se sont envolés plusieurs avions avec leurs précieux containers !

Reçus bien trop tardivement pour être exécutés, les ordres de Koening demeurèrent lettre morte...

« C'est sûr qu'il y a eu souvent de la confusion dans les ordres et les contre-ordres, dans les liaisons entre la Résistance et les Alliés qui ne pouvaient pas connaître toutes les difficultés rencontrées sur place par les maquisards, opinait Jean-Louis Romier. Et c'est vrai qu'à Saint-Nizier, il n'y avait plus qu'une seule chose à faire : tenter de stopper l'offensive allemande... »

La journée du mercredi 14 juin fut calme. Mais d'un calme pesant, inquiétant, qui annonce la tempête.

« Tout le monde se doutait bien que les Allemands n'allaient pas rester sur leur échec de la veille, surenchérit mon interlocuteur. Ils allaient réattaquer. Plus forts que jamais, car ils reçurent des renforts de Gap, de Chambéry et même de Lyon. Mais nos maquisards profitèrent de cette trêve éphémère pour se réorganiser, eux aussi, se distribuant les nouvelles armes et munitions, accueillant pour les soutenir deux sections des camps du Vercors Sud et une section civile d'Autrans et de Méaudre.

« La deuxième attaque commença le 15 juin, à cinq heures du matin. Ce fut une lutte inégale. Pendant que les canons de Pflaum bombardaient Saint-Nizier depuis Grenoble, près de deux mille soldats de la Wehrmacht se lançaient en tirailleurs à l'assaut des pentes, défendues par trois cents maquisards... Au bout de plusieurs heures de combats très violents, les patriotes français durent se replier, la supériorité, de l'ennemi étant écrasante. Ce jour-là, on dénombra vingt-quatre tués parmi la Résistance, et un peu moins de vingt parmi les envahisseurs. »

Les Allemands ne poursuivirent pas les maquisards au-delà de Saint-Nizier. Ils n'osaient pas trop pénétrer dans le Vercors, ne sachant pas ce qui les attendait. Mais ils se livrèrent à d'odieuses exactions...

« Ce fut une horreur, commentait Jean-Louis Romier. Parvenus au village, ils pillèrent systématiquement toutes les maisons, y mettant le feu ensuite. Ils se livrèrent après à un sacrilège épouvantable. Arrivés au cimetière, ils découvrirent les tombes fraîchement refermées dans lesquelles avaient été inhumés les résistants tombés deux jours auparavant. Ils déterrèrent les corps, les entassèrent un peu plus loin sur un tas de bois et y mirent le feu, grossissant le bûcher avec d'autres corps de résistants, tués le matin même... »

☆
☆ ☆

Cette opération contre Saint-Nizier pouvait être assimilée à un coup de sonde de la part de l'ennemi. Il voulait apprécier les forces et l'armement des maquis. Il allait d'ailleurs opérer d'autres incursions, le 19 juin en Chartreuse, le 20 juin dans le Grésivaudan, le 29 juin près de Vif, le 30 juin près de Laffrey.

Pendant que l'ennemi tâtait ainsi le terrain avant la gigantesque offensive qu'il se proposait de réaliser, Saint-Nizier pansait ses plaies béantes. Et la Résistance se préparait à affronter le grand assaut...

LE DRAME DU VERCORS

« Le Vercors, quelle lamentable fin !

— Le Vercors ? Une page vivifiante suivie d'une autre, bien douloureuse...

— Le Vercors ! Ce fut le grand espoir de notre jeunesse !

— Le Vercors : quel gâchis !

— Le Vercors... Un épisode palpitant de notre Histoire, où se révélèrent de nombreux héros. »

Bien des anciens maquisards m'ont évoqué l'épopée et l'épilogue tragique du Vercors. Il est vrai qu'en Dauphiné on ne saurait aborder la période de la Résistance sans citer les combats héroïques qui se sont déroulés dans ce massif et qui ont fait d'ailleurs l'objet de plusieurs ouvrages.

Bien des années après le drame de l'été 1944, le sujet est toujours abordé avec affliction, avec passion. Mais les avis sont pourtant moins tranchés, plus nuancés qu'autrefois. Les regrets, les rancunes, les souffrances et même certains détails de la vie de tous les jours s'estompent petit à petit. Mais le souvenir de ceux qui ont versé leur sang reste, lui, toujours vivant dans le cœur des Pionniers du Vercors. Et l'amour de la liberté, donc !

« Nous étions presque tous jeunes, alors. Et c'est avec la fougue de notre jeunesse que nous nous sommes engagés dans ce combat. La liberté que nous voulions tous retrouver, c'était notre idéal qui nous guidait, m'a confié un ancien combattant du Vercors. »

Plus prolifique, un autre s'est épanché sur cette jeunesse qui fut si nombreuse dans les maquis :

« Il ne faut pas croire qu'en arrivant dans nos camps les jeunes étaient dotés tout de suite d'une arme et envoyés en mission contre l'ennemi ! Non... L'armement nous faisait souvent cruellement défaut. C'est plutôt à une vie de boy-scout qu'ils étaient confrontés. Il fallait aller au ravitaillement, faire la cuisine, récupérer du matériel et bien d'autres choses encore...

« Dans les fermes, sur le plateau, on nous donnait volontiers des œufs, des légumes, quelquefois des volailles ou des lapins, un morceau de porc. Mais certains jeunes, peu nombreux certes, se livraient à la rapine. Oui : ils volaient, ici et là... Quand nous le savions, nous leur faisions la leçon : les gens d'ici sont sympa avec nous, il suffit de leur demander ; si c'est possible, ils donnent...

« C'est vrai que, parmi tous ces jeunes, il y en avait quelques-uns — mais très peu nombreux — du genre que l'on appellera plus tard « blousons noirs », qui cherchaient la bagarre et ne se conduisaient pas toujours d'une façon honnête. Mais avant eux, au début du XXe siècle, il y eut ceux qu'on désignait alors sous le nom d'« Apaches ». Mon grand-père, souvent, me racontait leurs méfaits... De tout temps, des jeunes un peu turbulents, un peu marginaux, se sont singularisés un peu partout... Mais il faut reconnaître que, le moment venu, pour faire face à l'ennemi, ces jeunes se sont remarquablement conduits, faisant preuve de bravoure et de courage, certains y laissant leur vie... »

« Ce sont des combattants habillés — et armés — d'une façon bien hétéroclite qui ont fait face vaillamment aux troupes allemandes. Même ceux qui furent incorporés au 6e BCA reconstitué dans la clandestinité : des soldats sans uniforme la plupart du temps, fringués comme ils le pouvaient. Pourtant, ils avaient tous un point commun : l'enthousiasme », m'avait assuré, de son côté, le colonel Tanant.

De tous ces jeunes venus d'horizons bien divers, beaucoup ne rentrèrent pas chez eux...

Mais comment s'est donc déroulé ce qu'on a appelé le drame du Vercors ?

☆
☆ ☆

Il n'est pas question, dans cet ouvrage, de relater en détail les douloureux événements qui ont secoué ce verdoyant massif confortablement assis à cheval sur la Drôme et sur l'Isère. Je l'ai déjà dit : des historiens ont suffisamment écrit de livres à ce sujet. Plus ou moins bien, d'ailleurs. Et certains même très bien, tel mon confrère et ami Paul Dreyfus. La place me manquerait, d'ailleurs ! Je me contenterai donc de livrer, ici, les grandes lignes de la tragédie, afin que personne n'oublie...

Depuis la bataille de Saint-Nizier, la Résistance savait que les Allemands n'allaient pas tarder à donner l'assaut au massif. Aussi s'organisa-t-elle davantage encore pour mieux affronter l'ennemi, attendant avec angoisse une aide plus efficace des troupes alliées.

Plus que jamais, elle avait besoin de la population. De toute la population. Aussi décida-t-elle de fonder la République du Vercors. Et une affiche fut placardée partout dans le massif. C'était un vibrant appel signé par Eugène Chavant, président du Comité de Libération. En voici le texte intégral :

« Population du Vercors, le 3 juillet 1944, la République française a été officiellement restaurée dans le Vercors.

« À dater de ce jour, les décrets de Vichy sont abolis et toutes les lois républicaines remises en vigueur.

« Le Comité de Libération nationale du Vercors, investi dans ses fonctions par monsieur le commissaire de la République, détient des pouvoirs très étendus.

« Chargé de l'application de ces décisions, il désire administrer le pays avec le plus grand esprit de justice, mais aussi avec fermeté. Le Comité compte sur le concours dévoué et sur le bon sens de toute cette population du Vercors qui, pendant toute la période de résistance clandestine, a manifesté un courage et un attachement à la France au-dessus de tout éloge.

« Notre région est en état de siège. Le Comité de Libération nationale demande donc à la population de faire l'impossible, comme il le fera lui-même, pour mettre à la disposition du commandement militaire, qui a la charge écrasante de nous protéger contre un ennemi toujours aussi barbare, tous les moyens dont il dispose.

« Habitants du Vercors, c'est chez vous que la grande République vient de renaître. Vous pouvez en être fiers. Nous sommes certains que vous saurez la défendre. Nous voudrions que le 14 juillet soit pour tout le Vercors une occasion de plus de manifester sa foi républicaine et son attachement à la grande patrie.

« Vive la République française.

« Vive la France.

« Vive le général de Gaulle ! »

Chavant informa aussitôt Alger de cet événement et reçut, peu avant le 14 juillet, deux messages de félicitations, l'un signé par les Alliés à Alger, l'autre émanant du général Koening, à Londres, qui avait oublié l'ordre qu'il avait donné le mois précédent et qui n'avait pas été pris en compte par la Résistance...

Le 14 juillet, la fête programmée — et le parachutage effectué par l'aviation alliée — furent profondément perturbés par le violent raid allemand qui m'avait été relaté par Roger Billon[1].

Et, le 20 juillet, sentant l'attaque ennemie imminente, le chef d'escadron Hervieux (Huet) commandant le Vercors signait son Ordre général n° 4 :

« L'ennemi investit cet après-midi, au Nord et à l'Ouest, la forteresse du Vercors ; il est probable que cet investissement se poursuive sur tous les côtés, en vue soit de nous affamer en nous empêchant de descendre en plaine, soit plutôt de nous attaquer.

« Soldats du Vercors, c'est le moment de montrer ce que nous valons. C'est l'heure pour nous de la bataille.

---

1. *Se reporter au chapitre VII, et plus particulièrement au sous-chapitre « Quatre résistants dans la tourmente ».*

« Nous manquons de presque tout, mais nous sommes armés et nous avons contre l'ennemi notre force de Français qui dans leur pays difficile se battent pour la liberté.

« Nous nous battrons sur nos positions, nous accrocherons l'ennemi où il est à tout instant, surtout au moment où il s'y attendra le moins. Nous le harcèlerons sans cesse, même si nous sommes séparés les uns des autres. Nous lui ferons payer cher sa volonté d'oppression.

« Soldats du Vercors, tout le pays a les yeux fixés sur vous, nous avons tous une égale confiance les uns dans les autres, nous avons pour nous le Droit. Nous aurons à souffrir des privations, mais depuis quatre ans nous sommes habitués à souffrir.

« L'idéal qui nous anime et qui nous unit nous fera gagner.

Vercors, le 20 juillet 1944,
Le chef d'escadron Hervieux
Commandant le Vercors. »

Dans la nuit du 20 au 21 juillet, trois nouveaux messages angoissés étaient encore envoyés à Alger, deux signés par le colonel Zeller (« Joseph ») réclamant de toute urgence des parachutistes pour renforcer la Résistance et des mortiers, le troisième, destiné aux Américains, un véritable appel au secours rédigé en anglais : « Si vous voulez sauver le Vercors, vous devez agir vite ! »

Et puis l'aube se leva sur le vendredi 21 juillet 1944...

☆
☆ ☆

Le plateau fut aussitôt attaqué, de tous les côtés, par 15 000 Allemands (certains historiens avanceront le chiffre de 20 000 et même un peu plus), superbement armés et parfaitement entraînés, utilisant même à Vassieux un petit aéroport qui avait été aménagé par le maquis pour accueillir les renforts parachutistes promis par Alger à Eugène Chavant.

Partout, les combats firent rage. La résistance des militaires et civils fut héroïque. Mais que pouvaient faire 4 000 maquisards (3 909 sur le registre des Pionniers du Vercors) plus ou moins bien armés contre une division allemande renforcée ?

En trois jours de combats sur tous les fronts, acharnés, impitoyables, sans trêve, l'ennemi parvint à submerger la Résistance française, malgré sa vaillance exemplaire et sa volonté farouche de repousser l'oppresseur. Et ce dernier, se comportant en véritable barbare, ne se contenta pas d'exterminer le maximum de combattants français et d'achever lamentablement les blessés. Il savait que la population avait aidé de son mieux les « terroristes ». Alors, il exerça sur elle d'ignobles représailles et se livra à des actes exécrables.

Vassieux anéanti. Partout des ruines et des morts...

Un peu partout, mais surtout à Vassieux, de nombreux habitants furent sauvagement massacrés. À La Chapelle-en-Vercors, un grand nombre d'otages furent odieusement exécutés. À la grotte de la Luire, qui avait été transformée par les maquisards en hôpital de fortune, tous les blessés intransportables furent honteusement criblés de balles, les infirmières maltraitées puis envoyées en déportation...

Les autres maquis autour de Grenoble tentèrent bien de harceler l'ennemi, pour l'empêcher de se concentrer sur le Vercors, qu'il mettait à feu et à sang. En vain, le fauve tenait sa proie et voulait l'écraser, complètement. La barbarie nazie voulait faire un exemple dans le Vercors pour intimider tous les autres bastions de la Résistance en France.

Le résultat de cet assaut massif et cruel fut atroce : il coûta la vie à 840 Français, 639 maquisards et 201 civils. D'autre part, 573 fermes furent détruites, ainsi que huit écoles, six mairies et même une église.

Et jusqu'au 15 août, les forces de la Wehrmacht occupèrent systématiquement tous les points stratégiques, traquant les résistants qui s'y cachaient encore ou qui tentaient de s'enfuir, n'hésitant pas à abattre le moindre suspect, se livrant toujours à d'abominables forfaits.

Le Vercors a payé douloureusement le prix de la liberté. Et soixante ans après ces tragiques événements, les survivants s'en souviennent avec une intense émotion. Beaucoup de ceux qui ont pris une part active à ces combats sanglants estiment, comme Eugène Chavant, que le maquis fut trahi — ou sacrifié — par les Alliés, qui avaient d'autres choses à penser que le bon déroulement du « plan montagnard », lequel prévoyait que les Dauphinois, en se soulevant le moment venu dans la citadelle du Vercors, retiendraient sur place le maximum d'Allemands, facilitant ainsi le débarquement prévu en Provence...

Les Dauphinois avaient été fidèles à leur engagement, créant l'insurrection et même la République du Vercors ! Mais l'aide finale qui avait été formellement promise à Chavant n'arriva jamais.

☆
☆ ☆

L'Oisans aurait pu connaître dans la foulée le sort du Vercors. Ariel — Gabrielle Giffard pour l'état-civil — en est intimement persuadée. L'ennemi voulait absolument écraser toute la Résistance dauphinoise, qui avait tellement contrarié ses plans. Mais, heureusement, il a un peu hésité avant de se lancer à l'assaut de cet autre massif : il avait surestimé le nombre des combattants qui s'y trouvaient. Ensuite, c'était trop tard : les troupes alliées débarquaient sur les côtes de Provence...

La Résistance en Oisans a joué un rôle important : c'est indéniable. Et Joseph Perrin — »Paradis », fondateur et commandant du maquis de l'Oisans — en a fait une analyse pertinente dans son fascicule, simplement intitulé *Le maquis de l'Oisans*, qui m'a été communiqué par Ariel : « Ce qui nous sera incontestablement reconnu, me semble-t-il, c'est d'avoir retenu loin des plages de débarquement et des fronts véritables, des effectifs ennemis importants ; aucun stratège ne pourra considérer cela comme un mince résultat, susceptible de minimes effets. De nombreuses vérifications ont permis de constater que la menace réelle que nous faisions peser sur les arrières et les communications de l'ennemi était considérée par celui-ci comme plus redoutable encore que la réalité. »

Et Joseph Perrin rapportait l'anecdote que lui avait contée le docteur Albert Michallon — médecin-capitaine Buridan dans la Résistance. À un prisonnier allemand, le futur maire de Grenoble avait demandé : « Pourquoi ne nous avez-vous pas attaqué ? — Parce que vous étiez le maquis fantôme, rétorqua son interlocuteur. — Mais si vous aviez utilisé des forces suffisantes, vous auriez pu nous réduire, enchaîna Michallon. — Oui, répondit l'Allemand... Mais vous étiez trop nombreux ! — Combien, selon vous ?, questionna alors Buridan. — Oh, nous le savions parfaitement : 15 000 ! » En réalité, rappelait Perrin, ils n'étaient pas 1 500...

DEUX LIEUTENANTS HÉROÏQUES

Tenant tête à l'adversaire sanguinaire jusqu'à la limite de leurs forces — ou de leurs munitions —, de nombreux patriotes tombèrent courageusement sous les balles ennemies en ce mois de juillet 1944. Si beaucoup périrent dans ce Vercors pris dans un inexorable étau, d'autres furent fauchés aussi, souvent à la fleur de l'âge, en Chartreuse, en Oisans et ailleurs...

Dans cette triste hécatombe de résistants, figurent, notamment, deux lieutenants dont l'attitude fut particulièrement héroïque : Abel Chabal dans le Vercors et François-Henry de Quinsonas en Chartreuse.

☆
☆ ☆

Chabal ! Ceux qui l'ont connu, apprécié, aimé, ceux qui ont eu l'honneur d'être ses supérieurs comme ceux qui ont fièrement servi sous ses ordres, ses rares compagnons survivants parlent toujours avec beaucoup d'émotion et un infini respect de celui qui restera le légendaire lieutenant Chabal, héros de Valchevrière.

C'est en 1910, à Montjay dans les Hautes-Alpes, qu'Abel Félix Bertin Chabal vit le jour. Sous-officier au 6e BCA à Grenoble, il suivit les instructions du commandant Albert de Reyniès, son chef de bataillon, quand, à la dissolution de l'armée d'Armistice en 1942, ce dernier invita ses hommes à continuer le combat contre l'envahisseur dans la clandestinité.

« C'était le type accompli du chef de section de Chasseurs alpins, reconnaissait le colonel Tanant. De solide origine montagnarde et paysanne, il semblait taillé dans le roc. Excellent sous-officier, il fut rapidement très apprécié de ses chefs et très aimé de ses hommes. Dans le maquis, il se révéla être un parfait instructeur de l'Armée secrète dirigée par de Reyniès. Promu lieutenant début 1944, il servit alors sous les ordres du capitaine Goderville. »

Quand la division allemande du général Karl Pflaum se jeta le 21 juillet sur le Vercors, le lieutenant Chabal fut chargé de défendre avec ses chasseurs, mais aussi avec de jeunes volontaires civils, les accès à l'intérieur du massif lui-même assurant une solide position à Valchevrière.

« Mais que pouvaient faire 82 hommes, animés par un patriotisme exemplaire et une farouche volonté de défendre coûte que coûte ce petit morceau de territoire français contre un ennemi tellement supérieur en nombre, en armes et en entraînement ? », questionnait en soupirant le colonel Tanant.

De son belvédère complètement encerclé, le lieutenant Chabal envoya par radio un dernier message à son commandant de compagnie, lui-même en très grande difficulté : « Je crois que c'est fini... Nous nous apprêtons à faire Sidi-Brahim[1] ... »

« Il lutta jusqu'à son dernier soupir, me confia encore Pierre Tanant. Tout d'abord avec son bazooka, tirant ses vingt-sept derniers obus. Il prit alors le fusil-mitrailleur d'un de ses hommes qui avait été tué et inonda de balles l'ennemi qui progressait toujours. Blessé, perdant son sang en abondance, il tira encore. Puis il s'effondra. Pour toujours[2].

☆

☆ ☆

Le lieutenant de Quinsonas, lui, poussa son dernier soupir trois jours plus tard, sur les contreforts de la Chartreuse, au mont Rachais, qui domine Grenoble.

Né à Grenoble en 1911, François-Henry de Quinsonas, officier de réserve, avait été affecté à la déclaration de la deuxième

---

1. Sidi Brahim : c'est le nom d'une localité de l'Oranais, en Algérie, où se déroula un célèbre et sanglant combat les 23, 24 et 25 septembre 1845 opposant le 8e bataillon de Chasseurs aux 3 000 cavaliers d'Abd-El-Kader. Les Chasseurs alpins célèbrent toujours l'anniversaire de cet événement où tant des leurs périrent. « Faire Sidi-Brahim » signifie pour eux « mourir pour la Patrie ».

2. C'est le 25 juin 1944 que le capitaine Tanant, devenu chef d'état-major du Vercors, annonça à Chabal la recréation officielle du 6e bataillon de Chasseurs alpins. Il lui offrit alors le commandement d'une des compagnies du nouveau bataillon reconstitué, grâce à l'arrivée de nouveaux volontaires depuis le débarquement. Il lui offrit de choisir le numéro d'ordre de sa compagnie. Chabal lui répondit : « Vous commandiez la 2e avant la dissolution. Vous êtes à l'origine du renouveau. Ma compagnie sera donc la deuxième, en souvenir de vous. »

guerre mondiale aux Chasseurs d'Afrique, en Tunisie. Dès l'armistice, il regagna la capitale des Alpes et, tenant à poursuivre le combat contre l'adversaire, rejoignit lui aussi les rangs de la Résistance. Membre de la prestigieuse compagnie Stéphane, il se montra particulièrement brave, voire audacieux et téméraire. Ne disait-il pas à ses compagnons qu'il était heureux d'entendre siffler les balles ?

C'est Gaston Luyat qui m'évoqua, en décembre 1993, cette belle figure de la Résistance. Gaston Luyat, qui n'est plus de ce monde, et qui s'était montré, lui aussi, un ardent patriote. Il était, pendant la guerre, à la fois instituteur et secrétaire de mairie au Sappey-en-Chartreuse. Il eut ainsi l'occasion d'aider de nombreux résistants, mais aussi de sauver de nombreux juifs, en leur procurant de faux papiers d'identité, ce qui lui a valu de recevoir le 11 février 1994, à l'hôtel de ville de Grenoble, la très rare médaille des Justes.

En la lui remettant, M. Joseph Amihoud, consul général d'Israël à Marseille, ambassadeur chargé des relations avec le Conseil de l'Europe, a dit combien il était heureux d'accrocher cette médaille récompensant des actes héroïques de grande valeur, accomplis en pleine conscience. Quant à Alain Carignon, alors maire de Grenoble, il avait ajouté : « La médaille des Justes traduit bien la reconnaissance du peuple juif, à l'égard d'un homme courageux qui, au péril de sa propre vie, a sauvé des vies humaines menacées par l'extermination nazie (...). Grenoble ne peut qu'être fière qu'il soit un de ses citoyens et se réjouir que son métier d'enseignant lui ait permis de transmettre ses valeurs aux générations d'enfants dont il a eu la charge. »

Gaston Luyat se souvenait bien de cette journée du 27 juillet 1944, au cours de laquelle le lieutenant reçut l'ordre de mener avec sa section et plusieurs autres groupes, des combats de harcèlement au mont Jalla au-dessus de Grenoble contre les Allemands. Car lui aussi faisait partie de cette mission.

« Les accrochages avec les colonnes ennemies furent violents. Des accrochages au cours desquels de Quinsonas prouva une fois de plus sa témérité. Recevant l'ordre de « décrocher », mais voyant un peu plus loin un groupe de résistants en mauvaise posture, il s'avança à découvert pour leur prêter main-forte et leur permettre de se replier. C'est à ce moment-là qu'une balle l'atteignit. Il s'écroula... »

C'est un peu avant l'aube, le lendemain matin, qu'une poignée de volontaires de la compagnie Stéphane alla rechercher le corps sans vie du lieutenant, jeune marié et tout jeune père de famille. Dans l'impossibilité de le descendre à Grenoble, il fut confié à un agriculteur qui le conduisit dans un lieu sûr de Chartreuse, hors de vue de l'ennemi.

☆
☆ ☆

En ces jours douloureux où une âpre odeur de poudre brûlée balayait outrageusement les délicates senteurs des prairies en fleurs, où de gros nuages noirs de fumée insultaient le beau ciel léger de l'été, où le sang pur des patriotes rougissait l'herbe tendre des alpages, d'autres hommes, beaucoup d'autres hommes, militaires et civils français, fermèrent leurs yeux à jamais, faisant le sacrifice de leur vie pour que le peuple de France retrouve cette Liberté à laquelle il était tant attaché.

LÉA BLAIN, HÉROÏNE DE LA RÉSISTANCE

C'était une belle fille blonde, aux yeux bleus, au teint éclatant, sans fard, au regard droit et franc. Une fille d'une foi inébranlable. Son courage n'avait d'égal que sa modestie. Elle est morte héroïquement dans le Vercors, au service de sa patrie. La citation flatteuse, dont elle fit l'objet, souligne parfaitement toutes ses vertus que remarquèrent ceux qui la côtoyèrent. Elle se termine ainsi : « Est tombée mortellement frappée par une rafale de mitrailleuse, faisant à la France le don de ses 22 ans. Restera dans l'histoire une des plus belles figures d'héroïne française. »

Léa Blain était née à Tèche, près de Saint-Marcellin, le 22 mars 1922. Mais elle passa sa tendre enfance non loin de là, à Chatte.

« Ce fut une fille très douce, mais en même temps très volontaire, passionnée des hauts faits de notre histoire, se rappelait Jean-Louis Romier. Très croyante, elle devint vite l'âme de sa paroisse, aidant à l'enseignement du catéchisme, s'occupant du patronage, participant au lancement de la JAC (Jeunesse agricole catholique), créant en 1941 le mouvement de jeunes filles Âmes vaillantes. »

Je ne sais plus comment Jean-Louis Romier était venu à s'intéresser à cette pure héroïne dauphinoise. Peut-être l'avait-il connue dans sa jeunesse. À moins que ce ne fut son frère ? Toujours est-il qu'il recueillait soigneusement tous les articles, tous les documents la concernant.

« Elle ne pouvait admettre l'état dans lequel les Allemands avaient mis notre pays, me confia-t-il. En 1942, elle entra donc dans la Résistance, sous le nom de Louise Bouvard, s'occupant tout d'abord très activement de la diffusion de tracts et de journaux, en particulier de *Combat*. Très vite, elle rendit d'autres services, camouflant des réfractaires au STO, faisant fabriquer pour eux de fausses cartes d'identité, les ravitaillant et les faisant passer dans les maquis, tout en prenant soin de leurs familles. Parallèlement, elle protégea des juifs recherchés par l'ennemi et Vichy. Et elle n'hésita pas non plus à transporter des armes et des munitions pour les maquisards, avec un sang-froid qui étonnait tout le monde. Quelle énergie elle déployait, cette admirable gamine de vingt ans ! »

Son dynamisme, son patriotisme la firent remarquer par le lieutenant Julien du Breuil qui, le 18 juillet 1944, l'appela à un poste de confiance : le service du chiffre du quartier général de Saint-Martin-en-Vercors.

« Elle rayonna de joie en apprenant cette nouvelle et quitta les siens qu'elle n'allait plus jamais revoir », me confia de son côté Pierre Tanant, qui avait beaucoup apprécié les services et les mérites de la jeune héroïne. « Dès lors, elle vécut des heures intenses. Ses dernières. Car les troupes allemandes ayant massivement attaqué le Vercors le 21 juillet, le lieutenant du Breuil et Léa Blain, après de durs combats, durent se réfugier à l'abri dans une grotte. La grotte des Fées. »

Ils ont retrouvé tout près de là le groupe, bien décimé, du capitaine Goderville (Jean Prévost), qui n'était plus composé que d'une vingtaine de membres. Ensemble, ils vécurent là neuf jours, traqués, dans le dénuement le plus complet, se nourrissant d'un peu de farine délayée dans de l'eau et d'un peu de viande crue : ils ne faisaient pas de feu afin de ne pas attirer l'attention de l'ennemi. Selon les rares survivants, ces jours-là furent durs, très durs. Et pourtant, Léa Blain remontait encore le moral de ses compagnons !

« Elle était pour nous un élément précieux, un exemple. Car, à aucun moment elle n'a désespéré ; à aucun moment elle ne s'est découragée ! »

Le 31 juillet, le groupe n'entendit plus le crépitement des armes au loin. Une accalmie semblait se produire. Il décida de se séparer en deux. Le lieutenant Dazan et plusieurs chasseurs partirent tout d'abord non sans avoir donné une mitraillette auparavant à Léa Blain pour qu'elle puisse se défendre le cas échéant. Peu de temps après, c'est le reste du groupe, avec le capitaine Goderville et le lieutenant du Breuil qui partit à son tour, décidant de rallier Sassenage où ils savaient trouver un asile sûr.

Mais, légèrement blessée au pied, Léa Blain ne put suivre le pas accéléré des chasseurs et prit la route, plus lentement, avec un jeune soldat de 20 ans, Rémy Lifschitz, qui l'escorta. Tous deux furent accueillis le soir dans une ferme. Les voyant, non seulement l'agriculteur leur donna à manger, mais se proposa de les cacher.

« Non, refusa l'héroïne. Nous devons rejoindre les autres... »

Le 1er août, vers 8 h 30, une vingtaine de soldats allemands surgirent brusquement devant les deux jeunes gens. De part et d'autre, les armes crachèrent le feu.

Léa tomba, frappée en pleine tête par une balle ennemie, tout près de la croix des Glovettes. Sans vie. Son sang se répandit sur cette terre qu'elle avait si bien défendue, avec la foi, avec la fougue de sa jeunesse. Elle sera enterrée là-haut, provisoirement.

Le 10 septembre, sa dépouille fut ramenée à Chatte. Parlant au nom de l'Armée secrète, Pierre Tanant, à l'issue d'une allocution empreinte d'émotion, demanda aux habitants du village de venir souvent se recueillir et prier sur la tombe de cette vaillante fille, d'y ramener des enfants et de raconter son histoire. La belle histoire d'une fille de France.

LA MORT TRAGIQUE DE JEAN PRÉVOST

Quand le 31 juillet 1944 le célèbre écrivain Jean Prévost, que tous ses compagnons d'armes ne connaissaient que sous le nom de capitaine Goderville, décida de quitter la grotte des Fées où il s'était réfugié depuis neuf jours avec un certain nombre de résistants, il ne se doutait certes pas qu'il avait rendez-vous avec la mort. Il voulait profiter du silence des armes pour se glisser à travers les bois, les taillis et les petits sentiers jusqu'aux côtes de Sassenage, où il connaissait de précieux agents de liaison qui pouvaient procurer un abri sûr aux rescapés du Vercors.

Le groupe s'était scindé en cours de route, pour ne pas attirer l'attention des nombreux Allemands qui sillonnaient le massif. Au niveau d'Engins, Goderville n'était plus accompagné que par trois lieutenants, Jean Veyrat — alias Raymond –, Charles Loisel et André Julien du Breuil ainsi que par un sergent, Alfred Leizer. Mais ils ne parviendront pas jusqu'à la cité des Cuves. L'ennemi les attendait, tout près de l'endroit où, au début de la guerre, avait été élaboré le plan montagnard qui voulait faire du Vercors une citadelle insurrectionnelle...

L'écrivain Jean Prévost (capitaine Goderville dans la Résistance) : il joua un grand rôle dans le Vercors.

☆
☆ ☆

Jean Prévost avait vu le jour à Saint-Pierre-les-Nemours, en 1901. Brillant normalien, il était attiré par la littérature. Aussi devint-il journaliste et écrivain, se faisant vite remarquer par un style alerte et une plume quelquefois acide. Et il donna vite la mesure de son talent dans un essai intitulé *La Terre est aux hommes*. Beaucoup virent en lui, alors, un visionnaire.

Gros travailleur, prolifique, il publia de nombreuses œuvres en dix ans à peine : *Tentative et solitude, Plaisirs des sports, Brûlures de la prière, La chasse du matin, Rachel, Les frères Bouquintant*, et d'autres encore... Tout l'intéressait, aussi bien le roman que la critique littéraire ; aussi bien l'essai que la philosophie ou l'histoire littéraire. N'a-t-il pas consacré une thèse d'une grande valeur à Stendhal ? Mais il ne put achever une étude très prometteuse sur Baudelaire, la deuxième guerre mondiale déferlant sur la France...

« Jean Prévost sut tout de suite choisir son camp, me dit un jour le colonel Tanant. Il fut d'ailleurs avec Pierre Dalloz, alias Senlis, de Sassenage à l'origine de ce fameux plan montagnard qui prévoyait d'utiliser le Vercors à des fins stratégiques. Il s'engagea aussitôt à fond dans la grande bataille du Vercors sous son nom d'emprunt de Goderville, commandant une compagnie de maquisards, après avoir accompli plusieurs missions importantes, s'illustrant à plusieurs reprises, notamment à Saint-Nizier-du-Moucherotte, puis lors de l'assaut final des troupes du général Karl Pflaum, en tentant, avec ses hommes, de lui interdire l'accès de la partie interne du Vercors. »

Pour combattre l'ennemi, l'écrivain s'était dirigé sans hésitation sur ce massif verdoyant des Alpes, assez loin de chez lui certes, mais qu'il connaissait bien : il était venu à de nombreuses reprises à Grenoble et dans sa région, afin de préparer sa remarquable thèse sur la création chez Stendhal. Il avait soigneusement repéré et étudié le pays d'enfance de son illustre prédécesseur.

En mars 1941, il se trouvait chez une de ses connaissances qui avait su le guider dans sa quête pour mieux cerner Stendhal : Pierre Dalloz, dans sa belle propriété des côtes de Sassenage.

Pierre Dalloz, ingénieur de l'institut polytechnique de Grenoble, connaissait bien la région. Ancien directeur du syndicat d'initiative de Grenoble, secrétaire général du Touring-Club de France, grand alpiniste, il avait été rédacteur en chef de *La Montagne*, revue du Club alpin français.

Le Sassenageois montra au jeune écrivain l'intérêt stratégique du Vercors : un superbe massif protégé de tous les côtés par une grande muraille, aux entrées peu nombreuses. Il serait facile de barrer celles-ci et de se retrouver parfaitement chez soi le moment venu pour accueillir des bataillons de parachutistes alliés, qui, aidés par la Résistance, viendraient combattre l'ennemi de l'intérieur. Jean Prévost trouva cette idée géniale et l'approuva.

Et le projet mûrit petit à petit ; Pierre Dalloz parla de ce plan — à qui on allait donner le nom de *plan montagnard* — à d'autres amis sûrs : à Jean Lefort, sous-lieutenant des Chasseurs alpins et à Yves Farge, qui à son tour servit d'intermédiaire entre le Sassenageois et Jean Moulin, alias Max, et le général Delestraint, dit Vidal, qui était un peu l'inspecteur général de de Gaulle en France. Yves Farge, un journaliste qui avait fait ses débuts dans la presse à Grenoble et qui était alors attaché au *Progrès* de Lyon, avait participé à la fondation du mouvement franc-tireur et occupait une place importante dans la Résistance.

Fin février 1943, le plan montagnard était adopté en haut lieu. Jean Prévost, qui restait toujours en très étroite collaboration avec Pierre Dalloz, ne pouvait que s'engager à fond dans les maquis du Vercors...

Mais, pour tous ses compagnons d'armes, c'était le capitaine Goderville. Jamais ils ne se sont doutés que, sous cet officier courageux et intrépide, se cachait un grand écrivain !

« De temps en temps, ceux qui étaient placés sous ses ordres le voyaient bien griffonner quelques lignes sur un carnet ou sur des feuilles volantes, me dit Pierre Tanant. Mais sans doute pensaient-ils qu'il rédigeait quelques notes sur les activités du groupe. Ce n'est que pendant les jours d'inaction forcée passés dans la grotte des Fées que Jean Prévost dévoila sa véritable identité. De son sac à dos, il sortit une petite machine à écrire portative et du papier pour terminer son livre sur Baudelaire... »

Il ne l'acheva pourtant pas, voulant mettre à profit la trêve des armes pour gagner un coin sûr où il serait en sécurité.

Et le 1er août, vers sept heures du matin, Jean Prévost et ses camarades de combat allaient bientôt arriver aux côtes de Sassenage. Ouf ! Ils longeaient le Furon, le torrent qui se glisse de cascade en cascade en gazouillant jusque dans la plaine. Des deux côtés du cours d'eau, la falaise...

Soudain, au niveau du petit pont Charvet qui enjambe le Furon, une patrouille allemande surgit devant eux, avec une mitrailleuse. Et ce fut le drame. Ils n'eurent pas le temps de sortir leurs armes, qu'ils avaient dissimulées dans les sacs qu'ils transportaient, et ils furent impitoyablement fauchés à jamais.

Leurs corps seront découverts plus tard à cet emplacement où l'ennemi les avait laissés, gisant dans leur sang. Ils furent descendus jusqu'à Sassenage, dans un tombereau tiré par un cheval...

Une croix de Lorraine en bois fut plantée rapidement au niveau de la tragique embuscade. Aujourd'hui, une grande plaque est scellée contre la falaise, rappelant le nom des cinq héros de la Résistance. Une plaque qui est toujours régulièrement fleurie par la municipalité de Sassenage.

Ainsi est mort un des écrivains les plus doués de sa génération.

Deux coïncidences étranges et angoissantes entourent la brusque disparition de Jean Prévost.

La première n'a pas échappé à la sagacité de Paul Dreyfus, mon éminent confrère de l'Académie delphinale et sans doute l'historien qui a su, avec un peu de recul, analyser et expliquer le mieux cet épisode tragique du Vercors. C'est à quelques centaines de mètres seulement de la propriété de Pierre Dalloz, où avait pris naissance le plan montagnard, à l'élaboration duquel il avait activement participé, que Jean Prévost est tombé à jamais. Sa mort constitua le douloureux épilogue de ce plan qui contenait tant d'espérance... Tout s'est achevé tout près de l'endroit où tout avait commencé.

Ironie du hasard ? La seconde coïncidence qui, semble-t-il, n'a été remarquée par personne, est tout aussi étrange. Juste quelques heures avant que Jean Prévost ne soit abattu, un de ses amis, qu'il avait présenté lui-même à son éditeur, avait survolé les Alpes à bord de son avion. Pour lui aussi, ce fut sa dernière mission. Il s'appelait Antoine de Saint-Exupéry... Son avion fut touché par l'ennemi alors qu'il quittait les côtes françaises de la Méditerranée, après avoir réalisé une série d'observations. On peut se permettre de penser que sa mission comportait, notamment, le survol du Vercors, dont la situation catastrophique ne pouvait que préoccuper les Alliés. Les derniers instants de leur vie se sont sans doute croisés dans le Vercors...

☆
☆ ☆

Cinquante ans presque jour pour jour après la mort de Jean Prévost et de ses compagnons, un fait singulier que personne ne connaît s'est déroulé sur les lieux-mêmes du drame.

Un petit retraité de l'agglomération grenobloise se promenait au-dessus des côtes de Sassenage, quand soudain il vit une voiture immatriculée en Allemagne, stationnée en bordure de la route nationale, tout près du départ du petit sentier qui monte au pont Charvet. Il emprunta ce sentier et, arrivant sur les lieux du drame, il vit plusieurs personnes arrêtées devant la plaque, qui discutaient dans la langue de Goethe. L'une d'elles, en le voyant, sembla très gênée, fit un signe discret aux autres, et toutes redescendirent, lentement.

Intrigué, le retraité rattrapa les promeneurs et engagea la conversation. Et c'est ainsi qu'il apprit avec l'étonnement qu'on imagine que l'homme qui paraissait si mal à l'aise était... le soldat allemand qui avait appuyé sur la queue de détente de la mitrailleuse, le 31 juillet 1944...

« C'était un homme très correct, très poli, qui paraissait bouleversé, m'a confié un peu plus tard le retraité. Quand il vit que je n'avais rien d'agressif en moi, il me dit dans un français presque parfait qu'il avait tenu à venir là, sur les lieux du drame de sa jeunesse : "Nous étions des soldats à l'époque... Il fallait obéir aux ordres... C'étaient les résistants français ou nous... Nous avons tiré les premiers... Combien de fois, depuis, j'ai repensé à ce jour-là... Aussi je voulais venir me recueillir là, un demi-siècle après... C'est dur, la guerre..." »

Cette rencontre, je m'apprêtais à la rendre publique à l'occasion du soixantième anniversaire de la mort de Jean Prévost. Cet ouvrage me donne l'occasion de la dévoiler un peu avant. Un scoop, comme on dit dans le jargon journalistique. Un mot que j'avais en horreur !...

LES MARTYRS DU DÉSERT DE L'ÉCUREUIL

Gabriel Braisaz ne manquait jamais les cérémonies anniversaires organisées tous les ans le 21 juillet à la mémoire des martyrs du Désert de l'Écureuil. L'ancien capitaine Brétin des FTPF en connaissait en effet plusieurs, qu'il estimait particulièrement. C'est toujours avec émotion et tristesse qu'il en parlait. Il en parlait souvent car, disait-il, leur souvenir ne doit pas s'éteindre.

Et c'est précisément pour que je retrace cet épisode tragique dans mes articles et dans un de mes livres, qu'il demanda à me rencontrer un jour de 1993.

« Comme ça, ce sera écrit en noir sur blanc pour les générations futures », commenta-t-il en sollicitant le rendez-vous.

Et je recueillis très vite son témoignage.

« Quand le vendredi 21 juillet 1944 la 157e division allemande se lança avec de gros moyens à l'assaut du Vercors pour en finir, croyait-elle, une bonne fois pour toutes avec la Résistance, l'ennemi détenait encore dans les geôles grenobloises de la Gestapo des patriotes arrêtés depuis plusieurs jours. Cinq Français et cinq Polonais. Alors il voulut s'en débarrasser, pour se concentrer sur son opération Vercors...

« Le jour même, la Gestapo et la Milice firent sortir de leurs cellules nos pauvres compagnons, épuisés par les tortures, et les entassèrent sans ménagement dans un camion. Ce sera leur dernier voyage... »

Je respectai le petit silence que s'imposait mon interlocuteur, qui enchaîna, avec une voix brisée :

« Escorté par les tractions noires des nazis, le camion franchit le Drac et prit la direction des premières pentes du Vercors. Arrivé au niveau du lieu-dit « le Désert de l'Écureuil » entre Seyssinet-Pariset et Saint-Nizier-du-Moucherotte, le petit cortège s'arrêta et les patriotes furent poussés brutalement en dehors du camion. Tout de suite, les nazis les abattirent comme des lapins. Il était environ 19-20 heures. Au loin, on a entendu le crépitement des armes automatiques... »

Dans cette petite clairière de l'Écureuil où s'élève maintenant une stèle du Souvenir, André Rhem, Stanislas Wojakowski, Burek Szwarcdard, André Chenevier, André Mayer, Georges Tord, Nicolas Aizemberg, Michel Giepczak, Marco Lypszyc et Marcel Dullys poussèrent leur dernier soupir...

« C'est à 7 heures 30 le lendemain matin qu'Edmond Aguiard, qui allait plus tard devenir le maire de Seyssinet-Pariset, mais qui était alors sergent de la section locale des sapeurs-pompiers, fut appelé pour emmener les corps et les transporter pour les faire ensevelir, en présence des autorités allemandes. » Mais un vif incident se produisit sur les lieux de l'effroyable carnage...

« « Neuf ! Ils ne sont que neuf ! Il en manque un », cria un nazi en montrant les corps criblés de balles. Et il pointa une mitraillette sur le ventre d'Edmond Aguiard en beuglant : « Si le dixième homme n'est pas retrouvé, vous le remplacerez ! » Mais on retrouva rapidement le corps qui manquait, tout près de là. Blessé grièvement, le résistant avait pu faire quelques mètres en rampant. Trop sévèrement touché, il avait rapidement expiré... »

Tous les ans, le 21 juillet, une cérémonie est organisée au Désert de l'Écureuil où furent lâchement achevés dix héros, membres de différents mouvements de la Résistance. Gabriel Braisaz n'y participe plus : il est parti pour un autre monde. Mais d'autres le remplacent. Le souvenir demeure, comme il le souhaitait...

Il y a des pays
Où les gens au creux des lits
Font des rêves.
Ici, nous vois-tu,
Nous on marche et nous on tue
Nous on crève...
(Chant des Partisans)

ALDO SILLANOLI : LA GRANDE ÉVASION

Alors que les maquisards menaient la vie rude à l'occupant, certains Français, prisonniers de guerre en Allemagne, tentaient de s'évader pour regagner nos régions et poursuivre la lutte contre l'ennemi.

Ce fut le cas du Grenoblois Aldo Sillanoli que les Dauphinois connaissent bien : il a été un des pionniers de la spéléologie régionale, notamment au gouffre Berger, mais aussi de l'archéologie alpine.

Quand il vint me voir un jour de mars 1982, je le côtoyais depuis longtemps, l'ayant rencontré fréquemment à l'occasion d'expéditions souterraines ou de chantiers de fouilles. Mais ce jour-là, ce n'était pas pour me parler de nouvelles aventures dans les entrailles des massifs alpins ou de découvertes préhistoriques. Mais, ayant constaté comme Pierre Flaureau que je publiais dans *Le Dauphiné libéré* une série de témoignages sur le thème « Leur jour le plus long », il était venu me parler du sien, qu'il avait vécu pendant la guerre...

« Il ne faut surtout pas faire de moi un héros ! », me dit-il en préambule.

Et il me raconta, simplement, son évasion. Ou plutôt une de ses évasions. Prisonnier de guerre, il avait tenté maintes fois de « se faire la belle ». Un petit champion du genre ! Si bien que les geôliers allemands l'avaient classé parmi les « durs » et les « irrécupérables » !

« Je n'avais qu'une idée en tête : m'évader ou faire évader mes amis, reconnaissait-il avec un grand sourire. Je ne pensais qu'à ça ! Si bien que, pendant ma détention, je n'ai pas eu le temps de m'ennuyer ! Mais je n'ai aucun mérite : c'est mon tempérament ! »

Fait prisonnier alors qu'il appartenait au 14e Zouave, le Dauphinois fut transféré au camp d'aviation de Greifswald, en Poméranie, sur les bords de la mer Baltique.

« Il y avait là-bas deux sortes de travailleurs français : des civils du STO et des prisonniers de guerre. Les civils, eux, bénéficiaient d'un régime particulier. Ils pouvaient, notamment, sortir du camp après le travail. Avec un copain, le Parisien Guy Sénéchal, nous nous liâmes d'amitié à deux gars du STO. Et c'est avec leur complicité que nous avons élaboré notre évasion. Les civils, eux, habitaient un endroit du camp peu surveillé. Nous décidâmes donc un soir d'occuper leur cabane, eux se rendant dans la nôtre. »

Aldo Sillanoli éclata d'un grand rire, puis poursuivit son récit :

« Nous avons revêtu les vêtements civils que nous nous étions confectionnés, taillés grossièrement dans nos capotes et teints avec le juchsine qui, nous le savions, allait déteindre sur notre corps. Et, en pleine nuit, vogue la galère ! Nous ne nous sommes évidemment pas pointés par le poste officiel pour sortir. En pleine nuit, nous avons coupé les fils de fer barbelés avec des outils piqués auparavant dans un hangar. Et nous voilà dehors. Pas tout à fait cependant. Car, à quelque distance, le camp était entouré par un grand fossé, franchi par un seul pont. Et, sur ce pont, il y avait deux sentinelles... »

Nos deux compères n'ont pas hésité une seconde :

« Nous savions que les civils avaient droit à des permissions. Alors, on ne s'est pas dégonflés. Nous sommes arrivés carrément sur les Allemands d'un pas assuré. Mon copain se permit le luxe de tirer un paquet de cigarettes de sa poche et d'en offrir aux gardiens. Ceux-ci nous prirent tout de suite pour des gars du STO et ne nous demandèrent même pas nos papiers. Ouf ! »

Et nos deux fuyards, d'un pas décontracté, prirent la direction du village voisin, marchant plus rapidement quand ils furent hors de vue des sentinelles. Et ils arrivèrent à la gare.

« Nous n'avions qu'une solution : sauter dans le premier train qui se présentait, car nous voulions être loin du patelin avant l'appel du matin. Hélas, ce train se rendait dans une direction opposée à celle que nous voulions prendre. Tant pis : nous n'avions pas le choix ! »

Et c'est ainsi, qu'au lieu de se diriger sur Rostock-Wismar et la Hollande où ils auraient pu compter sur des complicités, ils prirent la direction de Stettin et de la Russie, en espérant bien pouvoir changer de train un peu plus loin...

« Nous avions sur nous de grosses étiquettes, fabriquées en cachette dans le camp, qui proclamaient en Allemand : « Ne pas utiliser les W.C. : en réparation ». Ce qui nous a permis de rester tranquillement dans les toilettes ! »

Profitant d'un arrêt dans une grande gare, les deux Français changèrent de train et montèrent dans de vieux wagons en bois, en direction de Berlin. Mais ce voyage allait être mouvementé. À peine étaient-ils installés qu'ils aperçurent deux personnes bien habillées, chapeau sur la tête, qui montaient en queue de train. Des flics, pensèrent-ils aussitôt. Et c'était vrai. Les policiers contrôlaient l'identité des voyageurs, remontant le train, de wagon en wagon...

« Nous avons profité d'un arrêt pour descendre et monter dans le dernier wagon qui avait été contrôlé. Et nous avons répété l'opération en sens inverse, un peu plus tard, quand nous nous rendîmes compte que les policiers recommençaient leur manège... Plus tard encore, les policiers remontèrent dans le wagon de queue. Mais, cette fois-ci, nous allions être coincés. Plus de gare. Et le train roulait bien trop vite pour que nous puissions en sauter. Alors, nous nous tassâmes dans un coin de compartiment, parmi d'autres voyageurs. Je pris même une fillette sur mes genoux. Et les deux policiers arrivèrent à leur hauteur...

« Papiers ! dit l'un d'eux en allemand.

— Français », répondis-je en tendant ma carte d'identité française, essayant de rester imperturbable. Le gars la regarda, me dévisagea, puis me la rendit et partit, sans même demander les papiers de mon ami ! Peut-être a-t-il cru que nous étions des civils travaillant en Allemagne. Peut-être s'en f...-t-il aussi. Il est vrai, et je le dis volontiers, que des Allemands m'ont bien aidé dans mes tentatives d'évasion. Ils n'étaient pas tous nazis, heureusement ! »

Le soir tombant, les deux fuyards profitèrent d'un arrêt pour descendre dans une gare dont Aldo Sillanoli avait oublié le nom depuis...

« Alors que nous marchions dans ce patelin à la recherche d'un endroit propice pour passer la nuit, nous entendîmes parler français, non sans surprise, derrière nous ! C'étaient deux travailleurs libres du STO. Nous leur dîmes tout d'abord que, nous aussi, nous étions des travailleurs du STO, mais que nous étions mutés. On sympathisa rapidement et ils nous invitèrent à aller manger chez eux. »

Mais une nouvelle complication surgit brusquement. Encore un contrôle, au coin d'une rue, par des policiers allemands armés.

« Peut-être était-ce dû à la fatigue de la longue journée, mais une sueur froide dégoulina dans mon dos... Le premier travailleur présenta ses papiers qui évidemment étaient en règle. Pas de problème. Le second allait présenter les siens à son tour, mais les policiers firent signe de passer, croyant que nous étions tous des travailleurs libres ! »

Ce n'est qu'un peu plus tard que les deux évadés confièrent à leurs deux nouveaux amis qu'ils étaient des prisonniers de guerre en cavale. Ce qui les fit bien rire...

« Après nous avoir copieusement nourris, les deux gars du STO nous cachèrent... dans un grand placard ! »

Aldo Sillanoli enchaîna :

« Incontestablement, ce fut la journée la plus longue de ma vie ! »

Mais des émotions, il allait en vivre encore beaucoup après ce jour-là. D'autres mésaventures lui sont arrivées pendant les sept jours qui suivirent. Et puis, au bout de leur long périple en Allemagne, les deux prisonniers de guerre se sont fait reprendre, bêtement, alors qu'ils étaient prêts d'arriver, enfin, en France. Cela n'empêcha pas le Dauphinois de tenter encore d'autres évasions, dont une fut couronnée de succès...

Et il put rejoindre les rangs de la Résistance.

Deuxième Partie

La liberté retrouvée

Un peuple qui oublie son passé
est condamné à le revivre.
Un peuple sans souvenirs
est un peuple sans avenir.

François Mitterrand

Chapitre XI

...Et ce fut la libération !

La libération de Grenoble ! Elle vient d'être évoquée maintes fois dans les chapitres précédents par ceux qui se sont tant battus pour elle. Mais, curieusement — et heureusement ! — elle s'est déroulée très vite, sans affrontements ! Les Allemands et les miliciens, qui avaient été harcelés sans cesse par la Résistance, qui n'en pouvaient plus, ont préféré fuir le dernier combat. Mais, avant de relater dans le détail ce qui s'est passé ce jour-là, ce jour qui était attendu depuis si longtemps, il convient de retracer les épouvantables heures d'angoisse qui ont précédé les inoubliables moments de liesse...

L'horrible massacre du cours Berriat avait traumatisé les Grenoblois. Et les exactions de l'ennemi et de ses collaborateurs les plongeaient dans une insupportable terreur. Dans la seule nuit du 18 au 19 août 1944, quatre patriotes avaient été enlevés, torturés, exécutés : Félix Faure, le portier du Néron ; Paul Huillier, le transporteur ; Courty et Chaix. La même nuit, le sinistre Barbier, l'âme damnée de la milice dauphinoise, flanqué de quelques sbires, assassinait une famille entière, Grand-Rue à Grenoble : M. et Mme Faraggi et deux enfants qu'ils avaient recueillis, Flore et Jacky Cohen. Leurs corps furent balancés ensuite dans l'Isère... Entre le 12 et le 21 août, près de deux cents Grenoblois furent ainsi éliminés ! Et souvent après d'horribles souffrances...

La population terrifiée savait que l'ennemi, acculé depuis le débarquement sur les côtes de Provence, attaqué partout par les maquis, devenait de plus en plus hargneux, de plus en plus barbare. Comme il l'avait tristement prouvé quelque temps auparavant dans le Vercors, il était prêt à mettre l'agglomération grenobloise à feu et à sang. Mais les Dauphinois avaient aussi le cœur gonflé d'espoir. Ils la sentaient si proche, cette libération !

Et pourtant, les fausses nouvelles ne manquaient pas, colportées par les journaux entièrement contrôlés par les Allemands depuis quelque temps. Mais, à travers les communiqués brefs et sans commentaire, les Dauphinois comprenaient bien que, partout, les troupes alliées progressaient, parfois très rapidement même. Et puis l'écoute de Radio Londres les confortait dans cette espérance. Le drapeau haï à la croix gammée, qui flottait encore sur l'immeuble de la « Kommandantur » au cœur de Grenoble, n'en avait plus pour longtemps. La population n'avalait plus cette infâme propagande qui voulait lui faire croire que les divisions alliées se comportaient comme des hordes criminelles et sanguinaires. Une propagande qui clamait pitoyablement « ...elles détruisent tout sur leur passage, ne respectant rien, s'acharnant sur les habitants des villes et des villages » !

Dans un numéro qu'il distribua largement, l'infâme *Signal* déversait son venin à flots, publiant des « témoignages » de personnes parvenues à s'échapper des zones envahies par l'« ennemi » (!), décrivant les « pillages », les « actes de terrorisme », les « assassinats et les lynchages ». Ce fut son dernier baroud...

Les maquis, quant à eux, étaient entrés dans une phase très active et ne ménageaient pas l'occupant, l'assaillant de tous les côtés. Le secteur I comprenait l'Oisans, mais aussi Grenoble. Il était placé sous le commandement du capitaine Lespiau, dit Lanvin, relayé à Grenoble par Georges Bois. Ce secteur très important englobait les sections A de combat (qui s'illustraient tous les jours contre l'ennemi), les sections B insurrectionnelles de la ville et les sections C de réserve, prêtes à intervenir au moindre signe de leur chef.

Le massif de l'Oisans était pratiquement contrôlé maintenant par les maquisards, au prix de combats acharnés, mais aussi au prix, hélas, de nombreuses vies humaines.

Le lundi 21 août fut un jour de fièvre pour les Grenoblois, qui venaient d'apprendre que les troupes alliées approchaient et que les maquisards occupaient de plus en plus de positions dans les massifs. Ils attendaient, fébriles, anxieux, n'osant plus sortir. Ne disait-on pas en ville que les Allemands feraient tout sauter avant de partir ?

En début d'après-midi, la nouvelle que les troupes américaines avaient atteint le col de la Croix-haute parvenait à Lanvin. Elle se répandit rapidement partout. Et les événements se succédèrent à un rythme de plus en plus accéléré. Partout, les Allemands reculaient en débandade. Les FFI occupaient Vif !

Enfin, il arrivait, ce grand jour...

LA NUIT LA PLUS LONGUE

Le 21 août 1944 : la libération de Corps.

« La Résistance a apporté aux Américains les clés de Grenoble sur un coussinet, m'a dit un jour Louis Richerot, Tencin dans les groupes francs. Lorsqu'ils sont arrivés, la ville était déjà libre. Grâce à nos petits gars des maquis ! »

Non pas que Richerot cultivât une petite dent contre les Américains. Au contraire, il eût été plutôt de l'avis du chanteur populaire Michel Sardou qui maintes fois sur les ondes propulsa sa ritournelle : « Si les Ricains n'étaient pas v'nus, nous serions tous en Germanie. »

Mais il aimait bien remettre les choses à leur place :

« C'est grâce à l'action intensive de la Résistance que les troupes alliées ont pu progresser si rapidement jusqu'à Grenoble. Elles ont reçu un très sérieux coup de main de sa part ! »

Et c'est bien vrai que c'est une ville délivrée de l'oppresseur qui a accueilli les libérateurs de la France !

Tout commença la veille...

« On pouvait s'attendre au pire », me répéta à plusieurs reprises Georges Bois, dit Sapin dans la Résistance, et qu'on allait tout naturellement appeler plus tard Bois-Sapin.

Il avait reçu ce 21 juillet, dans la soirée, l'ordre de Lanvin-Lespiau de mobiliser les sections B de la ville de Grenoble (756 hommes), lesquelles constituaient l'infanterie de l'insurrection urbaine, les sections C étant mises en état d'alerte.

« On pouvait s'attendre au pire, et une angoissante question effleurait toutes les lèvres : l'ennemi n'allait-il pas tout détruire pour retarder l'avance des alliés et lui permettre un meilleur repli ? Et les traîtres à leur patrie, ces affreux miliciens, complètement acculés, n'allaient-ils pas accomplir d'autres odieux forfaits encore ? »

« Différents signes nous alarmèrent. Dans l'après-midi, l'ennemi avait quitté hâtivement l'immeuble de la Gestapo, cours Berriat, où tant de patriotes passèrent des heures horribles, et transféré à coups de bottes tous les détenus à la caserne de Bonne. Parmi eux, plusieurs résistants qu'il avait condamnés à mort et qu'il se proposait d'exécuter dans la nuit... »

Mais les nazis voulaient effacer toutes traces derrière eux...

« Avant d'évacuer leurs sinistres locaux où les pires atrocités avaient été commises, ils jetèrent dans les étages des bombes incendiaires, afin d'embraser toutes les pièces encombrées par des tonnes de documents compromettants, qu'ils ne pouvaient emporter dans leur débâcle. Ils jetèrent également des grenades incendiaires dans l'épouvantable *salle de java*, l'abominable salle de torture, afin de détruire les installations horribles et de ne pas laisser la trace de leurs exactions.

— Pour empêcher toute intervention de l'extérieur, ils verrouillèrent soigneusement toutes les portes et balancèrent les clés dans les latrines ! Le feu se propagea rapidement à l'intérieur de l'immeuble. Alertés, les sapeurs-pompiers arrivèrent promptement sur les lieux, mais furent repoussés par un cordon de policiers allemands, armés jusqu'aux dents et terriblement menaçants, qui les empêchèrent d'intervenir. Mais heureusement pour l'immeuble et les immeubles voisins : le feu s'éteignit tout seul... Quelle chance pour le quartier ! »

Allemands et collaborateurs allaient procéder pareillement dans d'autres locaux qu'ils occupaient dans la ville, voulant effacer les traces de leur passage. La politique de la terre brûlée !

« Dans la soirée, l'ennemi fit sauter les deux ponts sur le Drac. Et les miliciens commirent un dernier acte de piraterie, en dévalisant la banque de France. Qu'allait-il se passer encore ? Ah, pour beaucoup de Grenoblois, cette nuit du lundi 21 au mardi 22 août fut incontestablement la nuit la plus longue. Une nuit d'énorme espérance, mais de folle inquiétude aussi... »

Un étrange chassé-croisé perturba le sommeil des Grenoblois. Ou plutôt de ceux qui tentaient de dormir.

« Des patrouilles allemandes sillonnaient les principales artères de la ville, martelant la chaussée de leurs pas cadencés, surveillant sans doute la moindre anomalie, prêtes à tirer sans aucune sommation. Une autre partie de l'ennemi, pendant ce temps, déménageait, emportant fébrilement dans les camions armes et matériel. Des ordres, beuglés, fusaient de toute part. »

Un peu plus tard dans la nuit, sans coup férir, les maquisards venus de tous les côtés se glissaient silencieusement en direction des postes-clés de la ville, pour les défendre et les occuper. Sous les ordres de Bois-Sapin, ils investirent ainsi successivement en fin de nuit la préfecture, la mairie, la radio Alpes-Grenoble, les journaux, la banque de France qui venait d'être pillée, la gare, l'hôpital militaire, l'école des ponts du Génie, les casernes, l'intendance, les services de ravitaillement, les abattoirs...

« Nous avons contrôlé le plus rapidement possible l'usine à gaz et le siphon de la principale canalisation de l'eau de Rochefort. Avant de s'enfuir l'ennemi aurait pu faire sauter l'usine à gaz, ce qui eût été terrible pour Grenoble. Et il aurait pu glisser du poison dans l'eau potable de la ville. On pouvait s'attendre à tout, de sa part », soupirait Bois-Sapin.

Heureusement, l'adversaire n'avait plus le temps de commettre d'autres forfaits. Il ne pensait plus qu'à sa propre survie !

« L'aube n'était pas encore levée, et le Comité départemental de Libération s'apprêtait à faire son apparition au grand jour, avec Bonamy, son président, et Louis Richerot, du directoire des MUR. Il en était de même pour Reynier (Vauban dans le maquis), le préfet désigné par Alger pour remplacer celui de Vichy, abattu par les groupes francs le 1er août. »

Mais à la caserne de Bonne, un dernier drame venait d'être évité de justesse...

« En début de soirée, les Allemands y avaient enfermé leurs prisonniers, au nombre de quatre-vingt-dix, dont une vingtaine de femmes. À 22 heures, ils les abandonnèrent tous, bouclés dans leurs cellules : ils avaient d'autres choses à faire... Mais ils espéraient bien cependant revenir dans la nuit pour procéder à leur exécution. Dans une conversation, un Allemand avant de partir avait dit que les troupes alliées approchaient de Grenoble. Cela apporta une vague d'espoir aux détenus qui, sachant qu'ils n'étaient plus surveillés, essayèrent d'ouvrir les portes des cellules avec les moyens du bord. Un prisonnier parvint ainsi, à l'aide d'une planche, à faire jouer les verrous de sa porte. Après plusieurs essais infructueux, il put enfin ouvrir celle-ci et libéra tous ses camarades de l'étage où il se trouvait. »

On devine la joie des patriotes. C'est trop beau, se dirent pourtant quelques-uns, méfiants...

« Au rez-de-chaussée, une douzaine de prisonniers refusèrent de quitter leurs cellules : ils croyaient que c'était là une nouvelle ruse de l'ennemi et qu'on allait les abattre comme des lapins dès qu'ils franchiraient la porte donnant sur la cour ! Après une longue discussion, ils comprirent enfin ce qui se passait et se joignirent aux autres...

— Vers deux heures du matin, les évadés parvinrent à ouvrir le grand portail des écuries, boulevard Maréchal-Pétain. Ils décidèrent qu'un groupe sortirait par là, tandis qu'un autre, avec les femmes, quitterait la caserne par une porte donnant sur un terrain vague. Pour ne pas se faire remarquer, ils se dispersèrent aussitôt, les uns allant se réfugier dans leurs familles ou chez des amis sûrs, les autres à la clinique des Bains située non loin de là et où ils savaient être bien accueillis. »

Un seul évadé allait laisser sa vie dans cette opération :

« Un petit groupe de trois ou quatre patriotes qui s'enfuyaient fut accroché par une patrouille allemande qui tira sans sommation, tuant l'un d'eux. Ce fut la dernière victime des nazis à Grenoble. Car, lorsque quelques instants plus tard Allemands et miliciens pénétrèrent en force dans la caserne de Bonne pour fusiller les patriotes avant de quitter la ville, toutes les cellules étaient vides... »

Et quand du côté de Chamrousse les premières lueurs du jour déchirèrent le ciel d'encre de cette belle nuit d'été, la ville était étrangement silencieuse.

Plus jamais les pas cadencés de l'occupant ne résonneraient lourdement dans les rues de Grenoble.

L'ennemi était parti.

LE JOUR J

Ils avaient peu dormi, cette nuit-là, les Grenoblois ! Mais, en se levant très tôt ce matin du mardi 22 août 1944, ils comprirent vite que cette fois-ci, le cauchemar, c'était fini. Et bien fini ! La ville, enfin, était vide des troupes ennemies. Ils pouvaient respirer l'air pur de la liberté. À pleins poumons ! Ce jour attendu depuis si longtemps, ce jour pour lequel tant de patriotes avaient versé héroïquement leur sang était enfin arrivé !

Ils étaient ivres de joie, les Grenoblois. Les larmes d'émotion se mêlaient aux larmes de souffrance sur leurs visages émaciés.

« J'ai dû annoncer la nouvelle à une centaine de personnes, de bonne heure, ce matin-là », me confia un jour Gaston Béthoux,

22 août 1944 : les chars de l'armée américaine ont bien du mal à progresser dans les rues de Grenoble, noires de monde.

ancien professeur de l'école des Arts décoratifs de Grenoble. « Je tapais à toutes les portes, je criais, je hurlais, je sautais. Et je n'étais pas le seul à me conduire ainsi ! Mais je me souviendrai toujours de cette vieille dame qui, en apprenant le départ des Allemands, est devenue toute blême. Dans ses yeux, je vis l'espace d'un instant une immense étincelle de joie. Et, tout de suite après, elle a fondu en larmes. "C'est le plus beau jour de ma vie, m'a-t-elle dit. Mais c'est aussi le plus triste ! Comprenez-moi, mon bon monsieur : "ils" ont pris mon fils, que je ne reverrai jamais plus…" »

Et si les sections B insurrectionnelles de Georges Bois-Sapin occupaient déjà la plupart des points stratégiques de Grenoble, dès 5 heures 45 les habitants de la Tronche avaient été réveillés en sursaut : les premiers maquisards pénétraient dans la ville en chantant *La Marseillaise*. C'étaient ceux de la compagnie Hugues, qui descendaient de Chartreuse. La compagnie Stéphane entrait de son côté à Grenoble, par les quais de l'Isère, ses membres étant coiffés du grand béret « chasseur », portant d'autre part au bras gauche le brassard à tête de mort des maquis du Grésivaudan.

Georges Bois-Sapin, lui, avait enfourché sa bicyclette dès 5 heures du matin, pour se rendre à Saint-Martin-d'Hères, où il avait rendez-vous avec Bonamy et Richerot.

« En route, me dit-il, j'ai pu constater avec un immense soulagement que l'ennemi était bel et bien parti. Et très vite, je fus amené à prendre un certain

De la plupart des fenêtres surgissaient des drapeaux français et alliés.

nombre de décisions, pour éviter le pillage mais aussi pour faire arrêter les traîtres... À la gare de Grenoble, nous avons mis la main juste à temps sur un train complet de ravitaillement et de vins fins, qui s'apprêtait à partir pour l'Allemagne. J'ai tout fait remettre à l'intendance, qui fit une distribution bienvenue parmi la population. »

C'est avec une infinie fierté que, très tôt ce matin-là, Georges Bois-Sapin put constater que le drapeau tricolore flottait joyeusement sur tous les édifices publics.

« Ah, se souvenait-il, c'était un délire indescriptible dans les rues, de plus en plus noires de monde ! Quelles heures d'un intense bonheur ! Le bonheur d'être débarrassé de l'occupant haï. Mais le bonheur aussi d'avoir été épargné du dernier baroud de l'ennemi, qui aurait pu être terrible... On peut dire finalement que la libération de Grenoble s'est faite pratiquement sans bataille. L'ennemi avait fui, sans livrer un dernier combat, non pas parce qu'il voulait épargner la ville et ses habitants, mais sans doute parce qu'il avait peur d'y laisser des plumes !... »

Gaston Béthoux, lui, se plaisait à raconter des scènes inoubliables :

« De partout, des voitures décorées de la croix de Lorraine arrivaient, surchargées de maquisards aux visages fatigués, mais rayonnants. Ils descendaient de leurs montagnes et, en quelques heures, Grenoble est devenue le rendez-vous de tous les maquis de la région. »

L'explosion de joie fut inouïe. Après tant d'épouvantables années d'angoisse et de souffrances — surtout la dernière ! — après tant de privations et tant de malheurs, ce fut une matinée indescriptible...

« On ne se connaissait pas, mais on s'embrassait tous ! Et on chantait ensemble ! Guirlandes et drapeaux tricolores jaillissaient aux fenêtres. Depuis plusieurs jours, ils avaient été confectionnés soigneusement avec des morceaux de chiffons trouvés ici et là...

« On applaudissait à tout rompre ces jeunes combattants à la tenue hétéroclite armés de Mauser et de fusils de chasse. Les uns portaient des casques. D'autres, des bérets. Les uns arboraient des pantalons, souvent en triste état. Les autres des shorts délavés. Certains pénétraient en ville, juchés sur des camions. D'autres suivaient en traction, à bicyclette ou encore à pied ! »

Les différentes organisations de la Résistance ralliaient le grand gymnase municipal où elles installèrent leur permanence.

Et puis ce fut, dans l'après-midi, l'arrivée des premiers détachements de l'armée américaine, qui venaient de Pont-de-Claix, par cette belle artère qui prendra très vite le nom de cours de la Libération...

« Comme nous les avons acclamés, eux aussi, dans leurs véhicules qui nous paraissaient si bizarres à l'époque. Des jeeps, des GMC... Tout le monde se pressait autour d'eux. On leur portait à boire. Des femmes leur offraient des fleurs...

— Et puis Radio Grenoble lança son fameux “Ici, Radio Alpes-Grenoble libérée” : tout le monde descendit à nouveau dans la rue pour clamer sa joie dans une liesse débordante, délirante. »

Pourtant, dans l'après-midi de cette journée mémorable, la population, un instant, a craint le pire...

« Deux avions allemands piquaient sur Grenoble. Allaient-ils mitrailler la ville ? Partout, ce fut un cri : “Les boches reviennent !” Certains drapeaux disparurent des fenêtres par précaution. Des Grenoblois se précipitèrent, apeurés, dans leurs caves... Mais heureusement, ce fut une fausse alerte, les avions ennemis rebroussant vite chemin. Et FFI et Américains poursuivaient déjà les troupes allemandes du côté de Voreppe et de Gières. »

La Résistance dauphinoise, toute la Résistance, avait bien fait son travail. En harcelant sans cesse l'occupant, en lui portant des coups très durs, en l'affaiblissant, elle avait ouvert les portes de la ville aux forces alliées.

Chaque année, depuis cet inoubliable 22 août 1944, Georges Bois-Sapin ne manque jamais l'anniversaire de la Libération et a une pensée émue pour ses compagnons d'armes qui sont tombés, abattus par l'ennemi.

« Moi, j'ai eu de la chance, me dit-il un jour. Peut-être parce que je me méfiais toujours et que, pas une seule nuit, je n'ai couché au même endroit. »

Et souvent, plus ému encore, il se rend sur une tombe au cimetière des Sablons, celle de Maurice Bois... que la Gestapo a fusillé à sa place.

« Maurice Bois était lui aussi un résistant. Il faisait partie de la section B, mais n'avait pas de responsabilités. C'était un fonctionnaire, qui nous aidait bien, chaque fois qu'il le pouvait. Il ne fait pas l'ombre d'un doute qu'en l'arrêtant, l'ennemi a cru mettre la main sur moi. Il passa entre les mains de la Gestapo à Grenoble, puis à Montluc à Lyon. Il fut fusillé à Genas le 12 juillet 1944... À ma place... »

☆
☆ ☆

Grenoble libérée, c'était un atout important. Mais d'autres villes, d'autres villages de l'Isère restaient encore sous le joug de l'oppresseur. Et d'autres combats, acharnés, attendaient soldats et maquisards, d'un côté en direction de Gières, du Grésivaudan et de la Savoie, où s'illustra, notamment, le maquis du Grésivaudan, de l'autre côté en direction de Voreppe et de Lyon.

Dans le Nord de l'Isère, l'ennemi allait être pris en tenaille : les hommes du secteur III des maquis[1], qui avaient libéré Romans, fonçaient sur Beaurepaire, au coude à coude avec le 6e BCA reconstitué et le 11e Cuir. Grâce à la seule action des résistants locaux, Bourgoin et Jallieu s'étaient libérées le 23 août, avant que Vienne et Lyon puissent respirer à leur tour le grand air de la liberté les 1er et 3 septembre. Avec l'aide précieuse des maquisards, les troupes alliées, finalement, avancèrent très vite dans l'Isère.

Mais ils sont nombreux ceux qui, de l'ouvrier au paysan, du cadre au patron, tous unis dans le même idéal, n'ont pu voir le grand soleil de la Libération. Il y aurait eu dans l'Isère 840 fusillés par l'ennemi, plus de 2 000 hommes tués au combat pendant la clandestinité et un nombre égal de disparus. Et 1 150 personnes déportées dans les camps de concentration et d'extermination, dont la moitié n'est pas revenue...

Comme elle était belle, cette liberté, tant attendue ! Mais à quel prix a-t-elle été obtenue !...

LE PREMIER BATAILLON DE CHOC

« À sept heures trente, ce 22 août, les parachutistes du bataillon de choc entrent dans Grenoble. Ils sont une trentaine, bien armés, certes, mais sans aucun renseignement sur l'ennemi, ni sur les amis d'ailleurs, sans ordres, ni directives. Ils avancent toujours, roulant au pas. Et puis, peu à peu, la foule envahit les trottoirs. “À mon avis, dit Morel, optimiste, les Allemands ont aussi évacué Grenoble. Je commence à bien connaître mes compatriotes : ils ne s'aventureraient pas ainsi s'ils couraient le moindre risque...” »

Ces lignes sont extraites du livre de Raymond Muelle, *Le premier bataillon de choc,* dont une section entra dans Grenoble le 22 août 1944, avant les troupes américaines. Et, effectivement, comme l'auteur le fait dire à l'aspirant dauphinois Morel, les Allemands avaient bien fui pendant la nuit...

---

1. Le secteur III s'étendait sur les Chambarans et le bas Grésivaudan.

Cinquante ans après les combats, les anciens du 1er bataillon choc, dont Michel Poniatowski et Raymond Muelle, se sont retrouvés à Pont-de-Claix (notre photo) puis à Grenoble.

Né début 1943 près d'Alger, composé uniquement de volontaires dont la moyenne d'âge était de 22 ans, issu des services spéciaux, destiné aux services spéciaux, le bataillon de choc n'a que rarement été utilisé selon sa vocation. Dans leur sécheresse brutale, les chiffres illustrent le lourd tribut payé par ce bataillon pendant la guerre : pour un effectif de moins de 700 hommes, 300 sont morts au combat. Et il a dénombré plus de 200 blessés.

Dans la citation à l'ordre de l'Armée que lui a décernée le général de Gaulle, il est rappelé qu'en trois mois, pendant la seule campagne de France, le bataillon a sacrifié plus de la moitié de ses effectifs. Et le général d'armée de Lattre de Tassigny, commandant la 1re Armée française — et caporal d'honneur du 1er bataillon de choc —, a écrit : « Le 1er bataillon de choc s'est vu confier les missions les plus dures. Il n'a pas connu d'échec ! »

Et ce n'est pas Alexandre Fogola, président de l'Amicale des anciens du 1er bataillon de choc, section Rhône-Alpes qui allait contredire ces lignes quand il me rencontra en 1994 !

Né en 1921 à Saint-Pierre-d'Allevard dans l'Isère, Alexandre Fogola s'était engagé en 1939 dans l'armée de l'air. Il ne savait pas alors qu'il allait passer de nombreuses années sous les drapeaux...

Affecté en Afrique du Nord, il fut rattaché ensuite au centre du personnel navigant d'Alger, puis à un service spécial créé pour encadrer les FFI en France. C'était l'embryon de ce qui allait devenir plus tard les bataillons de choc.

« Ce ne fut pas sans mal, me confia le Dauphinois, que le commandant Gambiez et quelques officiers "arrachèrent" à l'état-major général des Alliés la décision de créer une doctrine nouvelle dans la guerre contre Hitler, baptisée *choc*, qui allait s'avérer d'une exceptionnelle efficacité. Et ce fut la naissance de notre premier bataillon à quinze kilomètres d'Alger, Staquéli, et dont le commandement fut tout d'abord confié à Gambiez, puis au capitaine Dubreuil, et enfin au capitaine Lefort.

— Ce bataillon fut exclusivement composé de volontaires. Beaucoup d'évadés de France, par l'Espagne, mais aussi des soldats d'Afrique et Africains du Nord. Ses officiers et ses hommes provenaient de toutes les armes : infanterie, cavalerie, artillerie, légion, aviation, marine... Il fut tout de suite autonome et placé directement sous les ordres du général commandant en chef, sauf pour les opérations en Corse. »

Et le 26 juillet 1944, à Blida, les parachutistes de la section Muelle recevaient des cartes du Sud-Est de la France et s'entendaient dire :

« Le Vercors a craqué ! Vous allez sauter sur la Drôme, près d'un village appelé Dieulefit. Votre mission : emmerder les Allemands, le plus possible ! Vous devez être attendus au sol. Votre mot de passe avec les résistants : "Le diable le défit", la réponse à obtenir : "Dieu le fit !" »

Et c'est ainsi qu'une trentaine de parachutistes du 1er choc prirent contact avec le sol dauphinois. Ils furent accueillis par des agriculteurs et des maquisards qui leur dirent : « Méfiez-vous ! Depuis le Vercors, les Allemands sont terriblement méchants ! »

Dans son livre, Raymond Muelle rappelle ces confidences faites alors à ses hommes : « Avant, il y avait le Vercors, sur lequel nous pouvions espérer nous adosser. Mais le Vercors vient de s'effondrer et Grenoble grouille de troupes allemandes, ainsi que notre région. Les fuyards du Vercors ont amené à leur suite des régiments de Mongols, d'Ukrainiens, de Cosaques et de SS qui battent la campagne (...). Le Vercors, si je savais qui est responsable de cette gigantesque connerie ! Les politiques diront que c'est la faute des militaires, les militaires que c'est à cause des directives reçues des civils. Alger accusera Londres et réciproquement. Résultat : des centaines de morts, des déportés, des villages détruits... »

« Le 1er choc, m'a bien précisé Alexandre Fogola, n'avait pas été mis sur pied pour mener un combat sur un front organisé, non. Mais pour travailler sur les arrières de l'ennemi, encadrant ou s'appuyant quand il le fallait sur la Résistance, sans disposer d'armement lourd, afin de mieux le harceler et le détruire. Le visage souvent barbouillé de suie, faisant corps avec l'obscurité, les "chocs" s'infiltraient sans bruit à l'intérieur du dispositif ennemi en petits groupes légers, pour mieux le frapper en son sein.

— Les parachutistes de la section Muelle, dont je ne faisais pas partie, ont passé deux semaines de nomadisation, côte à côte avec les unités de la Résistance, puis ont pris la direction de la route Napoléon avec les FFI pour intercepter les renforts allemands ou bloquer les fuyards, les Alliés venant de débarquer en Provence. Ils effectuèrent des reconnaissances dans le Sud de l'Isère, à Clelles, à Monestier-de-Clermont, à La Mure et ne rencontrèrent aucun Allemand ! Mais, le 20 août, en revanche, ils apprirent la présence de l'ennemi à Monestier. En même temps, ils entraient en contact avec les troupes américaines, arrivées rapidement au col de la Croix-Haute... »

Et les premiers accrochages eurent lieu, près de Monestier, entre les FFI et la section d'une part et, d'autre part, les Allemands qui se replièrent rapidement, poursuivis par les premiers.

« Les nazis battaient toujours en retraite. Et c'est ainsi que Vif et Varces furent libérés par les patriotes. Mais les Allemands se ressaisirent à Pont-de-Claix, si proche de Grenoble. Et l'affrontement fut dur. Le caporal-chef Michel Poniatowski, qui appartenait à la section Muelle, fut blessé à l'avant-bras. Mais cela n'empêcha pas celui qui sera plus tard ministre de l'Intérieur, de continuer le combat. FFI et parachutistes parvinrent à se rendre maîtres du pont stratégique. Derrière eux, les troupes américaines progressaient rapidement, sans rencontrer, évidemment, le moindre problème... Les Allemands, de plus en plus paniqués, abandonnèrent Pont-de-Claix en début de nuit le 21 août, se repliant sur Grenoble, qu'ils allaient évacuer, aussi, quelques heures plus tard. Et voilà comment la section Muelle entra dans la capitale des Alpes à 7 h 30 du matin, fonçant sur l'hôtel de ville pour en faire un réduit fortifié au cas où l'ennemi déciderait de contre-attaquer...

— Après la Libération, une plaque fut scellée sur un mur de cet hôtel de ville, commémorant l'entrée à Grenoble du premier bataillon de choc, ce 22 août 1944. »

Alexandre Fogola, lui, avait fait, au sein d'une autre section, la campagne de Corse, débarquant à l'île d'Elbe, puis en Provence avec les Alliés, progressant ensuite sur Lyon, Dijon — où les combats furent particulièrement sanglants —, l'Alsace et les Vosges.

« À Colmar, notre mission fut particulièrement dangereuse. Dans ma section, où nous étions 29 au départ, nous ne nous sommes plus retrouvés que 5... malgré des renforts des maquis !

Nous avons chassé l'ennemi ensuite jusqu'en Allemagne, accompagnant des chars de la 5e DB. Le 8 mai 1945, le bataillon avait perdu cinquante pour cent de ses effectifs... »

À ce propos, Raymond Muelle écrira dans son livre : « Nous, nous avions choisi... Nous n'étions pas des héros et nous n'avions pas la vocation à l'être, car se battre et peut-être mourir pour la grandeur de la France et la liberté du monde nous semblait ordinaire et raisonnable, même si les mères et les épouses devaient pleurer (...). Et nous avons trouvé ceux de l'ombre, ceux qui se battaient depuis de longs mois, conduits par l'espoir, et seulement certains de mourir dans des conditions atroces en cas de capture. Eux et nous, connaissions les risques encourus mais, ensemble, nous estimions que libérer la France, lui rendre sa grandeur, forcer la victoire, valait bien notre sacrifice. »

☆

☆ ☆

Le deuxième bataillon de choc a joué, lui aussi, un rôle important. Un Grenoblois d'adoption, Stéphane Mihelj — Yougoslave de naissance mais Dauphinois depuis longtemps — en témoignait, haut et fort. Car c'était sa fierté d'avoir appartenu à cette unité. Quand je l'ai rencontré en 1994 à une réunion des Anciens du Rhin et Danube, il conservait précieusement une dédicace du général de Lattre de Tassigny : « Pour Stéphane Mihelj, clairon au 2e choc, garde du général, en souvenir de celui qui fut son chef à la 1re Armée française. J. de Lattre, Lyon, le 10 octobre 1976. »

Il avait fait partie de ceux qui désertèrent les chantiers de jeunesse à Rumilly, en 1943.

« Nous nous sommes regroupés à Olivet, au château de la Source, près d'Orléans. C'est là que j'ai signé un engagement volontaire au 2e bataillon de choc, le 26 septembre, pour la durée de la guerre. Un bataillon un peu spécial. On recherchait des jeunes décidés à se battre, mais des jeunes particulièrement gonflés, capables d'aller au "casse-pipe" dans des conditions très dures... »

Et effectivement, le bataillon qu'on surnomma « les Marie-Louise » allait s'illustrer dans de multiples circonstances et dans les conditions les plus difficiles...

« J'ai toujours en mémoire l'attaque insensée d'un char ennemi, à Richwiller, dans une nuit glaciale. Nous étions "gonflés", car nous n'étions que trois, ne possédant pour toute arme qu'une "Piat" dérisoire. Et nous avons gagné ! »

Il aurait pu en raconter sans doute beaucoup d'autres, des exploits semblables, accomplis aussi bien en France que sur le sol allemand, Stéphane Mihelj. Mais celui qui fut — notamment — le clairon personnel de de Lattre de Tassigny préférait parler de ses compagnons qui ne sont jamais revenus, du grand courage des ambulancières, dans cette guerre impitoyable (« elles sont toujours oubliées », soupirait-il), de la libération d'un camp de prisonniers dans un délire indescriptible...

À Richwiller, un superbe monument, fait d'un unique bloc de granit de onze tonnes, a été élevé, dédié à ce bataillon d'élite, qui livra des combats acharnés, d'une rare violence, pour repousser l'ennemi. Un monument sur lequel se détache, gravé, l'insigne du 2e choc et qui rappellera aux générations futures l'héroïsme et le sacrifice de jeunes gens, ivres de liberté.

Le nouveau musée de la Résistance et de la Déportation de l'Isère a été officiellement inauguré à Grenoble, dans le cadre des manifestations qui ont marqué le cinquantième anniversaire de la Libération.

Chapitre XII

Lendemains de Libération

Dès le lendemain de la Libération, le titre *Le Petit Dauphinois*, que plusieurs générations de lecteurs avaient connu, fut remplacé dans les kiosques par *Les Allobroges*. Et pourtant, le numéro mis en vente ce mercredi 23 août 1944 ne portait pas le numéro 1, mais bien le numéro 30 !

L'explication était fournie dans l'éditorial : depuis trois ans, clandestinement, des résistants éditaient dans des conditions précaires et extrêmement périlleuses un petit journal clandestin, précisément appelé *Les Allobroges*, qui devint l'organe de presse du Front national, tiré à 20 000 exemplaires, le plus important de la résistance régionale.

Désormais, le titre *Les Allobroges* devenait donc quotidien, édité au grand jour et, comme il le mentionnait dans son sous-titre, il était l'organe commun du Front national et du Mouvement de Libération nationale.

Sur toute la largeur de sa première page, le nouveau quotidien titrait ce jour-là, au-dessus du portrait du général de Gaulle qualifié de « l'homme de votre victoire », en caractères gras : « Grenoble, première ville française décorée de l'ordre de la Libération, est délivrée de ses bourreaux. » Différents articles concernaient la débandade allemande : « La libération de la France prend une allure triomphale. Dans Paris menacé d'encerclement, les FFI sont aux prises avec les Allemands », « Les troupes américaines en marche vers la frontière espagnole », « Le général Kœnig, gouverneur militaire de Paris », « Vichy est presque entièrement aux mains des forces françaises ».

On pouvait lire aussi dans ce numéro que le couvre-feu était rétabli de 22 heures à 6 heures, pour la sécurité des Grenoblois, et cette information, sèche et brutale, qui laissait entendre qu'aucune pitié ne serait accordée aux traîtres : « D'après une décision formelle du Comité national de la Résistance, tout milicien, tout PPF, tout Waffen SS, tout jeune de l'Europe nouvelle, est condamné à mort. Cet ordre ne comporte ni exception, ni délai. »

L'article le plus lu cependant fut sans aucun doute celui intitulé : « Tous drapeaux déployés, Grenoble acclame ses libérateurs », un vibrant hommage à la Résistance régionale. Des lignes inoubliables : « Le jour même où de prudentes radios d'Outre-Manche annonçaient l'entrée des Américains à Castellane, nos valeureux petits gars des Forces françaises de l'intérieur, la fine fleur d'une jeunesse française courageuse et forte, celle qui n'a jamais abdiqué et que la misérable propagande de l'ennemi présentait comme un ramassis de hors-la-loi, descendait de ses montagnes et forçait le boche dans ses tanières, permettant une libération rapide et sans dommages de la capitale des Alpes (...). La ville, qui mérite, par son martyre et celui de centaines de valeureux fils, le titre de capitale de la Résistance, peut arborer fièrement ses décorations ; drapée de tricolore, frémissante d'allégresse, elle hurle sa joie par cent mille gorges. »

Un autre article, ce jour-là, retenait encore l'attention des lecteurs : le Comité de Libération de Grenoble s'adressait aux Grenoblois, en leur lançant un appel à l'unité : « Le sinistre cauchemar des forces sournoises du mal se dissipe (...). Élevons nos regards au-delà de cette boue et saluons le jour naissant qui peut-être sera, si nous le voulons, l'aube d'une vie fraternelle et heureuse pour tous les Français de bonne volonté. Grenoble est libre. Dans l'enthousiasme d'une victoire qui est en grande partie la victoire de notre volonté et de notre courage, engageons un nouveau combat pour la grandeur de notre ville. Faisons le serment de rester tous fraternellement unis et surtout farouchement français. Donnons à nos amis alliés qui nous observent et nous écoutent le spectacle d'un peuple reconnaissant certes, mais également fier et digne. Dans la joie d'une liberté retrouvée, ne perdons pas le souvenir de nos morts et de nos martyrs ; pensons à la France en sang et en ruine, et travaillons. »

Le Comité de Libération de Grenoble en profitait pour annoncer qu'une nouvelle municipalité allait se mettre en place : « Le nouveau conseil municipal provisoire va entrer en fonction. Ses membres, choisis parmi toutes les organisations de la Résistance, ont fait preuve de leur courage. Venus des horizons politiques les plus divers, ils ne désirent qu'une chose : rester des patriotes au service d'autres patriotes. Dans leur nouvelle fonction, ils apporteront la même foi, le même esprit de sacrifice, le même désir d'union qui les animaient quand ils risquaient leur liberté ou leur vie à chaque pas. Vous leur ferez confiance et les aiderez. »

Ce nouveau conseil municipal — provisoire — fut désigné dès ce mercredi 23 août. Il tint immédiatement une réunion sous la présidence de Frédéric Lafleur, choisi comme nouveau maire. Sa composition parut dès le lendemain dans *Les Allobroges*, qui annonçaient en gros titre, par ailleurs : « Chassant ses oppresseurs nazis et leurs complices, Paris s'est délivré lui-même. Ce sont les FFI et la police parisienne qui se sont emparés de la capitale après quatre jours de lutte. » Dessous, on pouvait lire cette phrase : « C'est une admirable coïncidence que celle de la libération commune de Paris et de Grenoble, le même jour, par les Forces françaises de l'intérieur. Ici et là, il y avait des Bastilles à prendre et elles ont été prises. »

Grenoble, enfiévrée encore par les heures exaltantes et inoubliables de sa libération, savait maintenant qu'il fallait se mettre au travail pour tout reconstruire, pour repartir d'un nouveau pas. L'ennemi et ses sbires avaient tellement fait de mal...

Et pourtant, les Grenoblois ne connaissaient pas encore toutes les odieuses exactions commises par l'oppresseur sanguinaire !

LES MARTYRS DU POLYGONE

Samedi 26 août 1944... Après tant d'heures de liesse populaire indescriptibles, après des moments inoubliables d'intense allégresse, une nouvelle terrible s'abattit brusquement comme un couperet sur les Grenoblois. Une nouvelle qui les bouleversa, leur rappelant de plein fouet les heures dramatiques qu'ils avaient vécues avant la Libération. On venait de découvrir sur le Polygone d'artillerie, peu avant le confluent de l'Isère et du Drac, un charnier. Un épouvantable charnier...

Là, au fond d'un vaste entonnoir creusé par une énorme bombe lors d'un des bombardements de Saint-Martin-le-Vinoux, on avait dénombré, gisant pêle-mêle, au milieu de flaques d'eau, vingt-trois cadavres de patriotes, presque décharnés, dégageant une odeur insupportable. Un spectacle horrible, atroce, révoltant.

Le lendemain dimanche, transgressant exceptionnellement une règle immuable qui voulait que les quotidiens ne paraissent pas le jour du Seigneur, *Les Allobroges* éditaient un numéro spécial, qui s'arracha avec ce gros titre à la une : « Les crimes de la Gestapo à Grenoble. Un horrible charnier est découvert au Polygone. Vingt-trois corps ont déjà été retirés de la fosse commune

Deux épouvantables charniers furent découverts au Polygone, à Grenoble, au lendemain de la Libération. Les corps mutilés et décomposés furent déposés dans des cercueils.

improvisée dans un cratère de bombe. Certaines victimes des tortionnaires hitlériens y furent enterrées vivantes. »

Dans un article intitulé « La terre qui accuse », on pouvait lire : « Les boches auront su pousser les limites de la barbarie et de l'horreur au-delà de tout ce que l'imagination humaine est capable d'enfanter, même dans les visions de cauchemar les plus atroces. Hier, ce fut la découverte d'un charnier d'où l'on vient de retirer les cadavres démembrés, défigurés, lamentables et puants de jeunes Français, lâchement assassinés... »

Dans un autre article, il était écrit : « De pauvres cadavres suppliciés, des visages broyés, un amoncellement de chairs qui, longtemps, restèrent pantelantes sous les coups de feu, l'éclatement des grenades et l'écrasant linceul de terre qui, peu à peu, étouffa tous les cris : voilà l'œuvre de l'ennemi, du fou assassin et de ses valets d'abattoirs qui tous, hélas, n'étaient pas allemands... »

Le quotidien décrivait le spectacle hallucinant qui s'offrait aux membres des équipes de la Croix-Rouge, de la Défense passive et des services d'hygiène de la ville, chargés de dégager et d'identifier les cadavres, se faisant aider par des prisonniers de guerre allemands : « De la couche de terre et de boue au fond de la vaste cuvette où l'eau s'était infiltrée, émergeait, dégagé jusqu'aux aisselles, le cadavre effrayant d'un tout jeune homme, le visage horriblement décharné, dont les bras et les mains étaient crispés dans un ultime effort pour se dégager de l'affreuse tombe où il avait été jeté encore vivant. Certes, l'agonie du malheureux ne dut pas être très longue, car, comme tous ses infortunés compagnons qu'on devait dégager, il portait d'horribles blessures... »

Péniblement, les uns après les autres, les corps furent ainsi exhumés. Il faudra bien du temps, ensuite, pour les identifier, certains étant odieusement mutilés.

« Oh, oui ! Nous avons eu bien du mal à mettre des noms sur toutes les victimes », devait me confirmer plus tard G. Mollaret, chef d'équipe à la Croix-Rouge qui, on s'en souvient, était intervenu sur place tout de suite après les bombardements de Saint-Martin-le-Vinoux. « Dès la découverte du charnier, je fus évidemment appelé sur les lieux. Ne disposant pas alors des techniques utilisées de nos jours, nous avons passé bien du temps pour reconnaître tous les cadavres, aidés par les familles et amis qui affluaient. Il y avait d'ailleurs plus de familles que de corps. Beaucoup de Dauphinois avaient été arrêtés au cours des mois précédant la Libération et les personnes qui leur étaient proches ne savaient absolument pas ce qu'ils étaient devenus. Ce furent des scènes bien pénibles, des jours éprouvants... »

☆
☆ ☆

Nouveaux cris d'horreur le lundi 28 août. Non loin du premier, on découvrait un second charnier, contenant les restes de vingt-cinq autres patriotes. Dans le même état...

Mais quand l'ennemi avait-il pu commettre cet inqualifiable massacre ? Une rapide enquête permit de le savoir. Il avait dû se produire sans doute le 11 août. Ce jour-là, en effet, les habitants du chemin des Buttes (avenue des Martyrs aujourd'hui), dont les maisons étaient construites côté Isère, virent passer une colonne de prisonniers civils, solidement encadrés par des membres de la Gestapo qui les poussaient sans ménagement. Ils s'engagèrent ensuite sur un petit sentier s'enfonçant dans les fourrés, à l'extrémité du grand terrain vague utilisé autrefois par les militaires pour leurs manœuvres.

Ces habitants, peu nombreux, entendirent « pendant longtemps » des cris, des hurlements, ponctués de coups de feu. Mais, impuissants, ils ne pouvaient intervenir. Et puis, plus rien. La sinistre troupe repassa plus tard, en ricanant. Mais sans un seul prisonnier. Aucun habitant n'osa aller voir ensuite ce qui s'était passé, là-bas, dans les fourrés. Il y avait peut-être des sentinelles et, dans ce cas, ils risquaient fort d'être abattus, sans sommation... Ils se sont tus, aussi. Par peur de représailles...

Alors que je relatais cinquante ans après ce qui s'était passé en août 1944 au Polygone d'artillerie, M. Marcel Étienne, habitant Coublevie, prit contact avec moi pour attester que certains Grenoblois connaissaient bien l'existence de ces charniers, avant le 26 août 1944...

« À cette époque, m'écrivit-il, je n'étais pas encore commissaire aux comptes près la cour d'appel, mais j'avais un bureau aux abattoirs de Grenoble, où j'occupais la fonction de secrétaire général de la boucherie, le président étant Marius Allibert, boucher cours Berriat à Grenoble. Le vétérinaire était M. Mermoz. Chaque jour, un planton allemand venait me chercher le matin pour rencontrer le capitaine allemand qui occupait le poste de directeur des abattoirs. Heureusement pour moi, il ignorait que j'étais un prisonnier évadé !

« La veille du départ des Allemands et comme chaque matin, la sentinelle vint me chercher et j'ai trouvé l'attitude du capitaine allemand bizarre. Il m'annonça que tous les bovins qui transitaient sur le Polygone étaient à ma disposition, ce qui évidemment paraissait étonnant. J'en fis part aussitôt à M. Mermoz, qui me dit simplement : "Fais gaffe !" Et je réunis ensuite tous les toucheurs de l'abattoir. Sans trop d'explications, je leur dis de me suivre, pour récupérer les animaux, une aubaine pour les bouchers et les consommateurs, tellement privés de viande... »

Marcel Étienne poursuivait ainsi son récit :

« J'avais emmené avec moi notre comptable, André Charrière et, à lui, je lui expliquai ce que nous allions faire. En chemin, il me dit : "Tu ne sens rien ? — Non", répondis-je. Puis, me montrant du doigt ce qui pouvait ressembler à un amas de corps, il me dit : « Voilà le charnier dont tout le monde parle ! » Je mis en marche le troupeau en direction des abattoirs et j'expliquai ma « trouvaille » à Mermoz, lui disant qu'à mon humble avis on devrait boucher le charnier. Il me répondit : "les gendarmes vont faire le travail..." »

Marcel Étienne terminait ainsi son témoignage : « Voilà la vérité : les Grenoblois ont connu l'événement non pas après le départ des Allemands, mais au moment où ils se préparaient à partir ! »

Des Grenoblois savaient donc qu'un massacre avait été perpétré par les nazis quelque part sur le Polygone d'artillerie... Mais pas tous. Il semble bien que les résistants n'en avaient pas été informés. Tous ceux que j'ai interrogés — et ils sont nombreux — ignoraient cette nouvelle exaction de l'ennemi. Les journalistes aussi : sinon, ils auraient publié l'information dès la fin de la censure, c'est-à-dire le lendemain de la Libération. Bien d'autres Grenoblois que j'ai interrogés pareillement ne savaient rien sur ce massacre.

L'un d'eux m'a cependant déclaré :

« Il me semble bien en effet avoir entendu parler d'une "tuerie". Mais à cette époque, presque tous les jours on parlait "sous le manteau" d'atrocités nazies et de représailles... Aux côtes de Sassenage... Au Désert de l'Écureuil... cours Berriat... et ailleurs. C'est horrible à dire aujourd'hui : ce n'était que "monnaie courante" alors. Personne, en tout cas, n'aurait pu soupçonner l'étendue du massacre. »

Un autre était plus précis :

« Oui... On m'avait dit que les Allemands s'étaient "débarrassés" de prisonniers gênants avant de partir et qu'ils les avaient laissés sur un terrain vague, aux alentours de Grenoble. Mais, à cette époque où la presse était muselée, bien des informations circulaient. Des informations exactes, mais aussi d'autres, erronées. Et il y avait la propagande qui se mêlait à tout ça ! »

En tout cas, les riverains du chemin des buttes, peu nombreux car il y avait peu d'habitations à l'époque, vivant dans la peur, n'ont parlé aux autorités de la présence du charnier qu'au lendemain de la Libération. Et ces nouvelles autorités, qui avaient tant de choses à faire, ne sont intervenues au Polygone que deux ou trois jours après. Et elles ont mesuré l'ampleur et l'horreur du massacre. L'immense majorité des Dauphinois n'ont connu finalement la nouvelle qu'en lisant *Les Allobroges* du 27 août...

☆
☆ ☆

Les Grenoblois allaient apprendre, au fur et à mesure des fastidieuses identifications que, parmi ces martyrs du Polygone, se trouvaient des sportifs bien connus, alors, comme Georges Martin ; un prêtre : l'abbé Moreau, professeur à l'institut catholique de Paris ; un médecin : le docteur Umann, qui faisait fonctionner l'infirmerie clandestine de la Chapelle-en-Vercors ; un inspecteur de police : Georges Marrou ; un ouvrier syndicaliste de la Viscose : René Thomas...

« Leur seul pêché, pouvait-on lire dans *Les Allobroges* du 27 août 1944, avait été de ne pas renoncer à ce petit patrimoine de valeurs spirituelles qui vaut à la vie la peine d'être vécue, et ils sont morts — et de quelle mort ! — pour nous le conserver intact... »

EXÉCUTIONS PUBLIQUES DE MILICIENS

Le jour même de la Libération, les résistants qui prenaient les rênes du pouvoir à Grenoble avaient été très clairs : aucune pitié ne serait accordée aux traîtres à la patrie qui avaient joué le jeu de l'occupant et l'avaient servi odieusement. Dès le 2 septembre 1944, la population grenobloise put constater que cette résolution — qui était en même temps une promesse — n'était pas des paroles vaines.

Ce jour-là, en effet, la cour martiale siégea à Grenoble. Dix « francs-gardes », capturés le 9 juin à Uriage par le capitaine Stéphane, qui avaient été internés ensuite à la prison départementale de la Bérarde, comparaissaient devant les juges. Ils étaient tous étrangers au département. Le plus jeune affichait 18 ans. Sur les dix, six furent condamnés à mort.

Dans son livre *Et Grenoble explosa*, Georges Avallet écrivait à ce propos : « Un soldat s'est montré grand ce jour-là : convoqué comme témoin, Stéphane demande qu'on lui confie ces hommes pour qu'ils se rachètent en première ligne. Son intervention aura permis sans doute à quatre de ces prisonniers de rester en vie, mais les cris dans la salle montrent assez que, dans le public, des agitateurs sont là pour exiger un devoir bien fait. »

Il faut les capturer morts ou vifs

Les SS ESCLACH et ODDOZ, chefs de gang au service de la Gestapo et le milicien BERTHON cherchent peut-être un refuge près de vous

Dépistez-les et signalez sans délai leur présence et, si possible, aidez à leur arrestation

Ces hommes, tueurs salariés aux ordres des boches, grassement payés, ont sur la conscience (s'ils en ont une) la mort d'innombrables patriotes.

On sait qu'ils se cachent encore en territoire libéré, dans la région grenobloise, dans les environs, ou peut-être ailleurs. Si vous les rencontrez, si vous reconnaissez leurs gueules typiques de nervis, votre devoir de Français, d'hommes, est de les livrer à la police ou aux F. F. I. Tant qu'ils seront en liberté, des vies humaines seront encore en danger. Il faut qu'ils soient mis le plus tôt possible hors d'état de nuire. Il faut qu'ils soient jugés et condamnés à payer tous leurs crimes, assassinats et tortures.

La mémoire de leurs victimes l'exige.

Le SS Guy ESCLACH, ennemi public n° 1

L'effrayant rictus d'Esclach, dans deux de ses attitudes familières empruntées aux nervis des bas ports

Signalement de Guy Esclach, alias lieutenant Ziffer dans la Waffen SS.

Age : 30 ans environ; taille : 1 m. 68; visage mince, nez aquilin, cheveux bruns avec raie sur le côté gauche. en résumé une « sale gueule ».

Ancien palefrenier au 2e d'artillerie. il était domicilié 45, rue Bizanet, à Grenoble. Il habita ensuite l'Hôtel Savoy, l'Hôtel Moderne et, enfin, 37, boulevard Maréchal-Pétain.

Fut le plus actif et le plus féroce agent de la Gestapo et de ses auxiliaires de la Jeunesse de l'Europe Nouvelle dont il était le chef.

Le SS ODDOZ, ennemi public n° 2

Oddoz, de face et de profil, tel qu'il est « fiché » à l'identité judiciaire comme escroc et bandit

Oddoz, anciennement libraire rue Jean-Jacques-Rousseau à Grenoble.

Age : 35 ans environ; taille 1 m. 74. cheveux chatain-roux, yeux bleus, menton très saillant avec deux cicatrices, teint coloré, front fuyant, visage boutonneux, corpulence assez forte. Mouchard, tueur, tortionnaire Dans cette dernière attribution se signala par une férocité dont pourront témoigner quelques-unes de ses victimes.

Le chef milicien BERTHON ennemi public n° 3

Berthon, inspecteur départemental de la Milice, 6, place Victor-Hugo, né le 15 février 1904 à Lyon.

Fut l'organisateur de la plupart des opérations de « représailles » exécutées par la milice contre les patriotes.

Spécialiste du pillage et des perquisitions suivies de vol. Livrait ses victimes à la Gestapo et collaborait avec cette dernière pour les torturer.

Le chef milicien BERTHON

Il faut préserver les documents abandonnés dans leur fuite par les services de Vichy

Paris, 30 août. — Au cours d'une allocution radiodiffusée le Secrétaire Général au Ministère de l'Education Nationale a demandé aux fonctionnaires de veiller à préserver le reste des documents abandonnés par le Gouvernement en fuite, de Vichy, afin d'aider les services publics pour continuer leur tâche et de faciliter les instructions ouvertes contre les mauvais Français.

Tout de suite après la Libération, les journaux grenoblois lançaient des avis de recherche pour retrouver les traîtres qui avaient odieusement collaboré avec l'ennemi.

Le 2 septembre 1944, les premiers miliciens étaient exécutés, cours Berriat à Grenoble, devant une foule considérable.

Il convient de rappeler que la population venait d'apprendre l'ampleur des horribles charniers du Polygone. Difficile de ne pas se laisser emporter par l'esprit de vengeance quand on venait d'être averti qu'un de ses proches figurait parmi les martyrs exhumés ! Et les affreuses exactions de la Gestapo et de la milice étaient encore si fraîches dans les mémoires[1]...

La justice ne traînait pas en ces lendemains de la Libération : les six condamnés à mort furent exécutés le soir même vers 19 heures, cours Berriat, à proximité du lieu où avaient été assassinés vingt patriotes du Vercors, trois semaines auparavant. L'exécution n'eut pas lieu à l'endroit exact, le CDLN ayant fait remarquer qu'il ne fallait pas mêler le sang des martyrs avec celui des assassins.

1. Selon Aimé Requet, « des milliers et des milliers de personnes se trouvaient rassemblées dans les rues de Grenoble ce jour-là, réclamant la mort pour les miliciens ». Émile Farsat, lui, se souvenait d'« une foule innombrable qui voulait lyncher les accusés ». Quant à Robert Favier, il estimait à 20 000 le nombre de personnes « qui cernaient le palais de justice et tentaient constamment de forcer les barrages pour envahir la salle d'audience ».

Une foule très nombreuse, mal contenue par le service d'ordre, assista à ce spectacle macabre. Des cris de haine, des applaudissements ponctuèrent les salves des fusils. Certains spectateurs, jouant des coudes, parvinrent au pied des corps et crachèrent dessus...

Cette scène m'a été décrite en 1994 par un Grenoblois, Albert Nivelais, ancien groupe franc, médaillé militaire, croix de guerre au titre de la Résistance. Il se souvenait très bien de cette journée qui l'avait profondément marqué : il faisait partie du peloton d'exécution.

« J'ai été prévenu que j'étais désigné pour faire partie du peloton seulement deux ou trois heures avant... Il était environ 19 heures quand les six miliciens âgés de 18 à 25 ans, dont un jeune prêtre, tous de l'école de la milice d'Uriage, sont arrivés en fourgon cellulaire, lequel était suivi des fourgons des pompes funèbres, avec six cercueils en bois blanc, qui furent déposés contre le mur, côté rue Ampère. Les autorités arrivèrent quelques instants plus tard, en voiture.

« Les miliciens furent rapidement attachés aux poteaux, pieds et mains liés derrière le dos. On leur posa la question : "Voulez-vous un bandeau ?" Tous l'acceptèrent. Alors le peloton se mit en place, commandé par le lieutenant Henri Segal, chef d'un groupe franc du secteur 6 du Grésivaudan. Trois hommes en armes pour un fusillé. Deux balles réelles pour une balle à blanc... »

Je me souviens qu'à cet instant mon interlocuteur avait marqué quelques secondes de silence. Ses yeux semblaient fixer un point lointain. Sans doute revoyait-il cette scène, cinquante ans après...

« Et puis ce furent les traditionnels : "En joue ! Feu !" Un coup de grâce fut donné ensuite avec un parabellum. Un légiste s'assura des décès et les corps furent mis dans les cercueils et emmenés aussitôt au cimetière. Le tout a duré trois quarts d'heure environ. »

Albert Nivelais se souvenait aussi de la foule impressionnante de Grenoblois :

« Il y avait un monde fou, fou, fou. Jusque sur les toits des plus hauts immeubles ! Les jeunes étaient mis à l'écart par un cordon de police. Mais, contrairement à ce qui a été dit et écrit pendant un certain temps, je peux vous assurer qu'il n'y avait ni écoliers, ni de délégations d'écoles ! »

Peu de temps après, Albert Nivelais fut encore désigné pour faire partie de deux autres pelotons d'exécution, mais cette fois-ci sur les berges de l'Isère, aux Sablons :

« Ces nouvelles exécutions de miliciens et de collaborateurs se déroulèrent le matin, aux environs de 9 heures. Seules les autorités et quelques invités y assistèrent. L'endroit était masqué par les arbres, dont les feuilles étaient très serrées encore à cette époque de l'année. On ne voulait plus de public... »

Voyant devant moi un homme visiblement ému en évoquant ces souvenirs, je ne pus m'empêcher de lui poser la question :

« Avez-vous appuyé sur la queue de détente de votre fusil sans hésitation ?

— Oui, répondit-il d'un ton très assuré. Nous étions alors sans état d'âme. L'ennemi et ses collaborateurs nous avaient tant fait de mal ! On avait vu tant de choses horribles ! Et puis tous les jours on apprenait de nouveaux forfaits innommables accomplis par les nazis... Ah, oui, nous avons tiré sans la moindre hésitation ! »

Mais la deuxième exécution des Sablons avait été plus pénible pour lui ; il le reconnaissait bien volontiers :

« Il y avait deux femmes parmi les condamnés à mort. L'une d'elles était tondue et son mari assistait à l'exécution. Elle lui hurlait : "Empêche-les de faire ça !" Elle sanglotait, elle l'implorait...

« Celui-ci a répondu simplement : "Si tu étais restée auprès de tes gosses pour les élever, tu ne serais pas là !" »

Et la salve sèche déchira le calme habituel des bords de l'Isère.

☆
☆ ☆

J'ai rencontré Robert Favier — Matras dans la Résistance — peu de temps après avoir interviewé Albert Nivelais. Responsable du commandement unifié des groupes francs de la ville de Grenoble et à ce titre adjoint au commandant Nal pendant les années sombres, il achevait un livre qu'il allait publier quelques mois plus tard : *Flashes sur la Résistance en Isère*. Il se souvenait bien, lui, des exécutions de miliciens. C'est lui qui, à la première, cours Berriat, avait proposé le bandeau à ces « malheureux » — ainsi les qualifiait-il — lesquels, selon lui, et contrairement à ce qu'affirmait Albert Nivelais, l'avaient refusé.

J'ouvre ici une petite parenthèse : plusieurs résistants, que j'ai interrogés, reconnurent que ces premiers miliciens condamnés à mort, tous élèves de l'école des cadres de la milice d'Uriage, n'avaient pas eu le temps de faire du mal, si bien qu'ils ne méritaient pas la peine capitale. Ils ont eu la malchance d'être jugés les premiers. C'est pourquoi Robert Favier a employé le mot « malheureux » pour les désigner. Il œuvra d'ailleurs beaucoup à cette époque pour éviter les abus et épargna sans doute un bain de sang. Ariel me l'a confirmé au cours d'une entrevue.

Après m'avoir certifié aussi que les pelotons d'exécution étaient composés de cinq résistants et non de trois, il m'évoqua plus particulièrement une des exécutions du Sablon, qu'il fut chargé de commander :

« J'ai fait la mise en place, j'ai crié : "En joue !" Mais j'ai dit aussitôt à Henri Segal, qui était près de moi : "Commande le feu !" Ce qu'il a fait immédiatement. C'était trop dur pour moi... »

Cette exécution, d'ailleurs, l'avait fortement marqué :

« Atteints par les balles, les fusillés s'écroulèrent à terre. Mais l'un d'eux s'est redressé, les yeux complètement révulsés. J'ai esquissé le geste de prendre mon revolver pour l'achever. Le médecin m'arrêta, me disant : "Inutile, c'est un réflexe nerveux... Il est bien mort !" Et c'était vrai... »

Un autre fait avait frappé à l'époque Robert Favier : certains résistants faisant partie des pelotons d'exécution glissaient en cachette dans leurs fusils des... balles explosives !

« Je m'en suis aperçu et j'ai fait enlever ces balles. Mais certains, acharnés, en ont remis d'autres, qu'ils avaient dissimulées dans leurs poches, profitant d'un moment d'inattention... Il fallait voir les corps, après... Ils avaient des trous... gros comme ça ! Il faut dire que les résistants étaient encore sous pression : ils venaient de vivre tellement d'événements douloureux. Ils vomissaient cet ennemi qui avait fait tant de mal... Trop de mal... »

L'ÉCOLE DES CADRES DES FFI

Beaucoup de jeunes résistants, qui avaient contribué à la libération de la région grenobloise, ne rentrèrent pas chez eux après le 22 août 1944. Ils voulaient continuer leur lutte commencée dans les maquis, participer à la libération d'autres départements et bouter l'ennemi haï hors de nos frontières. Et ils furent nombreux à rejoindre les rangs de la nouvelle armée française. Mais encore fallait-il créer très vite des cadres pour structurer cette armée populaire ainsi qu'un lieu propre à un enseignement rapide et efficace.

Le commandant de Virieu, commandant de l'École des Cadres des F.F.I. d'Uriage.

Les regards convergèrent alors sur le château d'Uriage, qui avait accueilli la première école des cadres de la jeunesse jusqu'en décembre 1942, mais qui, hélas, avait été réquisitionné ensuite pour former ceux de la sinistre milice. La décision fut rapidement prise et, le lundi 25 septembre 1944, l'école des cadres des FFI était officiellement inaugurée dans le vieux château qui domine la station thermale bien connue du Dauphiné.

Prenant la parole, le commandant de Virieu, à qui l'on venait de confier la responsabilité de ce nouvel établissement, ne pouvait pas oublier que ces lieux venaient d'être souillés par une jeunesse mal orientée, la honte de la France :

« Cette cérémonie d'inauguration, dit-il, se double d'une cérémonie d'expiation, parce que des mains impures ont, jadis, hissé en haut de ce mât ce drapeau (...). Mais c'est une cérémonie commémorative des vivants et également des morts qui ont poussé leurs convictions jusqu'au sacrifice. Aujourd'hui donc, notre pensée est avec eux. Ayant souffert ensemble, nous pensons que nous sommes qualifiés pour parler en leur nom et pour reconstruire ensemble la patrie. C'est pourquoi la cérémonie d'aujourd'hui est aussi une cérémonie d'espérance. »

Autour du commandant de Virieu, très ému, se trouvaient, parmi les très nombreux résistants, le général Humbert, gouverneur militaire de Grenoble ; le commandant Le Ray, chef départemental des Forces françaises de l'intérieur ; le préfet Reynier, Vauban dans la clandestinité ; Frédéric Lafleur, maire de Grenoble ; le capitaine Nal, commandant les groupes francs de l'Isère, maintenant intendant de police ; messieurs Bonamy, président du Comité départemental de la Libération, et d'Assas, président du Front national ; les commandants Évreux, chef du Ravitaillement et Kervieux, chef du Groupement Vercors ; monsieur Truc, commissaire régional aux sports...

Tous avaient voulu assister à cette inauguration de l'école des cadres des FFI, creuset de la nouvelle armée française, que les commandants Le Ray et de Virieu avaient présentée le matin même dans *Les Allobroges :*

« L'occasion est unique, avaient-ils écrit. Le noyau de l'armée populaire souhaitée existe. Ce sont les FFI. De cette position privilégiée, née du combat mené sur le sol de la métropole et du contact étroitement maintenu avec l'habitant des villes et des campagnes, il faut en prendre conscience. Il faut que, les premiers, leurs cadres réfléchissent à leur mission et pèsent leurs responsabilités. Et comment le feraient-ils s'ils ne mettaient délibérément en commun, au sein de cette armée hier sans uniforme et parfois sans armes, leurs expériences et leurs aspirations ? »

Et les deux commandants enchaînaient :

« C'est de ce désir de synthèse que surgit — acte de foi dans l'avenir — l'école des cadres du département de l'Isère. Cette école est, avant tout, une école militaire. »

Finalement, prenant exemple sur le fonctionnement de la première école des cadres installée au château d'Uriage, que j'ai évoquée en début de volume, elle allait dispenser un enseignement sous forme de stages accélérés, recevant, pendant une quinzaine de jours, des hommes dont l'entraînement physique, l'aptitude au commandement et surtout les qualités de caractère s'étaient révélés et confirmés au cours des derniers mois en luttant farouchement contre l'ennemi.

Le chef du nouvel établissement et le chef départemental des FFI stipulaient encore, parlant de ces jeunes gens aux qualités reconnues par leurs pairs :

« Il leur sera donné un complément d'instruction militaire que requièrent l'isolement où ils ont souvent vécu et combattu, la guerre de partisans qui fut la leur, avec ses lacunes, l'intégration promise dans le dispositif d'ensemble des forces françaises, la familiarisation nécessaire avec le matériel moderne et la tactique qui en résulte. »

Tous deux ne cachaient pas leur espoir de voir se réaliser à Uriage une fusion harmonieuse entre les cadres venus de tous les horizons, rassemblés au service d'une même grande cause.

« On pense voir se dessiner, écrivaient-ils encore, les contours de l'armée nouvelle, d'une armée non acceptée comme une nécessité impersonnelle, mais vécue, pensée, aimée, devenue bien commun et facteur d'unanimité. »

Un air pur et vivifiant allait à nouveau souffler sur Uriage.

DE GAULLE DÉCORE GRENOBLE

Les Dauphinois, après les éprouvantes épreuves qu'ils avaient subies pendant l'occupation allemande, après les sublimes instants de bonheur qu'ils avaient joyeusement savourés pendant les heures exaltantes qui ont suivi la Libération, se remirent énergiquement au travail. Il fallait, partout, reconstruire : immeubles, quartiers, villages, ponts, routes, voies ferrées, qui avaient été détruits par l'ennemi ou encore par la Résistance, pour neutraliser cet adversaire assoiffé de pouvoir et de sang. Il fallait réorganiser le pays pantelant désarticulé sous le régime du gouvernement de Vichy. Il fallait doper l'économie écrasée par le bulldozer nazi. Il fallait apporter une aide efficace à l'agriculture mutilée, car les Français manquaient de tout ; la conséquence

Le 5 novembre 1944, à Grenoble, le général de Gaulle accrochait sur un coussin tendu par Frédéric Lafleur, maire, la Croix de la Libération décernée à la ville.

immédiate allait être hélas le maintien, pendant de nombreux mois encore, des tristes tickets d'alimentation que la guerre avait durement imposés...

Et c'est avec beaucoup de courage et d'énergie que les Dauphinois mirent la main à la pâte pour gommer à tout jamais le si terrible souvenir de l'ennemi détesté sur le sol de France.

Mais ils attendaient aussi avec impatience la venue à Grenoble de celui qui avait donné le signal de la lutte pour reconquérir cette chère liberté, de celui qui, en de multiples circonstances, les avait cités en exemple : le général de Gaulle.

Ce jour-là arriva enfin, le 5 novembre 1944. C'était un dimanche. Mais les journaux parurent pourtant le matin, pour annoncer cette visite exceptionnelle...

Une énorme manchette occupait une place importante de la page une des *Allobroges*, ce qui n'était pas courant en raison de la sévère restriction du papier : « Sur la terre ensanglantée des maquis, le général de Gaulle a pris contact avec les grands bastions de la Résistance. » En caractères plus petits, le lecteur pouvait lire : « Les populations d'Ambérieu et d'Annecy, premières étapes de sa visite au pays allobroge, ont fait un fervent accueil au chef qui, comme elles, ne désespéra jamais ni de la

France, ni de la République. » La place la plus importante était cependant accordée à Grenoble, où le général devait arriver à 16 heures.

Sous le titre « Grenoble, capitale de la Résistance, acclamera aujourd'hui le général de Gaulle », un texte, imprimé en caractères gras, proclamait : « C'est aujourd'hui que Grenoble, centre des vaillants maquis du Vercors, de l'Oisans, de Chartreuse, la ville citée par toutes les radios du monde, Grenoble où la milice prétendue française ne se risquait qu'en tremblant, accueillera le général de Gaulle, qui lui apportera sa célèbre Croix de la Libération. Date historique dans les fastes d'une cité riche déjà en souvenirs glorieux, mais dont la conduite, sous l'oppression nazie, dépasse en grandeur les faits d'armes les plus prestigieux. »

Les Allobroges, mais aussi les deux autres quotidiens de l'époque, *Le Réveil* et *Le Travailleur Alpin*, publiaient le même jour une proclamation de Fréderic Lafleur, le maire de la Libération :

« Dans quelques heures, la ville de Grenoble aura le privilège d'accueillir l'ardent patriote, le grand Français en qui s'incarne l'âme de notre pays, le général de Gaulle. De ses mains, la métropole des Alpes françaises, qui sut mériter le titre glorieux de capitale de la Résistance, recevra la Croix de la Libération.

Saluant la nouvelle armée des Alpes issue de la Résistance, le général de Gaulle déclarera le 5 novembre 1944 : « Grenoble est la ville championne de la Libération. »

Nous sommes justement fiers d'un tel honneur et, tous d'un même cœur, nous témoignerons au chef incontesté du gouvernement de la France, notre indéfectible confiance et notre affection. Grenoblois, pavoisons nos demeures, affirmons par notre enthousiasme, par nos acclamations, combien nous est cher celui qui, aux heures les plus sombres de la guerre, ne douta jamais du destin de la Patrie. »

Et c'est dans une ville abondamment pavoisée et noire de monde que Charles de Gaulle fit son entrée, accompagné, notamment, des généraux de Lattre de Tassigny et Juin. Il descendit de sa voiture place de la Bastille, remonta tout le boulevard Gambetta à pied, sous les vivats de la foule et, toujours à pied, escorté des autorités locales, se rendit place Paul-Mistral, où une grande tribune abondamment décorée, surmontée d'une superbe croix de Lorraine, avait été dressée.

Très ému, le maire de Grenoble prit la parole, brossa un rapide historique des grands moments de la Résistance et se déclara honoré et fier d'accueillir celui qui, bien avant la Libération, avait décerné à Grenoble pour son patriotisme et son héroïsme, la Croix de la Libération[1]. Il remit ensuite au chef provisoire de l'État une épée de Napoléon, que la ville possédait depuis longtemps.

Avant d'épingler sur un coussin de velours qu'on lui tendait la prestigieuse décoration, le général de Gaulle prit à son tour la parole :

« Toutes les épreuves morales et matérielles subies par votre belle ville, vous les avez supportées sans jamais renoncer à l'espoir de la Liberté. Grenoble a consacré par des faits héroïques sa volonté de libération et, dès qu'elle l'a pu, Grenoble, par ses propres moyens, s'est libérée pour se rendre à elle-même, à la France, comme la France voulait qu'elle fût, c'est-à-dire fière et lavée de l'ennemi. Le gouvernement de la République a décidé, dès la fin de l'année 1943, de décerner à la ville de Grenoble le titre de championne de la Libération. »

Et le chef de la France libre, un tantinet ému lui aussi, accrocha la croix que seules quatre autres villes allaient recevoir, dont une autre, toute proche, en Dauphiné aussi : Vassieux... Il remit ensuite des décorations aux grands résistants dauphinois, et notamment la Croix de la Libération à Eugène Chavant, le chef civil du Vercors.

1. *Se reporter au chapitre III : « Et les Grenoblois se réveillèrent ».*

Et ce fut ensuite l'impressionnant défilé des troupes, qui commença alors que le soir tombait lentement sur la ville... « Ce sont les groupes parmi les plus glorieux qui défilent, nota un témoin. On les nomme au passage dans les bouffées de bravos. Nos Chasseurs alpins retrouvés plus martiaux que jamais ; le groupe Stéphane et ses gars en short kaki ; ceux du commandant Nal avec Requet en tête ; les bataillons de l'Oisans, skis blancs à l'épaule ; les groupes du Vercors avec Guillot ; ceux de Belledonne ; ceux de Chartreuse ; tous bardés de faits épiques, tous auréolés de leur légende de témérité, de courage et d'audace. Derrière eux, la division nord-africaine passe dans le fracas de ses armes, nouvelle, splendide, sereine, puissante. Le défilé dure pendant une heure. Les étendards s'inclinent devant le chef du gouvernement et les chants triomphants couvrent par vagues le vrombissement des moteurs. Les tanks ferment la marche... »

Les autorités gagnèrent ensuite la préfecture où une grande réception était organisée. Malgré la nuit qui s'était confortablement installée, une foule très dense, en liesse, se massa place de Verdun. Elle chantait, elle applaudissait, elle réclamait le premier résistant de France.

Alors, le général se montra à la population, du haut d'un balcon de la préfecture. Et une vibrante *Marseillaise* partit spontanément des milliers de chœurs enfiévrés par cette mémorable visite.

Un grand salut, les deux bras levés très haut, dessinant le V de la victoire ; une immense clameur secouant longuement le ciel grenoblois ; et de Gaulle réintégra les salons où l'attendaient les nombreux invités du préfet et du maire de Grenoble.

Par petits groupes, la population, lentement, s'éloigna, chacun ayant conscience qu'il avait vécu une journée historique.

LE 2 073e JOUR DE LA GUERRE...

Lundi 7 mai 1945, le quotidien grenoblois *Le Réveil* diffusait une édition spéciale, qui s'arracha dans les rues. La nouvelle tant attendue s'étalait sur toute la largeur de la page une : l'Allemagne avait enfin capitulé ! On pouvait en effet lire en gros caractères : « Au 2 073e jour de la guerre, la reddition sans conditions de l'Allemagne a été signée cette nuit à Reims. » En sous-titre, une autre information était mise en évidence : « Le général de Lattre de Tassigny a signé au nom de la France. »

Les Grenoblois apprendront cependant le lendemain que ce n'était pas le général de Lattre de Tassigny qui avait paraphé

RÉPUBLIQUE
FRANÇAISE
HONNEUR ET PATRIE

ORDRE DE LA LIBÉRATION

PAR DÉCRET DU 4 mai 1944
VU L'ORDONNANCE N° 7 DU 16 NOVEMBRE 1940
CRÉANT L'ORDRE,
VU L'ORDONNANCE DU 7 JANVIER 1944
SIGNÉES PAR LE GÉNÉRAL DE GAULLE,

LA CROIX DE LA LIBÉRATION
A ÉTÉ DÉCERNÉE A

la Ville de Grenoble

ENREGISTRÉ N° 785
LE SECRÉTAIRE DE L'ORDRE

LE GRAND CHANCELIER DE L'ORDRE
DE LA LIBÉRATION

Le diplôme décernant à Grenoble la Croix de la Libération, une distinction extrêment rare pour une ville.

l'acte, mais le général Sevez. Et ce mardi 8 mai, le quotidien *Les Allobroges-Le Dauphiné libéré*[1] paraissait exceptionnellement en grand format, annonçant triomphalement la capitulation : « Pour la deuxième fois en 27 ans, l'Allemagne capitule en terre française. Hier à Reims, à 2 h 41, la reddition était signée en présence des représentants de toutes les puissances alliées. Au nom de la France, le général Sevez a reçu l'acte de capitulation. Aujourd'hui 8 mai, proclamation du jour V. »

Les lecteurs apprenaient ensuite que les autres signataires étaient le général Walter Bedell Smith, chef d'état-major du général Eisenhower pour le commandement suprême allié, le général Ivan Susloparoff pour la Russie, l'amiral Doenitz ayant ordonné la capitulation sans conditions de l'ensemble des forces allemandes.

Mais le communiqué officiel de la Victoire n'allait être publié, lui, que dans les journaux du mercredi 9 mai. Il était court : « État-major suprême des Forces alliées. Toutes les forces allemandes de terre, de mer et de l'air en Europe se sont rendues sans conditions aux Forces alliées et simultanément au haut-commandement soviétique, à 1 h 41, heure de l'Europe centrale, le 7 mai 1945. Les conditions de reddition, qui entreront en vigueur à 23 h 01, heure locale le 8 mai, ont été signées par un officier du haut-commandement allemand. Les Forces alliées ont reçu l'ordre de cesser leurs opérations offensives, mais se maintiendront sur leurs positions actuelles jusqu'à ce que la reddition devienne effective. »

Les quotidiens ne paraissant pas le jeudi 10 mai 1945, jour de l'Ascension, ce n'est que le vendredi 11 mai que les Grenoblois — comme la plupart des Français — apprirent que c'est à Berlin qu'avait été signé l'acte définitif et que, cette fois-ci, c'est bien le général de Lattre de Tassigny, commandant notre première armée, qui signa pour la France. En réalité, il convient de préci-

1. *À la Libération,* Le Petit Dauphinois *fit place aux* Allobroges, *journal clandestin du Front national, devenu le quotidien de différents mouvements de la Résistance. Mais le Mouvement de Libération nationale et le Parti socialiste se sentaient mal à l'aise dans cet organe de presse unique et, très vite, réclamèrent leur indépendance. Pour des raisons techniques et financières, celle-ci tarda à venir. Ils obtinrent toutefois, à compter du 15 janvier 1945, que leur tendance fût clairement affichée dans le journal commun désormais intitulé* Les Allobroges — Le Dauphiné libéré. *Et, le 7 septembre 1945, deux titres séparés étaient proposés aux lecteurs : d'un côté* Les Allobroges, *de l'autre* Le Dauphiné libéré. *Mais pendant plusieurs années encore, ils allaient être réalisés dans la même imprimerie, ce qui occasionnera bien des problèmes...*

ser, pour la petite histoire, que cet acte définitif ne fut pas paraphé le 8 mai, mais le 9 mai, à 0 heure 15...

Si déjà le lundi 7 mai, en soirée, bien des Grenoblois se retrouvèrent dans la rue, drapeaux à la main, chantant à tue-tête, le lendemain 8 mai, qui avait été décrété jour férié, ce fut, partout, une allégresse indescriptible.

« Dès le matin, d'innombrables grappes de Grenoblois commencèrent à parcourir les rues de leur ville, brandissant drapeaux et cocardes, chantant à tue-tête *La Marseillaise* et des chants de victoire, qu'ils avaient appris en effectuant leur service militaire, me confia un jour le professeur Gaston Béthoux, qui avait vécu cette euphorie. Dans les rues, des haut-parleurs diffusaient d'ailleurs un peu partout des refrains martiaux. Il y a eu, un peu avant midi, si mes souvenirs sont bons, le discours du général de Gaulle à la radio, ce qui provoqua une nouvelle vague d'allégresse. Pour couronner le tout, aussitôt après, les cloches des églises se mirent à carillonner joyeusement et, du haut de la Bastille, le canon tonna à plusieurs reprises... Une partie de la population se retrouva ensuite place de Verdun, pour un grand rassemblement de la Victoire. Brandissant des fanions tricolores, les enfants des écoles arrivèrent à leur tour. Ce fut une immense fête populaire...

« Je ne sais plus à quelle heure exactement le préfet et le maire se montrèrent à la foule, du haut du balcon de la préfecture. Ils étaient entourés des représentants des différents mouvements de la Résistance et des armées française, américaine, britannique, soviétique et polonaise. Après des discours enflammés du maire, du président du Comité départemental de Libération, du gouverneur militaire, le préfet fut vivement applaudi quand il s'écria : "...Mais après avoir gagné la guerre, il faut gagner la paix !" »

Et Gaston Béthoux se souvenait avec émotion de *La Marseillaise* qui fut entonnée par les personnalités et reprise en chœur par la foule.

« Une immense *Marseillaise*, qui vous donnait la chair de poule ! Un long cortège se forma ensuite, mené par les autorités, pour aller jusqu'au monument aux morts. Un cortège qui n'en finissait plus, suivi par toute la population, à l'intérieur duquel, cependant, des groupes structurés prirent place : celui des anciens combattants et mutilés de guerre, celui des pupilles de l'air, puis ceux de l'Orphéon municipal, de la Sentinelle des Alpes, des Alsaciens en costumes, de l'harmonie municipale, des premiers déportés de retour des camps, des anciens prisonniers de guerre, de plusieurs fanfares. Il y avait même une délégation de l'Armée rouge !

« Après la cérémonie officielle au monument aux morts largement fleuri, la population, en liesse, ne rentra pas tout de suite chez elle. Tout le cœur de la ville était noir de monde ! On chantait ! On criait des slogans ! On dansait !... On avait tellement souffert pendant ces abominables journées de guerre ! Des jeeps sillonnaient les rues en klaxonnant. Elles étaient prises d'assaut par les jeunes avec la joyeuse complicité des conducteurs. Les étudiants organisèrent un gigantesque monôme, brandissant en tête le mannequin de Hitler, hué par la foule déchaînée. Un mannequin qui fut ensuite jeté dans un bûcher monstre autour duquel s'organisa spontanément une joyeuse farandole... Très tard dans la nuit, des groupes bigarrés et tonitruants parcoururent les rues inondées de drapeaux et de cocardes... »

La guerre, qui avait répandu tant de larmes et de sang, était bien finie, mais les plaies béantes allaient mettre bien du temps à se refermer.

Chapitre XIII

Rescapés de l'enfer

Cinquante ans après leur retour des camps de concentration et d'extermination, et un peu plus récemment pour les besoins de ce livre, j'ai pu recueillir le témoignage de plusieurs dizaines de rescapés, des miraculés devrais-je écrire, qui, pour la première fois, consentaient à évoquer à des fins de publication, et non sans une émotion bien compréhensible, l'incroyable, l'hallucinant, l'épouvantable épisode qu'ils avaient vécu dans leur jeunesse.

Beaucoup d'entre eux m'ont confié qu'ils n'avaient pas osé témoigner ainsi auparavant, les uns par pudeur, les autres pour ne pas réveiller en eux l'insidieuse douleur qui les habitait toujours, d'autres enfin parce qu'ils redoutaient de ne pas être crus ! Elle était tellement inimaginable l'affreuse histoire qui était la leur...

Certains se souvenaient dans les moindres détails de leur abominable séjour dans les sinistres camps de la mort. Toutes les visions d'horreur avaient été enregistrées dans leur cerveau et se déroulaient comme une bande de film, me dit l'un d'eux. Un autre me confia qu'il s'était retrouvé « dans une autre vie ». Une autre encore : « Il me semble que c'est une personne étrangère à moi qui a vécu tout ça... »

Certains, en revanche, avaient oublié de nombreux détails. La souffrance les avait sans doute effacés de leur mémoire. Mais peut-être leur subconscient avait-il voulu éliminer certaines horreurs...

Pendant longtemps, en tout cas, de nombreux déportés n'aimaient pas évoquer leur effrayant passage dans ce monde où tout sentiment humain avait été proscrit. Un ancien de Dachau m'a déclaré : « Je me suis beaucoup forcé pour accepter de vous rencontrer. J'ai bien hésité. Mais une voix me criait : "vas-y ! parle !" Peut-être était-ce celle d'un de mes compagnons de jadis qui est resté pour toujours dans cet univers innommable... » Un autre déporté m'a précisé : « Après de nombreuses années de silence, je suis convaincu à mon tour qu'il faut témoigner, même si c'est très dur à faire. Ça éveille tellement le cauchemar que je voulais étouffer à jamais... Mais c'est vrai : il faut témoigner pour prévenir les jeunes d'aujourd'hui qui sont notre avenir ; si l'on ne fait pas gaffe, pareille abomination pourrait à nouveau s'abattre sur la terre... »

Le choix entre tous les témoignages n'a pas été facile à effectuer. Avant tout, il fallait montrer les innombrables facettes de cette gigantesque mise à mort, les situations les plus incroyables qui vont bien au-delà de tout ce qu'on pourrait inventer. Les récits sélectionnés dans ce chapitre sont tous différents les uns des autres. Leur grande diversité montre toute l'étendue de la folie nazie...

La longue série de témoignages se termine sur un cri d'espoir. Celui d'un déporté qui, cinquante ans après, a revu le camp où il a tant souffert, d'où tant de ses amis ne sont jamais revenus. Là-bas, sur cette terre, sur les lieux-mêmes où tant de sang fut inhumainement versé, on fait tout pour ne pas oublier, on fait tout pour que pareille horreur ne se reproduise plus. Plus jamais...

JEANNE FRÉNOUX : L'ACCUEIL DES DÉPORTÉS

Avant de donner la parole aux survivants des camps de la mort, arrêtons-nous pendant quelques instants avec ces Français de la fin 1944 et du début 1945, qui ont fêté la Libération et qui ont repris leur travail avec courage et détermination, pour reconstruire la France qui, comme eux, avait beaucoup souffert pendant la terrible guerre.

Ces Français, dont beaucoup attendaient encore un des leurs, prisonnier de guerre en Allemagne ou déporté, résistant, politique ou juif, qui avait été arrêté par la Gestapo et que l'ennemi, qui n'avait pas encore capitulé, retenait toujours chez lui. Ils savaient, ces Français, que cet ennemi exploitait odieusement ses prisonniers, les faisant travailler dans les pires conditions, les regroupant dans de grands camps de concentration. Mais ce qu'ils ignoraient encore, ces Français, c'est que ces camps de concentration étaient souvent des camps d'extermination et que les déportés en Allemagne vivaient un épouvantable cauchemar...

Quand petit à petit la vérité sauta cruellement à leurs yeux, ce fut d'abord la stupeur, puis l'indignation et la colère. Et chacun alors s'organisa pour accueillir dans les meilleures conditions les rescapés de l'enfer...

☆
☆ ☆

La Grenobloise Jeanne Frénoux a accueilli plus d'un millier de déportés, qui arrivaient tous dans un état inimaginable. Si les prisonniers de guerre avaient souffert aussi, les déportés, en revanche, atteints physiquement et moralement, semblaient provenir d'un autre univers. Un univers épouvantable.

« J'étais jeune, alors, me dit-elle un jour. Je sortais juste de l'école avec mon diplôme d'assistante sociale... C'est une amie qui m'avait dit : “De nombreux déportés et prisonniers de guerre vont arriver d'Allemagne. On a besoin de toi pour les accueillir !”»

C'est ainsi que Jeanne Astier, devenue plus tard Mme Frénoux, entra au COSOR (Comité des œuvres sociales des organisations de Résistance) au début de l'année 1945.

« Nous avons commencé à en accueillir beaucoup à la fin du mois d'avril. Et cela continua en mai et en juin. Ils arrivaient à la gare de Grenoble, certains en groupes, d'autres tout seul. Des collègues du COSOR les attendaient sur les quais. Moi, j'étais au bureau d'accueil du Touring-Hôtel, qui avait été réquisitionné par le ministère des Rapatriés, puis dans un local situé plus près, 61 avenue Alsace-Lorraine. La plupart de ces rescapés avaient déjà été accueillis par leurs familles. Mais ils avaient terriblement besoin de nous.

« Je ne crois pas en avoir vu arriver dans ce triste costume rayé. Il est vrai que, de leur libération à leur arrivée à Grenoble, un certain temps s'était écoulé et on leur avait donné des effets plus décents, mais toutefois rarement neufs. Ce laps de temps fut sans doute très éprouvant pour eux car Russes et Américains n'étaient pas organisés pour la libération des camps. Et nos rescapés étaient à bout de souffle. Leur état exigeait des soins urgents et bien adaptés... »

Le COSOR leur attribuait dès leur arrivée des bons de ravitaillement (on manquait encore de beaucoup de choses en France et tout était sévèrement rationné), mais s'occupait surtout de leur santé, si chancelante.

« Nous n'étions pas les seuls à les prendre en main, tenait à souligner Jeanne Frénoux. Des organismes, comme la

Croix-Rouge, ont été, eux aussi, très efficaces. Et puis, à Pont-de-Claix, il y avait un centre de dépistage, dépendant de l'armée... Tous, nous accueillions ces malheureux avec le plus de chaleur possible. Ils en avaient tellement besoin ! Certains, plus forts que les autres, avaient relativement bien résisté aux traitements inhumains. Mais ils étaient rares. Aussi, nous en orientions beaucoup sur les hôpitaux. Parmi eux, il y avait de très nombreux tuberculeux. Une de mes tâches était d'aller les voir ensuite régulièrement à l'hôpital... Nous en dirigions aussi d'autres sur des maisons de repos : Allemont, l'Alpe-d'Huez, Saint-Laurent-du-Pont, Château Randon. »

Le temps d'un petit silence, un voile de tristesse balaya les yeux de mon interlocutrice.

« Certains, hélas, trop atteints, n'ont pas survécu... D'autres, pour des raisons diverses, n'ont plus retrouvé de famille. Il fallait se mobiliser davantage encore pour eux. Se sentant bien entourés, après un long repos réparateur et une nourriture appropriée, ils reprenaient, petit à petit, le moral... »

Le COSOR resta ainsi structuré pendant deux ans. Le temps pour beaucoup de déportés de se remettre d'aplomb.

« Le bon air de nos montagnes, une alimentation saine, sans oublier la visite des amis, leur furent salutaires. Nous, on continuait à s'occuper d'eux, qui aimaient d'ailleurs se retrouver entre eux, le moins faible épaulant le plus faible. Ils venaient souvent nous voir par deux, ils avaient de la peine à se séparer... »

La grande solidarité qui s'est spontanément dessinée autour d'eux les a sans doute beaucoup aidés :

« La population nous apportait régulièrement des vêtements et un peu de nourriture pour eux. Mais c'étaient évidemment des choses de la guerre... Le dispensaire antituberculeux de mademoiselle Bouchayer fut pour nous un excellent appoint. Les petites attentions de tous leur allaient droit au cœur... Et puis nous avions des attentions particulières pour les veuves et les orphelins de déportés. Car les familles éplorées avaient besoin, elles aussi, de réconfort. »

Longtemps après le retour des camps, Jeanne Frénoux se posait encore cette question :

« Je me demande toujours comment ils ont pu tenir "là-bas ". Comment ils ont pu survivre... Mais il est vrai qu'ils étaient presque tous jeunes et qu'ils avaient des ressources extraordinaires en eux... »

Ce qu'elle ne pouvait surtout pas oublier, l'ancienne assistante sociale, c'est la grande détresse, la grande douleur de ces rescapés, quand ils évoquaient, les larmes dans les yeux, tous leurs compagnons qui n'étaient pas revenus et qui étaient restés à jamais dans l'enfer des camps nazis.

Et des compagnons qui ne respirèrent jamais le grand air pur de la Libération, il y en eut beaucoup, beaucoup, beaucoup...

RAYMOND GONZALEZ : LE JOURNAL D'UN DÉPORTÉ

L'héroïque population dauphinoise n'a pas été épargnée par la déportation. Bien au contraire ! Sa vaillance légendaire, sa bravoure exemplaire, son patriotisme inaltérable, sa détermination inébranlable à bouter l'ennemi hors de nos frontières, elle les a durement payés. Terriblement payés ! Il est vrai que des manifestations spectaculaires comme celle du 11 novembre 1943 ont beaucoup enflé le nombre des déportés. Lors de cette seule journée, rappelons-le, 398 Grenoblois ont été expédiés vers les sinistres camps de la mort !

Raymond Gonzalez, à l'âge de 19 ans, peu de temps avant son arrestation. Il a écrit dans les camps de la mort un émouvant témoignage.

Mais, avant de donner la parole aux rescapés de l'enfer nazi, qui nous apportent dans les pages suivantes un témoignage irremplaçable, implacable, j'aimerais ouvrir les pages d'un journal intime. Un journal pas comme les autres. Celui d'un déporté grenoblois, écrit dans des conditions atroces, inhumaines. Un journal bouleversant...

☆
☆ ☆

« Buchenwald, le 20 avril 1945. Chers parents, chers frères ; je vous écris pour la troisième fois. Je préférerais de beaucoup pouvoir dès à présent vous parler, ne serait-ce qu'au téléphone. Je suis impatient de revoir la France, de vous revoir, de revoir Grenoble, les montagnes, mes camarades. Je crois pourtant que maintenant notre retour ne va pas tarder. Déjà des camarades sont partis. Les jeunes partent aujourd'hui et peut-être dans trois ou quatre jours, deux ou trois convois emporteront tous les Français... »

Quand Raymond Gonzalez écrivit ces lignes, le camp de Buchenwald était libéré depuis plusieurs jours déjà et le cœur du Grenoblois était enfin gonflé d'espoir. Bien sûr qu'il allait bientôt revoir Grenoble, ses montagnes, ses parents, ses amis. Mais dans quel état ! L'infernal bulldozer nazi, qui avait broyé tant de vies, le laissait dans un état lamentable, sans force, très malade... Deux mois, jour pour jour, après son retour dans la capitale des Alpes françaises, le 16 juillet 1945, il allait s'éteindre, des suites de son horrible séjour dans le camp de concentration. Il n'avait que 22 ans !

Raymond Gonzalez était né le 15 mars 1923 à l'Isle-d'Abeau, où ses parents résidaient alors. Sa famille maternelle était originaire de cette même région, mais ses grands-parents paternels étaient espagnols, et il en gardait une certaine fierté. C'est à Saint-Alban-de-Roche qu'il fit ses premières études. Quand ses parents se fixèrent à Grenoble, il entra comme externe au collège de l'Aigle, se révélant excellent élève. Il effectua ensuite sa « philo » au lycée et, dès la rentrée 1941, il s'inscrivait à la faculté des lettres.

Un de ses amis de cette époque, André Sauvage, devait dire de lui, le 4 septembre 1945 : « Il avait dix-neuf ans lorsque je le connus à la fac, et tous ceux qui furent, comme moi, ses condisciples, savent combien je suis sincère en disant qu'on ne pouvait pas ne pas l'aimer... Il animait tout par son sourire, par sa joie de vivre ; il nous attirait tous par sa loyauté et sa grande bonté. À une époque si rude pour la jeunesse — où les meilleurs d'entre nous gagnaient parfois leur coin d'endurcissement —, il avait su garder dans sa plénitude le sens de la fraternité humaine. À cela s'ajoutait son courage ; un courage où entrait une bonne part d'héroïsme et que j'appelais, pour le plaisanter affectueusement, sa « fierté castillane », ce même courage qui lui faisait aimer à la fois Péguy et Malraux et qui était non seulement — comme l'a prouvé son geste du 11 novembre 1943 — intrépidité et mépris du danger, mais aussi cette vertu plus rare de supporter dans l'espoir et la dignité les plus grandes souffrances et les pires humiliations. »

Raymond Gonzalez, qui appartenait au réseau de Résistance « Témoignage Chrétien », fit en effet partie des nombreux Grenoblois arrêtés lors de la grande manifestation patriotique du 11 novembre 1943 et expédiés ensuite à Compiègne avant de rejoindre les camps de la mort...

Lorsqu'il fut « raflé » — c'est le mot qui était utilisé alors —, il habitait chez ses parents, qui tenaient un commerce de glaces, 12 rue Servan à Grenoble. Il avait d'ailleurs été le créateur de la marque *La Banquise*, que ses frères Joseph et Gabriel exploitèrent jusqu'à l'âge de leur retraite. Aujourd'hui, la maison Gonzalez est toujours présente à Grenoble et ce sont les trois neveux de Raymond, fils de Joseph, qui continuent la tradition familiale.

Comme tous les déportés grenoblois du 11 novembre 1943, Raymond Gonzalez arriva un jour d'hiver dans le lugubre camp de Buchenwald. Le 14 janvier 1944 exactement. Il fut tout d'abord affecté aux durs travaux de terrassement, à Buchenwald même, puis à La Halle, une usine d'aviation voisine. Accusé de sabotage, il revint ensuite dans le camp, pour effectuer sur différents chantiers des travaux très pénibles, aux cadences épuisantes. C'est dans cet enfer qu'il contracta la tuberculose qui allait l'emporter après sa libération...

Peu de temps après la mort du jeune Grenoblois, un de ses amis, Robert Jay, écrivit ces quelques lignes dans *L'Aiglon*, le journal des anciens de l'Aigle : « ... C'est avec une joie immense que nous entendîmes à la radio les noms des rescapés des camps de l'horreur. Il [Raymond Gonzalez] nous revenait vivant ; les soins attentifs de sa famille auraient tôt fait, pensait-on, de lui rendre la santé ; c'est dans cet état d'esprit que chacun de ses camarades lui rendit visite. Il nous conta alors sa tragique aventure. Déporté d'abord à Compiègne, il fut transféré ensuite à Buchenwald. Là, pendant dix-huit mois, il devait subir les plus cruelles souffrances, à peine nourri, à peine vêtu, il travailla, dans les équipes de nuit, sous la pluie et sous la neige, subissant les coups de ses gardiens. À ces tortures physiques se joignaient toutes les tortures morales : promiscuité, nostalgie de la France, des parents, absence de nouvelles, privation des secours spirituels. Il passa ainsi deux rudes hivers dans un cadre d'enfer. Il vit autour de lui tomber peu à peu ses camarades, mais avec une volonté, un espoir insensé, semblait-il, il voulut tenir. Cette foi si profonde qu'il portait en lui l'aida ainsi à triompher de toutes ses souffrances. »

Tant de souffrances ainsi accumulées eurent pourtant raison de lui. Mais il s'est éteint en homme libre, parmi les siens, dans ses montagnes grenobloises.

Quelque temps après sa disparition, ses parents eurent droit à une grande surprise : ils trouvèrent, soigneusement enveloppés dans un rugueux papier vert, deux petits carnets et une quarantaine de feuilles de toutes formes et de toutes provenances, couverts de l'écriture très serrée de Raymond. C'était un journal ! Un journal, qu'il avait écrit, au jour le jour, à Buchenwald ! Incroyable : le journal d'un déporté...

☆

☆ ☆

Dans ce journal insolite, que m'a longuement montré sa famille et qui est maintenant précieusement conservé au musée de la Résistance de Grenoble, des pages, plus que d'autres, attirent l'attention. C'est ainsi que l'on peut lire, à la date du 7 septembre 1944 :

« Combien j'ai douce souvenance ! L'honneur national... Chaque exilé se sent l'âme vide. Chacun a souffert de la faim, du froid : il en garde l'impression de solitude (de haine) pour la foule : vaste désert d'hommes. Que suis-je devenu dans le bloc de 700 hommes ? Un numéro comme les autres : 41 125 recevait sa portion avec les autres, mangeait quelquefois dans les mêmes gamelles, allait dans les WC collectifs, lavabos collectifs, était appelé au transport ; il cherchait à avoir du rab en faisant des corvées de soupe. La lutte pour la vie. Comment ai-je conservé ma personnalité ? »

C'est le 5 août 1944 que Raymond Gonzalez avait commencé à écrire son journal. Sans doute ne put-il le faire avant, car il devait opérer en cachette. Comment se procura-t-il ces deux minuscules carnets ? On ne le saura jamais. Et il avait tellement de choses à dire qu'il utilisa aussi des papiers d'emballages, des fiches allemandes, des morceaux de carton, de tous les formats, de toutes les couleurs. Même sur des imprimés, il arrivait à glisser dans un coin ou entre deux lignes, ses pensées, ses espoirs en Dieu.

Quand la famille trouva toutes ces notes jetées hâtivement sur des supports hétéroclites, elle crut tout d'abord être en présence de notes de lectures. Il est vrai que sur le premier carnet figurent essentiellement des paragraphes sur l'histoire européenne, celle de la Russie, du Proche-Orient, de la Chine. Sur les religions orientales, aussi. Mais, petit à petit, entre ces différentes notes apparaissaient des réflexions personnelles sur sa vie de déporté. Des réflexions un peu noyées au début — est-ce volontaire, au cas où le carnet eût été récupéré par de mauvaises mains ? — mais qui, au fil des pages, devenaient de plus en plus nombreuses, au point de constituer un véritable journal intime. Un témoignage extrêmement rare : si peu de déportés ont pu écrire ! Et un témoignage bouleversant aussi. On se demande aujourd'hui encore comment le Dauphinois a pu conserver ses notes écrites au crayon de papier et sans doute dans le noir, certaines, hélas, étant plus ou moins effacées. Ce sont ses parents et amis qui sont parvenus à les remettre en ordre...

Raymond Gonzalez craignait sans doute d'être surpris. Sans doute aussi avait-il peur de manquer de place pour consigner toutes ses réflexions. Toujours est-il que ses phrases étaient souvent laconiques, telle celle-ci : « La lutte pour la vie : savoir resquiller, se démerder. Égoïsme. Influence de l'état moral du milieu. Ne pas penser au lendemain. »

Mais sous ce laconisme presque permanent, sa grandeur d'âme perlait souvent : « Tout pour l'enrichissement du moi, écrivait-il un jour de septembre 1944. Faire de mon travail en somme si bête, une source de qualités pour mon âme : par exemple l'ordre, l'amour du travail bien fait méthodique. Petit à petit, ne pas vouloir tout embrasser, faire de mon contact avec de jeunes types un moyen de mieux connaître mon idéal. Sous l'œil des « barbares » : franchise ! »

Quelques jours plus tard, il nota encore : « Au fond de mon moi : être divinisé. Je renaîtrai. Car qu'est-ce que mon bagne mécanisé ? Temps perdu, souffrances non offertes. Pas d'actes volontaires. Vie non réglée. Mon moi est mouvant, insaisissable. Souvent, je ne veux souffrir cette situation : après mes actes, je considère mes défaillances en me condamnant. »

Raymond Gonzalez évoqua souvent l'amitié et sa liberté intérieure : « Je sens la solitude, privé d'amis. J'ai cru avoir à faire à de bons copains puis je les vis intéressés. Pas toujours idéales ces relations. La vache à lait... Pourtant, j'ai du plaisir à voir une tête connue... » Il consigna aussi : « Essayer d'avoir plus que sa portion sans que cela nuise, mais rester libre : je ne le suis pas. Libre vis-à-vis de 4 patates ou d'un morceau de pain. Vouloir ou ne pas vouloir, mais décider après réflexions... »

Cet homme à l'idéal très pur a beaucoup souffert physiquement mais peut-être plus encore moralement dans ce bagne inhumain. Mais, digne, il ne s'appesantit pas sur le sujet. Et ce bagne, il le décrivit sobrement, notant ici et là quelques phrases seulement. Comme des esquisses. Mais suffisantes pour évoquer cet univers d'horreur. C'est ainsi que, parlant de l'infâme « kapo » du four crématoire, il jeta sur un coin de feuille : « ... il aimait mieux brûler les corps de Buchenwald : ils sont plus gros. Ceux de Dora demandent deux fois plus de temps (40 minutes) et ils sont maigres. » Un autre jour, il griffonna, toujours à propos du camp où il périclitait lentement : « ... Déjà, je ne sais pas quoi dire, des généralités. Les journées se ressemblent beaucoup, ce qui fait qu'on s'habitue et qu'on vit mécaniquement. Des faits isolés subsistent : le camarade qui porte des pierres sous la pluie... ceux qui sont pris à dormir... »

Et la mort était toujours là qui rôdait insidieusement, qui le frôlait à tout instant, qui jouait avec ses nerfs et qui fauchait impitoyablement ses compagnons d'infortune, les uns après les autres. « La mort vient comme un voleur, écrivit-il un jour. La mort ne choisit pas. »

La vie continuait dans le camp. Si dure. Si éprouvante. Si cruelle... « À mesure que le temps passe, que la guerre se prolonge, mon courage s'affaiblit, reconnut-il un autre jour. La vie à Buchenwald me pèse. La collectivisation pèse sur mon être, mais je ne peux me résoudre à tout prendre comme normal. J'ai pourtant pris certains plis de la vie d'*Häftlings* : la lutte pour la vie, le rab... »

Le 24 octobre 1944, il consignait d'une écriture pressée : « Exécution d'un camarade. Pas trop de déclamation. Pas de gestes. Des gueules d'enterrement. Comme la vie me paraît chère en voyant qu'il est si simple de la supprimer ! Je pense à mes parents, à ceux du condamné, à son âme, à Dieu. »

Un autre jour, il osa penser à l'avenir dans ce monde où le lendemain était si incertain : « ... Toujours mon martyre, le temps perdu, l'idiotie de mon arrestation. Je pense pour la France. Je pense au retour : les internés politiques auront les honneurs. Je ne pourrai pas supporter, ce n'est pas pour moi... »

Était-ce une prémonition ? Raymond Gonzalez, à son retour, n'eut pas le temps de les supporter, ces honneurs. Après tant de privations, après tant de souffrances, il s'est éteint doucement. Mais chez lui, et en pays libre, laissant son étonnant et émouvant témoignage pour les générations futures.

MICHEL ESTÈVE : UN FOOTBALLEUR À BUCHENWALD

Onze novembre 1943... Comme Raymond Gonzalez, Michel Estève, footballeur professionnel à Grenoble, fit partie de ces milliers de Grenoblois qui crièrent leur patriotisme dans les rues de la ville. Et, comme Raymond Gonzalez, il fit aussi partie de ceux qui furent arrêtés et expédiés à Compiègne, entassés les uns sur les autres. Après plusieurs semaines passées dans de très mauvaises conditions dans une caserne, sans explication il fut jeté un jour, avec ses compagnons, dans des wagons qui prirent la direction de l'Allemagne. Des wagons à bestiaux, utilisés auparavant pour emmener les bêtes à l'abattoir...

« Dans ces wagons, ce fut terrible ! », m'a-t-il confié, me recevant chez lui à l'occasion du cinquantième anniversaire de la libération des camps de concentration et d'extermination. « Trois jours, pratiquement sans manger et sans boire, pour arriver à destination ! Serrés les uns contre les autres. Sans hygiène. Sans la possibilité de se dégourdir les jambes ! »

Évoquant ce long, ce si pénible voyage, Michel Estève poussa un long soupir et, esquissant soudainement un petit sourire, poursuivit :

« Eh bien figurez-vous que trois d'entre nous, déjouant l'attention des gardes-chiourmes, ont réussi à s'évader, alors que nous étions encore en France ! Ils ont forcé une porte et se sont échappés. Le troisième avait à peine sauté dehors que les Allemands étaient déjà sur eux. Les deux premiers parvinrent à leur échapper : c'étaient nos champions cyclistes Bernard Gauthier et Émile Baffert ! Les veinards... »

Mais cette évasion aggrava encore la promiscuité :

« La porte ne pouvant plus se fermer correctement, les autres occupants du wagon furent répartis dans les autres wagons qui étaient déjà surchargés. Ce fut l'horreur. Les conditions de vie devenaient abominables... Il fallait bien faire nos "besoins". Ce fut une infection terrible... »

Une affreuse grimace, mais pas de commentaires :

« Mieux vaut ne pas en parler ! »

Et ce fut l'arrivée, après un si long, après un si pénible trajet...

« Le train s'arrêta à un kilomètre et demi de Buchenwald. Et ce fut l'arrivée dans l'horrible camp... Les nazis avaient poussé leur machiavélisme au paroxysme en faisant jouer un orchestre de déportés pour nous accueillir ! Mais nous avons vu tout de suite de grandes cheminées qui fumaient. Et nous avons su dès le premier jour qu'il s'agissait de fours crématoires : un kapo[1] nous l'a appris en guise de bienvenue... »

Les nouveaux arrivants durent subir la « quarantaine » :

« On nous a rasé les cheveux, passé à la désinfection, remis un "costume" rayé et on nous a maintenus, isolés, avec, pour nourriture, celle qu'on allait avoir pendant tout notre séjour au camp, à savoir : le matin, un pain d'un kilo pour cinq détenus ; le midi, une espèce de soupe sans grand-chose dedans ; après, un ersatz de café ; le soir, rien... »

Michel Estève, qui était d'origine espagnole, a toujours reconnu que, dans son malheur, il avait eu la chance de rencontrer un kapo, ancien pharmacien de Barcelone, qui lui avait dit : « Surtout, ne déclare pas que tu es footballeur. Car tu ne servirais à rien, et alors... tu serais supprimé ! Dis-leur que tu es radioélectricien. On en a beaucoup besoin ici pour fabriquer les pièces de V2 ! »

Un conseil précieux que le Grenoblois s'empressa de suivre, on le devine. Il fut donc affecté à l'atelier de production. Mais, comme les autres ouvriers, il devait produire une trentaine de pièces par jour... ce qu'il ne pouvait évidemment pas faire ! Avec la complicité de compagnons d'infortune, il trouva immédiatement la solution : se rendant dans les toilettes, passant dans un magasin, il y prenait subrepticement des pièces déjà terminées... qu'il rendait officiellement le soir comme étant sa production !

« Là aussi, j'ai eu de la chance, s'exclama-t-il en hochant la tête. Je ne me suis jamais fait pincer ! »

La vie, au camp, était très dure, très éprouvante :

« On se lavait à l'eau froide, été comme hiver. Avec une serviette pour six ! Et, pendant l'appel, même quand il gelait, il fallait se tenir droit, sans bouger, dehors, pendant au moins trois quarts d'heure, le matin, pour voir si personne ne manquait. Et c'était pareil le soir. Et pourtant, le nombre des présents variait tous les jours. Car, tous les jours, on déplorait quinze à vingt morts ! Des morts d'épuisement, de faim, de froid, de mauvais traitements... »

Les journées passaient, se ressemblant toutes, longues, épuisantes, terriblement astreignantes... Les déportés les moins résistants s'affaissaient pour toujours...

« Et puis, il y a eu les bombardements alliés d'octobre 1944. Les usines furent touchées, mais heureusement pas les baraque-

1. *Kapo : gardien.*

ments où nous nous trouvions... Le 26 octobre, nous quittions Buchenwald pour Neuengamme, de l'autre côté de l'Allemagne. »

Terrible camp de Neuengamme, qui a reçu de 1940 à 1945 près de 100 000 déportés de toutes nationalités, parmi lesquels 11 000 Français, dont quelques centaines seulement survécurent...

« Là, un très pénible travail à la chaîne nous attendait. De très tôt le matin jusqu'à très tard le soir. Il fallait produire, produire, produire. L'armée allemande, en déroute, avait tellement besoin de matériel ! Les déportés, épuisés, tombaient comme des mouches... Heureusement, je n'y suis pas resté longtemps. Car le 14 novembre, j'étais transféré au commando Hohwalht, au nord de la Baltique. Et un jour, profitant d'un bombardement et de la panique générale, je me suis échappé avec quelques amis. Et ce fut le début d'une autre aventure, à travers l'Allemagne... »

Ce n'est que le 27 mai 1945, après bien des détours et des péripéties que le footballeur professionnel put enfin retrouver sa bonne ville de Grenoble. Mais il revenait de loin, de très loin !

« Combien de petits gars de misère sont restés là-bas... »

NOËL COHARD : FLOSSENBURG, L'HORREUR...

Si Noël Cohard, né à Gières dans la banlieue grenobloise le 22 décembre 1920, put revenir des camps de la mort, comme Michel Estève, c'est parce qu'il était doté, lui aussi, d'une solide constitution : il me l'a confirmé haut et fort lorsque je l'ai rencontré, en 1995. Il fit partie, lui aussi, des milliers de Dauphinois qui manifestèrent le 11 novembre 1943 et des 398 qui, entassés dans les wagons, prirent la direction de l'Allemagne nazie...

« C'est le 16 janvier 1944 que nous avons quitté Compiègne, dirigés vers le camp de concentration de Buchenwald, où je reçus le numéro de matricule 40 150. Pour moi, l'affreux cauchemar commençait. Mais, contrairement à d'autres, je n'allais pas y rester longtemps. Après avoir passé quatre semaines au bloc 51 en “quarantaine”, je fus affecté à la décharge du gros matériel venant d'Italie par trains complets. Et je fis partie, à la mi-février, des 750 détenus de Buchenwald qui ont été embarqués dans des wagons à bestiaux et dans des conditions inimaginables, pour Flossenburg. L'horreur ! Nous sommes arrivés par un froid de —25°. »

À Flossenburg, en haute Bavière, les conditions de vie — ou plutôt de survie ! — étaient encore plus rigoureuses qu'à Buchenwald...

« C'était épouvantable... Nous n'avions droit, par jour, qu'à un petit morceau de pain, à vingt grammes de margarine ou à une petite tranche de pâté gélatineux. C'est tout ! Un travail écrasant ajouté à la malnutrition, un sommeil presque impossible — nous étions quatre par lits ! — des coups violents qui pleuvaient de partout, et vous comprendrez pourquoi, sur les 750 détenus qui arrivèrent ensemble, une trentaine seulement a survécu. Même pas un sur vingt ! »

Affecté à de durs terrassements, par tous les temps, Noël Cohard, comme tant d'autres, tomba malade...

« Une double pleurésie, très mal soignée... Mais je m'en suis pourtant sorti ! Heureusement qu'auparavant j'étais une force de la nature ! »

Mais, à peine guéri, il fut affecté à une carrière de granit.

« Ce fut pour moi, mal rétabli, un horrible calvaire... Un lever le matin à quatre heures, sous les coups, un travail éprouvant toute la journée même sous les intempéries, une faim qui vous tenaillait férocement le ventre... Il était très difficile de résister aussi aux sévices sadiques des kapos inhumains. La vie à la carrière tuait rapidement, sans cesse. C'était l'enfer. Rares étaient ceux qui arrivaient à tenir trois mois... »

La si longue et si fastidieuse journée de travail terminée, c'était le retour dans les baraquements...

« Nous ne touchions notre faible ration de nourriture qu'après la cérémonie de l'appel, qui durait parfois une heure ou plus. Puis venait le tour de la désinfection... Le kapo de service frappait impitoyablement les pauvres malheureux qui étaient couverts d'abcès le long des jambes... Des bandes de papiers recouvraient leurs plaies de plus en plus larges, de plus en plus profondes... Une puanteur générale, insoutenable, régnait partout... »

Sans doute n'allait-il plus tenir longtemps encore, lui aussi, Noël Cohard quand, sans savoir pourquoi, il fut affecté dans une usine d'aviation, en septembre 1944.

« Je fus d'abord intégré au Civile-Halle, où on me fit percer des fuselages en duralumin. C'était moins pénible que la terrible carrière. Et là, j'ai rencontré deux camarades qui me furent très précieux : Pierre Eude et Arthur Frantz, qui me remontaient de temps en temps le moral, car je conservais de dures séquelles de mon affreux séjour précédent. »

Mais les nazis s'affolaient... Un jour il leur fallait ceci... Un jour ils avaient besoin de cela... Un autre jour, ils renforçaient un atelier, un autre jour encore, ils doublaient les équipes.

« Je fus ainsi promené de service en service. Mais, le manque de matériel se faisant sentir, une grande partie des détenus dut partir en commando en Tchécoslovaquie. J'ai eu la chance de rester sur place. Mais j'étais très faible. De plus en plus faible... »

En temps normal, Noël Cohard eût été, sans doute possible, éliminé par les nazis, car, désormais, il ne pouvait servir à rien. Heureusement, c'était la débandade parmi eux. Les Alliés approchaient.

« Le 16 avril 1945, je tombais malade, atteint cette fois-ci de tuberculose bilatérale et du typhus exanthématique, provoqué par les poux. Un camarade luxembourgeois me transporta jusqu'au *Revier* (infirmerie) et là, encore une chance : le fameux et triste docteur SS Schmitt avait quitté son poste, fuyant les troupes alliées qui arrivaient. »

Le 20 avril 1945, les Allemands embarquèrent en trois colonnes tous les malheureux déportés valides, à l'exception d'environ quinze cents malades, dont Noël Cohard.

« Il y a eu peu de rescapés parmi les nombreux déportés que les nazis emmenaient avec eux. Beaucoup furent en effet abattus pendant l'exode. Il ne restait au camp plus aucune nourriture à se mettre sous la dent. Rien, il n'y avait plus rien ! Heureusement, le 23 avril, les troupes américaines arrivèrent dans le camp et nous reçûmes les premiers soins d'urgence dans le *Revier* encore contagieux et plein de vermine... Quinze jours après, on nous transporta à l'extérieur du camp, dans des installations mieux adaptées utilisées auparavant par les SS. Nous fûmes alors soignés par un toubib très compétent, le docteur Alain Legeais, qui s'est dépensé sans compter. Mais la mortalité demeurait encore énorme parmi nous... »

Le docteur Legeais quitta le campement quelques semaines plus tard, avec les quatorze Français encore en vie, dont Noël Cohard, à bord d'un vieux Dakota de l'armée française. Le 3 juin, le Dauphinois rentrait enfin dans son village natal. Mais pas pour longtemps. Au bout d'une semaine, il partait pour deux ans au sanatorium du Vion, à Saint-Clair-de-la-Tour. Et ce n'est finalement qu'en juillet 1947 qu'il put goûter à la vraie liberté.

ROGER RAHON :

TOUS, NOUS DEVIONS DISPARAÎTRE !

Quand j'ai rencontré en 1995 le Fontainois Roger Rahon, cela faisait bien longtemps qu'il militait avec une rare ardeur, proclamant partout que nul ne devait ignorer « l'horrible, l'inimaginable tragédie » qui s'était déroulée dans les camps de la mort et « l'odieux, l'épouvantable massacre orchestré par les nazis ». Et, pointant son index en l'air, il proclamait que tous les camps se ressemblaient et étaient tous « programmés pour une extermination sans condition ».

En préambule de notre rencontre, il tenait à réaffirmer son intime conviction :

« Oui. Nous devions tous disparaître dans la nuit et le brouillard. Sans exception ! Tous les camps étaient étudiés pour

Roger Rahon témoigne, partout : « Les camps de concentration étaient tous des camps d'extermination. »

nous détruire, plus ou moins vite. Mais il fallait nous user, nous avilir avant ! La machine de guerre allemande avait tellement besoin de matériel humain... Personne ensuite ne devait en sortir, pour ne pas laisser de témoins ! »

Roger Rahon, lui aussi, avait été arrêté par l'occupant lors de la grande manifestation patriotique du 11 novembre 1943. Appartenant au Front national de la Résistance, pour rien au monde il n'aurait manqué ce rendez-vous. Et c'est ainsi qu'il fut jeté un jour au fond des baraquements de Buchenwald...

« Ce camp était situé aux portes de la ville de Weimar, qui jadis avait vu briller autour de Goethe un foyer prestigieux de la culture humaine. Quelle ironie ! Construit dans la forêt de l'Ettersberg, sur une colline balayée par le vent, il était doté d'une porte d'entrée où se détachaient ces mots : "Jedem das seine". Cette devise, que le sinistre humour SS avait gravée, signifiait : À chacun son dû ! »

Roger Rahon n'oublia jamais les traitements inhumains infligés aux déportés : très peu de nourriture, des conditions d'hygiène déplorables, des kapos qui frappaient à grands coups de « goumis », des SS qui faisaient effectuer les très dures corvées à coups de fouet. Et des hommes qui tombaient pour toujours, tous les jours, victimes de l'odieuse machination nazie...

Comme Noël Cohard, il fut dirigé lui aussi en février 1944 sur le camp de Flossenburg...

« Il était bâti sur les flancs d'une colline, au bord de laquelle se trouvaient des chantiers et des ateliers, mais aussi l'effrayante carrière où des milliers de détenus travaillaient épouvantablement dans des conditions atroces. »

Sa gorge se serrait quand il évoquait Flossenburg...

« C'était horrible ! Les chefs de camp faisaient ce qu'ils voulaient, ne rendant compte à personne. Ils avaient droit de vie et de mort sur nous et ne s'en privaient pas. Très peu de déportés en réchappaient. D'ailleurs tous les trois mois, 9 000 hommes nouveaux y arrivaient ! Oui... Nous avons vécu, là-bas, des heures affreuses. C'était l'école de la jeunesse hitlérienne, à laquelle nous étions jetés en pâture ! »

Brusquement, le 26 avril 1944, au matin, Roger Rahon et beaucoup de ses compagnons d'infortune apprenaient qu'ils allaient être transférés. Et ce fut le départ, à pied, vers une destination qu'ils ne connaissaient pas.

« Une longue et très dure marche. Nous ne nous faisions plus d'illusions. C'est notre dernière heure, pensions-nous. Ils vont sans doute tous nous supprimer... Pas encore ! Car nous sommes arrivés à Hradistko, un camp entouré d'eau, situé à une trentaine de kilomètres de Prague. On y pénétra en empruntant un passage souterrain. Et on nous mit tout de suite au travail. Un travail de forçat, épuisant, exténuant. Les survivants essayaient de s'entraider, de se remonter le moral, de partager les miettes de nourriture. »

Des souvenirs de cette terrifiante époque, le Fontainois en avait beaucoup à raconter : le boulot écrasant, les privations répétées, les sévices odieux, l'hygiène déplorable, le typhus ravageur...

Et puis, le 8 mai 1945, vers 14 heures, ce fut enfin pour lui la libération.

« C'était inespéré ! C'est la résistance tchèque qui nous a libérés ! Il était temps ! La mort décimait de plus en plus nos rangs... Le cauchemar était fini. »

Mais un cauchemar qu'il n'allait jamais oublier ! Il allait sans cesse dénoncer toutes les horreurs du nazisme, devenant co-organisateur de l'exposition itinérante de la FNDIRP sur la déportation et co-fondateur du premier musée de la Résistance et de la Déportation de Grenoble.

« Ce que nous avons enduré, les dizaines de milliers de morts dans les camps, l'infernale machine nazie : tout ça ne devra jamais être gommé de la mémoire des hommes ! »

LUCETTE BLANC-FATIN : SURVIVRE À RAVENSBRÜCK

Lucette Blanc-Fatin (à droite) photographiée à son retour de Ravensbrück.

Le 14 décembre 1943, très tôt le matin, Lucette Blanc-Fatin était arrêtée par la Gestapo, dans son petit café, le bar des Alpes, qu'elle tenait 10 rue du 4-Septembre à Grenoble. Très peu de temps après, son mari, Lucien, était à son tour arrêté à la sous-intendance, sur les quais, ainsi que leur fils, André, sur les lieux de son travail, chez Billot à Grenoble. Une opération rapidement menée. Tous les trois, ardents résistants qui appartenaient au réseau Corvette, avaient sans aucun doute été dénoncés. Mais par qui ? On ne le sut jamais. Quelques doutes ont cependant plané, cette action nazie s'étant déroulée peu de temps après la Saint-Barthélémy dauphinoise.

Lucette Blanc-Fatin, quand je l'ai rencontrée en 1995 dans son petit appartement de l'avenue Alsace-Lorraine à Grenoble, se souvenait bien de ce jour terrible qui avait marqué la fin de son bonheur :

« On nous a emmenés les uns après les autres, cours Berriat à Grenoble. Nous y sommes restés une dizaine de jours, enfermés dans une cellule où nous étions une dizaine. Ce fut un séjour terrible... »

Tous les patriotes arrêtés à cette époque — ils furent nombreux ! — étaient dirigés la plupart du temps sur Compiègne, où ils restaient un mois, quelquefois un peu plus, avant d'être orientés vers l'Allemagne. Ce fut le cas pour la famille Blanc-Fatin.

« Mon mari et mon fils prirent la direction de Buchenwald. Moi, quelques jours plus tard, j'ai pris le convoi de Ravensbrück. Une petite lueur d'humanité dans cet enfer nazi : on nous a accordé une courte visite avant notre séparation... »

Les yeux remplis d'une infinie tristesse, l'ancienne résistante s'empressa d'ajouter :

« Plus jamais nous n'allions nous revoir ! Eux, ils sont morts là-bas... Dans d'épouvantables conditions ! »

Lucette Blanc-Fatin m'avoua qu'à son arrivée à Ravensbrück elle perdit un peu la tête...

« Je ne pouvais réaliser tout ce qui nous arrivait. C'est incroyable ce qu'"ils" nous ont fait. Incroyable... »

Évoquant les premiers jours passés dans le camp, elle ne trouvait plus ses mots. Sa gorge se nouait...

« Après une mise en quarantaine, on m'a fait "tourner" des obus pendant deux mois. Dix heures de travail très pénible par jour, sans manger grand-chose. Quand on travaillait de nuit — les ateliers fonctionnaient sans cesse — on avait droit à une soupe de betteraves et rutabagas supplémentaire tous les deux jours ! »

Elle travailla ensuite aux « sables », construisant avec beaucoup d'autres codétenues des « espèces de routes », dans des conditions très dures, épuisantes...

« Mais je préférais pourtant travailler. Car nous avions une tranche de pain en plus par jour. Et cela me faisait sortir de cet horrible camp. De ce camp infect, plein de vermine ! »

Elle fut aussi employée à des travaux de couture. À d'autres travaux encore. Mais toujours dix heures de labeur fastidieux par jour. Et des corvées, en plus !

« Un jour d'hiver, alors que j'étais de corvée pour aller chercher à trois heures du matin le gros bidon de café pour les détenues, mes sabots de bois glissèrent sur la glace du chemin en pente et je me suis blessée cruellement au genou. Je n'ai pas été soignée, mais on m'accorda exceptionnellement un banc pour le très pénible appel du matin, qui durait tous les jours de 4 à 6 heures, dehors, quel que soit le temps... »

Pour elle, l'enfer dura jusqu'au 5 avril 1945 :

« Ma libération, ça s'est passé curieusement, reconnaissait-elle. Un jour, on nous a mises dans le petit camp de Ravensbrück, nous, les déportées françaises, avec les juives, qui, elles, ne sont pas restées longtemps : on les a emmenées pour une destination inconnue. On ne les a plus jamais revues... Au bout de huit jours, on nous fit revenir dans le grand camp tout chamboulé, où une vive effervescence régnait. Nous étions deux mille environ. Un nouveau tri fut opéré, je ne sais plus sur quel critère. Et nous ne nous retrouvâmes plus que trois cents. Une Allemande nous dit alors, après nous avoir fait passer à la douche : "Retour Paris !" Incrédules, nous ne l'avons pas crue. Nous redoutions le pire ! Et pourtant, c'était vrai ! »

Les trois cents Françaises furent en effet abandonnées dans le camp par les nazis qui prirent la fuite. Les troupes alliées étaient si près ! Et ce sont des ambulanciers américains qui récupérèrent les rescapées de Ravensbrück...

« Mais la guerre n'était pas encore finie. Voilà pourquoi nous sommes rentrées chez nous, un mois avant beaucoup d'autres, passant par la Suisse où nous avons été gentiment reçues. Partout, d'ailleurs, sur le long chemin du retour, nous avons été gâtées. Libérées le 5 avril, nous étions le 13 avril à Grenoble. Grenoble, enfin !... »

Mais, pour Lucette Blanc-Fatin, qui ne pesait plus que trente-neuf kilos, l'affreux cauchemar n'était pas terminé. Elle n'avait pas de nouvelles de son mari et de son fils, depuis leur atroce séparation. Qu'étaient-ils devenus, emportés dans le grand tourbillon nazi ?

« Je me doutais bien, hélas, que mon mari, qui avait été sérieusement blessé au cours de la première guerre mondiale, n'avait pu supporter les horribles conditions du camp. Pour lui, je ne me faisais guère d'illusions. Mais en revanche, je gardais beaucoup d'espoir pour mon fils, un grand "battant" qui ne se laissait pas aller ! »

Un mois après son retour à Grenoble, elle apprenait l'horrible nouvelle de la bouche des survivants de Buchenwald. Plus jamais elle ne reverrait ni Lucien ni André qui, comme tant d'autres, avaient péri dans les abominables camps.

« J'ai su que mon fils avait poussé son dernier soupir à Neuengamme. La veille de ses vingt ans !... »

Elle n'essuya pas la larme qui coulait lentement sur ses joues blafardes, Lucette Blanc-Fatin.

ÉMILE ODDOUX ET GASTON BONDIER : ABOMINABLE DORA

Ils se connaissaient depuis longtemps, Émile Oddoux, de Saint-Martin-le-Vinoux, et Gaston Bondier, de Grenoble. Ils ont été arrêtés ensemble par les Allemands lors de la manifestation patriotique du 11 novembre 1943. Et ils ont connu tous les deux les horreurs du terrible camp de concentration de Dora. Aussi avaient-ils tenu à me rencontrer ensemble pour parler de l'affreux cauchemar qu'ils avaient vécu, cinquante années auparavant...

Au moment de leur arrestation, Émile Oddoux, résistant, faisait partie du Front national depuis six mois déjà. Gaston Bondier, lui, était un ancien sous-officier de l'armée de l'air, placé en « congé d'armistice ». Ils prirent donc la direction de Compiègne puis, entassés dans des wagons, ils furent dirigés sur Buchenwald...

« Nous sommes arrivés, comme des zombies, dans un autre univers, reconnaissait Gaston Bondier. Nous étions paumés... Pendant ce qu'on appelait la quarantaine, on nous a fait plusieurs fois des piqûres dans la poitrine, avec de grosses seringues et de longues aiguilles. Était-ce pour nous protéger de maladies futures ? Était-ce une expérience ? On ne l'a jamais su... Et puis on nous a fait travailler. Durement. On allait chercher de lourdes pierres dans une carrière. À longueur de journée. Sans repos. Et on recevait des coups de schlagues pour aller plus vite ! On ne nous distribuait que très peu de nourriture. La soupe, c'était presque de l'eau... »

Et pourtant, les deux amis n'étaient pas au bout de leur peine :

« Nous n'étions encore qu'au purgatoire ! s'exclama Émile Oddoux. Car nous fûmes très vite orientés sur Dora, qui n'était alors encore qu'un “Commando” de Buchenwald, mais qui avait pourtant déjà une sinistre réputation ! À Buchenwald, on savait bien que c'était horrible à Dora et on plaignait ceux qui y étaient mutés. Dora était surnommé : le camp de la mort !

— À Dora, surenchérit Gaston Bondier, 1 500 détenus mouraient tous les mois, dans des conditions inimaginables !... »

Tous deux furent affectés dans le tunnel en voie de percement, sous une colline, où étaient fabriquées les fusées appelées V2. Pendant six mois, comme beaucoup d'autres déportés, ils vécurent dans ce tunnel, ne voyant jamais le jour, Gaston Bondier maniant le marteau-piqueur, Émile Oddoux travaillant sur le montage des ponts roulants.

« Ces six mois furent affreux. Épouvantables ! On ne voyait pas à trois mètres ! On évoluait toujours dans la poussière. On n'avait rien à boire et très peu à manger. Il n'y avait absolument pas d'hygiène. On dormait dans de véritables niches à lapins, creusées dans le rocher ! Les conditions de vie — ou plutôt de survie — étaient ahurissantes, ignobles... Ce sont les déportés russes qui ont le plus “reçu”. Ils entouraient les tuyauteries de laine de verre. Et il se dégageait tellement de poussière de verre non évacuée qu'ils décédaient presque tous, au bout de quelques semaines, les poumons perforés, crachant le sang... »

Dans ce tunnel infernal, les déportés de toutes les nations, odieusement maltraités, devenaient de véritables machines humaines, ne réfléchissaient plus, broyés dans le lugubre système mis au point par les nazis.

« Nous avons vécu comme des animaux, soupirait Gaston Bondier. Pire, peut-être. Car on prend soin des animaux souvent... J'avais oublié que j'étais marié, que j'avais une famille... Je vivais uniquement pour éviter les coups. Les terribles coups ! J'ai vécu, comme mes compagnons, des périodes terribles, affreuses, inimaginables. Presque rien à manger. À peine pouvait-on respirer dans la nuit. Les ampoules électriques placées ici et là arrivaient à peine à percer la poussière qui stagnait. On marchait partout sur des excréments. Sur des morts aussi !... Certaines fois je me disais : “Si je mettais la tête sur les rails, juste avant le passage d'un wagon, enfin je serais libéré de l'enfer !...” »

Au bout de six mois, le tunnel fut complètement percé et les déportés purent voir avec un certain soulagement le jour, le soleil, la nature. Mais le rythme écrasant, inhumain du travail ne faiblissait pas. Les détenus opéraient encore douze heures par jour dans le tunnel, mais logeaient ensuite dans des baraquements extérieurs situés à deux kilomètres. Mais, là, ils devaient participer à un long et fastidieux appel, qui durait souvent entre quatre et cinq heures, encadrés par des SS qui ne ménageaient pas leurs coups... et leurs chiens, dont les morsures étaient cruelles.

« C'était encore dur, très dur, laissa tomber, en soupirant, Émile Oddoux. Mais nous pouvions néanmoins dormir cinq à six heures par jour, en dehors de l'immonde tunnel de la mort... Il y avait au moins ce petit côté positif. En revanche, le problème de la nourriture restait toujours aussi aigu. La pauvre soupe que l'on distribuait et le morceau de margarine, il fallait l'ingurgiter aussitôt, sinon la nourriture était tout de suite volée. Nous étions tous tellement affamés... C'est vrai que nous restions souvent quinze heures sans manger !

— Un jour, se souvenait Gaston Bondier, j'ai eu la joie de voir un gros pissenlit derrière une baraque. Cela faisait un an et demi que je n'avais pas mangé de verdure ! Je l'arrachai vite, le tortillai comme un cigare, me régalant d'avance. Je l'ai posé à côté de moi pour faire je ne sais plus quoi aujourd'hui. Quelques secondes seulement après, il avait disparu. On me l'avait volé ! J'en fus mortifié... »

Et les journées épuisantes, épouvantables s'écoulaient lentement, enlevant souvent sournoisement leur personnalité aux travailleurs forcés, qui tombaient comme des mouches, crevant de faim, broyés par l'écrasant travail.

« À Dora, il a toujours été dit qu'il ne fallait pas se leurrer, fit remarquer Émile Oddoux. Nous étions là pour travailler jusqu'à l'épuisement complet et mourir... »

Il s'arrêta un petit moment, la voix étranglée par l'émotion, pensant sans doute aux innombrables déportés qui sont morts là-bas, suite aux traitements ignobles, puis reprit :

« Oui... On devait tous y rester... C'était programmé... Les déportés survivants devaient tous être emmurés dans le tunnel et les nazis devaient le faire sauter avant de partir, sentant les troupes alliées approcher. Déjà, un peu partout, ils avaient fait creuser des trous pour y loger des explosifs. »

Mais, heureusement pour les survivants de Dora, ce programme-là, les nazis ne purent le mettre en application. Car l'aviation américaine avait bombardé la ville voisine et risquait de revenir. Les autorités civiles allemandes exigèrent la mise du tunnel à la disposition de la population pour qu'elle puisse s'abriter. Et les SS durent renoncer à leur funeste projet. À contrecœur, on s'en doute...

« Ce fut pour nous un gros soulagement, car on les connaissait bien, nos bourreaux sans âme. Ils auraient mis leur projet à exécution avec une joie sadique. Souvent, ils nous obligeaient à quitter notre travail pour que nous puissions assister à la pendaison de certains d'entre nous, afin que cela servît d'exemple. Nous devions nous conduire comme des bêtes et ne plus réfléchir... Un après-midi, "ils" en ont pendu soixante ! En ricanant... »

« Nous avons vécu des heures épouvantables. Nous pensions que l'évacuation de Dora par les nazis allait être la fin pour nous. Ils ne pouvaient que nous éliminer avant de fuir. Mais comment ? Nous risquions de vivre nos derniers jours... »

Mais les déportés survivants se trompaient. Heureusement pour eux ! Car, finalement, les SS les entassèrent à Dora dans des wagons, espérant sans doute les exploiter ailleurs. Et un long convoi s'ébranla, pour une destination inconnue...

« Nous dûmes faire une quarantaine de kilomètres, les uns contre les autres, sans pouvoir bouger, dans ces immondes wagons. Et puis le train s'arrêta. Plus loin, la voie était coupée. Sans doute par un bombardement. Ceux qui, comme nous deux, pouvaient encore marcher, sont partis à pied, sévèrement encadrés. Les autres ont sans doute été fusillés sur place... Pendant huit jours, on a marché vers le Nord, en direction de Lübeck, sous la menace des fusils... Nous faisions une vingtaine de kilomètres par jour, peut-être un peu plus... Nous étions horriblement fatigués... Nous avancions, douloureusement, sans réfléchir, un pas devant l'autre, tâchant toutefois de ne pas tituber afin d'éviter d'être abattu... Les cordes ou fils de fer qui retenaient les claquettes de bois servant de chaussures entraient dans les chairs, les faisant saigner... On ne nous distribuait plus de nourriture et on mangeait ici et là un peu d'herbe ou tout ce qu'on pouvait trouver... On dormait dans les champs la nuit. La journée, notre longue colonne, toujours étroitement surveillée par nos bourreaux, se faufilait entre les troupes alliées : d'un côté les Russes, de l'autre les Américains. Des copains mouraient tous les cent mètres... »

En se réveillant un matin, les survivants de Dora ne virent plus les SS : ils étaient partis ! Et ils avaient été remplacés par des anciens combattants allemands. C'était un bon signe. Effectivement, ils se montrèrent plus humains. Et un jour, ils tombèrent sur les Russes. Enfin, le cauchemar prenait fin ! Mais bien des aventures allèrent encore leur arriver !

« Je me souviendrai toujours de la vision d'horreur que nous avons eue en passant devant le camp de Ravensbrück, me confia Gaston Bondier. Le tableau était dantesque. Des femmes bien trop faibles qui n'avaient pas pu partir étaient restées là, accrochées aux grilles, dans un état inimaginable, affreux... C'est une des visions les plus épouvantables de ma déportation, qui me revient souvent encore à l'esprit aujourd'hui... »

C'est à Parchim que les deux Grenoblois se séparèrent. Les Russes avaient dit aux déportés : « Débrouillez-vous, maintenant. Les Américains sont là-bas ! »

Gaston Bondier avait choisi de rester un peu avec les Russes, pour se faire soigner et manger à sa faim. Mais il a dû passer ensuite par les zones américaine, anglaise et française, pour pouvoir regagner Grenoble, enfin, le 17 juin 1945.

Émile Oddoux, lui, était parti au-devant des Américains, dans une voiture à cheval et la leur a laissée, en échange de quoi les Américains lui ont permis de prendre un convoi en direction de la Belgique où il n'est resté que 24 heures puis il s'est retrouvé à Lille. Cheminot lui-même, il prit alors contact avec un cheminot lillois, qui lui a « donné une combine » pour regagner rapidement la capitale des Alpes sans passer par les infirmeries officielles. Et c'est ainsi qu'il arriva plus tôt, à Grenoble, avant les autres. Mais il allait toutefois passer trois longues années dans un sanatorium ensuite.

☆
☆ ☆

Cinquante ans après, les deux amis évoquaient toujours avec beaucoup d'émotion leur affreux séjour dans l'univers nazi.

« Nous souffrons d'une certaine amnésie, reconnaissait toutefois Gaston Bordier. Et nous ne sommes pas les seuls anciens déportés à en souffrir. C'est la conséquence de la vie bien trop dure que nous avons vécue. Et c'est bien involontairement que nous avons oublié beaucoup d'épisodes... Je ne me souviens plus, mais plus du tout, de ce que j'ai fait après avoir rencontré les premiers Russes. J'étais comme un animal qui recouvre la liberté et qui suit fidèlement celui qui l'adopte... Je ne sais pas comment on m'a mis dans les trains, ni où. Je ne sais pas comment j'ai envoyé un télégramme à ma famille pour la prévenir que j'arrivais. Et pourtant, ce télégramme, c'est bien moi qui l'ai signé ! J'étais un animal automate... »

Approuvant son ami de si longue date, Émile Oddoux ajouta :

« On a été détruit moralement et physiquement à Dora. Et si, après notre retour, nous n'avons pas beaucoup parlé de l'horreur des camps, c'est que nous avions trop peur de ne pas être crus !... »

CHARLES BRUN : LA SOLIDARITÉ NOUS A SAUVÉS À DACHAU

Charles Brun, peu avant son arrestation, qui l'a conduit à Dachau.

C'est dans sa maisonnette de La Tronche que j'ai rencontré il y a quelques années Charles Brun, également rescapé des camps de la mort nazis. Il accepta, lui aussi, de me raconter les heures horribles qu'il avait vécues. Mais, avant d'évoquer cet univers inimaginable, il avait tenu à préciser les circonstances de son arrestation et celles qui l'ont conduit à Dachau...

« Je fus arrêté le 16 octobre 1943, à Pont-de-Poite, dans le Jura, où j'étais adjoint au chef d'un groupe franc du réseau Périclès. Il fallait alors beaucoup de vêtements et de matériel pour équiper et recevoir tous les jeunes qui entraient dans le maquis. Il y avait dans ce coin du Jura un chantier de jeunesse qui possédait une importante réserve de matériel. C'était bien tentant pour nous ! Nous l'avons donc attaqué ce jour-là et rempli deux camions. Une aubaine ! Mais, sur le chemin du retour, les gendarmes français avaient dressé un barrage. Nous avons foncé dessus. En vain... Voilà comment je fus pris... »

Le Dauphinois fut transféré à la prison Saint-Paul à Lyon, puis jugé en décembre ou en janvier (il ne s'en souvenait plus lors de notre rencontre) par les sections spéciales de la cour d'appel et ne fut condamné qu'à un an de prison, une sanction très rare à l'époque pour un tel « délit ». Et il se retrouva aussitôt dans une prison du Lot-et-Garonne, où une révolte éclata le 19 février 1944.

« C'était une tentative bien téméraire pour faire évader 1 200 prisonniers, reconnaissait Charles Brun. On s'est battu pendant quinze heures contre les GMR. Et puis les Allemands sont arrivés en nombre, puissamment armés, nous encerclant. Il n'y avait plus rien à faire. On s'est rendu... Il y a eu douze fusillés en représailles ! »

Et c'est ainsi que, comme tant d'autres, il prit un chemin détourné pour rejoindre Compiègne, puis les camps allemands. Classé « dangereux », il fut orienté vers Dachau, où il allait faire la connaissance d'un autre déporté, Georges Charpak, futur prix Nobel de physique, avec lequel il est toujours resté en contact très étroit.

« Dachau, s'exclama le Dauphinois. Ce fut la dégringolade ! Épouvantable... Mais mon organisme résista, car il avait subi un entraînement progressif, d'abord dans le maquis, ensuite en prison. Un jour, on nous tira au sort, par ordre alphabétique, et je fus affecté dans le "kommando" de Langsberg, pour agrandir une piste d'aviation. Ce fut très dur... »

C'est à Langsberg qu'ont été effectués les premiers essais des avions à réaction. Charles Brun s'en souvenait bien :

« Cela nous impressionnait tous de voir s'envoler ces gros engins sans hélice ! Mais cela nous inquiétait beaucoup aussi. On se disait que, avec de tels appareils du côté des Allemands, la guerre risquait de durer longtemps. Mais heureusement, la piste sur laquelle nous travaillions n'a pu être utilisée par l'ennemi, car l'aviation alliée l'avait repérée et la bombarda à plusieurs reprises ! »

Les conditions de vie étaient particulièrement pénibles :

« Douze heures de travail par jour sur le chantier, sans repos, par tous les temps ! Avec, en plus, des "appels" qui n'en finissaient pas ! Les Allemands n'ont jamais su compter. Ils recommençaient sans cesse, s'énervaient. Mais il est vrai qu'on ne leur facilitait pas la tâche ! Ces appels quotidiens duraient bien entre trois et quatre heures... L'un d'eux — comment ne pas l'oublier ! — a duré douze heures, suite à une tentative d'évasion de deux déportés... Et puis il y avait des alertes incessantes à cause des bombardements. On dormait très peu. Et on ne mangeait presque rien ! »

Le manque de nourriture était terrible pour ces travailleurs de force...

« Mais, heureusement, il y avait, entre nous, de la discipline et de la solidarité ! À chaque “repas”, nous faisions circuler ce qu'on appelait la “gamelle de la solidarité”, dans laquelle chacun mettait une, deux ou trois cuillères de sa maigre ration pour les plus faibles, qui ne tenaient plus debout. Cette gamelle, chacun l'a eue, tôt ou tard. Ça nous aidait à supporter beaucoup de choses et nous redonnait du moral : on savait qu'on pouvait toujours compter sur des copains ! Pas chaussés, peu habillés, très mal nourris : on survivait. Mais grâce à la solidarité, on s'est sorti de là ! »

Une période peut-être plus dure encore allait attendre, dès l'automne 1944, le résistant et ses compagnons de misère :

« On nous utilisa pour le déblayage des voies ferrées et routières. Toujours peu habillés, on travaillait dehors alors que le thermomètre descendait à moins vingt degrés et quelquefois moins trente ! Pas étonnant qu'au retour, comme tant d'autres, j'étais tuberculeux... On bossa dans des conditions épouvantables jusqu'en mars. Ou avril... »

Et puis un jour, les cœurs bondirent dans les poitrines des survivants : au loin, ils entendaient les grondements des canons ! C'était un bon signe : les libérateurs arrivaient !

« On avait eu auparavant quelques nouvelles, apportées par des travailleurs libres, qui nous apprenaient que les troupes alliées avançaient régulièrement. Mais quelle joie, ce bruit des canons ! »

Les Allemands, eux, ne pensaient plus qu'à la retraite :

« On vit passer un jour la longue, la très longue marche des déportés russes, polonais et hongrois qui, depuis plusieurs jours, solidement encadrés par les SS, “fuyaient” l'avance russe. Nos bourreaux, partant eux aussi, nous intégrèrent à cette interminable et triste colonne. C'était terrible pour les déportés étrangers qui, venant à pied de plus loin, marchaient depuis plusieurs jours et étaient plus fatigués que nous. S'ils traînaient un peu, ils étaient froidement abattus. Et il y en a eu, de pauvres traînards ! La longue cohorte arriva à Dachau. Mais le camp était archi-plein. Alors, nous fûmes dirigés sur Allack, un sous-camp de Dachau. C'est là que nous avons été libérés, le 30 avril 1945, par les Américains. »

Le cauchemar n'était toutefois pas encore terminé. Après avoir poussé un soupir, le Dauphinois enchaînait :

« Je n'aurais pas dû prononcer le mot “libéré”. Car les Américains étaient bien là, certes. Mais ils n'ouvrirent pas les portes du camp. Au contraire, même ! Figurez-vous qu'une terrible épidémie de typhus ravageait le camp, semant la mort parmi les déportés sans force, si bien que les Alliés ne voulaient pas nous faire sortir pour ne pas être contaminés ! »

Un grand voile de tristesse s'abattit sur le visage de mon interlocuteur :

« J'ai vu des Américains tirer sur des détenus, par peur d'attraper eux aussi la maladie ! J'ai vu des règlements de compte légitimes, eux, entre SS qui n'avaient pas pu s'enfuir et déportés qui voulaient se venger de leur affreux traitement. Mais j'ai vu aussi des déportés se battre entre eux... Moi, j'ai eu la chance de retrouver à ce moment-là Jacques, un de mes camarades du maquis, qui mit au point un stratagème pour s'évader du camp, à la barbe des Américains... »

Ce n'est que le 13 mai 1945 que Charles Brun arriva à Grenoble. Comme elle fut longue et fastidieuse, la route du retour ! Mais elle sentait si bon la liberté !

PAUL GUILLERMINET : FACE À LA PERFIDIE ET AU CYNISME DES NAZIS

Paul Guillerminet fut l'un des compagnons d'infortune de Charles Brun, d'abord dans la prison du Lot-et-Garonne, ensuite en Allemagne, à Dachau, et plus particulièrement au « kommando » de Langsberg. L'ayant rencontré peu après Charles Brun, j'ai pu recueillir de sa bouche des précisions supplémentaires sur leurs épouvantables conditions de détention. Mais aussi sur la perfidie et le cynisme sans limites des nazis...

« J'avais vingt ans quand on m'informa que j'étais astreint au Service du travail obligatoire, avec départ pour l'Allemagne le 23 mars 1943, me dit-il. Vous pensez bien que ça, je ne pouvais pas l'accepter ! Aussi, j'ai rejoint le 21 mars la Haute-Savoie où, avec d'autres jeunes dans mon cas, nous avons créé le maquis du Môle, sous les ordres des chefs du 27e bataillon de Chasseurs alpins, du commandant Valette d'Osia et du capitaine Clair, de l'Armée secrète. »

Le Grenoblois participa à plusieurs opérations contre l'ennemi et ceux qui l'aidaient lamentablement. Mais pas autant qu'il aurait voulu...

« Je fus arrêté par la gendarmerie française dans la nuit du 9 au 10 avril 1943, puis condamné à la Section spéciale à 18 mois de prison, interné d'abord à Saint-Paul et à Saint-Joseph à Lyon. Puis je fus envoyé à la centrale d'Eysses, dans le Lot-et-Garonne. C'est là que le gouvernement de Vichy rassemblait tous les résistants qui venaient d'être condamnés dans la zone dite "libre". »

Une prison que gagnera à son tour, un peu plus tard, Charles Brun.

« Après la révolte des 1 200 détenus résistants et prisonniers politiques de la prison, le gouvernement de Vichy nous livra aux nazis allemands de la division *Das Reich*, celle qui brûla Oradour-sur-Glane... Après un long cheminement à travers la France, nous arrivâmes à Compiègne le 20 juin 1944. C'est là que nous apprîmes que les troupes alliées avaient débarqué. Quel espoir ! Mais hélas, nous fûmes déportés aussitôt à destination du camp de concentration de Dachau où, en arrivant, nous sommes restés debout sur la place d'appel pendant quatorze heures ! »

Et puis, ce fut le départ pour le kommando de Langsberg...

« Nous nous retrouvâmes trois cents Français, presque tous venus de la centrale d'Eysses. Ce qui sauva beaucoup de vie. Car, tous très unis, gaullistes et communistes, nous avions comme devise : "Unis comme à Eysses" ».

« Bien sûr, je pourrais vous raconter la terrible vie dans les camps : le travail épuisant, les mauvais traitements, le manque de nourriture et les morts. Les nombreux morts... Il est évident que tout cela doit être dit. Mais bien d'autres l'ont fait avant moi... »

Paul Guillerminet préférait me rapporter quelques anecdotes, qui illustrent bien l'inimaginable tourmente que les déportés ont vécue :

« Deux jours après notre arrivée à Dachau, après avoir été mis en quarantaine au bloc 19, il y a eu un grand rassemblement dans l'après-midi. Un SS fringant, arrogant, arriva, assisté d'un interprète français, en l'occurrence un camarade de cellule de la prison de Chambéry où je fus détenu tout de suite après mon arrestation. Heureusement que je le connaissais !...

« Voilà à peu près ce que le SS nous a dit : "Tous ceux d'entre vous qui sont âgés, qui ne peuvent pas ou ne veulent pas travailler, tous ceux qui sont blessés de guerre 1914-1918 ou de celle-ci, tous ceux qui sont inaptes au travail, nous allons vous envoyer dans un camp de repos en attendant la fin de la guerre. Vous n'aurez pas à travailler ! Mettez-vous au début de la cour et nous prendrons vos numéros de matricules. Vous partirez dans quelques jours pour ce camp. Pour les autres : rompez !" »

Paul Guillerminet esquissa alors un petit sourire triste...

« Quelle alléchante proposition ! Moi-même ayant été blessé au maquis par une grenade, je suis allé tout de suite me mettre dans les rangs avec d'autres compagnons. Nous étions environ une cinquantaine, si mon souvenir est bon. Mais mon ami l'interprète (il s'appelait Louis Vonderweit), me voyant me mettre parmi les inaptes et une fois le SS parti, fonça sur moi et me dit ainsi qu'à plusieurs autres autour de moi. “Foutez le camp ! Je vous expliquerai plus tard !” »

L'explication, le Dauphinois l'a eue le soir même :

« Tu n'as pas encore compris que tu es dans un camp de la mort ? m'a dit mon ancien compagnon de cellule, venu me rejoindre en cachette. Si tu ne travailles pas, tu es fichu, car tu ne sers plus à rien ! Et il m'expliqua alors ce que les anciens internés lui avaient appris : les gars inaptes étaient tous embarqués dans des wagons de marchandises, dont les planchers étaient jonchés de chaux vive et de paille. Les nazis faisaient ensuite passer chaque wagon devant un grand réservoir d'eau qui servait habituellement à remplir les machines à vapeur et, par les lucarnes, jetaient l'eau sur la chaux qui fusait, dégageant un gaz terriblement nocif qui tuait immanquablement ! Les nazis laissaient le train, les wagons bien fermés, huit jours sur une voie de garage et obligeaient alors d'autres détenus à faire le “nettoyage”... C'était horrible, affreux... »

Grâce à son ami, Paul Guillerminet avait ainsi ce jour-là échappé à une mort certaine et épouvantable ! Une mort qu'il frôla encore à plusieurs reprises plus tard :

« Nous étions souvent convoqués à des visites médicales, nos bourreaux voulant s'assurer si nous étions toujours aptes pour le dur travail qui nous était imposé. Autrement dit, on ne revoyait plus ceux qui étaient déclarés inaptes ! Ces visites consistaient à montrer ses mains et sa dentition, pour repérer les éventuelles dents en or. Nous passions en marchant très vite devant le médecin-dentiste. J'avoue que chaque fois, mon cœur battait très fort, car j'étais blessé à la main droite... et je possédais deux dents couronnées en or ! Heureusement, je suis passé chaque fois entre les mailles du filet ! »

D'autres anecdotes bien tristes, des moments particulièrement pénibles, Paul Guillerminet (qui lui aussi a bien connu Georges Charpak) aurait pu m'en raconter, hélas, beaucoup. Mais il a préféré me confier le seul petit instant de bonheur qu'il a connu dans cet enchaînement de souffrances :

« Alors que je déblayais, très peu habillé, les rues d'un petit village, par une température avoisinant les moins vingt degrés, une femme allemande, qui regardait derrière sa fenêtre, me fit un signe discret ainsi qu'à mes cinq compagnons qui travaillaient avec moi. Profitant que la sentinelle qui nous surveillait tournait le dos, elle nous a offert à chacun un verre de schnaps ! Comme il fut le bienvenu ! »

Une petite étincelle de lumière dans la longue, très longue nuit de l'enfer nazi...

GEORGES PRIETO : LA RÉSISTANCE DANS LES CAMPS

C'est un petit matin de la fin 1943 que le long cauchemar commença pour Georges Prieto :

« C'est la police de Vichy qui m'a arrêté, chez moi, à 6 heures, après avoir défoncé la porte, sous prétexte que j'étais travailleur clandestin à l'usine de la Viscose à Échirolles. J'habitais alors non pas à Saint-Martin-d'Hères comme aujourd'hui, mais rue Anatole-France à Grenoble. On m'a emmené à l'hôtel de police, où je reçus une bonne bastonnade. Et tout s'enchaîna très vite… »

Présenté au tribunal correctionnel de Grenoble, il écopa de dix-huit mois de prison ferme. Dur, dur ! se dit-il alors. Mais ce n'était pas grand-chose à côté de ce qu'il allait vivre plus tard.

« Je suis resté un certain temps à la prison Saint-Joseph de Grenoble, puis je fus transféré à la prison de Murat dans le Cantal. C'était alors un camp disciplinaire pour jeunes. Un peu plus tard encore, les gendarmes sont venus me chercher pour me conduire à la prison Saint-Paul, dans la Haute-Vienne. Je ne savais pas pourquoi. Et je ne sus pas pourquoi non plus on m'orienta ensuite sur la prison de Saint-Sulpice, dans le Tarn, encadrée cette fois-ci par des "boches". »

Et c'est de là qu'il allait prendre une autre direction encore. Terrible, celle-là…

« Un jour, je fus enfourné dans les wagons pour Buchenwald et, à mon arrivée, affecté au kommando Schönebeck. J'y suis resté d'août 1944 à mai 1945. Bien que la vie dans ce camp fût sans doute moins dure qu'à Dora, elle fut pourtant pénible. Éprouvante. Et mortelle pour les plus faibles. Au kommando, à un rythme accéléré, on construisait des ailes et des pièces de précision pour l'aviation militaire allemande. Notre lot quotidien : travail écrasant, la faim, les coups, la disparition de camarades. Affreux ! »

L'absence totale de liberté n'empêcha toutefois pas la naissance de petits mouvements de résistance dans les ateliers.

« Quand nous pouvions le faire, me confia Georges Prieto, nous ne manquions pas de réaliser en cachette du sabotage sur certaines pièces. C'était notre petite satisfaction dans cet univers pourri. Mais un jour, un vieil Allemand nous a surpris, quelques camarades et moi, en train de saboter une de ces pièces. Cela pouvait être fatal pour nous. Il fallait s'attendre au pire… Mais il ne nous a pas dénoncés ! Il s'est simplement approché de moi et m'a dit, tout bas : “Si tu rentres vivant en France, dis bien que le parti communiste allemand n’est pas mort !” »

Lors de notre entrevue, qui s’était déroulée en 1992, Georges Prieto m’avait longuement évoqué la longue marche de la mort — ainsi l’avait-il surnommée — qui précéda la libération de son camp...

« Ce fut une marche horrible, qui a duré des jours et des jours dans des conditions particulièrement atroces. Une marche épuisante, avec quasiment pas de distribution de nourriture. Des centaines de déportés sont morts de fatigue extrême ou abattus par les SS parce qu’ils traînaient... On n’en pouvait plus... »

Et puis un jour, tout prit fin. Ils étaient libérés par les Alliés ! Georges Prieto arriva à Grenoble le 23 mai 1945. Il ne pesait plus que trente kilos ! Pendant les trois années qui suivirent son retour, il fit de longs séjours à l’hôpital et dans des maisons de repos. Ce n’est qu’ensuite qu’il put reprendre le travail, en l’occurrence à la mairie de Saint-Martin-d’Hères, où il resta trente-sept ans et demi.

« Je profite de ma retraite pour aller témoigner un peu partout, mais surtout dans les écoles, malgré ma santé toujours fragile... Je suis fier de faire quelque chose qui rappelle le souvenir de camarades qui ne sont pas revenus. Aujourd’hui, il nous reste ce souvenir, non seulement de tous ceux qui sont tombés dans les bagnes nazis, mais aussi de ceux qui sont morts dans les maquis, les prisons et les camps de Vichy... »

Georges Prieto n’affichait aucune haine contre le peuple allemand :

« C’est contre le régime nazi que je m’élève et contre tout ce qui peut se rapprocher de lui. C’est pourquoi je réponds toujours présent quand on me demande de témoigner, d’expliquer notre lutte... Il ne faut pas laisser s’installer l’oubli. Ce serait une grave, une irréparable erreur ! »

MAURICE PRAS : JE DOIS LA VIE À LA SUÈDE !

Le Dauphinois Maurice Pras a peut-être moins souffert de la déportation que d’autres. Ou plutôt moins longtemps. Son histoire, il me l’a relatée lui aussi à l’occasion du cinquantième anniversaire de la libération des camps de la mort...

« En 1943, j’étais réfractaire pour partir au STO. Mais mon patron, qui m’employait comme prothésiste dentaire, parvint à me soustraire à cette obligation, je ne sais plus comment. Début novembre, j'ai reçu comme beaucoup d'autres des tracts des organismes de la Résistance pour participer à la manifestation du 11 novembre. J'y suis allé. Je me suis fait prendre... »

Et voilà comment le jeune Dauphinois se retrouva, lui aussi, à Buchenwald en janvier 1944. Mais, à partir de là, son itinéraire n'allait pas être le même que celui de ses autres compagnons...

« Nous étions trois prothésistes dentaires, exerçant donc une profession qui intéressait beaucoup les nazis. On nous a rapidement mis à l'écart. L'un de nous fut muté à l'hôpital SS de Buchenwald, les deux autres, dont moi, avons été mis en réserve. On nous a dit alors que nous allions partir bientôt pour Lublin, sur la frontière polonaise, pour exercer notre métier... »

Aussi, pendant quelque temps, Maurice Pras a bénéficié d'un régime de faveur :

« Tous deux, nous étions bien entendu obligés d'assister au fastidieux appel. Mais on nous renvoyait ensuite dans les blocs au lieu d'aller travailler comme les autres. »

Mais cela n'a pas duré. Car le projet d'aller à Lublin fut abandonné. Et les deux prothésistes dentaires rentrèrent dans le rang, Maurice Pras étant affecté dans une usine qui fabriquait des pièces détachées pour les fusées V1. C'est là qu'il commença à faire ce qu'il appela plus tard de la résistance, cherchant des combines pour ne pas travailler ou pour travailler moins.

« Je suis ainsi devenu un... faussaire ! Non pas que je fabriquasse de la fausse monnaie, mais tout simplement de faux billets de maladie ! C'étaient des petits cartons verts, sur lesquels était inscrite la date de la fin de l'arrêt de travail. Je m'étais procuré des cartons et un produit qui ressemblait à de l'encre. Le système D, comme on disait. Après quelques essais, ce fut parfait. Ou presque. En tout cas : ça marchait ! »

Le Dauphinois, évoquant cette époque, ne pouvait s'empêcher d'esquisser un petit sourire. Visiblement, il était ravi encore d'avoir berné les nazis !

« À chaque expiration de date, je me fabriquais un nouveau billet. Cela a duré un certain nombre de semaines. J'échappais ainsi au boulot écrasant et je ne risquais pas ma vie sur les chantiers ! Mais cela devait bien arriver un jour... Je fus repéré. J'avais éveillé des soupçons ! Je me suis ainsi retrouvé à la carrière — le travail sans doute le plus pénible — et aux corvées de m... Mais je n'avais pas renoncé à ma petite astuce... J'ai réussi à me faire oublier un peu, et j'ai récidivé ! »

Ce qui devait se produire s'est produit : il fut muté au kommando de Blankenburg, avec quatre ou cinq Français seulement et beaucoup de Belges...

« J'étais le seul Grenoblois dans ce petit camp où l'on construisait une usine souterraine. C'est là que j'ai connu une vie concentrationnaire très pénible. Un travail terrible. Des coups. Peu de nourriture... J'ai commencé alors à perdre sérieusement des kilos... »

Ce régime, particulièrement difficile à supporter, dura du 24 août 1944 au 6 avril 1945...

« Ce jour-là, les SS, excités, nous réunirent, menaçants, nous criant quelque chose comme ça : “On est foutu. Nous évacuons le camp. Mais vous ne vous en sortirez pas vivants !” »

Et une longue, très longue colonne de déportés se mit en marche, sévèrement encadrée par les nazis furieux qui tiraient à la moindre occasion...

« Le premier jour, nous avons fait quarante kilomètres à pied, dans des conditions épouvantables. Le deuxième jour, nous avons marché encore. Une étape d'une quinzaine de kilomètres. Puis on nous a embarqués sur une péniche, et nous avons navigué sur l'Elbe jusqu'à Maldeburg. On a rejoint ensuite Lübeck à pied. Exténués, nous avancions péniblement, d'autant plus que nous n'avions presque plus rien à manger... Quand l'un d'entre nous sortait de la colonne, il était froidement abattu d'une balle dans la tête !... Je me souviens de cette chose extraordinaire : on arrivait même à dormir en marchant ! Et quand on partait un peu sur le côté, un copain, derrière, nous remettait vite dans la colonne ! »

Le long convoi arriva ainsi à Sarau le 13 avril. Il y resta 17 jours dans une espèce de ferme où la nourriture manquait terriblement aussi.

« Un matin, ce fut la stupeur. Nous vîmes arriver dans la cour un camion GMC de la Croix-Rouge canadienne ! On fit monter dedans les survivants. Et on nous emmena... en Suède ! Nous apprîmes quelques jours plus tard que les Suédois nous avaient échangés avec les SS contre un wagon de médicaments ! Il y avait eu une entrevue entre le comte de Bernadotte, président de la Croix-Rouge suédoise et Himmler, le chef des SS. Et le 30 avril, nous étions chargés sur des bateaux de la Croix-Rouge suédoise. L'enfer, c'était fini ! »

Maurice Pras marqua alors un petit arrêt dans son récit. Puis, levant son index en l'air, il affirma, bien haut :

« La Suède, c'est ma seconde patrie. Sans les Suédois, je ne serais plus de ce monde ! Tous les déportés qui se trouvaient alors dans cette région et qui ont été chargés dans des bateaux allemands sont morts : ces bateaux ont été coulés par l'aviation alliée, qui croyait n'avoir affaire qu'à des Allemands qui fuyaient... Ils avaient réussi à surmonter toutes les horreurs des camps. Et ils sont morts bêtement comme ça. Il n'y a eu en tout cas que très peu de survivants... »

Maurice Pras, lui, fut accueilli chaleureusement en Suède. Et surtout très bien soigné :

« Nous avons été choyés. Contrairement à ce qui a été fait souvent ailleurs, on nous a réappris à manger, avec du laitage au début puis, progressivement, une nourriture plus solide, ce qui a évité des morts par une suralimentation trop brutale... »

Atteint de lésions pulmonaires, le Grenoblois a été remarquablement traité dans une école transformée en hôpital.

« J'y suis resté six mois. Et quand j'ai remis le pied dans la capitale des Alpes, le 7 octobre 1945, j'étais en forme. Je n'avais plus le visage émacié de tous les déportés qui étaient arrivés cinq ou six mois avant moi ! »

Et Maurice Pras, concluant notre entretien, sortit de son portefeuille une vieille photographie précieusement conservée. Celle du comte de Bernadotte, qui fut assassiné en 1948 à Jérusalem, alors qu'il jouait un rôle de médiateur entre les Juifs et les Arabes. Un personnage pour lequel il avait un profond respect et une reconnaissance immense...

ÉTIENNE SPRUNK : AU-DELÀ DE L'ABOMINATION

Alors que je commençais à publier dans *Le Dauphiné libéré* une série d'articles sur les rescapés des camps de la mort à l'occasion du cinquantième anniversaire de leur libération, je reçus un matin un coup de téléphone :

« Bonjour ! Je suis le docteur Étienne Sprunk, de Veurey. Moi aussi, je peux vous apporter mon témoignage, si vous le désirez. Je me ferai un plaisir de vous recevoir chez moi, pour vous parler de la déportation. J'ai beaucoup de choses à dire... »

Et c'est vrai qu'il en avait des choses à dire, le docteur Sprunk. Des choses ahurissantes, à peine croyables. Et pourtant atrocement véridiques...

☆
☆ ☆

Alors qu'il était étudiant en médecine et membre très actif du mouvement Combat dans la Résistance, le futur docteur Sprunk fut arrêté à Grenoble et dirigé sur le camp de concentration de Mauthausen. Des horreurs, il en a vues là-bas. Il en a vécues. Mais

Étienne Sprunk : il ramena des camps des témoignages hallucinants.

celle qui le bouleversa le plus, ce fut sans aucun doute la longue et effrayante agonie d'un groupe de Yougoslaves, que les SS voulaient exterminer. C'est avec une émotion non dissimulée qu'il me raconta le long calvaire de ces hommes...

Tout avait commencé une nuit, alors qu'il était affecté au *Revier* de Mek, qui n'était en réalité qu'un semblant d'infirmerie. Lui et quelques compagnons d'infortune furent soudainement réveillés par un énorme remue-ménage...

« Cela nous étonna beaucoup, car, en principe, personne ne pouvait pénétrer dans le *Revier* pendant les heures nocturnes. Et nous vîmes un étrange manège... Soutenus ou portés par des *rayés*[1], des civils ensanglantés étaient déposés dans le *Verbandzimmer*, la pièce la plus spacieuse du *Revier* où, dans la journée, nous étions une demi-douzaine de *Pfleger*[2], tous occupés à soigner avec les moyens du bord les énormes plaies ou blessures des internés. Les dégâts cutanés et musculaires étaient généralement effrayants. Les cris fusaient de partout. Nous n'avions évidemment aucun anesthésique, ni même de calmant à notre disposition... Il fallait tailler dans le vif, avec des bistouris fabriqués à partir de boîtes de conserve et quelquefois l'anesthésie était réalisée... avec un uppercut ou un crochet sans méchanceté mais efficace quand ils suffisaient à amener une perte de connaissance passagère. Étrange médecine... »

Après cette petite parenthèse, le docteur Sprunk revint à cette soirée au cours de laquelle il avait été réveillé en sursaut :

« Une vingtaine de malheureux, grièvement blessés, furent étendus à même le sol et nous commençâmes tout de suite à laver et nettoyer les blessures, en essayant de faire un bilan approximatif. Déjà, trois ou quatre de ces grands blessés avaient rendu le dernier soupir. Chacun de nous avait pris en charge plusieurs victimes quand la porte d'entrée fut poussée avec violence. Et un nazi que l'on appelait Musican entra en vociférant, criant des mots où l'on put comprendre : "*Nicht Waschen ! Keine Verband* !" (Ne les lavez pas ! Pas de soins !), "*Sie sind Banditen !*" (Ce sont des bandits !). Et, pour bien montrer qu'il ne plaisantait pas, il expédia une gifle cinglante à un de mes collègues, Guy Lemordant, et une autre à son patient, lui arrachant en même temps sa chemise ensanglantée... »

Le médecin dauphinois marqua un petit arrêt. Et, la gorge serrée, poursuivit son récit :

« Le SS, furieux, flanqua brutalement de-ci, de-là, des coups de pieds bien ajustés dans les corps étendus sur le sol, puis hurla encore quelques phrases plus ou moins bien comprises. Et nous fûmes dirigés vers une chambre dont je m'occupais personnellement, où se trouvaient une soixantaine de Français. Sauvagement, il se saisit de quelques malades et les jeta hors de leur châlit. Il désirait prendre possession de la chambre, visiblement... »

Encore un petit moment de silence, une déglutition de salive...

---

1. Les uniformes des déportés étaient rayés. D'où le surnom de « rayés » donné quelquefois aux déportés.
2. Pfleger : infirmiers.

« En quelques minutes, la place fut libre, et le nazi, menaçant, nous intima l'ordre d'enlever les fenêtres (la température extérieure était bien inférieure à zéro !) et fit enlever aussi au niveau des surfaces à coucher une planchette sur deux, ce qui rendait la couche douloureuse et dangereuse. Quant aux matelas de poussière, ils furent jetés dehors. En plus, les nouveaux arrivants — les blessés qui venaient donc de la grande pièce — furent complètement dénudés. Nous pouvions voir les plaies immondes qui couvraient leurs corps. Sur les poitrines, on apercevait de petits geysers, là où les poumons perforés crachaient un mélange d'air et de sang... »

Les malheureux allaient endurer un épouvantable calvaire...

« Quand ces pauvres hommes furent tous poussés sur leur couche, nous fûmes à notre tour jetés à la porte. Musican distribua encore quelques coups perfides au hasard, puis sortit à son tour, fermant la porte à clé, glissant celle-ci dans sa poche, nous interdisant d'essayer de prendre contact avec l'un ou l'autre des blessés, de leur parler, donner à boire ou à manger, de les soigner. Le moindre contact serait puni de la peine de mort, menaça-t-il. Et, le connaissant, nous savions qu'il se ferait une vraie joie de mettre ses menaces à exécution... »

Étienne Sprunk et ses compagnons cherchèrent pourtant un moyen de venir en aide à ces malheureux. Mais en vain...

« Tout ce que nous pûmes faire, c'est de poser, ici et là, quelques questions indiscrètes. Et nous apprîmes qu'il s'agissait d'un groupe de titistes, qui avaient été arrêtés dans les montagnes de Yougoslavie et qui, en train, avaient été dirigés sur Mauthausen. Mais, avant d'arriver au camp, le convoi avait été bombardé. D'où le carnage... Comme ils n'avaient pas été enregistrés ni costumés, les SS avaient décidé de les exterminer sur place. Cyniquement. Sadiquement. Mais pourtant, hors de vue des habitants. Le bombardement s'étant déroulé tout près de Melk, il fut jugé préférable de procéder au crime collectif dans le camp même... »

Cinquante ans après, le praticien dauphinois avait encore des frissons en évoquant le sort horrible que les bourreaux nazis avaient réservé aux partisans yougoslaves.

« Et dire que nous étions tous impuissants, devant cette ignominie ! Nous connaissions trop la petite cervelle glacée de nos assassins, très courageux devant la douleur des autres, pour savoir qu'ils n'hésiteraient pas à nous abattre. Petite consolation : nous avions trouvé un brave interprète, qui nous permit de suivre leur longue agonie, essayant de leur laisser espérer que les ordres allaient changer, les encourageant de notre présence. Sans les voir, nous les sentîmes mourir, abandonnés dans ces conditions effroyables. Avec un courage que les SS étaient, en toutes circonstances, bien loin de montrer... »

La gorge de mon interlocuteur se nouait de plus en plus :

« Après treize jours, il ne restait plus que deux survivants. L'un d'eux, sans doute le moins atteint ou le plus robuste, dictait sa conduite à son compagnon : ne pas crier, ni pleurer, ni supplier, ni geindre. Cela était inutile et aurait procuré trop de joie à leurs bourreaux. Cet héroïque conseilleur mourut seul le dix-septième jour... »

D'une voix grave, le témoin de ce martyre des partisans yougoslaves laissa tomber :

« Des envies de meurtre me tordent le ventre quand j'évoque ces instants !... »

EDMOND KIERSZK, LE HÉROS DE MAUTHAUSEN

Le docteur Étienne Sprunk, qui avait été arrêté le 8 décembre 1943 et qui, après un séjour abominable de 47 jours à la Gestapo de Grenoble, resta un mois à Montluc à Lyon avant d'être expédié à Mauthausen, profita de notre entrevue pour me raconter également l'étonnante histoire d'Edmond Kierszk, ce Dauphinois qui venait juste de décéder quelques jours auparavant, cinquante ans après la libération des camps de la mort. Car il le connaissait bien et l'appréciait beaucoup, depuis ce temps lointain où tous deux survivaient misérablement dans l'enfer nazi...

« À notre retour à Grenoble, après l'épouvantable cauchemar que nous avons vécu ensemble, Edmond Kierszk fut chaudement félicité pour sa conduite particulièrement courageuse et l'aide si précieuse qu'il avait apportée aux Français internés dans le camp. Au *Stubedienst*, un service du *Revier* qui s'occupait surtout de la distribution du repas quotidien, en l'occurrence saucisses et soupes, j'ai pu apprécier sa grande témérité et son immense dévouement. Chaque jour, il prenait le risque énorme de piquer de la nourriture pour nos malades et nos blessés, qui en avaient tellement besoin. Et en toute connaissance de cause, car il savait pertinemment ce qu'il risquait : ce vol impliquait une condamnation à mort certaine en cas de découverte ! »

Hochant de la tête, le docteur Sprunk répéta bien, appuyant sur les mots :

« Oui : une condamnation à mort, et pas n'importe quelle mort ! »

Et il enchaîna tout de suite :

« Nous étions tellement surveillés qu'un jour, hélas, les SS s'aperçurent du larcin. Dès lors, leur décision était évidente. Seule la forme de la mort à infliger était laissée au choix du commandant du camp. Et à son sadisme... Il avait en réserve plusieurs recettes barbares, dont il se délectait. Ce jour-là, il opta pour les *barbelés*... C'était une mort atroce qui supposait une mise en scène destinée à terroriser les autres détenus. À quelques centimètres du grillage de clôture en fils de fer barbelés, électrifiés, un carré d'environ un demi-mètre de côté était tracé, à proximité d'un mirador où se trouvait une sentinelle armée. Le condamné était placé au garde-à-vous dans ce petit carré et ce, jusqu'à ce que mort s'ensuive... Le froid, la soif, la faim, la fatigue, la peur étaient autant de supplices, jusqu'au moment fatal où le malheureux perdait l'équilibre et tombait, soit dans les barbelés où il mourait par électrocution dans une gerbe d'étincelles, soit d'un autre côté déclenchant une ou plusieurs rafales de mitrailleuse chez l'assassin du mirador... Telle devait être la fin de notre malheureux compagnon... »

Un grand voile de tristesse balaya les yeux de mon interlocuteur. Et un sourire amer effleura ses lèvres...

« Le commandant, pétri de cynisme, avait infligé un supplice supplémentaire à Edmond, en rapport avec son impardonnable forfait. Il avait été trouvé en possession de deux ou trois pains entiers, soit environ une douzaine de rations normales. Après avoir été mis tout nu, il lui fut souhaité bon appétit, car on le mit dans l'obligation de finir toutes les rations. Malgré sa grande faim, son estomac s'étant rétréci, un moment donné il se mit à vomir. Le SS du mirador l'obligeait alors à remanger le pain régurgité !... »

Mais un événement inattendu, providentiel, allait se produire, sauvant d'une mort certaine le Dauphinois.

« Cet événement, Victor Hugo l'avait prévu dans son "Il neigeait, l'âpre hiver fondait en avalanches". En effet, en quelques heures, il tomba beaucoup de flocons blancs. Et la chute de neige fut telle qu'Edmond fut enveloppé dans un grand cocon qui lui arrivait jusqu'aux épaules et qui, de ce fait, lui interdisait toute chute, d'un côté ou d'un autre ! Mis au courant de la situation nouvelle, le chef SS trouva la farce si plaisante — heureusement ! — qu'il nous ordonna de ramener "le bonhomme de neige" à l'infirmerie, où il survécut à une terrible pneumonie ! »

Le docteur Sprunk n'allait jamais oublier ce jour-là...

« Mes camarades et moi, qui avons vécu cette aventure, nous avions tous envie de la faire connaître, sans toutefois pouvoir garantir l'exactitude des chiffres, à savoir la hauteur exacte de la neige, le poids et le nombre des pains. Ni la date précise — mars ou avril 1945. C'est si loin maintenant ! Et pourtant, il fallait que cela fût dit et décrit. Un événement parmi d'autres, dans l'hiver glacial et tardif d'un affreux bagne autrichien... »

Edmond Kierszk, celui qui s'était tant dévoué pour ses compagnons de misère, aura survécu un demi-siècle à sa terrible et épouvantable épreuve qui aurait dû lui être fatale et dont il s'est miraculeusement sorti grâce à un signe du destin...

JEAN GREY, SORTI VIVANT D'UN TAS DE MORTS

Peu de jours après notre première entrevue, je rencontrais à nouveau chez lui, à Veurey, le docteur Étienne Sprunk. Il avait tant de choses à dire ! Et ce jour-là, il m'a évoqué un autre souvenir, qui l'avait profondément marqué...

« Si je vous raconte cette histoire vécue, cinquante ans après, commença-t-il, c'est d'abord parce que c'est sans aucun doute un cas unique, qui ne pouvait se dérouler que dans un camp de concentration — en l'occurrence ce fut le camp de Mauthausen — et que les deux principaux personnages sont mes amis, que ces amis sont encore vivants, qu'ils habitent Grenoble et que nous avons, aujourd'hui encore, l'occasion de nous rencontrer souvent. Enfin, ils m'ont volontiers autorisé à dévoiler leur nom... et leur incroyable aventure ! »

Mais faisons connaissance tout de suite avec les deux protagonistes de cette étonnante histoire, qui illustre bien, elle aussi, la barbarie nazie. Et laissons la parole au docteur Sprunk :

« Il s'agit du docteur Robert Zarb, que l'on appelait Bob, aujourd'hui retraité et habitant Biviers, et qui portait au camp le matricule numéro 27 049. L'autre, qui lui est redevable de sa survie et qui est le pivot de cette lugubre anecdote, est Jean Grey. Il habite également l'agglomération grenobloise et est enseignant à la retraite. J'ajoute que, pour ma part, je dois également à Robert Zarb une grande partie de ma survie... Et il faut dire aussi que nous nous connaissions bien déjà avant nos arrestations respectives, Bob et moi-même faisant partie du même réseau clandestin : Combat. »

Place, maintenant, à l'hallucinant récit :

« Arrivé à Mauthausen environ un an avant Jean et moi, Bob avait sur nous un atout considérable : il parlait une dizaine de langues ! Ancien du camp, il jetait toujours un œil bienveillant sur ses protégés, pouvant communiquer avec les déportés des différentes nationalités qui partageaient notre triste sort. À cet avantage précieux s'ajoutait sa grande facilité d'adaptation, qui lui permettait de résoudre des situations bien spéciales. Il portait toujours un brassard annonçant sa qualité de *Pfleger* (infirmier) au *Revier*. Et un jour, il accueillit dans ses baraquements notre ami Jean, très gravement malade. Si gravement qu'un soir il fut considéré comme mort par le responsable SS de permanence... »

Un petit instant de silence, et le docteur Sprunk enchaîna :

« Ce fut ensuite l'affreux rituel : Jean fut déshabillé... Un bâton fut introduit entre ses mâchoires pour que la mort ne les bloque pas, afin de permettre au "dentiste" d'arracher d'éventuelles dents en or quand il fera sa tournée quotidienne le lendemain matin. Et le corps fut jeté, dehors, sur un tas de morts, pour attendre le ramassage, quotidien lui aussi, et le transport au crématoire... »

Et pourtant, Jean Grey n'avait pas poussé son dernier soupir ! Écoutons l'explication :

« Comme les cadavres s'ajoutaient rapidement les uns sur les autres, le corps de Jean fut recouvert par les derniers, encore chauds... et cette chaleur lui fut salutaire et le stimula suffisamment pour qu'il puisse se réanimer tout seul, s'extraire du monticule et retourner avec beaucoup de peine sans doute, le bâton toujours à la bouche, à l'intérieur du bloc ! »

« Informé de cet invraisemblable événement, Bob se précipita pour l'échanger contre un autre malheureux qui, lui, venait de trépasser et qui prit sa place à l'extérieur... Car la mort de Jean ayant été officiellement enregistrée par les nazis, il n'avait pas le droit de "ressusciter" et le kapo de service se serait fait une joie de l'achever pour tout remettre en ordre ! »

À ce niveau du récit, le praticien marqua une nouvelle petite pause. Puis, sur le même ton, il poursuivit :

« Jean m'a dit plus tard qu'à la suite de cet événement il ne sut plus pendant longtemps s'il était en train de vivre sa mort ou s'il rêvait simplement. Quoi qu'il en fût, il se remit lentement, très lentement, de sa résurrection et, sous une nouvelle identité, il recommença à parler. Mais, sans la surveillance attentive et dévouée de Bob, il ne s'en serait jamais sorti ! »

D'autant plus qu'un piège terrible se présenta à lui :

« Les nazis avaient imaginé un plan diabolique pour se débarrasser facilement des déportés à bout de forces, qu'ils ne pouvaient plus exploiter, qui étaient devenus inutiles, et cela, sans que leurs compagnons ne s'en aperçoivent ! Ils proposaient en effet à ces pauvres malheureux de les emmener en convalescence, dans un lieu où ils recouvreraient la santé, sans travailler et bien nourris. Comment ces "crève-la-faim" n'auraient-ils pas été ravis ? Pleins d'espoir, ils montaient dans un car aux vitres peintes, qu'on appelait "le car bleu" et qui, après avoir emporté son chargement, revenait régulièrement sans personne... J'ignore comment Bob avait flairé ou connu le danger, mais il savait qu'aucun des invités n'était revenu du voyage... Après la guerre, on sut que les "convalescents" étaient dirigés sur le château d'Artheim à quelques kilomètres seulement, mais on ne sut jamais quel avait été leur sort, sinon que pas un seul n'avait survécu ! »

Jean vit partir plusieurs très grands malades qui l'entouraient pour cette destination qui à leurs yeux ressemblait à un petit paradis...

« Bob lui avait interdit formellement de monter dans le car volontairement. Mais son ami, très épuisé, entendait bien ne pas se laisser priver de ce qui lui était promis. Et Bob fut traité de mauvais camarade quand il empêcha Jean de monter dans le car. Il n'osait pas lui révéler la raison véritable, de peur qu'un jour son compagnon, au courant du risque, ne se retrouvât embarqué d'office... Et c'est ainsi que Bob dut récupérer quatorze fois Jean, qui s'apprêtait à filer dans le car, poussé par son besoin de récupération et de vacances ! »

Et c'est sur une question du docteur Sprunk que se termina cet entretien :

« Croyants et mécréants vont sans doute trouver des explications à ces événements, selon le sens de leurs pensées. Mais qui pourrait jurer que ce garçon qui voulait partir en vacances n'était pas un ancien mort ?... »

SIMONE LAGRANGE : AUSCHWITZ, LE SUMMUM DE L'HORREUR

Ayant pris connaissance du témoignage hallucinant du docteur Étienne Sprunk, le lecteur pourrait croire que le praticien dauphinois a vécu à Mauthausen le plus épouvantable des cauchemars. Et pourtant, il se tromperait. Car il y a eu pire encore. Le summum de l'horreur fut en effet atteint à Auschwitz, où près de quatre millions de déportés, en majorité des Polonais et des juifs, trouvèrent une mort horrible.

Et qui mieux que Simone Lagrange, que je connais et apprécie depuis de nombreuses années, pourrait mieux parler de cet affreux génocide ? Présidente très active de l'Amicale régionale des anciens déportés d'Auschwitz et des camps de Haute-Silésie, elle lutte, depuis le retour des camps, pour que personne n'oublie toute l'abomination du nazisme, qu'elle a vécue affreusement

La petite fille à droite, c'est Simone Kadoshe, qui deviendra Simone Lagrange. Elle a connu, toute jeune, l'enfer à Auschwitz.

dans sa chair. « La mémoire ne vaut pas que pour le souvenir ; elle vaut aussi pour le devenir » : c'est la pensée qui l'habite toujours quand, partout, elle apporte son témoignage bouleversant, dans les écoles, dans les réunions, dans les manifestations du souvenir, parlant au nom de tous ceux qui ont survécu à l'horreur, et surtout au nom des innombrables innocents qui n'ont pu revenir, ignoblement éliminés dans cet enfer que personne n'aurait pu imaginer.

Simone Lagrange mène en effet un combat incessant, acharné, pour que l'oubli de l'Histoire ne s'abatte pas un jour sur cet épisode lamentable, ignoble, honteux de la deuxième guerre mondiale. Qui mieux qu'elle en effet pourrait se battre pour une si grande cause, elle qui, dès l'âge de treize ans, connaissait déjà toute l'horreur des camps d'extermination, pour la seule et unique raison qu'elle était née juive ?

« C'est par miracle que je m'en suis sortie, me dit-elle un jour. Et c'est le devoir envers les innombrables victimes innocentes qui n'ont pas survécu à cette barbarie sans nom qui me donne la force de témoigner, partout, même au procès Barbie, où je fus le témoin majeur, afin que pareille hégémonie démoniaque ne se reproduise plus jamais ! »

Déjà, quand elle se trouvait, jeune adolescente, dans le camp d'extermination de Birkenau-Auschwitz, ayant compris l'horrible vérité, à savoir que nul ne devait en sortir vivant, elle se disait : « Et si un jour, malgré tout, je pouvais revenir en France ? Avec quels mots je pourrais raconter tout ça ? Qui pourrait me croire ? Oh, oui ! Il faut que je revienne, car il faut que je raconte, il faut que je me souvienne ! Si tout ça tombe dans l'oubli, ça pourrait recommencer plus tard... »

Et Simone Lagrange s'est accrochée. Pour échapper à son cruel destin et pour pouvoir ensuite crier la vérité au monde. Un destin, jalonné par d'étranges coïncidences de dates. Tout d'abord, elle fut arrêtée avec ses parents sur dénonciation, le jour précis du débarquement des troupes alliées sur les côtes normandes, le 6 juin 1944. Quelle cruelle ironie du sort : tous ses malheurs commençaient le jour où tous les cœurs se gonflaient d'espoir ! Ensuite sa mère, qui avait été internée dans le même camp qu'elle, fut conduite à la chambre à gaz pour y être exterminée le 23 août 1944. Le jour où Paris se libérait ! Et c'est le 23 octobre 1944, jour de ses quatorze ans que, emmenée à son tour pour être éliminée, elle échappa d'extrême justesse à la « solution finale » des nazis...

Des horreurs, elle en a connues, elle en a vécues beaucoup, Simone Lagrange, dans cet épouvantable camp de la mort... Une des plus immondes fut peut-être la mort d'un petit bébé, qui avait vu le jour dans cet enfer :

« C'était un petit garçon minuscule que sa maman avait enveloppé dans le bas de sa robe, déchirée pour l'occasion, raconte-t-elle. Pour qu'il soit un peu mieux protégé, on lui avait fait une petite place, tout en haut, dans un *Koje*, là où il ne serait pas trop visible. Soudain, une nuit, un cri affreux qui résonne encore à mes oreilles me réveilla brutalement. Un rat était en train de dévorer la tête du bébé ! Trop petit et trop faible pour pleurer, il était mort sans bruit. La mère était là tenant le cadavre de son enfant, serré contre elle et se battant contre l'animal qui ne voulait pas lâcher sa proie. Alors, de guerre lasse, la malheureuse femme alla se jeter sur les fils électriques du camp, avec le corps de son bébé dans les bras, et le rat qui n'avait pas cédé. C'est ainsi que les SS retrouvèrent les cadavres au petit matin... »

Les SS jouaient avec la vie des détenues :

« Je n'oublierai jamais l'odieux comportement des sentinelles qui, pour s'amuser, du haut de leurs miradors, jetaient quelquefois des morceaux de pain aux déportées affamées, tout près des barbelés. Celles-ci se précipitaient pour les ramasser... et les sentinelles tiraient dessus, disant ensuite qu'elles avaient empêché une tentative d'évasion, ce qui leur rapportait deux jours de permission. »

Un SS se montra particulièrement immonde. Simone Lagrange n'oublia jamais son nom...

« Il s'appelait Mengele. L'ignoble individu s'amusa un jour avec de très jeunes enfants-cobayes. Puis, il fit creuser une tranchée autour d'eux par des détenues. Après y avoir fait verser de l'essence, il y mit le feu et fit précipiter dedans les pauvres petits bambins ! Un spectacle atroce, épouvantable... »

Mais le jour le plus affreux pour elle fut sans doute celui au cours duquel elle revit pour la dernière fois son père. Une scène inimaginable de cruauté, qu'elle m'avait racontée il y a longtemps et qu'elle a consignée dans son remarquable et émouvant livre, *Coupable d'être née, adolescente à Auschwitz*, préfacé par Elie Wiesel, prix Nobel de la Paix, postface de Bertrand Poirot-Delpech de l'Académie française, éditions de l'Harmattan.

C'était le 19 janvier 1945. Les troupes soviétiques avançaient régulièrement et les SS fuyaient, emmenant dans le froid et la neige, à peine vêtues et presque sans nourriture, des colonnes de déportées, qui tombaient comme des mouches...

« Nous marchions, épuisées, presque sans réflexes... Nous n'en pouvions plus... Vers midi, notre colonne s'est arrêtée pendant quelques minutes... Un bref repos, très apprécié. C'est alors qu'une colonne composée, elle, d'hommes déportés, sévèrement escortés eux aussi, arriva à notre hauteur. Ils avançaient, pliés sous les rafales de vent glacé... Soudain, parmi eux je crus reconnaître la haute taille de mon père, et mon cœur se mit à battre plus vite, plus fort... J'avais la certitude que ce déporté, grand et si maigre, était bien papa qui, comme nous, par la volonté de nos gardiens, fuyait nos libérateurs soviétiques, si proches pourtant. »

Et l'homme à la haute taille tourna la tête dans la direction de Simone Lagrange. C'était bien son père !

« Je vis dans son regard qu'il m'avait reconnue, malgré ma maigreur, mes cheveux rasés et mes habits en loques. Nous n'étions plus qu'à quelques mètres l'un de l'autre ! Après huit mois d'une longue séparation, nous avions enfin la chance de nous revoir, sur cette route enneigée ! »

Mais l'instant de bonheur fut bien bref...

« C'était bien mon père que je voyais me sourire, d'un sourire qui me fait mal encore aujourd'hui. Il eut juste le temps, passant devant moi, de me demander où se trouvait ma mère. Un SS s'approcha alors, et lui aussi sourit. "Qui est-ce ? me demande-t-il. C'est ton père ?" Et moi, toute heureuse, dans un souffle, brisée par l'émotion, je lui ai dit que oui, c'était mon papa ! "Tu veux l'embrasser ?" questionna-t-il encore. Ne pouvant plus parler, brisée par l'émotion, je répondis par un mouvement de tête. Souriant à nouveau, il fit signe à mon père d'approcher, tout en me poussant dans sa direction. Alors moi, je me précipitai... Papa, de son côté, me tendit les bras... C'est alors que le SS fit mettre mon pauvre père à genoux... et lui tira une balle dans la tête, sous mes yeux horrifiés... C'est ainsi qu'il fut assassiné, froidement, alors que la guerre était en train de se terminer, foudroyé par un nazi, un monstre... »

Racontant la fin tragique, atroce, de son père, une fin à laquelle elle avait assisté, bouleversée, traumatisée pour toujours, Simone Lagrange ne pouvait que répéter encore :

« Impossible d'oublier ça. D'oublier tout ça. Jamais, il ne faudra oublier ! »

MARCEL FONFRÈDE : LE TRAIN DE LA LIBÉRATION

Arrêté le 3 janvier 1944 en Saône-et-Loire, Marcel Fonfrède, de Saint-Ismier, dans la banlieue grenobloise, resta six mois détenu à la prison Montluc à Lyon puis prit la direction de Compiègne. Il fut ensuite entassé dans le « train de la mort » le

2 juillet 1944, à destination de Dachau. Cinquante ans après, il me raconta, à son tour, comment il était sorti de l'enfer nazi...

« Après des mois d'un travail forcé épouvantable, dans des conditions horribles, je fus transporté dans un état pitoyable en février 1945 à Neckargerach, où se trouvaient rassemblés de nombreux détenus totalement épuisés, considérés comme inaptes au travail. Nous étions tout un groupe de nouveaux venus, sans aucune force et grelottant de fièvre. On nous enleva nos vêtements et on nous interna dans des baraques avec seulement une couverture sur notre nudité. Chaque matin, une équipe de croque-morts venait ramasser les cadavres des déportés décédés dans la nuit pour les aligner dans la cour où ils étaient entassés dans une charrette... »

Marcel Fonfrède et ses compagnons attendaient ainsi la mort quand, un matin, une escadrille alliée vint bombarder le village où, paraît-il, se trouvait une concentration de chars allemands.

« Les bombes pleuvaient de partout dans le voisinage du camp, se souvenait le Dauphinois. Leur souffle faisait vaciller les baraques. Des blocs de pierres traversaient les toitures... Je riais... Je riais nerveusement, ne pouvant plus m'arrêter... Je sentais qu'arrivait notre libération !... Dans la journée, on nous redonna des costumes rayés, exceptionnellement en bon état, alors que ceux que nous avions laissés en arrivant étaient de véritables loques. Puis, à la nuit tombée, on nous rassembla en colonne pour nous conduire à la gare... Quand nous y arrivâmes, ma joie fut intense : tout était en flammes aux alentours ! Cependant, un train de wagons découverts avait pu être constitué et on nous y chargea. Nous avions chacun pour tout bagage notre couverture. Mais pas de nourriture ! »

Quand le long train s'ébranla, il se mit à pleuvoir. Des cordes ! Ce fut très dur à supporter pour les déportés malades, exténués, affamés...

« Le train roula toute la nuit. Pas très vite. Avec des arrêts fréquents. Nous étions couchés sur le sol des wagons, les uns contre les autres, ayant étendu sur nos corps nos couvertures pour nous protéger de la pluie glaciale... Le matin, il nous sembla que le train revenait en arrière et prenait une autre direction. Un bruit courut parmi nous que les voies ferrées et les ponts avaient dû être coupés par les bombardements... Et nous roulâmes encore toute la journée, ne sachant pas où nous allions. Sans boire ni manger. Nous étions mouillés jusqu'aux os ! »

Une nouvelle nuit allait tomber quand le train s'arrêta à nouveau...

« L'arrêt fut long, cette fois-ci. Nous étions dans une gare appelée Osterbruken... Les Allemands semblaient rencontrer des problèmes... Au bout d'un certain temps, nous apprîmes que les conducteurs, ne pouvant aller plus loin, abandonnaient le train ! Or, le bourgmestre voulait éloigner le convoi de la gare, craignant un bombardement du village à cause de lui. Il y eut des pourparlers et le train finit par repartir, mais pour aller s'immobiliser définitivement à quelques kilomètres du village, dans une tranchée de la voie ferrée. La locomotive fut détachée et s'éloigna. On nous fit savoir alors que des mitrailleuses étaient installées à chaque bout du convoi et qu'il n'était pas question d'essayer de nous échapper ! Et il pleuvait. Il pleuvait toujours... »

La nuit fut très agitée. Mais ce fut celle de la liberté !

« Nous entendions au loin la progression des chars américains. Puis des tirs de canon commencèrent à déchirer le ciel d'encre. Les obus sifflaient au-dessus de nos têtes. Et nous étions tous ravis ! Pour ma part, j'ai escaladé la ridelle du wagon pour me coucher à l'abri entre les roues, sur le ballast. Dans la nuit, les kapos circulaient le long du train... demandant s'il y avait des volontaires pour suivre les troupes allemandes en retraite. Une fois de plus, je me mis à rire ! »

Au petit matin, le silence revint. Le grand silence...

« Il semblait que les mitrailleuses avaient disparu et que les nazis avaient tous fui. Le soleil se leva, resplendissant. Nous étions le 1er avril, jour de Pâques cette année-là... Quel beau jour !... Les plus valides descendirent prudemment des wagons, les uns après les autres. Par chance, je trouvai un escargot ! Je me vois encore passant cet escargot sur la flamme d'un maigre feu sur lequel un camarade essayait de faire cuire de l'herbe dans un casque abandonné... et je l'avalai, plein de bave ! Cela me paraît invraisemblable aujourd'hui. Et pourtant !... Je ne doute pas de ma mémoire, mais je me pose la question : comment avait-il réussi à faire ce feu ? »

Pendant quelques instants, tous les rescapés se mirent à chercher à manger. De l'herbe, des racines, peut-être d'autres escargots...

« Quelques-uns forcèrent le wagon de queue qui, à la différence des autres, était couvert, espérant y trouver de la nourriture. Mais il ne contenait que des draps blancs. Ce fut une cruelle déception ! »

Et pourtant, ces draps blancs allaient se révéler fort utiles :

« Dans le ciel, un avion d'observation américain tournoyait sans cesse à haute altitude. Nous pouvions craindre qu'il alertât l'aviation de combat alliée pour bombarder le train. À plusieurs, nous eûmes alors l'idée de déployer sur la prairie qui surplombait la tranchée de la voie les draps alignés en forme de croix de Lorraine et d'un immense V. Le message fut bien compris par l'observateur, car deux avions de chasse arrivèrent peu après, survolant le train à basse altitude, en battant des ailes. Nous étions reconnus ! Nous étions sauvés ! »

Et ce furent les premières heures de liberté, depuis si longtemps...

« Trois ou quatre des plus valides, dont un médecin, le docteur Fuchs, décidèrent d'aller jusqu'au village d'Osterbruken, au-devant des Américains, pour leur demander de l'aide... et surtout de quoi manger ! Mais au bout d'une heure peut-être, comme nous ne voyions rien venir, je pris à mon tour, avec un autre camarade, la direction du village en suivant la voie ferrée. Quand nous arrivâmes à la hauteur des jardins ouvriers de la périphérie nous rejoignîmes la route goudronnée à un passage à niveau. Plus loin, sur la route, aux abords du village, une sentinelle américaine montait la garde en mâchant du chewing-gum... »

« Nous nous approchâmes prudemment et je lui dis, avec les restes de mon anglais scolaire, que nous étions des prisonniers français. Il ne nous accorda aucun intérêt et nous laissa passer. En arrivant au village, une des premières maisons sur la gauche était un hôtel ("*Zum Karpfen*", je crois). Je rentrai dans la salle du café. Il y avait là plusieurs officiers américains, et les premiers camarades venus du train, dont le docteur Fuchs, qui était au piano... et qui jouait *La Marseillaise* ! »

Marcel Fonfrède allait toujours se souvenir de cette scène insolite ; avec un grand sourire, il proclamait :

« Avec cette *Marseillaise*, c'était nous les vainqueurs ! »

GEORGES VIVIER : L'ESPOIR

Georges Vivier, de Jarrie, a connu, lui aussi, l'enfer de la déportation, après avoir défilé à Grenoble le 11 novembre 1943. Il a connu l'horreur de Buchenwald et l'épouvantable tunnel de Dora.

Dora ! Quand il m'en a parlé, Georges Vivier, il ne pouvait dissimuler une indicible émotion. Tant de ses camarades étaient restés là-bas ! Et pourtant, très vite, une petite étincelle brilla dans ses yeux. Une petite étincelle qui ressemblait bien à un éclair de joie. Il venait juste de se rendre, cinquante ans après, là-bas, dans ce qui fut l'horrible cimetière d'innombrables déportés. Et il en était revenu, plein d'espérance dans l'avenir. Avec plusieurs anciens de l'Isère, le Dauphinois avait participé au voyage du cinquantième anniversaire de la libération des camps, qui s'était déroulé du 9 au 12 avril 1995, organisé par le Comité européen Dora-Elbrich-Harzugen. Un rassemblement international qui regroupa un certain nombre de rescapés et leurs familles, qui ont pu revoir ou découvrir Buchenwald, Dora, Bergen, Belsen, Treblika, Gardelegen...

« Je n'avais pas revu Dora depuis 1980, me dit tout d'abord Georges Vivier. Mais quel changement ! Dans ces lieux où tant des nôtres passèrent leurs dernières heures dans des conditions épouvantables, nous avons été étonnés devant l'importance des travaux qui ont été effectués. C'est maintenant un grand espace parfaitement entretenu, où l'on peut se recueillir très correctement et se souvenir de l'enfer nazi qui a anéanti des dizaines de milliers de déportés par le travail, les coups, les pendaisons, le manque de nourriture, l'absence de soins... »

Et le Dauphinois me raconta son voyage-pèlerinage sur le théâtre où il avait tant souffert dans sa jeunesse :

« Nous avons assisté à une grande messe œcuménique, qui regroupait des Français de toutes les provinces, des délégations de nombreux pays étrangers, mais aussi de nombreux jeunes Allemands qui ne comprenaient pas qu'une telle barbarie ait pu se produire chez eux et qui cherchaient à en savoir plus en nous interrogeant, nous, les survivants... Nous avons participé ensuite à un chemin de croix jusqu'au crématoire et son monument abondamment fleuri. J'ai même remarqué une gerbe déposée par des étudiants japonais. Il y a eu ensuite une prière juive... »

Combien de participants assistèrent à ces cérémonies officielles ? Georges Vivier ne pouvait le préciser.

« Nous étions très nombreux... Une foule très dense, très recueillie, très émue... De nombreuses autorités allemandes étaient là... Il y avait aussi des soldats américains, en souvenir de leurs prédécesseurs qui avaient libéré le camp. »

Autour des cérémonies, des rencontres, des échanges, fructueux et fraternels, avaient été organisés. Tous les journaux allemands avaient abondamment parlé de l'anniversaire ainsi que beaucoup de chaînes de télévision, allemandes mais également étrangères.

« Le peuple germanique affiche aujourd'hui une farouche volonté pour faire le maximum, afin que nul n'oublie ce qui s'est passé chez lui, pendant la guerre. Des livres et des cassettes sont vendues, sur place, pour rappeler à tous les années d'horreur... Les Allemands ont voulu faire de Dora un grand sanctuaire du souvenir. Pendant la Guerre froide, les Soviétiques avaient fait ébouler le tunnel qui se trouvait en RDA et l'avaient classé en zone interdite. Aujourd'hui, il est en grande partie déblayé et le public peut le visiter. »

Ce voyage réchauffa le cœur des déportés :

« Cinquante ans après, appuya Georges Vivier, nous savons désormais qu'on ne nous oubliera plus et qu'on aura toujours en mémoire ces années horribles. Ce voyage fut pour nous une surprise gigantesque. Une surprise ô combien agréable ! Qui aurait pu nous dire qu'un jour on recevrait un accueil des plus chaleureux et des plus sincères dans ces lieux où nous avons tant souffert, où tant de compagnons furent si odieusement exterminés ? »

Et le Dauphinois me quitta avec un grand sourire. Un sourire plein d'espoir, qui illuminait son visage.

Il était intimement persuadé, depuis son voyage pèlerinage, que personne n'oublierait maintenant ces lieux insoutenables, qui rappellent pour toujours que l'homme, capable d'engendrer les plus belles choses en ce monde, qui a la sublime possibilité de répandre la fraternité, la paix, le bonheur et l'amour sur Terre, peut aussi, hélas, assoiffé de domination et de sang, accomplir les plus ignobles forfaits, imposer les régimes les plus épouvantables et devenir la plus immonde des bêtes...

Annexes

CHRONOLOGIE DE LA GUERRE

- *1er septembre 1939.* Ordre de mobilisation générale en France.
- *3 septembre 1939.* L'Angleterre et la France déclarent la guerre à l'Allemagne, qui avait envahi la Pologne.
- *10 mai 1940.* Les Pays-Bas, la Belgique et le Luxembourg sont envahis par les Allemands.
- *5 juin 1940.* Début de la bataille de France.
- *10 juin 1940.* L'Italie déclare la guerre à la France. Le gouvernement français quitte Paris.
- *16 juin 1940.* Mise en place du gouvernement Pétain à Bordeaux.
- *17 juin 1940.* Pétain demande l'armistice à Hitler et demande aux Français de lui faire confiance.
- *18 juin 1940.* Appel du général de Gaulle.
- *22 juin 1940.* Les troupes allemandes sont arrêtées près de Grenoble, à Voreppe.
- *22 juin 1940.* L'armistice est signé à Rethondes.
- *Juillet 1940.* Le gouvernement de Pétain s'installe à Vichy.
- *10 juillet 1940.* Deux députés de l'Isère, Léon Martin et Lucien Hussel, refusent les pleins pouvoirs à Pétain.
- *27 juillet 1940.* Création à fort Barraux du centre de séjour surveillé qui accueillera prisonniers politiques, « droits communs » et juifs.
- *24 octobre 1940.* Entrevue Hitler-Pétain
- *19 et 20 mars 1941.* Pétain rend visite à Grenoble et à Vienne.
- *22 juin 1941.* Rupture du pacte Allemagne-URSS. Les Soviétiques entrent en guerre contre l'Allemagne.
- *Novembre 1941.* Naissance à Grenoble du mouvement Combat, à l'initiative de Marie Reynoard.
- *7 décembre 1941.* Les États-Unis entrent en guerre.
- *Février 1942.* Fondation des « Allobroges » au Fontanil, près de Grenoble.
- *Printemps 1942.* Fondation des « Francs-tireurs » au café de la Rotonde à Grenoble.
- *26 août 1942.* Rafle des juifs étrangers à Grenoble.
- *8 novembre 1942.* Les troupes anglaises et américaines débarquent en Afrique du Nord.
- *11 novembre 1942.* Les Allemands envahissent la zone sud.
- *12 novembre 1942.* Les Italiens occupent Grenoble.
- *27 novembre 1942.* La flotte française se saborde à Toulon.
- *Fin 1942.* Les francs-tireurs créent le premier maquis à Ambel, dans le Vercors.

- *Janvier 1943.* Naissance des Mouvements unis de Résistance (MUR).
- *31 janvier 1943.* Création de la Milice.
- *16 février 1943.* Mobilisation des classes 20, 21 et 22 pour le Service du travail obligatoire (STO).
- *Mars 1943.* Création de l'école des cadres de la Milice au château d'Uriage.
- *17 mai 1943.* Création du premier comité de Résistance en France : le Comité de la France combattante de l'Isère.
- *25 mai 1943.* Attentat à l'hôtel Gambetta, siège de l'état-major italien à Grenoble.
- *25 juin 1943.* Mussolini est arrêté et la royauté rétablie en Italie.
- *8 septembre 1943.* Les Italiens signent l'armistice avec les Alliés. Leurs soldats sont désarmés par les Allemands à Grenoble.
- *9 septembre 1943.* Les troupes allemandes occupent Grenoble.
- *6 octobre 1943.* L'ingénieur André Abry, première victime innocente des Allemands.
- *11 octobre 1943.* 15 000 Grenoblois accompagnent André Abry à sa dernière demeure et scandent des slogans hostiles à l'occupant.
- *11 novembre 1943.* Plusieurs milliers de Grenoblois défilent dans les rues. Beaucoup seront arrêtés et 398 seront déportés.
- *14 novembre 1943.* Explosion du Polygone d'artillerie à Grenoble.
- *Du 25 au 29 novembre 1943.* La « Saint-Barthélémy dauphinoise » : l'ennemi élimine de nombreux chefs de la Résistance.
- *21 décembre 1943.* Le doyen René Gosse est abattu avec son fils.
- *25 janvier 1944.* Création du Comité départemental de la Libération nationale.
- *29 janvier 1944.* Destruction du maquis et du village de Malleval, dans le Vercors.
- *17 et 18 février 1944.* La Saint-Barthélémy vizilloise.
- *22 mars 1944.* Mort héroïque de Paul Vallier à Fontaine.
- *6 mai 1944.* Le commandant de Reyniès, chef de l'Armée secrète, est arrêté à Grenoble.
- *13 mai 1944.* Le capitaine Le Ray est nommé chef des FFI de l'Isère.
- *Mai 1944.* Grenoble devient le P.C. national du réseau Coty.
- *6 juin 1944.* Débarquement des Alliés en Normandie.
- *13 et 15 juin 1944.* La bataille de Saint-Nizier-du-Moucherotte.
- *21 juillet 1944.* L'attaque du Vercors par une division allemande.
- *31 juillet 1944.* Mort de l'écrivain Jean Prévost à Sassenage.
- *Août 1944.* La bataille de l'Oisans.
- *14 août 1944.* Le massacre du cours Berriat à Grenoble.
- *15 août 1944.* Les Alliés et la 1re Armée française débarquent en Provence.
- *22 août 1944.* Libération de Grenoble.

- *2 septembre 1944.* Exécution de miliciens à Grenoble.
- *5 novembre 1944.* Le général de Gaulle remet à la ville de Grenoble la Croix de compagnon de la Libération.
- *8 mai 1945.* L'Allemagne nazie capitule.

TERRITOIRES DE RÉSISTANCE

La Résistance s'est montrée particulièrement efficace dans l'Isère. Les maquis ont joué un rôle très important. Groupes francs et Francs-tireurs et partisans ont harcelé sans cesse un ennemi nettement supérieur en nombre et en armement, mais décontenancé par les multiples actions de guérilla. Sans aucun doute, comme tous les historiens l'ont souligné plus tard, la Résistance a très largement contribué à la libération de notre région. Quelques chiffres témoignent, s'il en était besoin, de l'intense activité des « soldats de l'ombre » dont beaucoup hélas ne verront jamais le grand jour de la Libération, fauchés par les balles ennemies, souvent à la fleur de l'âge. On dénombre en effet dans notre département pas moins de 146 lieux où s'implanta le maquis, 327 emplacements où furent exécutés des sabotages (voies ferrées, ponts, points stratégiques, centrales électriques, usines...) et 271 emplacements correspondant à des affrontements entre la Résistance et les troupes d'occupation ou encore à des actions contre leurs installations. À ajouter à cela 30 terrains où furent effectués des parachutages. Des chiffres particulièrement éloquents !

L'OISANS ET GRENOBLE

Le secteur I comprenait tout l'Oisans, mais également Grenoble, qui a fourni au maquis un effectif très important. Son chef était le capitaine André Lespiau, dit « Lanvin », relayé à Grenoble par Georges Bois, alias Sapin, qui commandait la section B. La Saint-Barthélémy grenobloise décima d'ailleurs à la fin novembre 1943 les principaux chefs de la Résistance. Les chefs de l'Armée secrète de Grenoble, Lafleur et Muet, durent au printemps 44 passer aussi la main en raison de la répression allemande ; Muet partit à Lyon sous le pseudonyme de capitaine Martin sur ordre d'Alban Vistel, pour prendre le commandement de l'action immédiate du Rhône, y compris Bourg-en-Bresse et Vienne. C'est à Grenoble encore que se trouvait le chef départemental des FFI, le général de corps d'armée Alain Le Ray — alors capitaine — qui avait été nommé à ce poste après l'arrestation du commandant de Reyniès en mai 1944. Le maquis de l'Oisans, dans les jours qui ont précédé la libération de Grenoble, a mené contre l'occupant en surnombre et mieux armé, de très violents combats qui ont largement contribué à la libération de l'Isère.

CHARTREUSE

Le secteur II couvrait tout le massif de Chartreuse, mais aussi Voiron et Voreppe. Il était commandé par Joly de Lyautey de Colombe, alias Le Barbier, le chef des groupes francs du secteur étant Alban Fagot, dit « Marguerite ». La Chartreuse devint vite un bastion de la Résistance, qui effectua de nombreuses actions de sabotage pour paralyser l'ennemi. Une des actions les plus spectaculaires de ce secteur fut l'obstruction du tunnel de Réaumont, sur la voie ferrée Grenoble-Lyon, le 21 juin 1944. Le trafic fut interrompu pendant 15 jours, gênant considérablement les transports de l'ennemi. Après la terrible offensive allemande contre le Vercors, on s'attendait à une autre opération contre le maquis de Chartreuse. Heureusement, le débarquement en Provence évita l'investissement de ce massif. La plupart des résistants se regroupèrent alors dans des unités régulières.

CHAMBARANS-BASSE ISÈRE

Le secteur III, sous les ordres du docteur Mariotte, s'étendait sur un vaste territoire : les Chambarans avec Roybon, mais aussi le bas Grésivaudan avec Saint-Marcellin, Tullins et Vinay. Les maquisards de ce secteur ont à leur actif d'innombrables sabotages contre l'occupant, totalisant, notamment, 82 coupures de voies ferrées. Parmi les actions les plus spectaculaires, il convient de signaler l'enlèvement au camp militaire de Chambarans d'une voiture-gonio utilisée par l'ennemi pour détecter les émetteurs clandestins, l'enlèvement aussi de tout le matériel de guerre stocké dans ce camp et l'attaque d'une importante colonne allemande à Champier.

LE TRIÈVES

Le secteur IV — celui du Trièves — contrôlait à la fois la RN 75 et la voie ferrée Grenoble-Veynes. Sous les ordres de Jacques Molé, dit « Emmanuel », les résistants du secteur coupèrent à maintes reprises ces voies de communication, gênant considérablement les mouvements des troupes ennemies. Ils menèrent d'autre part de nombreuses actions contre l'occupant. Le secteur IV travaillait étroitement avec d'autres maquis, notamment celui de la Matheysine.

LA MATHEYSINE

Le secteur V, en Matheysine, contrôlait lui aussi une voie de communication stratégique : la route Napoléon et étendait son action jusqu'à la Grave. Les résistants de ce secteur, sous les ordres de Robert Manoël et Léon Mugnier dit « Clair », harcelèrent maintes fois les Allemands, coupant ponts et lignes à haute-tension, effectuant également de nombreux actes de sabotage dans les mines de La Mure et dans les centrales électriques, privant en énergie les troupes d'occupation. À son actif, de nombreux combats, notamment à Saint-Théoffrey, au Pont du Prêtre, dans le Valjouffrey, la bataille du col d'Ornon et, en liaison avec les troupes américaines, la Libération de Corps, La Mure, Laffrey, Péage-de-Vizille. Le secteur V participa en septembre 1944 à la Libération de Briançon. Par la suite, les maquis furent incorporés au bataillon de l'Oisans, qui devint lui-même le 11e BCA.

GRÉSIVAUDAN — BELLEDONNE

Le secteur VI — Grésivaudan, Belledonne — était placé, lui, sous l'autorité d'Alphonse Manhaudier, dit Evreux, par ailleurs intendant de tous les maquis de l'Isère. Il avait sous ses ordres plusieurs compagnies, notamment celle de « Stéphane » (commandant Poitau) et celle de « Bernard », qui ont réalisé d'innombrables « coups de main » contre les troupes allemandes. Le commandant « Vauban » (Albert Reynier, préfet de l'Isère après la Libération), chef départemental de l'Armée secrète, devint chef militaire du C6 Grésivaudan. Le commandant Nal installa dans le Grésivaudan, ses sections spéciales ravitaillant les compagnies en armes et en munitions, mais aussi en nourriture et en vêtements, épaulant très efficacement les maquis dans leurs actions contre l'ennemi.

BAS DAUPHINÉ, BOURGOIN, VIENNE

Le secteur VII, celui du bas Dauphiné, qui contrôlait notamment deux villes importantes, Bourgoin et Vienne, était placé sous les ordres de Georges Ivanoff, dit « Raoul » et de Marc Muet, alias « capitaine Martin ». La ville de Vienne que commandait Louis Seigle était généralement considérée comme faisant partie du secteur VI du Rhône. Les résistants de cet important secteur, après une longue série de sabotages un peu partout pour paralyser l'ennemi, s'attaquèrent en de multiples circonstances aux colonnes motorisées allemandes, leur infligeant des pertes sévères. Après avoir pris d'assaut un train blindé des forces nazies le 22 août 1944, les résistants de Bourgoin libérèrent leur ville avec l'aide des maquis de Chambarans, de Chartreuse et de la compagnie Plutargue de Belley, délogeant 250 Allemands solidement retranchés.

LE VERCORS

Dans l'Isère, le Vercors était classé à part, car il avait eu très rapidement une importante mission qui lui avait été confiée par Londres. Le projet de faire du Vercors une sorte de cheval de Troie à l'intérieur du territoire occupé par les Allemands en prévision d'un débarquement allié, baptisé « Plan montagnard », élaboré par Pierre Dalloz, Yves Farge et Paul Pourchier, avait été mis en forme par le capitaine Alain Le Ray. Il fut accepté par le général Delestraint, qui le communiqua à Jean Moulin. Tout se déroula comme prévu, sauf hélas le parachutage de milliers de soldats alliés qui devaient prêter main-forte aux maquisards du plateau. Dès le 9 juin, en effet, le Vercors se considéra en guerre aux côtés des alliés. Mais il attendra en vain l'aide promise par Alger. Et ses 4 000 combattants affronteront seuls l'assaut d'importantes troupes allemandes, résistant héroïquement. Le général Koenig, dans son ordre du jour n° 259, écrivait : « Les forces de la résistance du Vercors, en fixant d'importants effectifs allemands, ont rendu d'immenses services à la bataille de France en cours. »

TABLE DES PRINCIPAUX SIGLES DE L'ÉPOQUE

- *AS :* Armée secrète, mouvement de Résistance.
- *BCA :* Bataillon de Chasseurs alpins.
- *CDLN* : Comité départemental de libération nationale.
- *CDM* : Camouflage de matériel, réseau de Résistance.
- *CNR :* Conseil national de la Résistance.
- *DCA :* Défense contre avions.

- *DP :* Défense passive.
- *FFI :* Forces françaises de l'intérieur.
- *FFL :* Forces françaises libres.
- *FT :* Franc-tireur, mouvement de Résistance.
- *FTP :* Francs-tireurs et partisans, organisation de Résistance. Quelquefois FTPF, Francs-tireurs et partisans français. Désigne aussi les membres de l'organisation.
- *FN* : Front national, mouvement de Résistance.
- *FUJP :* Front uni de la jeunesse patriotique.
- *GF* : Groupe franc, ou membre d'un groupe franc.
- *GMR :* Groupe mobile de réserve, police française utilisée par Vichy.
- *LVF :* Légion des volontaires français, luttait à côté des Allemands.
- *MLN* : Mouvement de Libération nationale.
- *MNAT* : Mouvement national anti-terroriste.
- *MOI :* Main-d'œuvre immigrée, regroupée contre l'ennemi.
- *MUR :* Mouvements unis de la Résistance.
- *NAP :* Noyautage des administrations publiques, réseau de Résistance.
- *ORA :* Organisation de Résistance de l'armée.
- *OSE* : Œuvre de secours aux enfants (Juive).
- *PPF :* Parti populaire français.
- *ROP :* Recrutement organisation propagande, service du mouvement Combat.
- *SAS :* Special Air Service, américain.
- *SD* : Sicherheitdienst, police secrète allemande.
- *SOE :* Special Operation Executive, service de renseignement britannique.
- *STO* : Service du travail obligatoire.

BIBLIOGRAPHIE

- Avallet Georges, *Et Grenoble explosa*, Ballouhey, 1994.
- Brédèche Raymond, *Carnet de route d'un maquisard*, Éd. de l'Étape, Grenoble.
- Dalloz Pierre, *Vérités sur le drame du Vercors*, Fernand Lanore, Paris, 1979.
- Darier Albert, *Tu prendras les armes*, Allier, Grenoble, 1973.
- Deveaux Pierre, *L'ombre et la lumière*, à compte d'auteur, 1987.
- Dix anciens du maquis de l'Oisans et du secteur I : *Voix de liberté*, 1996.
- Dreyfus Paul, *Histoire de la Résistance en Vercors*, Arthaud, 1975.
- Dreyfus Paul, *Histoires extraordinaires de la Résistance*, Fayard, 1977.
- Favier Robert, *Flashes sur la Résistance en Isère*, à compte d'auteur, 1994.
- Fugain Pierre, *Ici l'ombre*, CRDP Grenoble, 1992.
- Garnier Fernand, *Marie Reynoard*, Presses universitaires de Grenoble, 1993.
- Ivanoff Georges, *Après la nuit la lumière*, à compte d'auteur, 1991.
- Joseph Gilbert, *Combattant du Vercors*, Fayard 1972, De Borée 2002.
- Klugman David, *Prélenfrey en Vercors : la conspiration des Justes*, Lacour, 1994.
- Kouyoumdjian Pierre Georges, *Survivant de Mathausen*, Éd. de Belledonne, 1996.
- Lagrange Simone, *Coupable d'être née : adolescente à Auschwitz*, L'Harmattan, 1997.
- La Picirella J., *Témoignages sur le Vercors*, Imp. Rivet, Lyon, 1986.
- Martin Jean-Pierre, *De l'armée des ombres à l'armée des Alpes*, Alan Sutton, 2001.

- Martin-de Luca Lucette, *Rescapée de Vassieux-en-Vercors*, Allier, Grenoble, 1975.
- Nal Louis, *La bataille de Grenoble*, Éd. des Deux Miroirs, 1964.
- Pearson Michel, *Larmes de gloire : la trahison du Vercors,* (en anglais), Macmillan, 1978.
- Rioux-Quintenelle Elisabeth, *La guerre sans armes*, éd. de Belledonne, 1996.
- Rolland Alfred, *La Résistance aux portes de Grenoble, le 3e bataillon de Chartreuse*, 1994.
- Silvestre Paul et Suzanne, *Chronique des maquis de l'Isère,* éd. des Quatre seigneurs, 1978.
- Tanant Pierre, *Vercors, haut-lieu de France*, Arthaud 1947, Lavauzelle, 1983.
- Vistel Alban, *La nuit sans ombre*, Fayard, 1970.

Table des matières

☆
☆ ☆

Le *Chant des Partisans*, qui rythme la première partie de cet ouvrage, a été écrit par Maurice Druon et Joseph Kessel, sur une musique d'Anna Marly.